Sigmar Gabriel

Mehr Mut!

Sigmar Gabriel

Mehr Mut!

Aufbruch in ein neues Jahrzehnt

HERDER

FREIBURG · BASEL · WIEN

Verlag Herder GmbH, Freiburg im Breisgau 2020
Alle Rechte vorbehalten
www.herder.de

*Der Abschnitt »Eine sozialdemokratische Vision: Die freundliche
Gesellschaft« (in Kap. V) wurde schon einmal publiziert in:
Sigmar Gabriel, Neuvermessungen: Was da alles auf uns zukommt und
worauf es jetzt ankommt, Köln 2017.*

Satz: Daniel Förster, Belgern
Herstellung: GGP Media GmbH, Pößneck
Printed in Germany

ISBN: 978-3-451-38536-0
ISBN E-Book: 978-3-451-81679-6

Inhalt

Einführung:
Die Wende der 20er-Jahre

Warum dieses Buch? Und warum schreibt man als Politiker überhaupt Bücher? Im vorliegenden Fall jedenfalls nicht mit dem Ziel, sich für das nächste angestrebte Amt in Position zu bringen oder als Teil einer umfassenden Marketingkampagne für die Vorbereitung des nächsten Wahlkampfes. Zugegeben: Das habe ich wie viele andere Politikerinnen und Politiker auch schon gemacht. Nun bin ich aber am Ende meiner politischen Laufbahn angekommen. Nicht ganz freiwillig, wie ich zugebe, aber so ist es nun einmal.

Aber auch außerhalb politischer Ämter hört ja das Nachdenken über das Politische nicht auf. Schreiben ist bei mir eine Methode, die mich zum Nachdenken zwingt. Beim Schreiben ordnen sich meine Gedanken, merke ich, wenn das Geschriebene Lücken und Fragen hinterlässt oder schlicht keiner nachvollziehbaren Logik folgt. Schreiben ist so etwas wie eine Selbstvergewisserung für mich.

Während meiner politischen Karriere haben sich immer wieder politische »Gefährten« und Journalisten lustig darüber gemacht, dass ich selbst schreibe. »Gabriel arbeitet mal wieder selbst am Computer«, lautete dann die ironische Kommentierung. So, als ob Spitzenpolitiker immer ihre Mitarbeiter bitten müssten, für sie zu denken und zu schreiben. Gewiss war nicht alles richtig oder auch nur klug, was ich so im Laufe von 30 Jahren beruflicher Tätigkeit in der Politik zu Papier gebracht habe. Aber es hat mir immer geholfen, meine Gedanken zu ordnen. Politiker sollen gewiss auch über das »nachdenken«, was ihnen ihre engagierten Mitarbeiterinnen und Mitarbeiter aufgeschrieben haben, Sie sollen aber vor allen Dingen vordenken, was an Herausforderungen auf unser Land und seine Menschen zukommt.

Und damit wären wir bei dem eigentlichen Grund für dieses Buch: Es sind meine drei Töchter Saskia (31), Marie (8) und Thea (3). Ich frage mich seit Längerem, wie meine drei Töchter wohl leben werden, wenn sie so alt sind wie ich heute. Werden sie die gleiche Chance haben wie ich, aus ihrem Leben etwas zu machen? Werden sie selbstbewusst und selbstständig in einem demokratischen und friedlichen Land und in einem einigen und souveränen Europa leben? Denn wenig scheint in der großen Transformation, in der wir uns wirtschaftlich, technologisch, geopolitisch, kulturell und sozial befinden, noch sicher und vorhersehbar. Das war für mich noch ganz anders.

Ich selbst gehöre zu einer goldenen Generation: Wir sind im Frieden geboren und werden wohl auch im Frieden sterben. Wir konnten erleben, wie sich dieses Land Deutschland von Jahr zu Jahr besser, sozialer, liberaler und weltoffener entwickelte.

In den letzten 50 Jahren liberalisierte sich in Deutschland die ganze Gesellschaft. Freiheit nicht nur von Not und Unterdrückung, sondern vor allem zu einem selbstbestimmten Leben, so könnte man wohl die Idee der damaligen sozialliberalen Politik zusammenfassen. Der Lebensweg eines jeden sollte offen sein und nicht geprägt von Einkommen, Herkunft, Geschlecht, Hautfarbe, Religion oder Beziehungen. Ein gelungenes Leben muss jeder Mensch selbst führen, denn das kann kein Staat und keine Partei stellvertretend übernehmen oder gar garantieren. Aber Bedingungen schaffen, unter denen jedes Leben gelingen KANN, dass das Leben nicht abhängig sein sollte vom Einkommen der Eltern, vom Geschlecht, der Hautfarbe oder Religion: das war der emanzipatorische Kern des Sozialstaatsgedankens der 1960er- und 1970er-Jahre.

Leider ist diese emanzipatorische Idee heute weitgehend verschüttet und häufig genug zum Sozial-Hilfe-Staat degeneriert. Nicht zufällig trug eines der populären Bücher Willy Brandts den Titel »links und frei« und nicht etwa »links und sozial gerecht«. Soziale Gerechtigkeit und die soziale Verfasstheit des Gemeinwesens waren gedacht als das Unterpfand der Freiheit zu einem selbstbestimmten Leben. Sie waren Instrument, aber nicht Ziel sozialdemokratischer und sozialliberaler Politik. Eine auf Emanzipation ausgerichtete Politik wollte die Menschen aus den Zufälligkeiten und Bedingungen – manchmal auch aus den Unfreiheiten – des Lebens befreien, in das sie hineingeboren wurden.

Emanzipatorische Politik wollte nicht den allumfassenden Versorgungsstaat, keinen gesellschaftlichen »Club Méditerranée«, in dem alles »all inclusive« geliefert wird. Sondern sie wollte Chancen eröffnen, durchaus auch mehrfach im Leben jedes Einzelnen. Und viele in meiner Generation nutzten diese Chancen.

Nicht alles wurde gut in Deutschland und schon gar nicht perfekt. Und doch kann man wohl trotz aller Ungleichheit und weiterhin existierender Ungerechtigkeiten und Unzulänglichkeiten sagen, dass über die Jahrzehnte hinweg bis heute das beste Deutschland entstand, das es jemals gab.

Die mich bewegende Frage ist: Werden meine Kinder ähnlich über ihr eigenes Leben und über ihr Land sprechen können, wenn sie einmal so alt sind, wie ich es jetzt geworden bin?

Meine Generation konnte selbst erfahren, dass die Mahnungen unserer Eltern berechtigt waren, obwohl wir sie manchmal nicht mehr hören konnten: »Streng dich an, dann wird was aus dir« und »Du sollst es mal besser haben als wir«. Und genauso war es: Es wurde für viele von uns jedes Jahr ein bisschen besser. Keine paradiesischen Zustände, aber eben doch Schritt für Schritt besser. Und die Politik, vor allem die sozialdemokratische, machte den Weg für uns frei.

Die Familien- und Eherechtsreform der Regierung des ersten SPD-Bundeskanzlers Willy Brandt Anfang der 1970er-Jahre und die allgemeine Liberalisierung unserer Gesellschaft halfen meiner Mutter, sich von der Gewalt meines Vaters zu lösen und meine Schwester und mich aus einer außerordentlich schwierigen Familiensituation zu befreien. Die Bildungsreformen der Sozialdemokratie ermöglichten es mir und vielen meiner Generation zum ersten Mal, höhere Bildungsabschlüsse zu machen und sogar zu studieren. In meinem Jahrgang und in dem Stadtviertel, in dem ich aufwuchs, war es noch üblich, dass nach der »Volksschule« oder spätestens nach der »Mittelschule« die Berufsausbildung folgte, damit »Geld ins Haus« kam. Ganze zehn Prozent unseres Jahrgangs gingen nach der Grundschule ans Gymnasium. Auch ich wurde in die »Mittelschule für Knaben« eingeschult, aber die Oberstufenreform der SPD in Niedersachsen ermöglichte es mir und anderen, anschließend weiter zur Schule zu gehen.

So war ich der Erste in unserer Familie, der nach der Mittleren Reife noch zum Gymnasium gehen und Abitur machen konnte. Und dann zur Universität. Und auch wenn das wirklich nicht sehr hohe Gehalt einer alleinerziehenden Krankenschwester damals immer noch nicht für den Bezug von BAföG ausreichte und ich parallel zur Schulzeit am Gymnasium und später an der Uni immer auch arbeiten musste, erlebte ich den berühmten »Aufstieg durch Bildung«, wie ihn die ganze sozialdemokratische Idee damals verkörperte.

Die Arbeit am Hochofen einer Glasfabrik, am Fließband, im Labor, als Ausfahrer für Waschmaschinen und Kühlschränke bei Quelle, als »Bierkutscher« bei der Einbecker Brauerei, als Nachtportier in einem Göttinger Hotel oder in der gewerkschaftlichen Erwachsenenbildung hat mir übrigens den Respekt vor körperlicher Arbeit und vor Menschen beigebracht, die mit ihrer Hände Arbeit die Steuern erarbeiteten, die mir den Besuch einer Universität ermöglichten. Es war wohl diese Demut vor denen, die ein härteres Leben als ich zu bewältigen hatten, die mich immer davor bewahrt hat, hochmütig auf den Teil unserer Gesellschaft herabzublicken, der nicht so liberal, weltoffen, klimabewusst und multikulturell denkt und lebt, wie es sich die Tugendwächter unseres Landes oft vorstellen. Schlicht, weil sie im Alltag durch Niedriglohnkonkurrenz, teure Mieten und zu große Klassen für ihre Kinder verletzbarer sind als die liberalen Eliten unseres Landes, zu denen heute auch die Sozialdemokratie zählt.

Vielleicht liegt es an meinem Alter, dass diese Frage nach der Zukunft meiner Kinder zunehmend bei mir auftaucht. Ich habe gerade mein sechstes Lebensjahrzehnt beendet. Spätestens im Alter von 60 bemerkt man, dass die eigene Lebensspanne begrenzt ist und dass das eigene Lebensende nicht mehr so unendlich weit entfernt liegt, wie das noch vor einigen Jahren der Fall war. Ich weiß nicht, wie andere mit der Endlichkeit ihres Lebens umgehen, aber bei mir werden die Fragen, die ich mir stelle, existenzieller. Mir scheint, dass ich mit der verbleibenden Lebenszeit – wie groß oder klein sie auch sein mag – achtsamer umgehen muss als mit der bereits vergangenen.

Manchmal kommt man sogar erst wieder zum wirklichen Nachdenken über das wahrhaft Politische, wenn der tägliche Druck im Kampf um mediale und öffentliche Aufmerksamkeit und die Jagd von Termin zu Termin vorbei ist. Zuvor – und so erlebte ich es auch allzu häufig – ging es allzu oft eher um das Wie und nicht um das Was und das Wozu. Kommunikation und Selbstdarstellung gehörten und gehören im politischen Alltag immer dazu. Die rasende Geschwindigkeit sich abwechselnder Themen und die sich ständig verändernde Aufmerksamkeitsspirale führt heute allzu schnell dazu, dass es nur noch um die Pose geht und gar nicht mehr um die Substanz. Auch das eine Falle, in die ich selbst oft genug getappt bin.

Wir stehen mit dem Jahr 2020 ja am Beginn eines neuen Jahrzehnts. Wie schon vor 100 Jahren sind es wieder die 20er-Jahre, die viel Bewegung in die Welt bringen. Rückblickend sprechen wir über die aufregenden »Roaring Twenties« und die angeblich »Goldenen 20er« des vergangenen Jahrhunderts. Mit Jazz, Glamour und einem zumindest in Berlin schillernden und verruchten Nachtleben wollte man die Entbehrungen des Weltkriegs hinter sich lassen. Aber es gab natürlich auch eine andere Seite dieser 1920er-Jahre: Wirtschaftskrise, Arbeitslosigkeit und soziales Elend. Diese Seite steht für den Aufstieg der politischen Extreme, für Gewalt und dem Ende der ersten deutschen Demokratie. Das Ergebnis ist bekannt: Faschismus, Völkermord und Krieg. Der »Gang vor die Hunde«, wie es Erich Kästner als Zeitzeuge nannte, hatte bereits begonnen.

Pünktlich zum Jahreswechsel 2019/2020 gab es in den Feuilletons auch manchen Vergleich zwischen den 20er-Jahren damals und heute zu lesen. Wiederholt sich am Ende die Geschichte?, lautete die bange Frage. Solche Vergleiche waren natürlich nur das Lockangebot, sich in eine journalistische Geisterbahn zu setzen, wo uns ein wohliger Grusel überkommen sollte. So einfach wiederholt sich Geschichte Gott sei Dank nicht.

Denn weder die politische und mentale noch die soziale und wirtschaftliche Situation der Deutschen damals und heute lassen sich auch nur annähernd vergleichen:

- Statt Massenarbeitslosigkeit haben wir in vielen Branchen und Regionen Vollbeschäftigung.
- Statt auf traumatische Front-Erlebnisse blicken wir auf 75 Jahre Frieden zurück.
- Statt von misstrauischen ehemaligen Kriegsgegnern sind wir von politischen Freunden und Partnern umgeben.
- Statt in einer instabilen Republik leben wir in einer gefestigten Demokratie.

Profitiert hat unser Land und haben wir von den Vorteilen eines freien Welthandels, von den weltweiten Erfolgen unserer Industrie, von einem stabilen Gesellschaftsmodell, das auf wirtschaftlichen Wettbewerb und ökonomischen Erfolg ebenso setzte wie auf sozialen Ausgleich – der sozialen Marktwirtschaft. Aber auch und vor allem die europäische Einigung und das Schutzschild der NATO und ihrer Führungsmacht USA schafften die Sicherheit und die Möglichkeit, uns auf diesen wirtschaftlichen und sozialen Erfolg zu konzentrieren.

Das Problem ist: Wenig davon scheint heute noch gesichert zu sein. Ein amerikanischer Präsident, der das Bündnis mit Europa wenig wertzuschätzen scheint, das Ausscheiden der Briten aus der Europäischen Union, China auf dem Sprung, unsere eigenen Volksparteien in der Krise und der Vormarsch von Rechtspopulisten und Anti-Europäern in unsere Parlamente schaffen täglich neue Unsicherheiten. Im Chinesischen gibt es eine Redensart, die lautet: »*Mögest Du in interes-*

santen Zeiten leben!« Was sich für uns wie ein freundlicher Neujahrswunsch anhört, ist als Fluch gemeint.

Aber ob es uns gefällt oder nicht, das kommende Jahrzehnt wird interessant. Es wird über vieles entscheiden: über die Rolle und Entwicklung Deutschlands und Europas in der Welt, über die Grundlagen unseres Wohlstands, über Erfolg oder Misserfolg im Kampf gegen den Klimawandel, über die geopolitische Machtverteilung und leider auch über Krieg und Frieden in den aktuellen Krisengebieten der Welt.

Nein, wir haben nicht die Probleme unserer Urgroßeltern der 1920er-Jahre. Aber das heißt nicht, dass wir in »unseren« 2020er-Jahren nicht auch vor enormen Herausforderungen stehen – vor Jahrzehnt-Herausforderungen.

Allerdings sind die Herausforderungen des letzten Jahrzehnts nicht bewältigt, sondern ragen hinein in die nun beginnende neue Dekade: islamistischer und neuerdings in Deutschland auch rechter Terrorismus, die Schulden der Finanzkrise, endlose Gewalt und Kriege im Nahen und Mittleren Osten, vor denen Hunderttausende versuchen, sich nach Europa zu flüchten, sowie der neue Kampf um die Vorherrschaft in der Welt zwischen China und den Vereinigten Staaten. In dieser Zeit weltweiten Umbruchs wird Europa aufgrund des Austritts der Briten aus der EU schwächer und ringt um seine Rolle und seine innere Balance.

Was also wird aus uns? Wie werden Deutschland und Europa in zehn oder gar 15 Jahren aussehen? Denn wir stehen am Anfang eines Jahrzehnts, das über die danach kommende Zeit und das Leben in unserem Land und auf unserem Kontinent entscheiden wird. 2020 kann als Wendejahr in die Geschichte der Welt eingehen. Ich will einige Gründe dafür hier nur anreißen, die ich in den folgenden Kapiteln des Buches ausführlich behandeln werde:

1. Die Weltwirtschaft schwächt sich ab, nachdem sie aus der großen Rezession von 2008 mit dem längsten Aufschwung der Nachkriegszeit hervorgegangen war. Ökonomen erwarten in

den kommenden Jahren eher weltweite wirtschaftliche Stagnation und Rückgang der Wachstumszahlen. Zugleich aber tritt die Welt in eine geopolitische Rezession ein, mit einem Mangel an globaler Führung als Folge wachsender amerikanischer Unberechenbarkeit, einem im Niedergang begriffenen Russland, das die Stabilität und den Zusammenhalt sowohl der USA als auch ihrer Verbündeten untergraben will, und einem zunehmend mächtigen China, das eine wettbewerbsfähige autoritäre Alternative zur liberalen Weltordnung global zu verankern sucht. Wenn wirtschaftliche Schwäche und geopolitische Krisen und Unsicherheiten zusammentreffen und sich wechselseitig verschärfen, droht tatsächlich eine große globale Krise.

2. Auch aus europäischer Sicht sind die US-Präsidentschaftswahlen im November das wichtigste politische Ereignis und sogar das größte weltpolitische Risiko. Nicht so sehr, weil Donald Trump wiedergewählt werden könnte, sondern weil die Wahlen und der vorangehende Wahlkampf das Potenzial in sich tragen, die Spaltung des Landes weiter zu vertiefen. Ein knapper Wahlausgang birgt zudem die Gefahr, dass das unterlegene Lager wegen der Widersprüchlichkeiten des amerikanischen Wahlsystems die Legitimität des Wahlausgangs infrage stellt – insbesondere dann, wenn der derzeitige amerikanische Präsident der Verlierer sein sollte. Ein Amerika aber, das sich im tiefen innenpolitischen Streit mit sich selbst beschäftigt und bei dem die außenpolitischen Handlungen tagesabhängig von der aktuellen innenpolitischen Krisenlage sind, wäre eine echte Gefahr für die weltweite Stabilität und die geopolitische Anziehungskraft des Westens insgesamt.

3. Die Auseinandersetzung um die globale Technologieführerschaft zwischen den USA und China dürfte das zweitgrößte internationale Risiko der kommenden Jahre sein. Hier geht

es nicht um Wettbewerb zweier wirtschaftlicher Konkurrenten, sondern um einen neuen Kalten Krieg. Es geht um die Weltordnung und wer in ihr zukünftig die technologische, wirtschaftliche, politische und letztlich auch militärische Führerschaft übernimmt. Austragungsort sind die digitalen Technologien, bei denen sich beide Länder voneinander unabhängig machen wollen. Diese Entkoppelung, die bereits jetzt die nützlichen Technologie-, Talent- und Investitionsflüsse zwischen den beiden Ländern unterbricht, wird sich auf eine breitere Palette von Wirtschaftsaktivitäten erstrecken. Es wird nicht nur den gesamten fünf Billionen Dollar schweren globalen Technologiesektor betreffen, sondern auch eine Vielzahl anderer Industrien und Institutionen, von Medien und Unterhaltung bis hin zur akademischen Forschung.

Die große Frage ist: Wo wird die neue virtuelle Berliner Mauer errichtet? Welche Seite werden die Länder wählen – und welche Seite wählen wir Deutsche und Europäer, wo wir doch gesellschaftlich, politisch, kulturell und sicherheitspolitisch mit den USA verbunden sind, wirtschaftspolitisch aber ebenso mit China wie mit den Vereinigten Staaten?

4. Es ist richtig, wenn die neue EU-Kommissionspräsidentin die EU auch zu einem globalen Akteur machen will. Doch entgegen des vom neuen starken europäischen Duo Ursula von der Leyen und Emmanuel Macron geprägten Selbstverständnisses einer EU als Garantin des Multilateralismus kann der Eintritt Europas als geopolitischer Player die Unsicherheiten sogar erhöhen. Washington könnte Brüssel noch stärker als »Gegner« identifizieren, als dies Präsident Trump ohnehin schon getan hat. Es wächst die Besorgnis, dass sich die USA und die Europäische Union immer weiter voneinander entfernen und Europa wirtschaftlich in einen »Mehrfronten-Krieg« verwickelt wird: einerseits die USA, andererseits China. Denn eine geopolitisch aktivere EU wird auch zu mehr Spannun-

gen mit Peking führen. So sehr China darauf besteht, dass die Welt das Prinzip »Ein China – zwei Systeme« zum Beispiel mit Blick auf Hongkong oder Taiwan akzeptiert, so sehr wird ein geopolitischeres Europa versuchen müssen, China dazu zu bewegen, das geeinte Europa zu akzeptieren und nicht mehr zu versuchen, einzelne Staaten aus der europäischen Solidarität herauszukaufen.

5. Aber nicht nur in Fragen der Technologieführerschaft und der immer robusteren Handelspolitik wird sich die Kehrtwende von einer stabilen und vorhersehbaren zu einer unsicheren und unvorhersehbaren Welt im Jahr 2020 zeigen, sondern auch an der Zunahme von Gewaltkonflikten. Dies machen praktisch alle politischen Analysten vor allem an der Situation im Nahen und Mittleren Osten deutlich.
Hauptursache ist das Scheitern der US-Politik gegenüber den großen schiitischen Nationen im Nahen Osten. Das schafft erhebliche Risiken für die regionale Stabilität, einschließlich eines tödlichen Konflikts mit dem Iran, eines Aufwärtsdrucks auf die Ölpreise, eines irakischen Staates, der sich entweder in der iranischen Umlaufbahn befindet oder versagt, und eines mit Moskau und Teheran verschmolzenen Schurkenstaates Syrien.

6. Ein geopolitisches Risiko ganz eigener Art ist der Klimawandel, denn erkennbar funktioniert die internationale Klimapolitik nicht. Das bringt die Politik auf einen Kollisionskurs mit einem wachsenden Anteil von Investoren, Unternehmen und der Gesellschaft insgesamt, die in diesem Jahr höhere Kosten tragen werden. Die Zivilgesellschaft wird auf Investoren und Unternehmen Druck ausüben, die ihrer Meinung nach zu langsam vorgehen – ein Trend, der von wachsenden Graswurzelbewegungen wie »Extinction Rebellion« und »Fridays for Future« angeführt wird. Im Gegenzug werden die Anleger

ihre Engagements in kohlenstoffintensiven Industrien – einschließlich kritischer Sektoren wie Stahl und Zement – reduzieren, was sich auf die Vermögenspreise auswirken wird. Es besteht auch ein wachsendes Risiko von öffentlichen Unruhen wegen des Klimas, wobei die Protestierenden immer regider werdende Maßnahmen ergreifen.

Für uns Europäer stellt sich die Frage, ob wir, ob unsere Kinder und Enkelkinder in der Welt von morgen noch selbst über ihr Schicksal bestimmen können. Ob sie noch so leben können, wie sie leben wollen. Oder ob sie so leben müssen, wie andere es für angemessen halten. Werden wir Europäer also aus der sich entwickelnden »G-Zwei-Welt«, in der China und die USA versuchen, die Regeln der Welt neu zu bestimmen, wenigstens eine »G-Drei-Welt« machen können, in der mindestens Europa seine Souveränität wahrt, oder besser eine »G-X-Welt«, in der alle Nationen dieser Erde gleichberechtigt in einer internationalen Ordnung ihren Platz haben? Oder geraten wir Europäer auf den unbequemen Platz zwischen den Stühlen – schlimmer: zwischen die Mühlsteine?

Wir sind mitten drin in einer großen Transformation, die sowohl technologisch und wirtschaftlich als auch politisch und kulturell die Lebenschancen meiner Töchter und ihrer Generation umfassend beeinflussen wird. Und das erstmals nach 1945 nicht zwangsläufig positiv. Im Jahr 2030, am Ende des jetzt beginnenden neuen Jahrzehnts, werde ich hoffentlich noch leben, dann aber gewiss im Ruhestand. Mich persönlich und viele andere in Deutschland wird die Wucht des Wandels in den nächsten Jahren vermutlich gar nicht mehr so stark betreffen – aber um uns geht es ja in Wahrheit gar nicht mehr. Etwas flapsig könnte man sagen: Wir haben »das Gröbste« schon hinter uns. Ganz anders unsere Kinder.

Meine mittlere Tochter Marie wird im Jahr 2030 volljährig sein und auf eigenen Füßen stehen müssen und wollen. Sie wird dann Bürgerin eines Landes und Mitglied einer Gesellschaft sein, für die wir heute und in den kommenden Jahren die Weichen stellen. Sie und ihre Generation werden Verantwortung einfordern und übernehmen – von uns.

Und vielleicht wird sie mir auch die Frage stellen, die viele Kinder ihren Eltern irgendwann stellen: »Was hast *du* eigentlich damals dafür getan, um meiner Generation eine ordentliche Zukunft zu ermöglichen?«

Die nächsten Jahre werden also darüber entscheiden, ob wir eine gute Antwort geben können und ob wir die Weichen richtig stellen.

Vielleicht kann uns dabei ein Blick zurück helfen, ein Blick in die Geschichte der europäischen Industrialisierung, deren Anfänge sich in einem der vielleicht berühmtesten Gemälde des wahrscheinlich größten britischen Malers des 19. Jahrhunderts: Joseph Mallord William Turner, abbilden. Der Titel des Bildes aus dem Jahr 1844 ist dabei fast Programm: »Rain, Steam and Speed – The Great Western Railway«.

Joseph Mallord William Turner: *Regen, Dampf und Geschwindigkeit, der Zug »Great Western«*, 1844, Öl auf Leinwand, National Gallery, London

Das Bild (deutsch: »Regen, Dampf und Geschwindigkeit«) selbst, inzwischen millionenfach auf Postkarten, in Kalendern und Monografien gedruckt, enthält alles, worum es in diesem Buch geht: um Kraft, Bewegung, Richtung, Parallelität, Unschärfe, Auflösung, Tempo, Fortschritt, Natur sowie das gleißende Licht der Sonne, die das Leben auf der Erde überhaupt erst möglich macht. Eine Bild-Ikone der damals gerade beginnenden Industrialisierung der Welt, der Startschuss des sinnbildlichen rasenden Fortschritts.

Man muss das Bild genau betrachten, um alle Details zu erkennen. Denn das gleißende Sonnenlicht am Himmel und der Regen erschweren eine klare Betrachtung. Eine Dampflokomotive überquert eine steinerne Brücke und fährt am Betrachter vorbei an den unteren rechten Bildrand. Keine Idylle, sondern ein Bild voll von diffusem Licht und Bewegung, wenige blaue Striche am Himmel, der Rest von Himmel und Erde in grellem Gelb-Ocker und ein paar Braun-Tönen mit weißen Erhöhungen – der beinahe unsichtbare peitschende Regen von rechts oben tut ein Übriges, um das Bild unscharf werden zu lassen und die Bewegung der Lokomotive sichtbar zu machen.

Und was hat dieses 175 Jahre alte Gemälde mit der Situation von heute zu tun? Mein Eindruck ist: Wir befinden uns in einer vergleichbaren Situation im Übergang zu einem neuen Zeitalter. In diesem Bild wird der technisch-wissenschaftliche Ausgangspunkt der Industrialisierung sozusagen malerisch festgehalten. Und zugleich das Überholte, am Rande des Bildes sichtbar: ein Ruderboot, das eine sich vor dem Regen mit Schirm schützende Figur über den Fluss bringt; ein Hase, der quer über die Schienen springt und von dem der Bildbetrachter nicht weiß, ob es ihm gelingt, sein Hasenleben zu retten.

Heute könnte wahrscheinlich kein einzelnes Bild, auch kein Foto mehr die aktuelle Lage so bannen, wie das damals in einem malerischen Moment möglich war. Die Menschheit stand um die Mitte des 19. Jahrhunderts, im Geburtsland der Industrialisierung, am Beginn dieser – bis heute – andauernden Epoche, auch wenn seit vielen Jahren schon gern von der Phase der Post-Industrialisierung geredet wird.

Wie Europa, Deutschland und seine demokratischen Kräfte mit der sich vollziehenden politischen Neuordnung der Welt, mit ihren inzwischen unübersehbaren ökonomischen Gewichtsverschiebungen, aber auch mit den rasanten gesellschaftlichen und kulturellen Wandlungsprozessen umgehen und sie zugleich gestalten sollten, damit sich unser Kontinent, aber auch unser Land im Zentrum Europas behaupten kann, darum geht es in diesem Buch. Denn das wird ausschlaggebend sein dafür, ob es uns gelingt, Europa und seine Mitgliedsstaaten als prosperierende Wohlstandsregion für alle hier lebenden Menschen weiterzuentwickeln.

Die kürzlich verstorbene ungarische Philosophin Agnes Heller sagte in einem Interview mit der *FAZ* kurz vor ihrem Tode: »Wenn man die Welt vernünftig ansieht, schaut sie vernünftig zurück. Das heißt nicht, dass die Welt vernünftig wäre; aber wir geben ihr Sinn durch die Art des Blicks, den wir auf sie richten. (...) Die Europäische Union ist Europas letzte Chance. Wenn sie zerfällt, wird Europa untergehen wie das Römische Reich.«

Wie muss unser vernünftiger und nicht angst- oder ideologiegetriebener Blick auf die Welt aussehen? Und was müssen wir tun, um Europa für unsere Kinder zu erhalten? Nicht um seiner selbst willen, sondern weil die Generation meiner Töchter nur dann eine Stimme in der Welt haben wird, wenn es eine gemeinsame europäische Stimme ist. Selbst das große Deutschland ist zu klein für die Welt.

Europa ist zu allem fähig. Zum Guten und zum Bösen. Empirisch war es häufiger in den letzten Jahrhunderten zu Letzterem fähig, vor allem im 20. Jahrhundert; denn erst seit 70 Jahren gibt es zumindest im Westen Europas keinen Krieg. Wir sind sozusagen noch im Stadium des Experiments. Oder wie Agnes Heller es ausdrückt: »Beides sind europäische Erfindungen: Hier die Werte der Aufklärung und der liberalen Demokratie, dort die Werte des Totalitarismus. Beide sind europäische Erfindungen.« Trotz mehr als 70 Jahre liberales Deutschland und fast ebenso lange europäische Zusammenarbeit: Es ist nicht zwangsläufig, dass beides auch in den kommenden Jahrzehnten die Grundlagen unseres Zusammenlebens bildet. Es kommt erneut sehr auf uns an, wohin sich unser Land und Europa entwickeln.

Und schließlich geht es in diesem Buch auch um die Sozialdemokratische Partei Deutschland. Seit mehr als 42 Jahren gehöre ich der SPD an. Und natürlich lässt mich die jüngere Entwicklung der SPD nicht unberührt. Was könnten Antworten einer erneuerten Sozialdemokratie sein, die ihren eigentlichen Kern wiederentdeckt: eine Partei der Freiheit und der Emanzipationsfähigkeit zu sein. Denn die sozialdemokratische Bewegung war immer eine Leistungsbewegung, um für die, die die Werte einer Gesellschaft schaffen, auch faire Beteiligungen am Haben und am Sagen durchzusetzen.

Was bedeutet diese große Idee vom Zusammenleben in einer Gesellschaft, die sich immer mehr individualisiert und in der gleichzeitig immer weniger klar ist, was die Menschen miteinander verbindet? Welche Idee von einer besseren Gesellschaft kann ein erneuerte Sozialdemokratie wieder in den Mittelpunkt ihrer Politik stellen, damit der Hoffnungsüberschuss auf eine andere, eine bessere Gesellschaft neu entsteht, in der alle angemessen beteiligt sind am Haben und am Sagen und Demokratie nicht immer mehr zu einem Elitenprojekt wird? Die zunehmende Ruppigkeit und Rohheit in unserem Land und in der Welt schreien doch geradezu nach einer Alternative, in der eine freundliche Gesellschaft die Menschen wieder zueinanderfinden lässt, statt sie immer wieder nur in Stellung gegeneinander zu bringen. Ich bin sicher: Es braucht nur ein bisschen Mut und Fantasie, um sich vom scheinbar immer aggressiver gewordenen Alltag nicht anstecken zu lassen und nicht zu resignieren. Den Pessimisten und Gleichgültigen die Idee einer anderen, einer freundlichen Gesellschaft entgegenzuhalten, auch darum soll es am Ende in diesem Buch gehen. Am Ende, weil der traditionelle Blick der Politik viel zu oft von der eigenen Partei ins Land und dann in die Welt geht.

Diese Froschperspektive aber muss man umkehren, wenn man selbst Orientierung finden und sie anderen geben will. Also erst der

Blick in die Welt und dann darauf, was das für uns in Europa, in Deutschland und für uns Sozialdemokratinnen und Sozialdemokraten heißen kann.

I.

Die Große Transformation:
Ein neues Zeitalter hat begonnen

1. Die internationale Ordnung und ihre Bedrohung – Können wir sie sichern?

Die Geschichte der Stadt Venedig ist ein gutes Beispiel, um zu veranschaulichen, was wir derzeit durchleben. Venedig ist weltberühmt, eine wunderschöne Stadt, herrlich anzuschauen. Allerdings schon etwas morbid, mit viel Patina und anhaltenden Überflutungsproblemen. Das Problem: Kaum ein Venezianer lebt noch in der Stadt. Dafür kommen aber Jahr für Jahr 30 Millionen Touristen aus aller Welt in die einzigartige Stadt der Gondeln, unter ihnen viele sehr reiche Chinesen, die dort die alten Paläste aufkaufen, sanieren und danach meist niemanden mehr hineinlassen. Venedig heute ist ein großes Museum. Das war nicht immer so, denn diese Stadt war einst das mächtigste Handelszentrum Europas. Es kontrollierte die Wirtschaftsachsen durch das Mittelmeer und entwickelte dadurch politische und auch militärische Macht.

Anfang des 15. Jahrhunderts jedoch geschah etwas, womit die Venezianer vermutlich nicht gerechnet hatten: Die Portugiesen und Spanier machten sich auf der Suche nach dem Seeweg nach Indien entlang der Westküste Afrikas auf – und entdeckten dabei Amerika. Diese Entdeckung eines neuen Kontinents hatte gravierende Folgen für die bis dahin bestehenden wirtschaftlichen, politischen und militärischen Gravitationszentren Europas. Schritt für Schritt verlagerten sich die Handels- und Wirtschaftsachsen jetzt vom Mittelmeer in den Atlantik – und mit ihnen die politischen und militärischen Machtachsen. Mit Portugal, Spanien und später England stiegen neue Mächte auf – für Venedig dagegen begann der Abstieg. Ganz sachte, Schritt für Schritt, begleitet von vielen kleinen und großen Konflikten mit seinen Nachbarn. Heute betrachten wir die einstigen Reichtümer dieser großartigen und in der frühen Neuzeit mächtigen Stadt als Freilichtmuseum für Touristen.

Daraus ergeben sich zwei Fragen: 1. Haben die Venezianer eigentlich gemerkt, wie sich die Machtachsen der ihnen bekannten Welt verschoben? Und 2. Merken wir heute eigentlich, dass sich gerade erneut die zentralen Wirtschafts- und Handelsachsen und mit ihnen die politischen und militärischen Machtzentren verlagern?

Denn genau das geschieht gerade: Nach 600 Jahren endet die Europazentriertheit der Weltpolitik. Nicht mehr der Atlantik ist das Gravitationszentrum der Welt, sondern der Pazifik. Seit der Entdeckung des Seewegs nach Amerika war die transatlantische Achse dominierend in der Welt: technologisch, wirtschaftlich, politisch und auch militärisch. 600 Jahre prägte die Ideengeschichte Europas die Weltordnung im »alten Europa« ebenso wie »in der neuen Welt«. Und dieses Zeitalter geht nun zu Ende. Was wir erleben gleicht einer tektonischen Plattenverschiebung mit Erschütterung all dessen, was wir bisher als gefestigt und gesichert angesehen haben. Aktuell sieht sich unser Europa neuen und bislang nicht gekannten Herausforderungen gegenüber. Und auch wenn die Zukunft ungewiss bleiben wird, um die Bedeutung dieser Veränderungen für das Europa, wie wir es heute kennen, besser einschätzen zu können, müssen wir uns erst einmal selbst im Kontext dieses grundlegenden Wandels verorten und fragen: »Wo kommen wir eigentlich her?«

Das Ende des Zweiten Weltkriegs und der Beginn einer neuen Ära

Für das Europa, das wir heute kennen, stellt das Jahr 1945 natürlich die wichtigste Zäsur dar. Unter dem Eindruck des gerade beendeten Zweiten Weltkrieges ging es darum, Prinzipien für das zwischenstaatliche Verhalten zu schaffen, die das Ausbrechen eines neuerlichen Krieges verhindern sollten.

Der Eindruck des Zweiten Weltkrieges sowie die Analyse seiner Ursachen machte allen Beteiligten klar, dass das ungeregelte System der Beziehungen zwischen Staaten die Welt immer wieder ins Chaos stürzt. Ohne eine übergeordnete Instanz, die die Beziehungen zwischen Staaten regelt und Fehlverhalten bestraft, eine Art Weltpolizei, wird das internationale Staatensystem anarchisch und chaotisch bleiben. Zwischen April und Oktober 1945 arbeiteten 50 Staaten jene Grundakte aus, die in Zukunft die Beziehungen zwischen Staaten regulieren sollte: Die Charta der Vereinten Nationen. Sie fußt auf dem generellen Gewaltverbot, Kriege zwischen Staaten sollten damit der Vergangenheit angehören. Und sie schafft verbindliche Regelungen über die Handelsbeziehungen zwischen Staaten – sie sollen frei sein von jeder Ausübung von Druck und Zwang. Am 24. Oktober 1945 wurde dann die Institution gegründet, die diese Regelung der zwischenstaatlichen Beziehungen fortan verkörpern sollte: Die Vereinten Nationen.

Dass der Zweite Weltkrieg ausbrach, lag aber nicht nur daran, dass es keinen »Weltpolizisten« gab. Dieser zweite industrielle Krieg in Europa hatte auch wirtschaftliche Ursachen – so hatte die Weltwirtschaftskrise infolge des Börsencrashs von 1929 gezeigt, dass ungeregelte Finanzmärkte katastrophale Folgen haben können. Eine weitere Beobachtung war, dass die Abschottung des eigenen Wirtschaftsraums vom Handel mit anderen Mitgliedern der Staatengemeinschaft, um kurzfristig die eigene Wirtschaft zu stärken, die Wahrscheinlichkeit eines Krieges erhöht. Wirtschaftliche Interdependenz andererseits minimiert die Risiken für militärische Großkonflikte.

Die Frage einer neuen Wirtschaftsordnung wurde bereits kurz nach der erfolgreichen Landung der alliierten Truppen in der Normandie, anlässlich einer Konferenz in Bretton-Woods, im Juli 1944 beantwortet. Die Konferenz, an der 44 spätere Siegermächte beteiligt waren und an der über 700 Delegierte teilnahmen, schrieb gemeinsam mit dem Allgemeinen Abkommen über Güter und Zölle (GATT) den wirtschafts- und handelspolitischen Pfeiler dessen, was wir heute als »liberal order« oder Multilateralismus bezeichnen, fest. Die Sowjetunion war an diesen Anfängen beteiligt und ratifizierte die Erklärung von Bretton-Woods zunächst. Unter dem Eindruck der zunehmenden Systemkonkurrenz aber zog sie ihre Beteiligung zurück. Sie schuf ihren eigenen Wirtschaftsraum, basierend auf den Prinzipien von Planwirtschaft und stalinistischer Kontrolle.

Die Unvereinbarkeit der Weltanschauungen der alliierten Siegermächte trat offen zutage, als der gemeinsame Feind, Hitler-Deutschland und die Nazis, besiegt war. Ihr Konflikt und der Wettbewerb um das bessere System sollten über 40 Jahre lang die Weltordnung prägen. Ein zentraler Schauplatz war dabei von Anfang an Deutschland und Europa, die durch einen »Eisernen Vorhang« geteilt waren. Vor allem ging es darum zu verhindern, dass ein wiedererstarktes Deutschland einen neuerlichen Krieg in Europa beginnt. Schließlich teilte die Frage, wie mit dem besiegten Deutschland umzugehen sei, nicht nur die ehemaligen Verbündeten in zwei Lager, sondern auch Deutschland. In keinem anderen Land der Welt war die Grenze zwischen den beiden Blöcken so sichtbar und spürbar wie im geteilten Deutschland.

Dass die Fronten sich verhärteten, hatte jedoch nur mittelbar mit der Frage des Umgangs mit Deutschland zu tun – an dieser Frage zeigten sich die zukünftigen Konfliktlinien nur besonders deutlich. Während US-Präsident Franklin D. Roosevelt bis zu seinem Tode an der Vorstellung einer von den USA und den UDSSR als Weltpolizisten gemeinsam getragenen Weltordnung festhielt, war der britische Premier Winston Churchill von Anfang an skeptisch gegenüber Stalin und dem Kommunismus. Man weiß heute, dass die westlichen Alliierten auch daher zögerten, eine zweite Front im Westen Europas gegen die Deutschen zu eröffnen. Die Sorge war, dass Stalin den Einflussbereich der Sowjetunion durch die Schaffung weiterer sozialistischer Staaten in Europa weiter ausdehnen könnte – wie in Griechenland oder der Türkei 1947. Der Nachfolger von Roosevelt im Amt des Präsidenten, Harry S. Truman, teilte diese Sorge und gab ihr unter dem Eindruck der Krisen in der Türkei und Griechenland in der Truman-Doktrin ihren Ausdruck. Danach sollte es der Grundsatz der Außenpolitik der Vereinigten Staaten werden, »freien Völkern beizustehen, die sich der angestrebten Unterwerfung durch bewaffnete Minderheiten oder durch äußeren Druck widersetzen.« Eine Entscheidung mit weitreichenden Konsequenzen. Sie markierte das Ende der Kriegskoalition zwischen den USA und der Sowjetunion und den Beginn des Kalten Krieges.

Für das besiegte Deutschland, besetzt und aufgeteilt in vier Besatzungszonen, brachte die Truman-Doktrin die entscheidende Wende. Denn um eine neuerliche Aggression Deutschlands zu unterbinden, schwebte den Siegermächten bis zu diesem Zeitpunkt eher vor, Deutschland vollständig zu deindustrialisieren und in einen Agrarstaat umzuwandeln. Das änderte sich nun komplett. Mit der Truman-Doktrin erhoben die USA den Führungsanspruch der freien Völker. Sie markierte den politischen Pfeiler der »liberal order«, die sich zunächst auf der freien Seite des Eisernen Vorhangs entwickeln sollte. Und sie begründete die Strategie der Einhegung, was in der Praxis nichts anderes bedeutete, als der Ausdehnung des sowjetischen Einflussbereiches in Europa Grenzen zu setzen und die eigenen Reihen so sehr zu stärken, dass nicht nur ein militärisches, sondern auch ein undurchdringbares ökonomisch-politisches Bollwerk gegen die Unfreiheit des sowjetischen Systems entstand. Europas Schutz wurde damit zur amerikanischen Staatsräson.

»*America in, Russians out, Germans down*« wurde zum Leitmotiv der (west-)europäischen Nachkriegsordnung. Für 70 Jahre galt: Amerika als europäische Macht, die Einhegung sowjetischen Einflusses und die Einbindung Deutschlands in das westliche Bündnis, damit dieses große Land in der Mitte Europas keine gefährlichen Sonderwege mehr gehen würde. Ausdruck dieser Strategie waren die beiden großen zwischenstaatlichen Organisationen, die bis heute Bestand haben: die sich aus der Europäischen Wirtschaftsgemeinschaft entwickelnde Europäische Union und die NATO.

Ein verarmtes und wirtschaftlich schwaches Deutschland, das große Land in der Mitte Europas, war aus dieser Perspektive keine Option mehr. Klar ist aber auch – für die USA ging es auch darum, wieder eigene Absatzmärkte für die eigene Wirtschaft zu schaffen: Es galt eine überhitzte Kriegswirtschaft wieder auf eine Friedenswirtschaft umzustellen und gleichzeitig Hunderttausende Rückkehrer von den blutigen Schauplätzen wieder in den zivilen Arbeitsmarkt zu integrieren.

Die Truman-Doktrin brachte aber auch noch etwas ganz anderes zum Ausdruck, nämlich das Selbstverständnis der USA in der Welt: US-Präsident Truman betrachtete den Isolationismus der USA während der 1920er- und 1930er-Jahre als einen der großen Fehler amerikanischer Politik, der wesentlich zur Katastrophe des Zweiten Weltkriegs beitrug. Dass es neuerlich zu einem Weltkrieg kommen konnte, in den die USA mit hineingezogen wurden, war auch der Tatsache geschuldet, dass sich die USA nicht für das Aufrechterhalten einer Ordnung eingesetzt hatten und sie verteidigten. Zur Herstellung einer neuen und gesicherten Ordnung der Welt nach zwei verheerenden Weltkriegen wurden die USA zur »indispensable nation«, also zur unabdingbaren Nation, wie US-Präsident Bill Clinton es viele Jahre später nannte. Vernachlässigt das Land seine globale Verantwortung, steht der Frieden der Welt auf dem Spiel, so sah es schon Präsident Truman.

Mit dem nach dem damaligen US-Außenminister George C. Marshall benannten Programm für den europäischen Wiederaufbau (European Recovery Program) legten die USA 1948 ein gigantisches Projekt auf, um die darniederliegende europäische Wirtschaft und Industrie wieder zu beleben. Das Programm sollte auch für Deutschland gelten. 1949 gründeten sich zwei Deutschlands. Die Grenze zwischen den beiden Deutschlands markierte gleichzeitig die geografische Grenze zwischen den beiden Ideologien und ihren Zentren: Washington und Moskau.

Damit beginnt nicht nur die Geschichte des Kalten Krieges und der Teilung der beiden deutschen Staaten, sondern auch die Erfolgsgeschichte der »liberal order«: Das Weltsozialprodukt zeigte beispiellose Wachstumsraten; immer mehr Länder nahmen freiheitlich-demokratische Verfassungen an, und aus der ehemals am wenigsten verbreiteten Regierungsform wurde durch die Demokratisierungswelle im Zuge der Dekolonialisierung die gebräuchlichste. In der Zeit vor 1945 waren zwischenstaatliche Kriege die Norm, in der Zeit zwischen 1945 und 1990 waren sie die Ausnahme – im Übrigen eine Tendenz, die sich bis heute fortgesetzt hat. An die Stelle zwischenstaatlicher Kriege traten Bürgerkriege. Häufig waren dies sogenannte Stellvertreterkriege, in denen die beiden Supermächte USA und Sowjetunion die kämpfenden Seiten unterstützten. Die einen, um den eigenen Machtbereich zu erweitern – die anderen, um dies zu verhindern.

Bei allen Widersprüchen der damaligen »Weltordnung 1.0« zeigte sie sich doch erfolgreicher als das geschlossene Modell der Sowjetunion. Am Ende wurde der Kalte Krieg nicht durch die Anzahl zur Verfügung stehender Nuklearwaffen, die Zahl der Soldaten oder eine abschließende Konferenz wie 1648 in Münster, 1918 in Versailles oder 1945 in New York entschieden. Vielmehr hatten die vergangenen 40 Jahre der gegenseitigen Abgrenzung gezeigt, dass die Prinzipien der »liberal order« das »bessere Leben« versprechen – ganz so, wie es sich einer ihrer Gründerväter, Dean Acheson, erhofft hatte. Die Sowjetunion implodierte. Mit ihrem Kollaps fiel auch der Eiserne Vorhang. Die Kräfte, die die regelbasierte, offene Wirtschaftsordnung auf ihrer Seite des Eisernen Vorhangs ab 1945 freigesetzt hatte, erhielten neuen Schwung. Der Eiserne Vorhang war die letzte Schleuse, bevor sich der gewaltige und bereits in Bewegung befindliche Strom der Globalisierung entfesseln und entgrenzen konnte.

Liberale Euphorie – und ihre Grenzen

So groß war der Jubel, dass einige den Sieg der »liberal order« über die unfreie Welt als das Ende der Geschichte verstanden – die Frage nach der besseren Ordnung, die in der Vergangenheit zu vielen Kriegen und Konflikten geführt hatte, schien mit diesem »Sieg« beantwortet. Der Königsweg zu einer Welt in Frieden und Wohlstand schien entdeckt. Einer freien Welt stand nun nichts mehr im Wege. Es setzte eine liberale Euphorie ein – die jedoch nicht nur Märkte und die Regelung zwischenstaatlicher Handelsbeziehungen, sondern auch Regierungsformen betraf. Denn mit nur wenigen Ausnahmen waren die Mitglieder der »freien Welt« Demokratien. Das eine – wirtschaftliches Wachstum – ging mit dem anderen – freiheitlicher Demokratie – einher. In dieser neuen »Weltordnung 2.0« setzte eine neuerliche, dritte Demokratisierungswelle ein, und das Weltsozialprodukt schoss noch schneller in die Höhe. Allerdings – es zeigte sich schnell, dass die Welt sich nicht anschicken würde, weniger gewalttätig zu werden. Neben anhaltenden Konflikten, wie in der Demokratischen Republik Kongo, brachen neue auf – wie im ehemaligen Jugoslawien.

Und noch etwas änderte sich: War der Sicherheitsrat während des Kalten Krieges durch das Veto-Prinzip blockiert, sollte er nach dem Ende nun die ihm zugedachte Rolle erhalten – als Hüter von Frieden und Sicherheit. Unter dem Eindruck zahlreicher Bürgerkriege und fortdauernder Gewalt mandatierte er eine Vielzahl von Missionen in Bürgerkriegsländern, um Frieden zu schaffen und zu erhalten. Die humanitären Interventionen aber waren völkerrechtlich von Anfang an umstritten. Sie waren aber auch bald politisch sehr umstritten – denn in den seltensten Fällen gelang es, Frieden durch Interventionen zu schaffen und zu erhalten. Die Bilder aus Ruanda und Srebrenica machten die Unfähigkeit der Weltgemeinschaft, diese schrecklichen Ereignisse zu verhindern, nur zu deutlich. Und wie auch schon in Vietnam zeigte sich, dass demokratische und liberale Regierungsformen, von außen herangetragen, nicht selten auf Widerstand und Ablehnung trafen.

Doch nicht nur in der Frage der Wahrung von Frieden und Sicherheit wurden Schwächen der »liberal order« sichtbar: Spätestens mit der Asienkrise 1998 wurden die Risiken einer vernetzten und verzahnten Weltwirtschaft erkennbar. Auch wenn die Krise vor allem die Staaten Südostasiens betraf, hatte sie weltweite Auswirkungen. Sie machte auch deutlich, dass ungeregelte Märkte eine Neigung haben, zu überhitzen, mit erheblichen sozio-politischen Konsequenzen, wenn die entstandenen Blasen dann platzen.

Dennoch: Am Ende des 20. Jahrhunderts war die »liberal order« auf ihrem Höhepunkt. Das gilt auch für die Macht der USA – unangefochtene Weltmacht, die »indispensable nation«.

Die Entstehung neuer Machtzentren seit der Jahrtausendwende

Der Erfolg der westlich geprägten Weltordnung war vor allem wirtschaftlicher Natur. Und so wuchsen andere wirtschaftliche Zentren neben Europa und den USA heran. Vor allem China schickte sich an, zu einem globalen Player zu werden. Damit aber trat ein Spieler auf die Weltbühne, dessen wirtschaftliches Wachstum zwar ohne die liberale Ordnung nicht denkbar wäre, der aber dennoch kein Mitglied im Club der Demokratien ist. Frei von Kritik war das wirtschaftliche Wachstum Chinas zu keinem Zeitpunkt – dies betrifft nicht nur das Thema der Menschenrechte, sondern auch originär wirtschaftliche Fragen, wie zum Beispiel den Schutz von Patenten oder unfaire Handelspraktiken. So profitierte China von der Ordnung, die es nicht geschaffen hatte, auch dadurch, dass es sich nicht immer an sie hielt – leisten konnte sich China das vor allem wegen der enormen Profite, die das Geschäft mit dem Reich der Mitte versprach.

Allerdings: Die Überschriften der globalen Nachrichten prägte China zu diesem Zeitpunkt nicht. Bestimmend war der globale »Krieg gegen den Terror«, wie es der damalige US-Präsident George W. Bush nannte. Am 11. September 2001 flogen Terroristen der Organisation al-Qaida mit gekaperten Passagiermaschinen in die Twin Towers des World Trade Centers sowie in das Pentagon. Die Terroristen wünschten den Niedergang der USA und der von ihnen angeführten »liberal order«. Beides wird durch die Zielauswahl, das World Trade Center und das Pentagon, deutlich unterstrichen. Die Ziele von al-Qaida, wie auch allen anderen fundamental-islamistischen Terrororganisationen, aber gehen noch weiter: Die geltende Ordnung soll ersetzt werden durch ein global umfassendes Kalifat, einen Gottesstaat.

Auf den Anschlag von 9/11 folgte die Intervention in Afghanistan. Und auf Afghanistan folgte der Einmarsch in den Irak 2003. In seiner Folge gab es massenhafte Kritik an den USA und der »liberal order«, die sie vertraten. Vielen war klar, dass die Rechtfertigung der USA und ihrer Koalition der Willigen für den Einsatz militärischer Gewalt auf tönernen Füßen stand. Für viele brach sie in eklatanter Weise das generelle Gewaltverbot der Vereinten Nationen. Hunderttausende zogen in London und in Washington auf die Straße, um gegen diese von ihren Staatsführungen vorangetriebene Intervention zu demonstrieren. Der Protest wuchs weiter, als kurz nach der Intervention bekannt wurde, dass sich die USA und Großbritannien auf bewusst politisierte und gefälschte Geheimdienstinformationen beriefen – und der US-Außenminister Colin Powell sogar den UN-Sicherheitsrat belog. In Deutschland verhinderte der SPD-Bundeskanzler Gerhard Schröder die Teilnahme an diesem zweiten Irak-Krieg. Seine Gegnerin, die damalige CDU-Vorsitzende Angela Merkel dagegen plädierte für die Teilnahme der Bundeswehr an diesem völkerrechtswidrigen Krieg. Der Glaube, dass mit einer wertorientierten und liberalen Weltordnung die Welt eine bessere sein würde, war 2003 bereits sichtbar geschwächt – weniger durch ihre Herausforderer als durch eigenes Zutun.

Fünf Jahre später, 2008, markierten zwei Ereignisse, dass die bisherige Ordnung zu wanken began. Im Sommer dieses Jahres kam es zum georgisch-russischen Krieg. Georgien war zu diesem Zeitpunkt ein aussichtsreicher Kandidat für ein Mitgliedschaft in der NATO. Die georgische Hoffnung, dass sich die NATO an ihre Seite stellen würde, erfüllte sich nicht. In der Folge okkupierte Russland – völkerrechtswidrig – die Gebiete Abchasien und Süd-Ossetien. Der Georgien-Krieg zeigte, dass Russland sich zu einer Macht entwickelte, die eine Revision der geltenden Ordnung anstrebte – notfalls auch durch den Einsatz militärischer Mittel und durch Verletzung von Grenzen. Ganz anders als die alte Sowjetunion, die eher eine Status-quo-Macht und im Wesentlichen am Erhalt ihres Einflussbereiches interessiert war. Der Georgien-Krieg zeigte aber auch, dass die USA die von ihnen geschaffene Weltordnung nicht mehr um jeden Preis verteidigen wollen – und können.

Politische und ökonomische Eruptionen erschüttern die Welt an vielen Stellen. Entscheidender aber war, dass 2008 die Welt, erstmals nach 1929, in eine wahrhaft globale Finanz- und Wirtschaftskrise stürzte. Auslöser waren faule Immobilienkredite. Betroffen waren vor allem diejenigen, die ihr Geld in die Hände anderer gelegt hatten. Einige verloren alles, viele Vieles. Vor allem aber verloren die Betroffenen das Vertrauen in das System, das solche Krisen erst möglich machte – denn diese Krise entstand vor allem durch das Ausnutzen von Regelungslücken auf dem globalen Finanzmarkt. Die Prämisse des Kapitalismus – dauerndes Wachstum – wurde immer unglaubwürdiger und als »Pumpkapitalismus« entlarvt, wie ihn Ralf Dahrendorf schon 2009 scharf beschrieben hatte.

Auch die Massenproteste und Regimestürze in Nordafrika und dem Nahen und Mittleren Osten 2011 wurden durch spekulatives Verhalten an der Börse mit ausgelöst – sie erhoben sich, nachdem in Tunesien ein Mann auf offener Straße sich selbst entzündete, weil er durch den gestiegenen Brotpreis sich und seine Familie nicht mehr ernähren konnte. Die Preise für Weizen am Weltmarkt waren explodiert und das Getreide ein äußerst beliebtes Spekulationsobjekt.

Der Arabische Frühling setzte indes keine vierte Demokratisierungswelle in Gang. Es ging vor allem um mehr wirtschaftliche Teilhabe und Perspektiven. In der Folge der Massenproteste entstanden weitere Kriege und Konflikte. 2011 kam es – mit Mandat des UN-Sicherheitsrates bei deutscher Enthaltung – zu einer neuerlichen Intervention. Der libysche Machthaber, Muammar al-Gaddafi, wurde mit Hilfe britischer und französischer Truppen abgesetzt.

Es sollte der letzte »regime change« sein. Gaddafis Regime wurde sprichwörtlich von außen und er von innen liquidiert. In Syrien aber, vom Arabischen Frühling mit einiger Verspätung erreicht, entwickelte sich infolge der blutigen Niederschlagung friedlicher Proteste ein fürchterlicher Bürgerkrieg, aus dem sich die internationale Gemeinschaft zunächst komplett heraushielt. Erst nachdem die syrische Regierung Giftgas gegen die eigene Bevölkerung eingesetzt und Russland seinen Einfluss immer weiter ausgebombt hatte, mischte sich die internationale Gemeinschaft verstärkt ein.

Sowohl bei der Intervention in Libyen als auch in der Syrien-Frage war erkennbar, wie sehr Präsident Obama bemüht war, eines seiner Wahlkampfversprechen einzulösen – die US-Streitkräfte aus ihren zahllos erscheinenden und niemals enden wollenden Kriegen fern der Heimat zurückzuordern. Im Schatten des Arabischen Frühlings aber vollzog Obama 2011 in einer Rede vor dem australischen Parlament einen viel bedeutenderen Wandel in der US-Außenpolitik – von nun an würden die USA eine pazifische Nation sein. Der Schritt war längst eingeleitet – vollzogen wurde er von Obama. Sein Nachfolger Donald Trump setzte diesen Prozess eigentlich nur fort.

Im Jahre 2014 brach Russland internationales Recht und annektierte die Halbinsel Krim. Erstmals seit Beginn des Zweiten Weltkrieges expandierte in Europa ein Staat militärisch – ein krasser Bruch der geltenden Ordnung. Im selben Jahr, kurz nach der völkerrechtswidrigen russischen Annexion der Krim, rief eine bis zu diesem Zeitpunkt nahezu unbekannte Terrororganisation namens Islamischer Staat in Irak und Syrien ein Kalifat aus, das sie auf brutalste Art und Weise errichtete. Ihr Erfolg profitierte vom Vakuum, das der Rückzug der Amerikaner aus dem Irak hinterlassen hatte. Und zwei Jahre später entschied sich die britische Bevölkerung für den Ausstieg ihres Landes aus der Europäischen Union und Donald Trump wurde zum 45. Präsidenten der USA gewählt. Seither erlebt die liberale Ordnung einen Tiefschlag nach dem anderen – vor allem durch den US-Präsidenten. Heute stecken wir mitten in

einem Handelskrieg mit all den Elementen, die die Gründerväter der »liberal order« als ursächlich für den Ausbruch des Zweiten Weltkrieges erkannt hatten: Protektionismus und Abschottung.
Vor allem aber ist unklar, wie die »Weltordnung 3.0« aussehen
wird, die sich gerade in der neuen Systemkonkurrenz zwischen den
USA und China herauszubilden scheint.

Die großen Antipoden unserer Zeit: China und USA

Kurz nach dem Zusammenbruch der Sowjetunion und dem Fall
des Eisernen Vorhangs brachte der amerikanische Publizist Fran-
cis Fukuyama den idealistischen Überschwang des Westens mit seinem Buch »The End of History« zum Ausdruck. Der demokratische
Kapitalismus des Westens und mit ihm seine Werte waren die Sie-
ger der Geschichte und sollten fortan unangefochten eine friedliche
Weltordnung gestalten können. Knapp 30 Jahre danach merken wir:
Es kann keine Rede davon sein, dass nach dem Fall des Eisernen Vorhangs die Konflikte auf der Welt einfacher und vor allem friedlicher
gelöst werden könnten. Die USA empfinden ein »hegemonic overstretch« und ziehen sich als Architekt und Bauherr einer globalen
Ordnung zurück. Alte revisionistische Mächte wie Russland wollen
das dabei entstehende Vakuum füllen und Länder wie Indien, Pakistan, Iran, die Türkei oder Saudi-Arabien und zunehmend auch Länder wie Nigeria oder Südafrika versuchen, sich in ihren räumlichen
Kontexten zunehmend robust als Regionalmächte zu etablieren.

Im Laufe dieser letzten 30 Jahre seit 1990 hat sich eine neue Supermacht entwickelt: China. Es ist vor allem das chinesische Wirtschaftswachstum, das den Schwerpunkt der Handelsachsen vom
Atlantik in den Pazifik verschoben hat. Damit aber tritt ein Spieler auf die Weltbühne, der ein anderes Ordnungsverständnis hat.
Zwar ist der chinesische Aufstieg aufs Engste mit der Globalisierung
und den Handelsprinzipien der »liberal order« verbunden, aber eben
nicht mit einer demokratischen Regierungsform. China vertritt das

Modell des autoritären Staatskapitalismus. Sein Wachstum ist rasant und expansiv.

China dringt dabei zielgerichtet in Räume ein, die zuvor ebenso exklusiv durch Präsenz und Politik der USA bestimmt waren. Es tut dies aber auf anderem Wege als die oben genannten Akteure – der ökonomischen Durchdringung folgt mit einigem Abstand auch die Schaffung militärischer Interdependenzen. Noch. Die One-Belt-One-Road-Initiative, die »Neue Seidenstraße«, ist eben keine historische Handelsreminiszenz an Marco Polo, sondern letztlich eine geostrategische Idee, mit der China seine Ordnungsvorstellungen durchsetzt. Handelspolitisch, geopolitisch und letztlich womöglich auch militärisch. Man kann heute wohl sagen, dass China das einzige Land der Welt ist, das überhaupt eine entwickelte langfristige geostrategische Idee hat. Das ist China nicht vorzuwerfen, im Gegenteil. Es löst bei mir jedenfalls Respekt aus, wie schnell und durchsetzungsfähig sich dieses Land in den letzten 30 bis 40 Jahren entwickelt hat. Aber es ist uns im »alten Westen« durchaus vorzuwerfen, dass wir keine vergleichbare eigene Strategie haben. Denn erst wenn beides vorliegt – die Definition chinesischer und europäischer Interessen, und besser noch: die amerikanisch-europäischen Interessen –, kann daraus eine tragfähige Balance aller drei Seiten entstehen.

Die beiden Entwicklungen, »hegemonic overstretch« und Chinas expansives Wachstum, verstärken sich gegenseitig: Während China versucht, seine globale Macht und Stellung gemäß seiner Ordnungsvorstellung auszubauen, sind die USA bemüht, ihre Rolle als einzige Supermacht zu erhalten. Daher wollen die USA ihre Kraft gegen den neuen Wettbewerber einsetzen und bündeln. Im Pazifik wächst der große wirtschaftliche, technologische, politische und auch militärische Konkurrent der USA heran. Nicht mehr Russland wird als Wettbewerber gesehen, das Land gilt als militärisch durchaus ernst zu nehmen, aber technologisch und wirtschaftlich zu vernachlässigen. Die Amerikaner würden wohl Helmut Schmidt recht geben, der einst über Russland gesagt hatte, es sei wie »Obervolta mit Atomraketen«.

Die USA und China sind die großen Antipoden des 21. Jahrhunderts. Das führt zu einem völlig anderen Verhältnis der USA zu Europa, als wir es gewohnt sind. Es war wie schon erwähnt Barack Obama, der als erster amerikanischer Präsident den Satz aussprach: »Amerika ist eine pazifische Nation«. Alle anderen amerikanischen Präsidenten zuvor hatten Amerika als atlantische Nation bezeichnet. Wir Europäer haben diesen »pivot to Asia« als überraschenden Perspektivenwechsel interpretiert und dabei übersehen, dass die USA sich nach dem Zweiten Weltkrieg immer als eine wirklich globale Macht verstanden haben. Unverzichtbar nicht nur für den Atlantik und Frieden und Freiheit in (West-)Europa, sondern ebenso als Ordnungsmacht in der Asien-Pazifik-Region. Der Abstieg der Sowjetunion, die Schwäche Russlands und der Aufstieg Chinas hat schlicht zu einer anderen Gewichtung des globalen Engagements der USA geführt.

Obama allerdings wusste, dass der Rückzug der USA aus Teilen der Welt – zum Beispiel aus Afrika – ein Vakuum erzeugt, das gefüllt sein wollte, am besten mit Verträgen, auch mit Freihandelsverträgen, zum Beispiel mit Europa. Donald Trump hält das für überflüssig. Für ihn gibt es so etwas wie eine internationale Gemeinschaft gar nicht, sondern die Welt ist für ihn eine Arena, eine Kampfbahn, in der sich nur der Stärkere durchsetzt. Und dabei macht er stets deutlich, worum es ihm im Kern geht: um eine Neu-Definition von nationalen Interessen, die vor allem anderen stehen.

Der derzeitige US-Präsident setzt dabei etwas aufs Spiel, das weltweit einzigartig ist. Nicht »nur« das demokratische Gesellschaftsmodell unterscheidet die USA von den anderen »Supermächten« China und Russland. Im Unterschied zu diesen beiden autokratischen Regimen haben die Vereinigten Staaten etwas besonders Kostbares: Partner, Alliierte und Freunde. Erst die Fähigkeit zu Bündnissen und zu dauerhaften Allianzen hat die Kraft und die Macht der USA ja multipliziert. Das ist abseits unserer völlig verschiedenen Ideen von der Verfasstheit unserer Gesellschaften der wohl größte Unterschied zwischen dem, was wir »den Westen« nennen, und den revisionistischen Mächten wie China und Russland. Sie stehen ohne Partner und Alliierte da. Selbst ihre unmittelbaren Nachbarn wie beispielsweise Weißrussland oder auch Kasachstan sehen den Führungsanspruch Russlands und allemal Chinas mit großer Sorge.

Das Gefährliche an diesem Blick auf die Welt ist dabei, dass nicht nur Donald Trump die Vorstellung hat, dass die mächtigen Nationen der Welt die wirtschaftlichen, politischen und militärischen Konflikte unter sich austragen. Exakt dieser Auffassung würden wohl auch der chinesische Staatspräsident, der russische und der türkische Präsident folgen. Nimmt man die amerikanische nationale Sicherheitsstrategie des Jahres 2018 und streicht aus ihrem Text überall die Bezeichnung USA, dann kann man an Stelle dessen auch China, Russland oder Türkei einsetzen und würde – wenig überraschend – feststellen, dass sich die Vorstellungen von der Welt doch stark ähneln.

Die Folgen einer zwischen China und den USA aufgeteilten G-Zwei-Welt können wir bereits deutlich wahrnehmen. Sie wirken sich aus auf den Globalisierungsprozess, und an den Rändern der jeweiligen Einflussgebiete ergeben sich neue Konfliktregionen. In einem Zeitalter, in dem die alte, auf freien Handel zielende Weltordnung infrage gestellt wird, erhält die Frage, wer die Flaschenhälse des Welthandels kontrolliert, ebenso neue Bedeutung wie die Erschließung neuer, potenziell ökonomischerer Handelsrouten. Mit anderen Worten – der Globalisierung steht die Rückkehr der Geopolitik entgegen. Dies zeigt sich vor allem an der neuen Variablen der Geopolitik im 21. Jahrhundert: den Daten. Im Zeitalter der Digitalisierung erhält die Kontrolle über die Datenbahnen der Welt eine nahezu gleichbedeutende Rolle wie die Kontrolle über die Handelswege.

Die USA werden nie wieder, wie sie einmal waren

Donald Trump ist nicht die Ursache der veränderten geopolitischen Haltung der USA, sondern er ist ein Symptom dafür. Auch nach der Präsidentschaft Trumps werden die USA nicht zu ihrer alten Rolle zurückkehren. Sie werden sich möglicherweise wieder ändern und vor allem im Umgang weniger erratisch, rauh und brüsk werden, aber nie wieder so, wie sie einmal waren. Die liberalen Werte des Westens werden – hoffentlich – wieder wichtiger werden, aber die politischen Prioritäten bleiben unterschiedlich zwischen den USA und Europa. In den Zeiten des »Kalten Krieges 1.0« war es relativ einfach, gemeinsame Prioritäten zu haben. Der Gegner war klar, sichtbar und es ging eine gemeinsame Gefährdung von ihm aus: die Sowjetunion und ihre Verbündeten. In der Welt von morgen, in der China und die USA miteinander in einem »Kalten Krieg 2.0« verbunden sind, ist das wesentlich schwieriger. China ist aus Sicht der Europäer Konkurrent und Partner zugleich. Eine unmittelbare militärische Bedrohung geht aus Sicht vieler Europäer von China nicht aus. Ganz anders die Sichtweise der Vereinigten Staaten, für die China mehr und mehr nicht nur ökonomischer Konkurrent, sondern auch Systemgegner ist, mit dem man nicht wie Europa kooperieren will.

Wie sehr sich die Prioritäten zwischen den USA und Europa verschoben haben, zeigt vor allem die Lage im Nahen und Mittleren Osten. Seit Donald Trump entschieden hat, die amerikanischen Truppen aus dem Norden Syriens zurückzuziehen, wird er – nicht zuletzt in Europa – wieder als Isolationist bezeichnet. Dabei wird häufig vergessen, dass Trump mit seiner Politik des Rückzugs und seiner Abkehr vom Weltpolizistendasein der USA keineswegs einen neuen Weg beschreitet, sondern an ältere amerikanische Traditionen anknüpft. Und es wird auch vergessen, dass er mit seinen Vorstellungen in den USA nicht allein ist: Auch das linke demokratische Lager befürwortet eine Politik des Rückzugs. Es gibt in den USA eine neue Sehnsucht, der Welt den Rücken zuzudrehen, die weit über Trump hinausgeht. Daraus ergeben sich auch Folgen für die europäische Außenpolitik.

Im Jahr 1821 sagte der damalige amerikanische Außenminister und spätere Präsident John Quincy Adams in einer Rede anlässlich des Unabhängigkeitstages: »Die Vereinigten Staaten von Amerika ziehen nicht in die Fremde auf der Suche nach Monstern, um sie zu zerstören. Sie sehen mit Sympathie die Freiheit und die Unabhängigkeit aller. Sie sind Verfechter und Verteidiger nur ihrer selbst.« Bis heute ist der ansonsten eher vergessene John Quincy Adams ein Referenzpunkt für jene, die den Rückzug der USA befürworten – auf beiden Seiten des politischen Spektrums. Erst diesen Sommer gründete sich in Washington ein neuer Think Tank für Außen- und Sicherheitspolitik – das Quincy Institute for Responsible Statecraft. Das Geld kommt von zwei Großspendern, deren Weltansichten unterschiedlicher nicht sein könnten: George Soros, ein sozialliberaler Globalist, und dem konservativ-libertären Charles Koch, den US-Präsident Donald Trump wohl einen Patrioten nennen würde. Die Gründung des Quincy Instituts wurde in den USA heiß diskutiert, nicht nur wegen seiner prominenten Förderer. Das neue Institut hat sich zur Aufgabe gemacht, »Amerikas endlose Kriege zu beenden«.

Der Begriff der »endlosen Kriege« (und das Sehnen nach einem Rückzug daraus) taucht aber längst nicht nur im Gründungsmanifest des »Quincy Institutes« auf. Es war Bernie Sanders, der den Begriff »Amerikas endlose Kriege« wieder ins Gespräch brachte. Gleich mehrere Bewerber um die demokratische Präsidentschaftskandidatur arbeiten damit: »Wir müssen den endlosen Krieg beenden«, sagte Pete Buttigieg während einer Fernsehdebatte der Demokraten. Elizabeth Warren gilt ebenfalls als Verfechterin dieser Idee des Rückzuges.

Der Isolationismus ist so alt wie die USA, und er liegt in ihrer schwierigen transatlantischen Geschichte begründet. Es war vor allem der Wunsch der europäischen Einwanderer in diesem Land, dass nur kurze Zeit vor Quincys Präsidentschaft seine Unabhängigkeit von der einstigen Kolonialmacht erklärt hatte, sich herauszuhalten aus den Wirren des europäischen Kontinents. Der Isolationismus wurde das Leitmotiv der Außenpolitik. Dies änderte sich erst mit dem Eintritt der USA in den Ersten Weltkrieg. Es ist Woodrow Wilson, der für das andere außenpolitische Leitmotiv der Vereinigten Staaten steht, den Interventionismus – demnach ist es die Aufgabe und das Interesse der USA, sich für eine Welt der Freiheit, Unabhängigkeit und des Friedens zu engagieren. Mit Bill Clinton fand diese Doktrin einen Höhepunkt – er bezeichnete die USA wie bereits beschrieben als die »indispensable nation«, als die unabdingbare Nation. Sein Nachfolger, George W. Bush stand ebenso in dieser Tradition – und führte das Land in zwei militärische Auseinandersetzungen, die heute synonym für Amerikas endlose Kriege stehen: Afghanistan und Irak. Es war ein zentrales Wahlkampfversprechen Barack Obamas, den militärischen Fußabdruck der USA in der Welt, vor allem aber die Missionen im Nahen und Mittleren Osten, zu einem Ende zu bringen – und die Truppen zurück in die USA. Er versuchte, das Vakuum, das entstand, durch multilaterale Verträge zu füllen – und forderte von den Partnern der USA, sie sollten mehr Verantwortung für die eigene Sicherheit übernehmen.

Donald Trump ist mit seiner »America-first«-Doktrin ebenfalls bestrebt, sich aus den militärischen Einsätzen im Nahen und Mittleren Osten zurückzuziehen. Aber er ist kein Isolationist, wie es der konservative amerikanische Publizist Robert Kagan zu Recht anmerkte. Der derzeitige US-Präsident will sich sehr wohl in die Welt einmischen, aber nicht, um eine »liberal order« als »indispensable nation« aufrechtzuerhalten, sondern um amerikanische Partikularinteressen mit Hilfe der wirtschaftlichen Dominanz des Dollar durchzusetzen – notfalls auch gegen die Partner und Alliierten der USA. »Mission defines coalition« ist die Devise: Wer den Interessen der USA dient, ist Partner. Je nach Mission können die Partner von heute morgen Gegner sein und umgekehrt. Das ist das Gegenteil des alten Westens.

Auch wenn Trump damit in der eigenen Partei und in der interventionistisch geprägten Washingtoner Blase viel Kritik hervorruft, ist diese Politik in Grundzügen eben doch in viele Richtungen in den USA anschlussfähig. Es muss davon ausgegangen werden, dass auch nach Donald Trump die Idee des »Rückzuges« der USA politisch attraktiv bleiben wird. Das Volk ist der vielen Kriege müde.

Es wäre ebenso leicht wie töricht, aus deutscher und europäischer Sicht aus den Signalen, die der wachsende Trend des Isolationismus über den Atlantik sendet, ein Gefühl der Überlegenheit abzuleiten, nach dem Motto: »Haben wir ja schon immer gesagt: Weniger Militär – mehr Frieden«. Auch dass Deutschland nun, da die USA sich militärisch nicht mehr engagieren, internationale Verantwortung vorrangig durch den Einsatz militärischer Mittel übernehmen sollte, ist falsch. Vielmehr geht es darum, eine eigene Vorstellung von Außen- und Sicherheitspolitik zu entwickeln – Fragen, die das Militär zwar einschließen, aber weit darüber hinausgehen.

In der deutschen Debatte zeigt sich eine Parallele zum US-Diskurs – auch hier herrscht eine Konsensblase, das Motto lautet: »Mehr Verantwortung übernehmen«. Der Begriff der »Verantwortung« hat dabei den Vorteil, dass er von allen Seiten interpretiert werden kann. Internationale Verantwortung kann militärische Zurückhaltung ebenso sein wie verstärktes militärisches Engagement. Am bequemsten aber ist, dass die Bekundung, man übernehme von nun an »mehr Verantwortung« das gute Gefühl hervorruft, dass man ja bereits etwas tue. Dabei treten wir seit Jahren auf der Stelle.

Deutschland wird mehr in Sicherheit investieren müssen – die eigene, vor allem aber die im Bündnis, europäisch wie transatlantisch –, denn davon war und bleibt Deutschlands Sicherheit abhängig. Sie liegt in unserem Interesse. Dazu gehört auch der Umgang mit dem militärischen Instrument. Wir sind aus guten Gründen zurückhaltend in dieser Frage. Zurückhaltung darf aber nicht mit Verdrängung verwechselt werden. Nur weil es schwer und unangenehm ist, dürfen wir uns dieser Frage nicht entziehen. Und nur weil man sie stellt, bedeutet dies nicht, dass man einer verantwortungslosen Militarisierung der deutschen Politik das Wort redet.

Der Westen verliert den Nahen Osten

Was wir derzeit erleben, ist eine »Welt der Unordnung«. Sie hat die zwar auch nicht immer verlässliche, aber uns doch sehr vertraute Ordnung nach dem Ende des Zweiten Weltkrieges abgelöst. Diese war geprägt von der liberalen Idee, dass Regeln, Verabredungen und internationale Institutionen die Grundlagen für das Zusammenleben der Völker schaffen.

Anführer dieser bisherigen Weltordnung waren die USA, die aber nun, beginnend unter Barack Obama und dann sehr rasch unter seinem Nachfolger Donald Trump, jegliche Verantwortung für die »liberal order« abzutreten bereit sind. Die internationale Ordnung ist nur noch dort für sie relevant, wo ihre eigenen nationalen Interessen betroffen sind. Nichts anderes sehen wir am Verhalten der USA im Nahen und Mittleren Osten. Nachdem die USA selbst zu einem der weltweit größten Energieexporteure geworden sind und nicht mehr auf die Lieferungen aus der Mittel- und Nahostregion angewiesen sind, schwindet ihr strategisches Interesse rapide. »Was geht uns dieser Konflikt an, der 7.000 km entfernt stattfindet«, kommentierte Donald Trump seine verheerende Entscheidung, in Nordsyrien Hals über Kopf das US-amerikanische Militär abzuziehen, was nicht nur den Einmarsch der Türkei gegen die YPG/PKK-Milizen an der Grenze zu Syrien ermöglichte, sondern vor allem auch Russland zur neuen regionalen Ordnungsmacht werden ließ.

In der internationalen Politik gibt es nie ein Vakuum: Wo jemand den Raum verlässt, betritt ihn jemand anderes. Russland sorgt dafür, dass der Krieg der Türkei gegen die Kurden im Norden Syriens gestoppt wird, und verschafft zugleich dem syrischen Diktator und Menschenschlächter Baschar al-Assad wieder die Kontrolle über diese Gebiete, die er lange zuvor an die kurdischen Kämpfer verloren hatte. Die wiederum müssen das als »kleineres Übel« akzeptieren und treffen mit dem ihnen eigentlich verhassten Regime in Damaskus Vereinbarungen, die in Moskau entworfen wurden.

Gewinner des Rückzugs der USA sind auch die Terroristen des sogenannten Islamischen Staates, weil die kurdischen Verbände die Hafteinrichtungen für Tausende dieser Terrorkämpfer nicht mehr kontrollieren können. Ihre ganze militärische Kraft wird im Kampf gegen die Türkei absorbiert. Tausende Terroristen machen sich auf den Weg zu Gleichgesinnten, die sich noch immer im Irak versteckt halten – oder auf den Weg nach Europa. Die Entscheidung des US-Präsidenten, sein Militär aus Nordsyrien zurückzuziehen, macht den Weg frei für den Terror.

Ganz nebenbei verliert in dem Maße, in dem das syrische Regime wieder an Kraft und Einfluss gewinnt, auch der Iran – was durchaus im Interesse Russlands und auch Israels sein dürfte. Nichts bereitete Israel so große Sorge wie ein zweites Libanon in Syrien, mit schiitischen Milizen wie der Hisbollah, die Raketenstellungen an der Grenze zu Israel zu errichten versuchen.

Selten hat jemand mit so minimalem Einsatz eine so starke Stellung im Mittleren Osten errungen wie Russland. Russland hat inzwischen ja auch der Türkei Raketenabwehrsysteme verkauft, weil weder wir noch die USA dem NATO-Mitglied Türkei Waffen liefern wollen. Russische Militärberater in der Türkei und eine immer stärkere Loslösung der Türkei von der NATO dürfte unseren Interessen eher widersprechen – zumal eine Türkei außerhalb der NATO gewiss den Versuch unternehmen würde, sich atomar zu bewaffnen. Eine neue und unkontrollierte Nuklearmacht an der Grenze zur EU dürfen wir nicht zulassen. Deshalb gilt es auch – jedenfalls nach Beendigung des Waffengangs der Türkei in Nordsyrien – unser Verhältnis zur Türkei neu zu bestimmen.

Russland baut also überall seinen Einfluss aus. Auch der Iran soll dieses moderne russische Waffensystem erhalten. Nimmt man die Verunsicherung Saudi Arabiens hinzu, das auch seine Fühler hinsichtlich einer militärischen Kooperation mit Russland ausstreckt, weil die USA sie nicht vor dem massiven Angriff auf die Raffinerie von Aramco schützen konnte, wird das Bild immer klarer: Der Westen verliert den Nahen und Mittleren Osten. Und Europa ist der größte Verlierer, weil es der nächste Nachbar ist und alles, was dort geschieht, direkte Auswirkungen auf unsere Sicherheit haben wird. Und sei es durch immer wieder neu entstehende Flüchtlingsbewegungen.

Es scheint fast so, als seien die jüngsten scharfen Sanktionen der USA gegen die russischen Gas-Pipeline-Pläne Nord Stream 2 eine Reaktion auf den dramatischen Einflussverlust der USA im Nahen und Mittleren Osten und die Rückkehr Russlands in seine dortigen früheren Einflusssphären. Das schlechte Gewissen der Abgeordneten und des Weißen Hauses über diesen in weiten Teilen von der US-Außenpolitik selbstverschuldeten Erfolg Russlands soll wohl mit diesen »Bestrafungen« Russlands beruhigt werden. Die Sanktionen selbst treffen auch die europäischen Verbündeten der USA und hier insbesondere Deutschland. Denn Europa hat einen liberalisierten Gasmarkt, was schlicht bedeutet, dass die Unternehmen und Kunden selbst entscheiden, von wem sie ihr Gas beziehen und der Staat sich rauszuhalten hat. Preise, Qualität und die Sicherheit der Lieferungen sind am Gastmarkt die entscheidenden Parameter für den Abschluss von Gasliefervertragen. In diesen Gasmarkt greifen die USA nun wie eine Besatzungsmacht ein. Vordergründig mit dem Argument, Europa mache sich zu sehr abhängig von russischem Gas. Dabei hat selbst die alte Sowjetunion in den dunkelsten Zeiten des Kalten Krieges ihre Lieferverpflichtungen immer eingehalten. Und angesichts des russischen Staatsaushaushaltes könnte man eher auf die Idee kommen, Russland sei von der Abnahme seines Gases durch Europa abhängig und nicht umgekehrt. Allerdings machen sich die Vereinigten Staaten auch erst seit wenigen Jahren »Sorgen« um die Abhängigkeit ihrer europäischen Verbündeten von russischen Gaslieferungen – exakt seit sie selbst Erdgas exportieren können. In Wahrheit geht es wohl bei den aktuellen Sanktionen eher um den Versuch, amerikanische Gasexporte nach Europa durchzusetzen als um Energieversorgungssicherheit. Das US-amerikanische Liqufied Natural Gas (LNG) ist allerdings für deutsche und europäische Kunden deutlich teurer, weshalb es auf einem liberalisierten Gasmarkt weit geringere Chancen hat als russisches Pipeline-Gas. Es ist ein einmaliger und abenteuerlichen Vorgang, dass die USA zur Durchsetzung ihrer wirtschaftlichen Interessen derart in die wirtschaftliche und politische Souveränität ihrer europäischen Verbündeten eingreifen. Und es konterkariert alle erfolgreichen Bemühungen, die Ukraine in das System von Energiesicherheit in Europa einzubeziehen. Denn die zentrale Bedingung der Europäer und auch der Deutschen war immer der Erhalt einer wirtschaftlich leistungsfähigen transukrainischen Pipeline, um dem Land selbst eine verlässliche Energieversorgung mit russischem Gas zu garantieren und auch die Transitgebühren in erheblicher Größenordnung für die Ukraine zu erhalten. Ausgerechnet in dem Moment, als Russland diese Bedingungen akzeptiert und vertraglich vereinbaren will, zerstören die US-Sanktionen die Grundlage dieser Vereinbarungen.

Der gemeinsame Zorn über die Einflussnahme Russlands auf die letzten US-Präsidentschaftswahlen und der parteiübergreifende Frust über Russlands neue Rolle im Mittleren Osten dürften die Treiber der gemeinsamen Sanktionspolitik von Demokraten und Repräsentanten im Washingtoner Abgeordnetenhaus gewesen sein. Welcher Schaden sich dadurch bei den wichtigsten Verbündeten der USA in Europa ergab, war letztlich für die amerikanische Politik zweitrangig. Präsident Trump jedenfalls mochte sich nicht erneut dem Verdacht aussetzen, eine zu große Nähe zu Russland zu suchen, und ließ daher das von Demokraten und Republikanern beschlossene Sanktionsgesetz in Kraft treten.

Wladimir Putin könnte an diesem Beispiel erkennen, dass seine »Investition« in den letzten US-Präsidentschaftswahlkampf gegen Hillary Clinton ein *stranded Investment* war. Denn herausgekommen ist kein gegenüber Moskau zugänglicherer US-Präsident, sondern eine gemeinsame Front der gesamten amerikanischen Politik gegen Russland – wenn auch aus unterschiedlichen Motiven.

Der 1914-Moment: Im Schlafwandel zum Krieg im Nahen Osten

Die Ermordung des iranischen Generals Soleimani im Irak Anfang Januar 2020 ist ein zweites dramatisches Beispiel für die weitgehend innenpolitisch bestimmten Entscheidungen der US-Regierung unter Donald Trump. Die gezielte Tötung des Kommandeurs der »Quds-Brigaden«, einer Unterabteilung der iranischen Revolutionsgarden für Auslandseinsätze, durch einen gezielten amerikanischen Drohnenangriff stellt einen Wendepunkt in den regionalen Spannungen im Nahen und Mittleren Osten dar. Auch wenn es nach wie vor fundamentale Gründe dafür gibt, dass keine der beiden Seiten – Washington und Teheran – in einen vollständigen Krieg eintreten wollen, drohen die Beteiligten durch die nächsten wechselseitigen Eskalationen wie im Schlafwandel in den Krieg zu ziehen. Ein 1914-Moment: Niemand will den Krieg und doch kommt es dazu, weil die internationale und regionale Diplomatie versagen und niemand eingreift. »Zu viele Faktoren auf einmal.« So lautete im Sommer 1914 ein Satz im Tagebucheintrag des deutschen Diplomaten Kurt Riezler. Zuvor hieß es in seinem Tagebuch: »Das Schicksal ist zumeist ganz dumm und unbewusst und verheddert sich in lauter Zufällen. (…) Aber es ist in dieser verflucht verwirrten modernen Welt so vielgestaltig geworden, weder zu berechnen noch zu begreifen.« Sieben Tage danach brach der Erste Weltkrieg aus. Die Beschreibung des damaligen Privatsekretärs des deutschen Reichskanzlers von Bethmann Hollweg passt ganz gut in unsere Zeit. Nicht, weil wir unmittelbar vor dem Ausbruch eines Weltkriegs stehen, aber »zu viele Faktoren auf einmal« sind auch eine ganz zutreffende Beschreibung unserer heutigen internationalen Lage.

Keiner kann voraussagen, ob europäische Initiativen am Ende wirksam helfen können, in solchen Situationen einen neuen großen Krieg zu verhindern. Aber es wäre fahrlässig, nicht alles zu versuchen, die drohende Eskalation zu verhindern oder zumindest in Grenzen zu halten. Denn schnell könnte der Konflikt zwischen dem Iran und den USA nicht nur den Irak betreffen, sondern in einem Flächenbrand die gesamte Golf-Region, Syrien, Israel, Palästina, Jordanien und den Libanon erfassen. Der demokratische Präsidentschaftsbewerber und frühere US-Vizepräsident Joe Biden hat es zu Recht drastisch geschildert: Donald Trump hat eine Stange Dynamit in ein Pulverfass geworfen.

Aber auch ohne den großen Krieg wird die gezielte Tötung von Soleimani politische Konsequenzen haben, die den USA und Europa schaden: Das Kräftegleichgewicht im Irak wird sich zuungunsten der USA und zugunsten des Iran verschieben. Unmittelbar nach dem Attentat, bei dem auch ein hoher irakischer Militärberater ums Leben gekommen war, hatte der irakische Ministerpräsident bereits erklärt, dass dieser völkerrechtswidrige Akt Konsequenzen für das Verhältnis des Irak zu den USA haben werde. Dazu muss man wissen, dass jeder irakische Ministerpräsident letztlich die stillschweigende Zustimmung Washingtons und Teherans braucht, um sein Amt ausüben zu können. Im Irak gibt es nach dem zweiten Irak-Krieg eine Form der unausgesprochenen Kooperation zwischen den USA und dem Iran, die schlicht und ergreifend der Tatsache folgt, dass zwei Drittel der Bevölkerung des Irak schiitischen Glaubens sind und der Iran schon aus diesem Grund eine starke Präsenz dort besitzt. Eine Kündigung des Stationierungsvertrages mit den USA durch den Irak oder eine Abnahme der amerikanischen Präsenz im Irak aber hätte vor allem einen Gewinner: den Iran. Das Attentat gegen General Soleimani wird am Ende den Iran im Irak nicht schwächen, sondern sogar noch stärken.

Das allerdings könnte noch weitere verheerende Wirkungen haben: Einerseits dürfte es die Überlegungen der Kurden im Norden wieder anheizen, sich vom Irak zu trennen, was unweigerlich einen weiteren innerirakischen militärischen Konflikt auslösen würde. Und nicht zuletzt leitet eine weitere Stärkung des schiitisch-iranischen Einflusses im Irak neues Wasser auf die Mühlen der sunnitischen Terrororganisation Islamischer Staat.

Der ganze Irrsinn der dortigen Entwicklung zeigt sich ja, wenn man sich kurz zurückerinnert: Im Jahr 2003 hatten die USA mit vielen Verbündeten einen völkerrechtswidrigen Krieg im Irak mit der offenkundigen Lüge begonnen, der dortige Diktator Saddam Hussein habe Massenvernichtungswaffen in seiner Gewalt. Wenige Länder – darunter Deutschland unter dem sozialdemokratischen Bundeskanzler Gerhard Schröder und Frankreich unter dem konservativen Präsidenten Jacques Chirac – haben sich diesem Krieg verweigert. Im Ergebnis entstand ein vor allem im Süden schiitisch dominierter Irak, in dem die alten sunnitischen Eliten des Regimes von Saddam Hussein aus allen öffentlichen Ämtern verjagt wurden. Teile dieser im neuen Irak ausgegrenzten, aber gut geschulten sunnitischen Militärs bildeten dann die Keimzelle des »Islamischen Staates« – der Terrorgruppe also, die von den USA, Russland, der NATO, den Golf-Staaten, der Türkei und auch dem Iran bekämpft wird. Einer der Kommandeure im Kampf gegen den IS war auch Soleimani. Man könnte ihn auch als »Frenemy« (friend & enemy) bezeichnen, weil er natürlich vor allem das Ziel verfolgte, den Sicherheitsgürtel des Iran rund um den Persischen Golf mit seinen unterschiedlichen pro-iranischen Milizen zu schließen. Er war Verbündeter und Feind zugleich. Das dürfte einer der Gründe gewesen sein, warum Donald Trumps Vorgänger George Bush und Barack Obama davon abgesehen haben, ihn gezielt zu töten, denn die Möglichkeit dazu dürften sie auch gehabt haben.

Man fragt sich, warum die heutige US-Regierung unter Donald Trump dieses enorme Risiko eingeht, an dessen Ende die USA und der Westen jeglichen Einfluss auf den Irak als großes schiitisch dominiertes Land am Persischen Golf verlieren werden. Wie schon in der militärischen Auseinandersetzung zwischen der Türkei und den Kurden im Norden Syriens bleibt Russland als einzige Ordnungsmacht der Region zurück. Ein wichtiger Vertreter der CDU/CSU und eingefleischter Russlandkritiker sagte mir in diesem Zusammenhang ganz offen: »Man kann nur hoffen, dass Russland die neue Ordnungsmacht in der Region wird und dem Iran wie in Syrien Grenzen setzt.« Wenn schon die härtesten Kritiker Wladimir Putins auf seine »ordnende Macht« setzen, zeigt das zweierlei: wie groß das Vakuum bereits ist, das die Vereinigten Staaten erzeugt haben, und wie wenig wir Europäer in der Lage sind, es zu füllen.

Die wechselnde Argumentation des amerikanischen Außenministers Mike Pompeo jedenfalls, der erst »deterrence«, also Abschreckung, und dann »Vorbeugung gegen einen bevorstehenden Angriff« als Begründung für das Attentat auf Soleimani lieferte, lässt den Schluss zu, dass es keine wirkliche US-Strategie für den Angriff gab. Es war wohl eher die Gelegenheit, die genutzt werden sollte: einerseits, um innenpolitisch vom laufenden Amtsenthebungsverfahren abzulenken, andererseits, um den Kritikern des US-Präsidenten für sein Nichtstun nach dem Anschlag der Iraner auf die saudische Ölraffinerie entgegenzutreten.

Überhaupt neigt die derzeitige US-Administration dazu, in sehr kurzen Zeiträumen über den Nahen und Mittleren Osten zu denken. Natürlich ist der Iran ein diktatorisches Regime, das mitverantwortlich ist für die Gewalt im Jemen, gegen Israel und entlang des Golfs. Allerdings hat auch der Iran aus seiner Sicht Gründe, diesen »Sicherheitsgürtel« durch pro-iranische Milizen zu bilden, denn auch dort ist nicht vergessen worden, dass der Westen tatenlos zusah, als der irakische Diktator Saddam Hussein in den 1980er-Jahren in einem Krieg gegen den Iran Giftgas einsetzte und Tausende Menschen daran starben. Und auch der von Großbritannien und den USA 1953 vorangetriebene Putsch gegen den ersten demokratischen Ministerpräsidenten des Iran, Mossadegh, ist nicht vergessen. Damals wollten vor allem die Briten die Verstaatlichung der iranischen Ölquellen rückgängig machen und brachten zusammen mit den USA den Schah wieder an die Macht. Sein Sturz vor 40 Jahren wiederum führte zu der heutigen Islamischen Republik und der für die USA traumatischen Botschaftsbesetzung in Teheran.

Diesen historischen Ballast kann man nicht unvergessen machen, aber Donald Trumps Vorgänger Barack Obama wollte zumindest erste Schritte für einen Neubeginn wagen. Nichts anderes stellte das Atomabkommen mit dem Iran dar, das weit entfernt davon ist, perfekt zu sein, und bei Weitem nicht alle Probleme löst, die der Iran in der Region zu verantworten hat. Aber es war nach Jahrzehnten der vorsichtige Versuch, sichere Wege durch das historisch verminte Gelände dieser Region zu suchen. Donald Trumps historisches Versagen ist es, durch die Kündigung dieses Abkommens den Teufelskreislauf im Nahen Osten wieder in Gang gesetzt zu haben.

War die Kündigung des Abkommens 2018 schon ein Fehler, so sind die im Mai 2019 verschärften Wirtschaftssanktionen noch verheerender. Sie werden im Iran als Wirtschaftskrieg empfunden und natürlich verschärfen sie die ohnehin im Iran existierenden massiven sozialen und politischen Spannungen. Dass das Regime dadurch in die Knie gezwungen wird, ist aber gerade nicht zu erwarten. Das Attentat auf General Soleimani hat es innenpolitisch und in der Region gestärkt und die USA und den Westen geschwächt.

Das Eingreifen Europas muss allerdings so mutig und kräftig sein, dass es auch bereit ist, selbst politische Risiken zu übernehmen, um insbesondere gegenüber dem Iran glaubwürdig zu sein. Denn Europa gilt bislang in diesem Konflikt am Golf nicht viel. Zu sehr hat sich in den letzten zwei Jahren gezeigt, dass die Europäische Union ein Papiertiger ist, wenn es ernst wird. So hat die EU zwar – ebenso wie Russland und China – immer wieder darauf verwiesen, dass das Atomabkommen mit dem Iran weiterhin in Kraft sei, auch wenn die USA es fahrlässig 2018 gekündigt haben – mehr aber auch nicht. Die Europäische Union ist bis heute nicht in der Lage, ihr Versprechen einzuhalten, im Gegenzug zum Verzicht des Iran auf die Entwicklung von Nuklearwaffen wirksame Wirtschaftshilfe zu leisten. Denn auch wenn nach Auffassung der EU die Wirtschaftssanktionen der USA gegen den Iran völkerrechtswidrig sind, traut sich kein europäisches Unternehmen – und vor allem keine Bank und kein Kreditinstitut –, ein wirtschaftliches Vorhaben mit dem Iran abzuschließen oder dafür auch nur eine Kontoverbindung zur Verfügung zu stellen. Auch die von der EU eingeführte »Tauschbörse«, die Iran-Geschäfte über Umwege ermöglichen sollte, funktioniert in Wahrheit nicht. Zu groß ist die Dominanz und die Abhängigkeit vom Dollar, und zu schwer wiegen die Risiken für Unternehmen und Banken, ins Visier amerikanischer Behörden zu kommen, um dann – wie im Fall der chinesischen Finanzchefin von Huawei – wegen Irangeschäften sogar im Ausland (!) auf Antrag der USA in Haft genommen zu werden.

Wenn Europa das Atomabkommen retten und Einfluss auf den Iran behalten will, dann muss es ins politische Risiko gehen. Und das heißt: notfalls auch einen größeren politischen Konflikt mit dem jetzigen Präsidenten der USA in Kauf nehmen, wenn dadurch eine Eskalation des Krieges verhindert werden kann. Europa muss sich der Schlafwandler-Logik entgegenstellen. Dazu hat der französische Staatspräsident Macron vor einigen Monaten einmal einen Vorschlag gemacht, der zwar bislang noch nicht vorangekommen ist, trotzdem aber der einzig denkbare Weg ist, um dem Iran ein Angebot zu machen, das ihn daran hindern könnte, in die Eskalationslogik weiter einzusteigen: Macron wollte über die französische Nationalbank dem Iran einen zweistelligen Milliardenkredit zur Verfügung stellen. Über die Nationalbank, weil sie letztlich nicht wirklich dem Druck amerikanischer Sanktionen ausgesetzt werden kann und Washington diesen Umgehungstatbestand sogar hätte tolerieren können.

Im Gegenzug dazu müsste der Iran zur Einhaltung des Atomabkommens zurückkehren und selbst keinen Beitrag zur weiteren Eskalation der Gewalt mehr leisten. Denn natürlich war der ermordete General Soleimani nicht nur Opfer, sondern auch Täter. Nicht ohne Grund richteten sich die Demonstrationen vor allem junger Iraker vor dem US-Attentat auch gegen den Einfluss des Iran auf die irakische Entwicklung. Die irakische Bevölkerung war es leid, immer nur Opfer der Stellvertreterkriege von regionalen oder globalen Großmächten zu sein. Soleimani plante tatsächlich Aktivitäten, die dazu beitragen sollten, den Protesten wieder eine nationalistische Wendung gegen die USA zu geben, um von sich und seinem zerstörerischen Einfluss auf die irakische Entwicklung abzulenken. Das Bittere ist, dass ausgerechnet durch seine Ermordung genau dieses Ziel erreicht wurde.

Der Dschungel kehrt zurück

Die Welt der Unordnung spiegelt sich unter anderem auch in der erneuten Irrelevanz des UN-Sicherheitsrates wider, in dem sich seine Mitglieder – allen voran die USA und Russland – bei keinem Thema einigen können. Es gibt derzeit keine Ordnungskraft in der Welt. Weder ist der UN-Sicherheitsrat dazu in der Lage, noch wollen die USA weiter die Rolle des Weltpolizisten spielen, noch sind China und Russland zur Zusammenarbeit mit den USA bereit, um wenigstens die größten Gefahren zu begrenzen: die Proliferation von atomaren Waffen und die Ausbreitung endloser regionaler Kriege.

»*The Jungle grows back*« schrieb der amerikanische konservative Publizist Robert Kagan 2018. Aber selbst er dürfte die Kurzsichtigkeit amerikanischer Außenpolitik in diesem Ausmaß nicht für möglich gehalten haben. Niemand sorgt mehr für das Zurückschneiden des Dschungels, sondern alle können im Dickicht versuchen, ihre eigenen Interessen notfalls rücksichtslos durchzusetzen. Und im Zweifel damit auch noch davonzukommen.

Parallel zur Erosion der »liberal order« erleben wir deshalb den Aufstieg der Autokraten und Diktatoren Chinas, Russlands und der Türkei. Alle von ihnen trotzen der »alten Ordnung« und haben ein anderes Modell, das sie zu fördern versuchen. Und interessant: Keiner der »neuen Spieler« hat Freunde oder wirkliche Verbündete.

Was wir in Syrien sehen können, ist ein schlimmes Beispiel für den Dschungel, der sich in der ganzen Welt wieder auszubreiten scheint. Es gibt keinen Polizisten, der abschreckt oder bestraft. Jeder versucht, seine eigenen Interessen zu verfolgen, bis zu dem Punkt, an dem niemand wirklich weiß, wer gegen wen ist. Denn ein Preis des Ignorierens und des Ausbremsens internationaler Normen ist praktisch nicht mehr vorhanden.

Es besteht kein Zweifel, dass die Europäische Union in diesen Konflikten vollständig irrelevant und gelähmt ist. Theodor Roosevelt hat einmal gesagt: »Speak softly, but carry a big stick«. Bei Europa verhält es sich umgekehrt. Und mit Blick auf die Türkei ist Europa sogar erpressbar, denn wir erinnern uns noch, was in Deutschland und Europa los war, als 1,5 Millionen syrische Flüchtlinge unseren Kontinent erreichten. In der Türkei befinden sich weitere vier Millionen und natürlich hat Europa kein Interesse, die wirtschaftliche Situation dort etwa durch massive Handelssanktionen so sehr zu verschlechtern, dass Präsident Erdoğan schon aufgrund der innergesellschaftlichen Konflikte zwischen der türkischen Bevölkerung und den Flüchtlingen das Ventil Europa braucht, um die Kontrolle über sein Land zu behalten. Schon jetzt sind die Spannungen innerhalb der Türkei mit den zugewanderten Flüchtlingen mindestens so groß wie in Deutschland.

Was ist zu tun? Angesichts der oben beschriebenen Situation im Dschungel könnte die Europäische Union die Initiative ergreifen und versuchen, die USA und Russland an einen Tisch zu bringen. Das wird aber nur gelingen, wenn die EU nicht nur »Zuckerbrot«, sondern auch »Peitsche« hat. Dazu zählt durchaus auch die Bereitschaft, die Verantwortung für eine Sicherheitszone in Nordsyrien zu übernehmen, wie es die CDU-Verteidigungsministerin Annegret Kramp-Karrenbauer im Kontext des plötzlichen Abzugs US-amerikanischer Truppen aus Nordsyrien vorgeschlagen hat. Nicht Deutschland allein, aber als EU- Mission. Und da liegt der eigentliche Fehler im Vorgehen Kramp-Karrenbauers: Wenn sie das Vorhaben ernsthaft verfolgen will, dann muss sie vorher in Europa Bündnispartner suchen. Das nicht gemacht zu haben und quasi wie »Zieten aus dem Busch« zu kommen, verringert die Realisierungschance ihrer Vorschläge. Zumal nicht nur die SPD in einer Art Pawlowschem Reflex in Abwehrstellung geht mit dem Verweis auf ein mangelhaftes Abstimmungsverfahren, sondern auch die Kanzlerin in ihrer Art erstmal abwartet, wie die Diskussion läuft, statt sich hinter ihr Verteidigungsministerin zu stellen. Dass aber die EU in Syrien nicht weiter auf der Zuschauertribüne sitzen darf, sondern vielleicht sogar unter Aufteilung der Grenzregionen mit Russland zusammen einen Waffenstillstand absichern könnte, ist jedenfalls der Diskussion wert. Spannend wäre auch, was Russland einem solchen Friedensvorschlag eigentlich entgegenzusetzen hätte.

In jedem Fall müssen solche Vorschläge in ihrer Substanz in Deutschland diskutiert werden. Die Kritik an Frau Kramp-Karrenbauer, sie habe die »üblichen Verfahren« nicht eingehalten, ist der typische Versuch, sich vor der eigentlichen Auseinandersetzung in der Sache zu drücken und sich über das Verfahren aufzuregen. Angesichts der dramatischen Lage eine infantile Reaktion. Wenn all unsere öffentliche Kritik an der Türkei und Russland nicht mehr sein soll, als pflichtgemäßes Jammern und Wehklagen, dann muss Europa selbst ins Risiko gehen, statt es nur den Kurden zu überlassen. Einfach wird das nicht. Ob wir schon die richtigen Antworten haben, ist auch ungewiss, denn Militär allein wird nichts bringen. Aber vor der Debatte dürfen wir uns nicht weiter drücken. Die Zeiten werden unbequemer für uns. Nur eines ist gewiss: Raushalten werden wir uns nicht können. Schon die Flüchtlingszahlen zeigen das. Polizisten sind in jedem Land nötig, wenn man das Recht durchsetzen will.

Eine neue Spirale atomarer Aufrüstung droht

Aber nicht nur im Nahen Osten, sondern vor allem auch im indopazifischen Raum steigt die Gefahr von bewaffneten Auseinandersetzungen massiv an. Und das gefährdet auch die nukleare Sicherheit der Welt. Im Juli 2019 fand eine gemeinsame russische und chinesische Langstrecken-Luftpatrouille statt – darunter auch Atombomber –, die zwischen Japan und der koreanischen Halbinsel nach Süden flog. Als die Flugzeuge in die Nähe einer Gruppe von Inseln kamen, die sowohl von Südkorea als auch von Japan beansprucht werden, versuchten beide Länder, die russischen und chinesischen Flugzeuge abzufangen. Nachdem ein russisches Aufklärungsflugzeug über den Inseln in den Luftraum gelangt war, feuerten südkoreanische Truppen Hunderte von Warnschüssen ab, um das russische Flugzeug zu einer Kursänderung zu zwingen. Doch Japan und Südkorea – beides Verbündete der USA – fanden nicht zu einer gemeinsamen Antwort gegenüber Russland und China, sondern zeigten stattdessen, wie tief gespalten sie untereinander sind. Tokio erhob nicht nur eine förmliche Beschwerde gegen die Verletzung des beanspruchten Luftraums durch Russland, sondern auch gegen das Vorgehen von Seoul, indem es dieses als Verletzung seiner Souveränität anprangerte.

Ein zweites Beispiel: Im August 2019 schaffte Indien den Artikel seiner Verfassung ab, der den Sonderstatus der Grenzprovinz Jammu und Kaschmir regelte. Das Gebiet ist seit der Unabhängigkeit von England zwischen Pakistan und Indien umstritten. In seinem nordöstlichsten Gebiet hegt auch China territoriale Ansprüche. Für Chinas Seidenstraßen-Projekt spielt das Kaschmir-Tal eine wichtige Rolle. Durch die Abschaffung des Artikels wird die Region ausschließlich der Regierung in Neu-Delhi unterworfen. Bereits in der Vergangenheit war die Region immer wieder Schauplatz von militärischen Auseinandersetzungen zwischen Indien und Pakistan und gilt als eine der am stärksten militarisierten Region der Welt. Allein Indien hat hier 500.000 Mann stationiert und diese infolge der Entscheidung zu Kaschmir um weitere 38.000 Mann verstärkt. Es ist davon auszugehen, dass auch Pakistan seine Truppenpräsenz erhöhen wird. Beide Staaten sind hochgerüstete Nuklearmächte.

Für uns Europäer erscheinen diese Vorfälle weit weg – so wie vermutlich die Beinahe-Zusammenstöße zwischen NATO und Sowjetunion in Europa während des Kalten Krieges vielen Ländern in Asien weit entfernt vorkamen. Tatsächlich aber dürfte der Asien-Pazifik-Raum der Risikoherd des 21. Jahrhunderts werden. China demonstriert seit Jahren zunehmend seinen Anspruch, eine politische, wirtschaftliche, aber eben auch militärische Vormachtstellung in Asien einzunehmen. Nordkorea entwickelt seine ballistischen und nuklearen Fähigkeiten weiter und Japan und Südkorea zeigen, dass auch in Asien Geografie und Geschichte den Blick auf Gegenwart und Zukunft prägen: Mehr als 100 Jahre nach der Okkupation Koreas durch das japanische Kaiserreich reißen alte Wunden wieder auf und begründen wohl auch den aktuellen Handelskonflikt zwischen beiden Nationen.

Genug Anlass also für einen US-Außenminister, sich um diese Region zu kümmern. In der Vergangenheit waren die USA im eigenen Interesse und im Interesse ihrer Verbündeten als Vermittler in die Region gereist. Denn West- und Ost-Asien und der Pazifik waren auch früher mit ausreichend Spannungen aufgeladen. Aber nicht zuletzt wegen der diplomatischen, wirtschaftlichen und auch militärischen Investitionen der USA gelang es immer, diese Spannungen zu beherrschen.

Was geblieben ist von der einstigen Rolle der Vereinigten Staaten im Asien-Pazifik-Raum sind wachsende Investitionen in ihre militärische Projektionsfähigkeit. So ist es nicht verwunderlich, wenn die USA verkünden, neue Mittelstreckenraketen im Pazifik stationieren zu wollen. Der vermutlich als »Beruhigung« gemeinte Hinweis, es handele sich ja »nur« um konventionelle und nicht nukleare

Systeme, ist für Experten auf diesem Gebiet nicht wirklich überzeugend. Denn die Trägersysteme dieser Raketen könnten ohne großen Aufwand auch für atomare Waffen in der Reichweite zwischen 500 und 5.500 km genutzt werden. Der zum 2. August 2019 wirksam gewordene Ausstieg aus dem INF-Vertrag – also dem einzigen wirklich existierenden atomaren Abrüstungsvertrag zwischen den USA und der Sowjetunion, der noch von den beiden Präsidenten Gorbatschow und Reagan ausgehandelt wurde – war nur der Auftakt. Zwar werfen die USA und Russland sich gegenseitig die Verletzung des INF-Vertrags vor, um ihre jeweiligen Verstöße und letztlich den Ausstieg zu rechtfertigen. Tatsächlich aber dürften beide derzeit kein wirkliches Interesse an der Aufrechterhaltung der atomaren Abrüstungsverträge der 1980er- und 1990er-Jahre mehr haben.

Inzwischen eint die beiden Kontrahenten der Blick auf China und die Analyse, dass dort – und nicht in Europa – die neue Gefahr für das strategische Gleichgewicht im Nuklearwaffenbereich besteht. Mehr als 80 Prozent der atomaren Waffensysteme Chinas sind Mittelstreckenraketen – fallen aber nicht unter den INF-Vertrag, weil das Land Ende der 1980er-Jahre noch ein nuklearer Habenichts war. Die USA und Russland wollen deshalb alle internationalen Einschränkungen beseitigen, die sie an einer atomaren Aufrüstung gegenüber China hindern könnten. Der nächste Vertrag, der diesem heimlichen Lehrplan beider atomaren Supermächte folgt, dürfte der Vertrag über die Begrenzung strategischer ballistischer Nuklearwaffen (New START) sein. Keiner der beiden Vertragspartner zeigt derzeit ernsthaft die Bereitschaft, an seiner Verlängerung nach 2021 zu arbeiten.

Was kann Europa tun? Sicher nicht die traditionelle Rolle der USA übernehmen. Aber sich auf die Suche nach Gleichgesinnten begeben und Bündnisse schmieden. An der Straße von Hormuz zur Sicherheit der Schifffahrt durch eine Marine-Mission von Europäern. In der Wirtschaftspolitik ein Bündnis der handelspolitischen G-Sieben-Plus: Europa, Kanada, Mexiko, Japan, Südkorea, Australien, Neuseeland und möglicherweise auch Indien. Und zwar in der Hoffnung, dass auch die USA wieder dafür zu gewinnen sind. In der

Sicherheitspolitik durch einen neuen Anlauf für eine Konferenz für Sicherheit und Zusammenarbeit in Europa mit Russland. Und in der USA-Politik durch Investitionen in die Zusammenarbeit der Zivilgesellschaft, der Wirtschaft und der Wissenschaft auf beiden Seiten des Atlantiks. Die Idee des Westens als Gemeinschaft von freien und friedlich miteinander verbundenen demokratischen Gesellschaften ist noch nicht tot, wie der russische Präsident unlängst behauptet hat. Aber sie braucht rasch hohe Investitionen – intellektuelle, kulturelle vor allen Dingen, aber auch wirtschaftliche und militärische. Eine bessere Welt kommt nicht von allein.

2. Der große Sprung in Wirtschaft und Technologie – Bleiben wir auf der Strecke?

Vom Kalten Krieg bis zur neuen Systemkonkurrenz

Seit dem Zweiten Weltkrieg und mit dem Beginn des sogenannten Kalten Krieges prägte das US-amerikanische Modell das Wachstum der globalen Wirtschaft – wenn auch in sehr unterschiedlichem und anfangs verhaltenem Tempo.

Die Dynamik der Weltwirtschaft ergab sich vor allem daraus, dass der globale Warenaustausch stets im Verein mit den Mechanismen von Märkten und freiem Wettbewerb funktionierte, also mehr und mehr und immer rascher Türen und Tore geöffnet und tarifäre wie nicht-tarifäre Handelshindernisse beseitigt wurden. Dieser Zugang zu Märkten, die zunehmende Freiheit und Ausweitung des Handels- und Finanzsektors und die darauf aufbauenden, stets wechselseitigen Verflechtungen und Abhängigkeiten erfassten auf unterschiedliche Weise und mit unterschiedlicher Intensität immer mehr Staaten, Territorien, Gesellschaften, Unternehmen, Institutionen, Netzwerke und Menschen. Die wirtschaftliche Globalisierung trat in eine neue Verdichtungsphase ein, die bis heute anhält.

Der politische und wirtschaftliche Einfluss der USA war in den ersten beiden Jahrzehnten nach 1945 so stark, dass dieser die Matrix vorgab, auf der sich die weitere Entwicklung der Weltwirtschaft vollzog. Und auch wenn es im weiteren Verlauf zahlreiche Beben und Erschütterungen gab (unter anderem die Währungskrise im Vereinigten Königreich, das Ende des Kolonialismus, der andauernde Kalte Krieg und regionale reale Kriege, die Ölpreiskrise, Armut, Elend und immer wieder Hungerkatastrophen in der sogenannten Dritten Welt, Schuldenkrisen und der Absturz der Finanzwirtschaft 2008) und parallel dazu seit den 1950er-Jahren der Aufstieg von – vor allem wirtschaftlichen – Wettbewerbern stattfand (wie Japan, Europa, China, Öl fördernde Staaten und Indien) – zu einer Substituierung des US-amerikanischen Modells der Marktwirtschaft kam es nicht. Noch immer ist eine wirkliche Alternative nicht in Sicht. Der Nachkriegskapitalismus hat sich – vor allem in der spezifisch europäischen und vor allem bundesdeutschen Ausprägung der sozialen Marktwirtschaft – als ökonomisches Modell bislang als außerordentlich anpassungsfähig und flexibel erwiesen.

Auch die jüngsten Auseinandersetzungen um Zölle, die einen zunehmenden Protektionismus in der globalen Wirtschaft zur täglichen medial intonierten wie realen Gefahr werden lassen, werden die weitere wirtschaftliche Globalisierung kaum aufhalten, sondern sie allenfalls in ihrer Ausprägung verändern. Und sie wird möglicherweise – das ist meine Prognose für die anhaltende Übergangszeit – zu einer neuen Form und Art der Systemkonkurrenz zwischen den beiden Supermächten USA und China auf den globalen Daten- und Informationsmärkten führen.

Triebkräfte des globalen Nachkriegsbooms

Die rasche Umstellung der US-amerikanischen Wirtschaft von der Kriegsgüter- zur Konsumgüterproduktion nach dem Zweiten Weltkrieg hatte für die gesamte westliche Wirtschaft Folgen, weil sich alle Unternehmen in den Einflussräumen der USA diesem globalen Modell mehr oder weniger anpassten und durch alle Branchen anhaltende Investitionen in die industrielle Produktion forcierten. Das galt für Produktionsgüter wie für Konsumgüter gleichermaßen. Hinzu kamen betriebsorganisatorische und technologische Entwicklungsschübe durch Modernisierung und Automatisierung der Produktion, die rasch zu einer Verbesserung der Arbeitsproduktivität führten. Ein Prozess im Übrigen, der durch den Einsatz von digitalen Rechnern – 1946 erstmals und noch in der Frühphase – eine Entwicklung ausgelöst hat, die in der Zukunft noch zu gewaltigen Transformationsschüben in der gesamten Wertschöpfungskette und überdies zur Neuorganisation der Arbeitsgesellschaft führen wird.

Entscheidend für die über alle Kriege, Konflikte und Krisen hinweg sich globalisierende Weltwirtschaft waren aber die simultane Entwicklung und das Ineinandergreifen unterschiedlicher Entwicklungstrends und Innovationen auf allen Feldern der Wirtschaft, des Handels und der Technologien, die wiederum ihre starken Anreize von der Nachfrageseite erhielten. Es entstand ein Verhältnis des gegenseitigen Antriebs, der auch dadurch in Gang gehalten wurde, dass die Weltbevölkerung wuchs, die Durchschnittslöhne der Beschäftigten in den genannten westlichen Industriegesellschaften infolge des langanhaltenden Booms und des wachsenden Einflusses der Gewerkschaften stiegen, der Sozialstaat westlicher Prägung sich auch aufgrund zunehmenden politischen Drucks immer stärker entwickelte und ausdifferenzierte und damit wiederum ein stabiles gesellschaftliches Fundament wie anhaltend positives Investitionsklima schuf.

Es gibt sicher nicht den einen bestimmenden Faktor für die langanhaltende globale wirtschaftliche Aufwärtsentwicklung. Aber es gab viele begünstigende Faktoren auf allen Feldern, Gütermärkten und in allen Branchen. Das gilt vor allem für die fossilen Brennstoffe und insbesondere für das Öl als *dem* Treibstoff für die weltweite Mobilität, die wiederum den Seeverkehr als zentralen Faktor des Welthandels in rasanten Gang setzte – vor allem, nachdem seit Anfang der 1960er-Jahre der standardisierte ISO-Container den Transport von Industriegütern und Fertigprodukten revolutionierte. Mit diesen Containern war es möglich, den Transport über Straße, Schiene, See und wieder retour von der Fabrik bis zum Verbraucher kostengünstiger als je zuvor zu organisieren – der Container wurde ein Hilfsmittel für die Globalisierung der Wirtschaft. Ab 1960 wuchs der grenzüberschreitende weltweite Warenexport (um 1.800 Prozent bis 2017) nach WTO-Angaben weit stärker als die globale Warenproduktion (um 600 Prozent im gleichen Zeitraum).

Für diese stürmische Entwicklung von Weltproduktion und Welthandel sorgte auch von Beginn an das globale Ineinandergreifen von Politik, Wirtschaft und Gesellschaft unter dem Eindruck der US-amerikanischen Nachkriegsdoktrin der »offenen Türen«, die indes mit der zunehmenden Wirtschaftskraft Westeuropas und Japans einherging. Der Vorteil für die USA bestand darin, dass sie die sechs Gründungsmitglieder der Europäischen Wirtschaftsgemeinschaft (EWG), allen voran Westdeutschland, zu einem demokratischen und zugleich antikommunistischen Staatenbund formieren und den – zwar immer noch zweigeteilten – Kontinent befrieden konnten, aber zugleich auch zu einer Wohlstandsregion entwickeln halfen. Dieser Prozess löste eine zuvor nie dagewesene wirtschaftliche Dynamik aus, die eineinhalb Jahrzehnte später (1973) dann auch zur politischen Erweiterung der EWG führte, indem drei weitere Mitgliedsstaaten beitraten, dem weitere folgten – bis zur EU der 27 Mitglieder im Jahr 2009.

So wurde die EWG zum Wirtschaftsmotor Europas und neben Japan – das ist die andere Seite der Medaille dieser Entwicklung – zu dem ökonomischen Wettbewerber für die USA, der ihre bisherige wirtschaftliche Vormachtstellung herausforderte. Schon 1960 übertraf die Industrieproduktion der EWG die der US-amerikanischen Wirtschaft, und im Anschluss daran stieg während der gesamten 1960er-Jahre die Industrieproduktion der EWG, während jene der USA sank. Hinzu kam, dass die EWG zusammen mit sieben weiteren europäischen Ländern in der European Free Trade Association (EFTA) den US-Handel mit protektionistischen Maßnahmen abblockten. Dies wiederum veranlassten die USA, in langwierige Handelsgespräche einzutreten. Es erfolgten zahlreiche Lockerungen, aber durch die enge Abstimmung zwischen Frankreich und Deutschland blieb davon die gemeinsame Agrarpolitik und damit der transatlantische Agrarhandel unberührt. Ein Umstand, der bis heute anhält.

Globalisierung als weltweiter Stimulus von Politik und Wirtschaft

Der Prozess der weltumspannenden Globalisierung trieb auch politische Annäherungen, Wachstum, Transparenz und Demokratisierung voran. Vor allem nach 1990 zeigte sich das. Plötzlich waren nicht mehr allein Staaten und Regierungen Akteure auf der Bühne des umfassenden Wandels, sondern auch Unternehmen und Unternehmer, Investoren, Konsumenten, Reisende und Migranten. Gab es schon zuvor einige Schübe internationaler Arbeitsmigration in Form von Anwerbeabkommen, so galt dies nach dem Ende der Zweiteilung der Welt in besonderem Maße. Das Ende der Grenzen in Europa löste eine neue und zum Teil erwünschte Bewegung von Arbeitskräften innerhalb der EU aus – auch wenn beispielsweise Deutschland mit entsprechenden Einschränkungen der Arbeitnehmerfreizügigkeit diesen Prozess regulierend verzögerte. Klar aber war von Beginn an, dass dies nur temporär wirken sollte, denn die Mobilität von Arbeit in der kapitalistischen Weltökonomie ist durchaus konstitutiv und positiv. Umso heftiger fallen indes die innenpolitischen Reaktionen und Friktionen aus, die sich daraus ergeben, wenn das Ausmaß der Zuwanderung in allzu kurzer Zeit unkontrolliert stattfindet. Die Folgen zeigten sich zum Beispiel in Deutschland nicht erst 2015 und in den Folgejahren, sondern bereits Anfang der 1990er-Jahre. Der nationalistische Rechtspopulismus bekam dadurch auch in anderen europäischen Ländern seinen ersten starken Auftrieb.

Die Entstehung der EWG fiel zeitgleich in eine Phase des Beginns der weltweiten Revolution nicht nur des Transportwesens und der Logistik, sondern auch des Telekommunikations- und Informationswesens. Ohne diese Parallelität technologischer Entwicklungsschübe wie ökonomischer Raumerschließung und Durchdringung wäre die globale Expansion vor allem multinationaler Unternehmen der USA nicht so rasant verlaufen. Man mag sich das heute angesichts der aktuellen »Big Five« kaum noch vorstellen, aber in den 1960er-Jahren entwickelte sich IBM zum dominierenden Giganten der Computerbranche, aus dessen Produktionsstätten zum Beispiel im Jahre 1964 rund 62 Prozent aller Rechneranlagen in Westeuropa stammten. Diese US-Übermacht im Bereich der Hardware-Installation und -Infrastruktur konnte seitens der europäischen Wettbewerber bis heute nicht herausgefordert werden. Die einzige Konkurrenz droht den US-amerikanischen Unternehmen auf diesem Feld seitens Chinas.

Das globale Wachstum multinationaler Unternehmen seit Ende der 1950er-Jahre über alle Branchen hinweg wäre aber ohne die gleichzeitige Entwicklung und Ausbreitung neuer Kommunikationstechnologien wenig denkbar gewesen. Ob Telex, Telefax oder transatlantische Telefonkabel mit Mikrowellen-Signalverstärker im Jahre 1956 – alle diese damals neuen Kommunikationstechniken dienten zunächst, wie später die Satelliten-gestützte Kommunikation, der Kontrolle und Steuerung von Entwicklung, Organisation und Vertrieb aus den US-amerikanischen Unternehmenszentralen. Danach halfen diese Techniken dabei, auch die entferntesten Gebiete des Planeten in die globalisierte Weltwirtschaft einzubinden. Und inzwischen wird aufgrund billionenfacher Einzeldaten das Konsumverhalten von Milliarden Konsumenten weltweit an unzähligen Orten durch unzählige Unternehmen digital gespeichert, unermüdlich upgedatet und Tag um Tag, Stunde um Stunde und Minute um Minute erweitert. Mittels aller digital-gestützten Informations- und Kommunikations-Technologien schrumpften Zeit und Raum und werden es weiter tun.

Ohne hier auf die diversen Aufstiegsbiografien von Ländern und ihre jeweiligen Ursachen einzugehen, zeigt sich die gravierendste wirtschaftliche und am Ende auch politische Gewichtsverschiebung in den letzten Jahrzehnten vom atlantischen Raum in den pazifischen. Vielfach ist vom pazifischen Jahrhundert die Rede, wenn es um die Bevölkerungsentwicklung, das wirtschaftliche Wachstum, deren durchschnittlich überproportionale Dynamik, den rasanten, teilweise nachholenden Ausbau der Infrastrukturen, insbesondere von Bildungseinrichtungen, geht, aber eben auch, wenn von der bereits sich auf Augenhöhe, wenn nicht im Vorsprung befindlichen digitalen Entwicklung des Wirtschaftslebens die Rede ist.

Für die globale wirtschaftliche Gewichtsverteilung ist wichtig, dass wir uns klar machen, dass es zum Beispiel für Südkorea innerhalb von nicht einmal sechzig Jahren einen Aufstieg von einem der weltweit ärmsten Länder (1960 Jahres-Pro-Kopf-Einkommen: 78 US-Dollar) zu einer Billionen-Dollar-Macht gab. Bereits 1986 hatte Südkorea mit 4.380 US-Dollar eine 56-fache Steigerung des Pro-Kopf-Einkommens erreicht – heute liegt dieses bei rund 27.000 US-Dollar (2016), eine weitere Erhöhung um das Sechsfache in nur 30 Jahren.

Auch Chinas Aufstieg wäre ohne die enge Integration in die globalisierte Weltwirtschaft nicht möglich gewesen. Es waren jeweils der bilaterale Handel mit Japan und den USA, der den rasanten wie beispiellosen und bis heute anhaltenden langen Aufschwung einleitete und in Bewegung hält. Zwischen 1978 und 1999 erreichten die jährlichen Wachstumsraten in China rund 9,5 Prozent. Das Pro-Kopf-Einkommen betrug vor 20 Jahren noch circa 800 US-Dollar – heute sind es etwa 8.800 US-Dollar, also das Elffache. Deshalb überrascht es nicht, dass die aktuell größten politischen wie wirtschaftlichen Konfliktlinien zwischen China und den USA verlaufen. Es geht um die ökonomische Herrschaft auf unserem Planeten.

Der neue Kalte Krieg

Es ist üblich geworden, von Gewinnern und Verlierern der Globalisierung zu sprechen. China als großer Aufsteiger gehört in dieser Wahrnehmung gewiss zu den großen Gewinnern. Hunderte von

Millionen Menschen sind dort in den letzten Jahrzehnten aus bitterster Armut befreit worden. Zu den Verlierern werden landläufig diejenigen Regionen gezählt, die mit der gewachsenen Produktivität und den vergleichsweise sehr geringen Löhnen der Aufsteigerregionen nicht mithalten konnten.

Und obwohl auch Deutschland solche »Verlierer« kennt, ist es unserem Land doch in erstaunlicher Weise gelungen, auf den Weltmärkten mit allen alten und neuen Wettbewerbern mitzuhalten. Deutschland gehört zweifelsohne auch zu den großen Gewinnern der Globalisierung – wenn auch in ganz anderer Art und Weise als China.

Keine andere Volkswirtschaft ist so offen wie die deutsche. Während Deutschland einen Offenheitsgrad (Summe von Importen und Exporten im Verhältnis zum Bruttoinlandsprodukt) von mehr als 84 Prozent aufweist, hat Frankreich lediglich einen Offenheitsgrad von 60 Prozent und die USA von nicht einmal 27 Prozent. China weist übrigens einen höheren Grad der Offenheit aus als die USA: 37 Prozent. Und auch Japan liegt mit 31 Prozent darunter. Noch wichtiger aber ist: Kein Land ist so stark in die internationalen Wertschöpfungsketten integriert wie Deutschland. Das ist das eigentliche Geheimnis unseres ökonomischen Erfolgs.

Vor diesem Hintergrund ist es leicht erklärlich, dass das, was Deutschlands wirtschaftlichen Erfolg seit 70 Jahren ausmacht – die Stärke seiner Exportwirtschaft – sofort zur Achillesferse wird, wenn diese Integration der internationalen Wertschöpfungsketten in Gefahr gerät.

Die deutschen Unternehmen nutzen heute ihre Chancen durch einen hohen Vernetzungsgrad mit allen Teilen der Welt: preiswerte Energierohstoffe aus Russland, Erze aus Lateinamerika, Australien und Afrika, Zulieferung von technologischen Komponenten aus Mittel- und Osteuropa, Fertigungsstätten auf allen relevanten Märkten der Welt, gerade auch in China, und High-End-Produktion in Deutschland.

Deutschland ist mit diesem globalen Wertschöpfungsmodell zum »Industrialisierer« der Welt geworden. Es hat uns einen enormen Wohlstand und ein hohes Maß an sozialem Frieden und sozialer Sicherheit ermöglicht. Deutschland ist in den letzten zwei Jahrzehnten der große

Profiteur der Globalisierung gewesen. Die Globalisierung ist unser bisheriges Erfolgsmodell.

Doch was heißt das in einer weltwirtschaftlichen Situation, wo sich die Anzeichen mehren, dass die Globalisierung kurzatmig zu werden droht? Was heißt es für Volkswirtschaften wie die deutsche, wenn ihr eigentlicher Vorteil – die Integration in globale Wertschöpfungsketten – auf einmal zur Gefahr für die wirtschaftliche Entwicklung zu werden droht? Und welche Folgen hat es für uns, wenn die USA Zölle erheben und China als Antwort darauf mit dem Gedanken spielt, seltene Erden nicht mehr bedingungslos auf dem Weltmarkt zur Verfügung zu stellen? Wie sehr betrifft es uns, wenn die USA ihre traditionelle Rolle als Vermittler zwischen Ländern aufgeben, die zwar zu ihren westlichen Verbündeten zählen, untereinander aber aufgrund ihrer Geschichte über tiefe gegenseitige Ressentiments verfügen wie Japan und Südkorea, die sich gerade in einem eigenen Handelskonflikt verstreiten? Was unternehmen wir, wenn die Logistikketten unter Druck geraten und die Freiheit der Weltmeere von wachsenden internationalen Spannungen betroffen sind?

Schon heute haben wir in der Folge derzeit weniger globalen Freihandel. Das Wirtschaftswachstum lag im Jahr 2019 bei 0,6 Prozent und wird im Jahr 2020 bei etwa einem Prozent liegen. Was aber fast wie eine Verdoppelung der wirtschaftlichen Leistungsfähigkeit aussieht, ist in Wahrheit nur eine optische Täuschung: Im kommenden Jahr gibt es vier Feiertage weniger und da man pro Arbeitstag von 0,1 Prozent Wirtschaftswachstum ausgeht, schafft dieser kalendarische Zufall den prognostizierten Zuwachs.

Die Exportwirtschaft bleibt die Wachstumsbremse der deutschen Konjunktur. Allein der stolze deutsche Maschinenbau rechnet mit einem Produktionsminus von zwei Prozent. Ähnlich verhalten blickt die Elektroindustrie auf das kommende Jahr und die chemische Industrie verzeichnete im Jahr 2019 sogar einen Einbruch um 7,5 Prozent. Die Automobilindustrie verzeichnete im Jahr 2019 zwar Zuwachsraten, allerdings im außereuropäischen Ausland. Überall bestimmen deshalb derzeit die sogenannten Konsolidierungsprogramme die Strategie der deutschen Industrie, was im Kern auf den Abbau von Beschäftigtenzahlen hinausläuft. Zwar gibt es noch keine betriebsbedingten Kündigungen, sodass sich diese Entwicklung noch nicht am Arbeitsmarkt niederschlägt, allerdings verzeichnet Deutschland seit 2010 den ersten Beschäftigtenrückgang in seiner Industrie. »Zudem werden neue Investitionen auf den Prüfstand gestellt. Die Entwicklung der Investitionen wird zudem durch den allmählich auslaufenden Boom im Wohnungsbau geprägt sein. Gleichzeitig dürften die Ausrüstungsinvestitionen trotz günstiger Finanzierungsbedingungen keine große Dynamik entwickeln, da es den Unternehmen an rentablen Investitionsobjekten fehlt.« (Prof. Bert Rürup, Handelsblatt Research Institut vom 20. Dezember 2019)

Dieser Ausfall privater Investitionen kann selbst durch höhere staatliche Investitionstätigkeiten nicht ausgeglichen werden. Zugleich steigt der Anteil an Kurzarbeit: In der Industrie lag er 2019 bei 8,4 Prozent und soll auf bis zu 15 Prozent im laufenden Jahr steigen. Das ist ein schlechtes und gutes Zeichen zugleich: schlecht, weil es ein klares Krisensignal ist. Gut, weil offenbar die betroffenen Betriebe noch hoffen, dass es sich um eine vorübergehende Konjunkturdelle handelt und man deshalb die Fachkräfte halten will.

Tatsächlich aber deutet vieles für Deutschland auf eine anhaltend schwächere Exportsituation hin: nicht nur das verlangsamte Wachstum Chinas und die Unsicherheiten des Handelskonflikts mit den USA treffen uns. Mindestens ebenso bedeutend dürfte sein, dass viele Länder inzwischen eigene industrielle Kapazitäten aufgebaut haben, die zwar zum Beispiel im Maschinenbau qualitativ mit den deutschen nicht mithalten können, aber für die Bedürfnisse vor Ort oftmals als ausreichend erachtet werden – und preiswerter sind.

Wenn Investitionen und Ausfuhren von Waren und Dienstleistungen aber auf Sicht die deutsche Konjunktur nicht tragen werden, wie dies in der Vergangenheit immer der Fall war, bleibt nur der private Konsum. Und in der Tat haben die noch vorhandenen Wachstumszahlen hier ihren Treiber. »Die anhaltend schwache Konjunktur, das Auslaufen des Beschäftigungsbooms sowie allenfalls noch moderate Lohnerhöhungen werden auch auf die Stimmung der Verbraucher drücken und die Dynamik des privaten Konsums abschwächen.« (Prof. Bert Rürup, Handelsblatt Research Institut vom 20. Dezember 2019) Auch hier droht also Gefahr für die wirtschaftliche Dynamik in Deutschland.

Wir Deutsche und Europäer drohen in einer völlig veränderten Welt zwischen die Mühlsteine zu geraten: zwischen den zunehmenden US-Nationalismus unter dem Motto »My country first« und eine immer stärker werdende chinesische Abwehrstrategie, die sich unabhängiger von externen Einflüssen machen will und zudem im Inland unter dem derzeitigen Präsidenten mit dem Argument der Korruptionsbekämpfung und der Sicherheit einen weit autoritäreren Kurs fährt als seine Vorgänger. Und man darf sich wohl keine Illusionen machen: Auch wenn es aktuell eine leichte Entspannung zwischen China und den USA gibt, bleiben beide mehr Gegner als Partner. Schon ist eine Vielzahl von Gesetzgebungsinitiativen im amerikanischen Kongress unterwegs, mit denen Republikaner und Demokraten den Präsidenten daran hindern wollen, China allzu große Zugeständnisse zu machen. So soll ausdrücklich der Ausschluss chinesischer Technologieunternehmen wie Huawei aus dem US-Markt aufrechterhalten bleiben, selbst wenn ein Handelsabkommen gelänge.

Das alles weiß auch die chinesische Seite. Zwar hat die chinesische Führung überhaupt kein Interesse an einem ernsthaften Handelskrieg mit den USA, denn das derzeitige Wachstum um die sechs Prozent liegt nur noch knapp oberhalb der Grenze, ab der das Land der Mitte erhebliche soziale und politische Spannungen zu befürchten hätte. Schon jetzt sind massive Stützungsprogramme des Staates erforderlich, um dieses Wachstum zu halten.

Globalisierung wird komplizierter – zwischen Staatskapitalismus und freien Märkten

Die Erfahrungen in der Konfrontation mit den USA dürften in China aber vor allem auch strategische Konsequenzen ausgelöst haben. Einerseits hat sich der Generalsekretär der KP und chinesische Staatspräsident Xi durchaus auch parteiinterner Kritik ausgesetzt gesehen. Zu früh habe sich das Land unter seiner Führung international exponiert und so zur Zielscheibe der USA und ihrer Verbündeten gemacht, lautet der Vorwurf. Andererseits reagiert die Staats- und Parteiführung darauf, indem sie bereit ist, China auch durch eine tiefere Krise gehen zu lassen, um sich der zu starken Abhängigkeit von den USA zu entziehen. Der chinesischen Politik und dem überwiegenden Teil der Bevölkerung ist absolut präsent, dass China nie wieder, wie vor den Zeiten der Revolution Maos, Spielball ausländischer Mächte werden darf. Die Interventionen des Staates in die ökonomische Entwicklung des Landes werden also eher zu- als abnehmen.

Wenn dann auch noch die größte Volkswirtschaft der Welt bereit ist, andere Volkswirtschaften über die »Neue Seidenstraße« mit dicken Schecks an sich zu binden, um seine strategische Dominanz zu erhöhen, läuft das auf eine hybride Weltwirtschaft hinaus. In ihr konkurriert der private Kapitalismus freier Märkte mit staatskapitalistischen um die Vorherrschaft in der Welt!

Kurios dabei ist: Das Ende freier Märkte ist nicht gleichbedeutend mit dem Ende der Globalisierung. Denn wenn beide Systeme den weltweiten Handel mit Waren und Finanzen zulassen, dann kann man sogar eine weitere Ausweitung der Globalisierung erwarten. Die Zukunft der Globalisierung wird aber komplizierter: Einerseits wird der Marktplatz für Nahrungsmittel, Metalle und Energie – zentrale Voraussetzungen für die globale Wirtschaft – immer globaler. Protektionistische Tendenzen haben zwar in einigen Fällen dazu geführt, dass zusätzliche Zölle eingeführt wurden, was aber typischerweise zur Senkung von Einfuhrzöllen aus anderen Ländern geführt hat. Damit werden die Märkte für Güter und Rohstoffe sogar globaler – getreu dem Motto: Wo zwei sich streiten, freuen sich jede Menge Dritte.

Die wachsende Bevölkerung und die weltweite Zunahme von konsumorientierten Mittelschichten lassen die Nachfrage ohnehin weiter anwachsen. Dazu kommt, dass oftmals neue Effizienzpotenziale gehoben werden. Sie senken die Kosten schneller, als neue Zölle sie erhöhen. So weisen internationale Analysten darauf hin, dass das absehbare Ende des arktischen Eises und die damit einhergehende Öffnung des nördlichen Seehandelsweges die Kosten für den Seehandel um mindestens ein Drittel senken werden.

Anders verhält es sich mit den Märkten für Waren und Dienstleistungen. Sie werden wohl weniger global. Der wichtigste Grund dafür ist der dramatische Bedeutungsverlust von Arbeit bei der Produktion. Die Digitalisierung, 3-D-Druck und die Entwicklungen der künstlichen Intelligenz führen schon heute dazu, dass Arbeitsplätze verschwinden. Es macht immer weniger Sinn, an weit entfernten Orten zu produzieren, nur weil dort das Lohnniveau geringer ist. Auch in Deutschland sehen wir erste Beispiele dafür: Adidas produziert auch wieder in Deutschland und die neue Chipfabrik von Bosch wird in Dresden gebaut. Und zugleich überlegen viele Länder, wie sie über »border adjustment taxes« die eigenen Industrien und Arbeitsplätze vor einem als unfair erachteten Welthandel schützen können. Dies tun nicht nur die USA, sondern zum Beispiel auch Europa, wenn hier über eine »border adjustment tax« für den Klimaschutz nachgedacht wird.

Weit grundlegender ändern sich die globalen Märkte allerdings bei Daten und Informationen. Hier wird sich der globale Datenmarkt eher in zwei Märkte teilen. Nicht mehr alle Konsumenten werden den gleichen Zugang zum Internet besitzen, sondern Amerikaner und Chinesen – letztere vermutlich zusammen mit Russland – sind führend bei der Entwicklung zweier, voneinander unabhängiger, Systeme. Das amerikanische System ist privatwirtschaftlich organisiert und nur wenig durch den Staat reguliert. Das chinesische System ist vom Staat dagegen vollständig kontrolliert.

Eine große Frage ist, wo die Grenze zwischen den beiden Blöcken liegen wird. Werden sich Europa, Japan, Südkorea, Indien oder Lateinamerika an die Big-Data-Zugänge der USA binden oder sich weiter fragmentieren? In diesem Zusammenhang ist es keineswegs sicher, dass der im weitesten Sinne westlich orientierte Teil der datengetriebenen Ökonomie weiterhin privatwirtschaftlich dominiert bleibt. Denn die wachsende Sorge vor cyberbasierten militärischen Konflikten dürfte mindestens in den USA zu einem ganz neuen militärisch-industriellen Technologiekomplex führen, was den Privatsektor dazu zwingen würde, sich politischen Entscheidungen unterzuordnen. Der Unterschied zu den Gefährdungen des »Kalten Krieges 1.0« liegt auf der Hand: Im »Kalten Krieg 1.0« war es die gegenseitige Zweitschlagskapazität mit Nuklearwaffen, die den Ausbruch eines heißen Krieges verhindert hat. Im Cyberwar allerdings gibt es einen eindeutigen Vorteil beim »Erstschlag«. Das erschwert die Abschreckung. Eine militärische Konfrontation wäre zwar weit weniger verheerend als im Nuklearzeitalter des ersten Kalten Krieges, sie könnte aber wahrscheinlicher werden, als sie es damals zwischen NATO und Warschauer Pakt war. Bislang galt in der Globalisierung: »Wirtschaft schlägt Politik«. In der Datenökonomie könnte es schon bald genau umgekehrt der Fall sein.

Zusammengefasst: In den Bereichen Rohstoffe und Güter sowie Waren und Dienstleistungen bleiben die globalen Akteure Wettbewerber und (potenzielle Partner). Aber im Daten- und Informationssektor sind die globalen Spieler nicht länger Wettbewerber, sondern echte Feinde.

Wie im Kalten Krieg zwischen Amerikanern und Sowjets gibt es keine Unterstützung für das weitere Funktionieren des jeweils anderen Systems. Vielmehr ist es das eigentliche Ziel, das andere System zum Zusammenbruch zu bringen. Deshalb herrscht hier – und nicht in der klassischen Handelsauseinandersetzung – auch ein »Kalter Krieg 2.0« zwischen den USA und China.

Unsere europäischen unternehmerischen Strategien hängen also weniger von der geopolitischen Großwetterlage an sich ab als von der Frage, in welchem Markt man sich bewegen will. Für Unternehmen mit Tätigkeitsschwerpunkt Daten und Informationen verändern sich jedenfalls die Grundlagen des Marktes mit großer Geschwindigkeit. Der Streit um Huawei ist nur ein Symbol dafür. Google und Alibaba werden nicht einfach ökonomische Wettbewerber sein, sondern sie werden unterschiedlichen geopolitischen Machtkonzeptionen folgen.

Für uns Europäer kann das alles sehr unangenehm werden. Würden wir beispielsweise der Forderung der USA folgen und den chinesischen Telekommunikationskonzern Huawei schlicht aus dem Wettbewerb um den Aufbau des neuen mobilen 5-G-Standards ausschließen, würde China gewiss antworten – und zwar dort, wo es Deutschland am meisten schaden würde: beim Ausschluss der deutschen Automobilindustrie vom chinesischen Markt. Das übrigens würde die osteuropäischen Mitgliedsstaaten wie die Slowakei, Tschechien oder Polen noch viel härter treffen, denn dort sind die Zulieferer und Produktionsstätten der deutschen Autoindustrie die zentrale wirtschaftliche Grundlage. Wir würden nicht nur uns, sondern auch diese Länder in eine tiefe Krise hineinziehen. Deutschland muss sich gemeinsam mit den anderen europäischen Ländern daran beteiligen, China Grenzen zu setzen für die Verletzung fairer marktwirtschaftlicher Spielregeln.

Zur Wahrheit gehört eben, dass die tiefe Verwobenheit in die internationalen Wertschöpfungsketten nicht nur wirtschaftlichen Wohlstand und soziale Leistungsfähigkeit in Deutschland geschaffen hat, sondern auch Abhängigkeiten. Wer diese Abhängigkeiten wieder rückabwickeln will, wird schwere wirtschaftliche und soziale Erschütterungen erzeugen.

Im Fall von Huawei heißt dies: Wir können das Unternehmen nicht ohne jedes Indiz dafür aus dem Markt für den 5-G-Standard im Mobilfunk herausdrängen, dass es dem chinesischen Staat und seinen Sicherheitsapparaten Zugang zur deutschen Telekommunikation verschafft oder verschaffen könnte. Was wir können, sind besonders hohe Sicherheitsstandards anlegen, die allerdings für alle gleich gelten müssen und nicht nur für chinesische Anbieter. Wenn der Chef der Telekom, Tim Höttges, zudem klar macht, dass Huawei nur im Bereich der Antennentechnik des neuen Mobilfunkstandards eingesetzt würde und nicht an den wirklichen kritischen Stellen dieser digitalen Infrastruktur, und Huawei zudem bereit ist, alle Anforderungen Deutschlands (und Europas) zu erfüllen, wäre es geradezu töricht, in diesen technologischen »Kalten Krieg 2.0« der USA gegen China einzutreten. Wir haben schlicht eine andere Interessenlage.

Frankreichs Präsident Macron hat mit Blick auf die Herausforderungen durch die aufstrebende Macht China die wichtigste Antwort gegeben: Europa muss gegenüber China als Einheit auftreten,
statt jeweils einzeln den Versuch zu unternehmen, zu nationalen
Verabredungen – »Deals« – mit China zu kommen. Das Ergebnis
dieser nationalen Alleingänge sind immer kleine Zugeständnisse
an die einzelnen EU-Mitgliedsstaaten und die Durchsetzung strategischer Interessen Chinas auf dem europäischen Kontinent. Deshalb war es das absolut richtige Signal des französischen Präsidenten, zu dem Besuch des chinesischen Staatspräsidenten Xi in Paris
die deutsche Bundeskanzlerin und den EU-Kommissionspräsiden-
ten Jean-Claude Juncker einzuladen. Und es war ein Akt der politischen Ignoranz und Dummheit, dass beim Gegenbesuch Macrons
in Peking, bei dem deutsche Unternehmer zur Teilnahme an seiner
Reise ebenso eingeladen waren wie Mitglieder der deutschen Bundesregierung, die deutsche Regierung sich durch die Wissenschafts-
ministerin Anja Karliczek vertreten ließ, die schon in Deutschland
niemand kennt. Nicht mal der Außenminister fand es angemessen,
das Signal europäischer Einigung an China zu unterstützen. Macron
wird diesen erneuten Affront der deutschen Bundesregierung sicher
verstanden haben.

Wo China seit Jahrzehnten eine »Ein-China-Politik« von den
Europäern fordert, dürfen wir Europäer allemal eine »Ein-Europa-Po-
litik« von China erwarten. Die Versuche Chinas, Europa durch Son-
dervereinbarungen mit einzelnen Mitgliedsstaaten zu spalten, müssen
von Europa klar zurückgewiesen werden. Ja, Europa will wirtschaftliche, politische und kulturelle Zusammenarbeit mit China. Aber zu
klaren und transparenten Bedingungen, die für alle gleichermaßen
gelten.

Ähnliches gilt gegenüber den Vereinigten Staaten, denn auch hier
geht es um ein gemeinsames Auftreten der Europäer gegenüber dem
wichtigsten Partner und Alliierten unseres Kontinents, auf den wir
auch in der Welt von morgen nicht verzichten können. Gemeinsam
mit den USA könnte man zum Beispiel der chinesischen »Seidenstraße-

Initiative« in Afrika und Asien etwas entgegensetzen. Denn viele Länder befürchten eine einseitige Abhängigkeit von China, sehen aber kein alternatives Angebot zur Unterstützung ihrer Infrastruktur, ihres Bildungswesens oder ihrer Wasserversorgung. Allein wird Europa diese Aufgabe nicht stemmen können, zusammen mit den USA sehr wohl.

Überhaupt wird es darum gehen müssen, Bündnisse mit Staaten zu bilden, die für eine multilaterale Ordnung eintreten, für eine regelbasierte Zusammenarbeit. Dazu zählen außerhalb Europas auch Kanada, Mexiko, Australien, Japan und Südkorea. Man mag fragen, warum ich dazu nicht China zähle, obwohl es doch so oft und lautstark den Multilateralismus gegen den Unilateralismus der USA verteidigt. Die Antwort ist relativ einfach: Weil es sich beim Multilateralismus Chinas – und übrigens auch Russlands – oft um einen »Multilateralismus à la carte« handelt, bei dem für die internationale Ordnung eingetreten wird, wenn es in die nationale Strategie passt. Man zugleich aber durchaus bereit ist, sich dieser Ordnung nicht zu beugen, wenn sie den nationalen Interessen zu widersprechen droht – zum Beispiel bei Urteilen des Internationalen Seegerichtshofs zur Freiheit der Seeschifffahrt in der Chinesischen See.

Die derzeitige Strategie der USA, ein Land wie China mit Zöllen, Sanktionen und anderen Mitteln quasi »unter Arrest« zu stellen, wird ganz gewiss nicht funktionieren. 1,4 Milliarden Menschen kann man nicht in die Ecke stellen. Was gelingen kann, ist, China auszubalancieren oder auch zu disziplinieren, denn das Land hat enorme wirtschaftliche Interessen nicht nur in Europa, sondern auch darüber hinaus. Würden die marktwirtschaftlich orientierten Länder sich zusammenschließen, um auch von China die Einhaltung der Standards der Welthandelsorganisation einzufordern, hätte das gewiss mehr Wirkung, als China entweder auszugrenzen oder jeweils bilaterale Deals auszuhandeln.

Grundlage dieser Zusammenarbeit mit China muss Reziprozität sein: so viel Öffnung des europäischen und deutschen Marktes, wie es umgekehrt China auch zulässt. Denn – da hat der frühere Vorsitzende der WTO, Pascal Lam – recht: Man kann weltweit nicht von einer funktionierenden Marktwirtschaft sprechen, wenn zwei Fünftel der Weltwirtschaft unter staatlicher Kontrolle sind.

Und am Ende geht es auch um strategische Geduld. Nicht ohne Grund zielen alle chinesischen Pläne auf die Jahre 2025 bis 2030 ab. Denn danach schlägt auch in China die demografische Falle gnadenlos zu als Konsequenz der Ein-Kind-Politik der Vergangenheit. China muss seine internationale Rolle bis dahin konsolidiert haben, denn danach wird es seine finanziellen und ökonomischen Ressourcen in das eigene Land investieren müssen, um die soziale Balance und den inneren Frieden zu sichern.

»America alone« heißt »China first«

Nicht Donald Trump und seine »America-first«-Politik verändern die Welt in besonderem Maße, sondern der Aufstieg Chinas und der Machtausbau von Präsident Xi Jinping. Fünf Jahre nach seinem Amtsantritt ist er der mächtigste und ambitionierteste Präsident Chinas seit Mao Tse-tung. Er hat seine Macht mit einer Antikorruptionskampagne konsolidiert, die ihm die Aufhebung der sonst üblichen zehnjährigen Begrenzung seiner Amtszeit ermöglichte. Er treibt die Entwicklung einer Strategie der Machtprojektion voran, indem er die nationale chinesische Wettbewerbsfähigkeit stärkt und international die Neue-Seidenstraße-Initiative verfolgt. Und schließlich hat er das Ziel ausgegeben, dass im Bereich der künstlichen Intelligenz und Digitalisierung China bis 2030 weltweit die Führung übernommen haben soll.

Unter Xi's Führung hat sich China von der Haltung »wir sind arm, wir sind nicht bereit zu führen« verabschiedet und sie durch »wir sind bereit, unseren rechtmäßigen Platz auf der globalen Bühne einzunehmen« ersetzt. Aber genau darauf sind wir im Westen, vor allem aber in den USA nicht vorbereitet gewesen. Vielmehr sind wir in den vergangen 20 Jahren davon ausgegangen, dass China unsere politischen und wirtschaftlichen Normen und Institutionen übernehmen wird. In der Rückschau eine Hybris. Heute wissen wir: Das Gegenteil ist der Fall.

Chinas Aufstieg wird deshalb in Europa und den USA oft als ein Kampf »Gut gegen Böse« dargestellt. Man hat fast den Eindruck, es handele sich um eine Kränkung altkolonialer Eitelkeit, dass sich das Reich der Mitte einen Platz auf der Weltbühne zurückerobert, von dem wir dachten, dass er ausschließlich für uns reserviert sei.

Chinas asiatische Nachbarn nehmen den Aufstieg Chinas übrigens weit weniger persönlich als wir Europäer. Aus ihrer Sicht wäre es für den Westen ratsamer, sich den Realitäten des chinesischen Wirtschaftswachstums anzupassen, statt Chinas Anpassung an den Westen einzufordern.

Aus Sicht des amerikanischen geopolitischen Analysten Ian Bremmer ist es sinnvoll, sich der Frage des Umgangs mit Chinas Wachstum einmal aus der Perspektive seiner asiatischen Nachbarn zu nähern. Nicht zuletzt, um die Position von US-Präsident Donald Trump in einen angemessenen Kontext zu stellen. Bremmer sieht drei große geopolitische Fragestellungen:

Die erste Frage ist, ob Donald Trump eher als eine Chance oder eine Bedrohung für China wahrgenommen wird. Kurzfristig erscheint Trump aus chinesischer Sicht als eine – wenngleich begrenzte – Bedrohung. Da ist die aktuelle Stärke der US-Wirtschaft, die anstehenden Präsidentschaftswahlen sowie die Tendenz des US-Präsidenten, seinen vollmundigen Ankündigungen zumindest in der Wirtschaftspolitik auch harte Schläge folgen zu lassen.

Langfristig aber betrachtet China die aktuelle US-Politik nicht als übermäßig gefährlich. Denn es stellt sich die Frage, ob die Volksrepublik nicht von einem US-Präsidenten profitiert, der gerade nicht die traditionelle Sicht amerikanischer Außenpolitik vertritt, der sich nicht als Führungsmacht des Westens versteht und dem es lediglich um die eigenen nationalen Interessen der USA geht. Opfer dieser veränderten Interessenlage wäre dann nicht China, sondern die in den letzten 70 Jahren westlich geprägte Weltordnung und die mit ihr verwobenen Demokratien. Ohne die USA würde der Westen zerfallen und politisch unbedeutend.

Eine USA jedenfalls, die sich mehr und mehr nur auf die eigenen kurzfristigen nationalen Interessen konzentriert, wäre für China der angenehmere Konkurrent – weil er leichter zu kalkulieren und letztlich schwächer ist. Auch deshalb findet die Strategie in China großen Zuspruch, nach der das Reich der Mitte schnellstmöglich proaktiver und selbstbewusster in der Welt auftreten soll – sei es zur Selbstverteidigung oder zur Absicherung des eigenen Aufstiegs.

Man kann jedenfalls von einem grundlegenden Wandel der Ausrichtung der chinesischen Außenpolitik ausgehen. Ging das Land und seine Führung in den vergangenen drei Jahrzehnten davon aus, dass seine Position durch globale Abhängigkeiten eher gestärkt wird, weil es als nicht mehr wegzudenkender Teil der großen Wertschöpfungsketten von der Globalisierung nur Vorteile haben kann, ist nun das Gegenteil der Fall: Unter Präsident Xi stellte sich die Überzeugung ein, dass nationale Sicherheit und wirtschaftliche Prosperität nicht durch Interdependenz, sondern durch Unabhängigkeit gestärkt wird – mit dramatischen Auswirkungen auf chinesische Institutionen, Standards und die Kontrolle der eigenen Wertschöpfungskette.

Die zweite geopolitische Frage, die sich aus asiatischer Perspektive stellt, ist, ob sich die Macht der USA im Niedergang befindet. Letztlich geht es hier nicht nur um die USA, sondern um den Zustand des Westens im Allgemeinen. Aus Sicht sehr vieler asiatischer Staaten ist Europa als globale Gestaltungsmacht längst abgeschrieben. Ein Befund, der bei uns in Europa weitgehend ignoriert wird.

Die Annahme des Niedergangs des Westens findet heute den größten Zuspruch seit der Finanzkrise von 2008. Damals fragten sich asiatische Staatenlenker, ob der Westen noch genügend Benzin im Tank habe, um den Karren aus dem Dreck zu ziehen. Heute ist es eher die Beobachtung des in den westlichen Gesellschaften besonders weit verbreiteten Misstrauens gegenüber dem Kapitalismus und der liberalen Demokratie. Die Feststellung, dass derartige Anti-Establishment-Tendenzen in asiatischen Ländern weit weniger verbreitet sind, wird daher heute als eine weitere Begründung dafür gesehen, dass die pazifischen Nationen besser beraten sind, einen eigenständigen Kurs zu wählen.

Die dritte geopolitisch relevante Frage befasst sich mit den Auswirkungen des Wandels auf die asiatischen Länder selbst. Für diejenigen Länder, wie Laos oder Kambodscha, die bereits vollständig von China dominiert werden, hat der Wandel keine Auswirkungen – sie sind Satellitenstaaten Chinas und haben keine strategische Wahl. Schwieriger ist es für Länder, die zwischen den Polen China und USA stehen. Hier lassen sich zwei Gruppen feststellen. Zum einen die Länder, die im Spannungsverhältnis zwischen Wirtschaft und Sicherheit stehen. Staaten wie Australien, die Philippinen oder Vietnam, die mit den USA militärisch verbunden sind, aber von China ökonomisch dominiert werden. Zum anderen die Staaten, die von besonderer Bedeutung für die chinesische Technologiewertschöpfungskette sind, wie Südkorea oder Taiwan. In diesem Bereich scheint eine Konfrontation zwischen China und den USA in naher Zukunft am wahrscheinlichsten, weshalb diese Gruppe weit gefährdeter ist als zum Beispiel Europa.

Für Japan ist wichtig, ob die USA ihre Sicherheitsgarantie aufrechterhalten, oder ob es alleine in der Region stehen wird. Daher versucht das Land aktuell die Beziehungen zu Peking zu normalisieren. Allerdings muss davon ausgegangen werden, dass dies keine grundlegende Änderung nach sich zieht, sondern maximal der Abwehr einer größeren Krise dienen kann. Japan und Singapur stehen vor einem Dilemma – sie nehmen Chinas Wachstum als existenzielle, langfristige Bedrohung wahr.

Wie Tech-Konzerne die Welt zusammenbringen – ohne Europa

Christoph Bornschein, Gründer und Geschäftsführer der einflussreichen Digital-Agentur TLGG hat mir gegenüber sehr plastisch dargelegt, wie der technologische Fortschritt in dieser Zeit der digitalen Transformation von Politik, Wirtschaft und Gesellschaft die Welt eint und zugleich spaltet. Sein alarmierender Befund macht klar, wie Europa und seine Mitgliedsstaaten ihre wirtschaftliche und dazu noch ihre politische Relevanz verspielen.

Dass die Entwicklung und Implementation neuer Technologien die Welt verändern, ist gewiss kein neuer Vorgang. Der digitale Wandel ist dabei ein vieldiskutierter und vielinterpretierter Vorgang, der sich einer griffigen, allgemeingültigen Erklärung oft entzieht. Das liegt daran, dass die digitale Transformation ein komplexes System technologischer, wirtschaftlicher, politischer und kultureller Trends und Kräfte ist, die sich wechselseitig und stetig beeinflussen. Zu ihnen gehören etwa die Plattform-Ökonomie, die künstliche Intelligenz, die fortschreitende Automatisierung von Herstellungs- und Entscheidungsprozessen, die Monopolisierung von Kundendaten und Marktzugängen, Neues Arbeiten und die Null-Grenzkosten-Gesellschaft. Diese Innovationen, Erscheinungen und Bewegungen verändern globale Wertschöpfungssysteme und stellen die traditionell gültigen Prinzipien des globalen Wirtschaftens infrage. Umso besorgniserregender ist es, dass sich Europa weder in der Lage noch gefordert sieht, originäre Antworten zu entwickeln, obwohl die Zahlen beeindruckend sind: China und die USA vereinigen je 40 Prozent der Entwicklungskapazitäten im Bereich künstlicher Intelligenz in ihren nationalen militärisch-industriellen Komplexen. Die verbleibenden 20 Prozent verteilen sich auf den Rest der Welt – hier aber vor allem auf Israel, Südkorea und Taiwan. Nicht auf Europa.

Im Spiel der Einflussfaktoren bilden sich aktuell zwei bestimmende Tendenzen heraus. Das ist zum einen das global orientierte Wachstumsstreben supranationaler Tech-Konzerne, deren Ziel und Mittel die Harmonisierung des globalen Wirtschaftsraumes sind, zum anderen die sich abzeichnende und in Teilen schon vollzogene Aufspaltung und Polarisierung des globalen *Tech Stacks* – also des technologischen Rahmens, in dem wir kommunizieren, handeln, produzieren und leben. Beide Entwicklungstrends stehen offensichtlich im Gegensatz zueinander, und es ist unwahrscheinlich, dass sich einer von ihnen hundertprozentig und alleingültig durchsetzt. Für beide Tendenzen gilt jedoch, dass Europa als Gestalter und Einflussnehmer hier kaum eine Rolle spielt. Das mag mit dem Blick auf die traditionelle und aktuelle wirtschaftliche Bedeutung Europas harsch klingen. Ein genauer Blick auf diese beiden großen Wirkprozesse lässt jedoch kaum einen anderen Schluss zu.

Ein beinahe schon klischeehaft deutliches Signal für das Globalisierungsstreben von Technologieunternehmen lieferte im Sommer 2019 das Libra-Konsortium unter der Führung von Facebook. Dessen Anspruch, eine eigene, global anschlussfähige Krypto-Währung zu etablieren, könnte bei allem offensichtlichen Profitinteresse kaum integrativer formuliert werden. Er passt übrigens zum Anspruch und Handeln anderer Tech-Unternehmen der USA. Googles Mission Statement: »to organize the world's information and make it universally accessible and useful«, ist Ausdruck des globalen Denkens; und Amazon ist längst ein gigantischer globaler Allroundkonzern, der global kritische Infrastrukturen anbietet.

Ein kurzer Rückblick auf die Entstehung des Erfolgsmodells Amazon Web Services sei hier erlaubt. Dessen Wurzeln liegen nämlich in einem internen Optimierungsprojekt, welches die Integration neuer Geschäftsbereiche und Systeme möglichst einfach und kostengünstig machen sollte. Dafür beauftragte Amazon-CEO Jeff Bezos seinen CIO Rick Dalzell mit der umfassenden Harmonisierung der internen Schnittstellen und der Einführung und Durchsetzung rigider Standards. Dalzell setzte diese Vorgaben derart erfolgreich um, dass Amazon das dabei entstandene modulare IT-System nun Dritten als Cloud-Lösung anbieten konnte: Das war die Geburtsstunde von Amazon Web Services (AWS). Heute generiert AWS weltweit mehr als die Hälfte der Amazon-Umsätze. In Deutschland nutzen nach Unternehmensangaben mehr als 80 Prozent der DAX-Unternehmen die Clouddienste von Amazon. Die Volkswagen Industrial Cloud entsteht in Zusammenarbeit mit AWS, die Cloud-Lösung der Bundespolizei heißt AWS, und Europol steht dem Online-Auftritt von AWS als Fallstudie zur Verfügung.

Die Entstehung von AWS ist deshalb so relevant für die Daten- und Informationsmärkte der Zukunft, weil Wachstum und Markterschließung für Unternehmen wie Amazon und Facebook häufig dieser Logik folgen. Auch mit Libra leitet Facebook letztlich nur ein neues Produkt aus seiner globalen Bedeutung und seinem De-facto-Monopol beim Thema Online-Identität ab. Bei Amazon bringt schiere Marktmacht die eigenen Inhouse-Services zu kritischer Größe und ermöglicht so neue Produkte, die dann auf etablierte Märkte drängen. Die Logik hinter der Entwicklung von AWS spiegelt sich derzeit etwa in der Entwicklung des hauseigenen Logistikangebots wider, mit dem Amazon zukünftig europäischen Logistik-Playern Konkurrenz machen wird. Amazon wird zum Service-Ökosystem – mit globalem Anspruch und globalem Potenzial.

Ähnlich funktionieren übrigens auch die chinesischen Megakonzerne Tencent und Alibaba, die in Asien komplexe »Ökosysteme« um ihre Kunden herum aufgebaut haben und nun auf globale Märkte drängen. Dabei liegt, grob betrachtet und nicht ganz trennscharf, der Fokus von Alibaba eher auf E-Commerce und Transaktionen, der von Tencent eher auf Medien und Messaging. Tencents WeChat ist heute digitales Rückgrat des chinesischen Alltags, reich an Funktionen, praktisch unverzichtbar für die Teilhabe am modernen Leben in China. Das als Alibaba-Ableger gegründete Alipay ist derweil schon seit 2013 größter Payment-Anbieter der Welt und in Asien, Nordamerika, Australien und Europa verfügbar.

Nun ist die Existenz jeweils vergleichbarer Serviceanbieter aus den USA und China – Amazon und Alibaba, Paypal und Alipay, Google und Baidu – erst einmal nur normales globales Wirtschaften. Ein schlagkräftiger Beleg für die Polarisierung des globalen Technologie-Frameworks ist sie noch nicht. Das wird sie erst im Kontext des Handelsstreits zwischen den USA und China und vor allem der chinesischen Wirtschaftsstrategie »Made in China 2025«.

Am 9. August 2019 stellte der chinesische Technologie-Konzern Huawei das von ihm entwickelte Betriebssystem Harmony OS vor. Harmony OS soll nicht nur schneller und sicherer als das bislang von

Huawei vorwiegend genutzte Google-System Android sein. Es bietet vor allem eine übergreifende Lösung für verschiedene Geräteklassen – ein entscheidender Unterschied zur fragmentierten OS-Landschaft der Wettbewerber Apple und Google. Huawei betonte, Harmony OS sei zunächst nicht für Smartphones gedacht, sondern für die Anwendung im Internet of Things – Smart-TV, Fitnesstracker, Connected Car.

Geschwindigkeit und Ambition, mit der Harmony OS vom vieldiskutierten Gerücht zur Marktreife getrieben wurde, haben einen Anlass: Am 15. Mai 2019 hatte die »Executive Order on Securing the Information and Communications Technology and Services Supply Chain« der Trump-Administration Huawei praktisch vom amerikanischen Markt verbannt. In den Tagen darauf beendeten amerikanische und europäische Unternehmen die Zusammenarbeit mit Huawei. Die Radikalität der Executive Order wurde in der Folge zwar aufgeweicht, doch der Warnschuss war verstanden worden: Die Abhängigkeit chinesischer Unternehmen von US-Partnern kann und wird sehr wahrscheinlich als Druckmittel eingesetzt werden.

Die 2015 vom chinesischen Ministerium für Industrie und Informationstechnik ausgegebene Strategie »Made in China 2025« zielt darauf ab, solche Angriffspunkte zu beseitigen. Sie soll die chinesische Industrie umfassend aufwerten und global unabhängig machen. »Made in China 2025« identifiziert zehn Schlüsselsektoren, darunter Informationstechnologie, industrielle Robotik und Elektromobilität, und skizziert fünf wesentliche Initiativen – die Gründung von Innovationszentren, die Förderung der Forschung, die Umsetzung von Smart-Manufacturing-Projekten, den Fokus auf nachhaltige Produktion und die Priorisierung der Fertigung von High-End-Geräten. Es geht um Hardware, Software, künstliche Intelligenz. Es geht um den endgültigen Abschied von der Rolle Chinas als Werkbank der Welt. Es geht um einen radikalen Führungsanspruch als Alternative zu einer »globalen Informationstechnologie«, die aus chinesischer Sicht vor allem »US-Informationstechnologie« ist.

Europa fehlt derzeit eine digitale Strategie

Europa kommt im kurzen Abriss dieser sich derzeit ausprägenden globalen Entwicklungen kaum vor, denn Europa hat kaum einen Anteil an ihnen. Wir sind im besten Fall Anwender-Kontinent, mittelfristig Bühne für Konkurrenzkämpfe. Für Amazon sind Deutschland und Großbritannien die stärksten Märkte nach den USA. Mit Belgien hat sich das erste europäische Land der Alibaba-Handelsplattform eWTP angeschlossen. Hierzulande etabliert sich Alipay als wichtiger Zahlungsdienstleister neben PayPal – während lokale Anbieter kaum eine Rolle spielen.

Wir werden uns also entscheiden müssen: Unsere gemeinsam erlebte Geschichte lässt uns Europäern die USA in dieser Situation vertrauenswürdiger erscheinen als China. Was in der Interpretation Chinas risikobehaftete Angriffspunkte sind, sind uns willkommene Technologien. Und während wir bei chinesischen Unternehmen hektisch darüber diskutieren, ob sie kritische öffentliche Infrastruktur bauen dürfen, setzen unsere Unternehmen ihre kritische Infrastruktur auf Amazon Web Services und Cisco-Hardware auf. Dass sich der Ton auch zwischen Washington und Berlin zwischenzeitlich verschärft, beunruhigt uns in dieser Hinsicht kaum. Das Dilemma für Europa und Deutschland könnte kaum größer und strategisch tiefgreifender sein.

Fest steht schon jetzt: Europa ist auf dem Weg zur Anwendergesellschaft. Das muss erst einmal gar nichts Schlechtes sein. AWS als Cloudanbieter oder Palantir als Datenanalysten setzen sich ja nicht mit unlauteren Mitteln durch, sondern mit sehr guten Angeboten. Dies geschieht in Europa überdies auf einem fragmentierten Binnenmarkt unterschiedlichster Ausprägung, der konkurrenzfähige Alternativen praktisch unmöglich macht. Amazon macht Volkswagen schlicht genau das Angebot, das der europäische Schlüsselkonzern nicht ausschlagen kann.

Der Preis für diese Anwenderrolle ist jedoch hoch: ein Verlust an Autonomie, ein Verlust an Sicherheit und ein Verlust an außenpolitischer Relevanz. Denn die globale Relevanz Europas und Deutschlands – das verkennen wir oft – speist sich eben nicht aus der Geschichte der Aufklärung, aus der griechischen Demokratie oder aus den vorbildlichen Findungs- und Integrationsprozessen nach zwei Weltkriegen. Globale Relevanz entsteht durch wirtschaftliche Stärke und klare politische Interessenverfolgung. Und weder der technologische Harmonisierungs- noch der geopolitische Polarisierungsprozess spielen uns als Europäern dabei in die Karten.

Für mich ist der Befund so ernüchternd wie einschneidend: Wir kümmern uns nach wie vor nicht um zukünftige Märkte, sondern träumen bisweilen immer noch von einem europäischen Google. Dieser Zug ist allerdings längst abgefahren. Wir diskutieren kritische Infrastruktur nicht vorausschauend, sondern im Zustand und Moment der Angst. Technologie eint und trennt die Welt, und wir schauen auf die Weltkarte und sehen uns in ihrer Mitte. Doch die Erde ist rund und Europa steht im Zweifel eben nicht in ihrem Zentrum, sondern zunehmend im Abseits. Und der Schiedsrichter in diesem Spiel urteilt kühl – es ist der globalisierte Weltmarkt.

3. Gesellschaftliche und kulturelle Globalisierung – Erhalten wir den gesellschaftlichen Frieden?

Die Globalisierung als gleichzeitige Intensivierung und Beschleunigung grenzüberschreitender Aktionen bei simultaner räumlicher Erschließung der Welt ist seit oder sogar mit dem Zweiten Weltkrieg in eine Verdichtungsphase eingetreten, die alle denkbaren Felder, Branchen und Bereiche mittels unterschiedlich gesteuerter und ausgelöster Transaktionen erfasst hat. Das betrifft politische Interaktionen, den Handel von Waren, Gütern und angebundenen Dienstleistungen, Nachrichten und Informationen, Migration (ob via Arbeit oder Flucht aus welchen Gründen auch immer), Emissionen (Luft, Wasser), Kultur (Film, Musik, Literatur etc.), Tourismus, Lebensstile, Wissen und Bildung sowie Religion.

Seit den 1950er-Jahren ist die Welt für die meisten Menschen Jahr für Jahr kleiner geworden oder geschrumpft. Das hat auch ihre gesellschaftlichen und kulturellen Erfahrungen geprägt. Und durch die Entwicklung und ab 1990 durch die rasche kommerzielle Erschließung des Internets befinden wir uns inzwischen in einer »globalen Echtzeit«, in der es kaum noch Zeitverzögerungen bei der Übertragung elementarer Ereignisse – gleich welcher Art – gibt. Man könnte den Eindruck bekommen: Wir leben zwar nicht in einer Welt, aber – auf die urbanen Zentren bezogen – in einer kulturell durchaus vergleichbaren Zeit-Zone.

Schon in der Frühphase des Kalten Kriegs wurde schnell klar, dass die Systemkonkurrenz zwischen West und Ost, also allen voran der USA und der Sowjetunion, immer auch ein Kampf um die kulturelle Vormachtstellung war. Erst in der zweiten Phase zwischen 1960 und dem Ende des Kalten Krieges fand eine kulturelle Ausdifferenzierung und Diversifizierung statt, in der die jungen, nachkolonialen Staaten Afrikas und Asiens ihre unabhängige kulturelle Identität unterstrichen.

Seit dem Fall des Eisernen Vorhangs beschleunigte sich das Tempo von Waren-, Ideen- und humanem Austausch in einer nie zuvor stattgefundenen Geschwindigkeit. War schon zu Beginn des Kalten Krieges der amerikanische »Konsumismus« ein Bestandteil der kulturellen Globalisierung, so rückte der Zusammenbruch des real existenten Sozialismus sowie der sprunghaft zunehmende globale Konsum breiter und wachsender Bevölkerungsschichten den Kapitalismus als einzig übrig gebliebene Kultur in den Erfahrungsmittelpunkt von unzähligen Menschen.

Jeder für sich? Zunehmende Individualisierung

Diese in den entwickelten Gesellschaften vor allem des Westens – und das meint die USA, Nordamerika und Westeuropa – zu beobachtenden Prozesse haben den Trend zur Ausdifferenzierung, Fragmentierung, Zerklüftung und Individualisierung befördert und begleitet.

Das betrifft Kleidung und Mode, das öffentliche Auftreten und die Präsentation von Statussymbolen oder Wohlstand, das Verhältnis zu Kunst, Musik und Literatur (Ausstellungen, Konzerte, Lesungen), das Reisen in alle Länder der Welt via Flugzeug oder Kreuzfahrtschiff als Massentourist oder als Rucksack-Tourist, der längst kein Individualreisender mehr ist. Die Welt des Schönen, des Glamourösen und des Besonderen ist mindestens für Augenblicke oder Stunden in die Erreichbarkeit eines Massenpublikums bzw. breiter Bevölkerungsgruppen gerückt. Jede und jeder möchte etwas Besonderes sein, sich etwas Besonderes leisten oder auf seine Besonderheit hinweisen. Dieser Trend der globalen Distinktion wird anhalten.

Ob man diesen Trend, wie dies der Soziologe Andreas Reckwitz 2017 in einem üppigen Buch mit dem Titel »Die Gesellschaft der Singularität« tat, gleich zu einer neuen Theorie der Moderne erheben will, sei dahingestellt. Richtig ist, dass die Kultur- und Sozialwissenschaften die dahinterstehende soziale Logik der Besonderheiten und Prozesse der Kulturalisierung ernst nehmen. Aber noch wichtiger ist es aus meiner Sicht, diesen Wunsch von unzähligen Menschen ernst zu nehmen, etwas Einzigartiges sein zu wollen und eigene Wege beschreiten zu wollen. Oder dafür sorgen zu wollen, dass die eigenen Kinder besondere Startbedingungen erhalten, damit sie später Entscheidungsfreiheiten haben für ihr weiteres Leben. Denn das ist der Kern der Freiheit des Individuums in einer nie zuvor so freien Gesellschaft wie der unseren. Kurios sind dabei nur manche Begleiterscheinungen dieser inzwischen milliardenfachen Wünsche von Einzelnen, sich von anderen zu unterscheiden.

Zwei hübsche Beispiele aus dem normalen Alltagsdeutschland sind mir aufgefallen: zum einen ein Schönheitschirurg, der seine Privatpraxis mit angeschlossenem OP nicht etwa in Düsseldorf an der »Kö« oder am Starnberger See hat, sondern mitten im Ruhrgebiet – mit der schlichten Begründung, hier lebten die meisten seiner Kunden, die eben bereit seien, sich im Zweifel auch zu verschulden, deshalb operiere er seine Patientinnen und Patienten (am ganzen Körper) auch auf Kredit, was häufig genug vorkomme. Ein einträgliches Massengeschäft, denn Tausende seiner Kunden wollen eben ihre Körper »optimieren« – der Mann fährt übrigens einen hübschen, aber gar nicht mehr so einzigartigen Porsche 911. Ebenso skurril ist die Bemerkung eines Tattoo-Pioneers aus Südwestdeutschland zum Massenphänomen der Tätowierungen, das längst Kultursoziologen zu Masterarbeiten und Dissertationen veranlasst hat: »Die Bevölkerung ist doch längst durchtätowiert.« Damit verweist er zum einen darauf, dass ein Tattoo heute längst keinen Distinktionsgewinn mehr verspricht, zum anderen versucht er aber auch Tattoo-Studio-Investoren davon abzuhalten, jetzt zur Reihen-Tätowierung der Gesamtbevölkerung zu schreiten. Das Besondere hat eben nie lange Zeit, allein zu existieren. Und am schönsten sieht manche Avantgarde von hinten aus – wenn sie sich gerade erst überlebt hat.

Die Globalisierung und ihre Gegenbewegungen

Die kulturelle Globalisierung vollzieht sich seit 1945 bis heute stets an den Scheidelinien, welche die Historikerin Petra Gödde überzeugend mit den drei Wortpaaren Konformität/Dissidenz, Universalismus/Partikularismus und Homogenität/Heterogenität beschreibt. Im Grunde markieren diese Scheidelinien auch die jeweiligen Gegenbewegungen und »Störkräfte« gegenüber der Globalisierung. Denn wenn Globalisierung als umfassender und universalistischer Vorgang immer auch Homogenisierung, Standardisierung und Konformitätsdruck bedeutet, dann ist es gerade in einer freiheitlich-demokratisch strukturierten Gesellschaft fast zwangsläufig so, dass diese Entwicklung Widerstandskräfte und Gegenbewegungen hervorbringt.

Dieser Prozess wiederum führte schon in der Vergangenheit zu Verwerfungen in bestimmten Ländern und Regionen, die zugleich die Normen der kulturellen und politischen Machtelite in Frage stellten. Vor allem begehrten bestimmte, meist jüngere Bevölkerungsgruppen gegen diesen Konformitätsdruck auf. Das waren ab Ende der 1950er-Jahre Jugendliche und jüngere Erwachsene, die auch aufgrund des zunehmenden transnationalen Austauschs von Waren und

Menschen mehr politische und kulturelle Freiheiten einforderten. Dieser Prozess ab Anfang der 1960er-Jahre erfasste in unterschiedlichem Tempo und Ausmaß die Länder Nord- und Südamerikas, Westeuropas sowie Ostasien.

In den USA verlangten Menschenrechtsaktivisten die Gleichberechtigung der Rassen vor dem Gesetz. Frauen in Nordamerika wie in Westeuropa stellten Geschlechter- und Sexualnormen in Frage und verlangten nach Gleichberechtigung. Religionsgruppen forderten in diesen Ländern auch mehr Toleranz gegenüber anderen Glaubenssystemen und angesichts einer stärkeren säkularen Welt einen Rekurs auf religiöse Werte. Und in Deutschland demonstrierten mehr und mehr junge Menschen gegen die eigene verkrustete Gesellschaft, gegen den US-amerikanischen Imperialismus der 1960er- und 1970er-Jahre und für eine neue Offenheit gegenüber dem Osten.

Es gehört zu den Kuriositäten der Globalisierung, dass auf der einen Seite gerade die Jüngeren zu Beginn in den westlichen Gesellschaften zu den treibenden Kräften der kulturellen Globalisierung gehörten, sich also als Erste mit den Konsum-Insignien einer globalen Kultur ausstatteten, während sie heute überwiegend zu den Kritikern der universalistischen und homogenisierten Globalisierung zählen und dabei fast einem neuen Konformitätsdruck des »Dagegenseins« folgen. Das war besonders eindrücklich bei den großen Demonstrationen gegen die beiden Freihandelsabkommen, die von der Europäischen Union mit den USA (Transatlantic Trade and Investment Partnership – TTIP) und Kanada (Comprehensive Economic and Trade Agreement – CETA) zu beobachten. Hundertrausende demonstrierten in Berlin gegen diese Abkommen, was insbesondere mit Blick auf Kanada an Absurdität kaum überbietbar war. So ist doch dieses Land in Nordamerika europäischer als mancher europäische Mitgliedsstaat. Es ist schon eine bittere Ironie der Geschichte, dass in dem Land – Deutschland –, das damals den Streit gegen ein Handelsabkommen mit den USA am erbittertsten geführt hat, heute das Wehklagen gegen die Handelskriege der USA am größten ist. Angesichts der ständigen protektionistischen Drohungen der Trump-Administration wären wir heute froh, wenn wir mit einem Abkommen wie TTIP wenigstens ansatzweise Rechtssicherheit hätten schaffen können.

Diese Entwicklung hin zu einer globalisierungskritischen Gesellschaft in Deutschland, die vor allem von jüngeren Aktivisten getragen ist, wird in vielen anderen europäischen Nachbarstaaten häufig irritiert, aber auch interessiert verfolgt. Zu einer ähnlichen öffentlichen und medialen Durchschlagskraft haben sich nämlich dortige Anti-Globalisierungsbewegungen noch nicht entwickelt.

Es wäre mal interessant zu erfahren, warum die deutschen Verhältnisse so anders sind und sich inzwischen auch derart radikalisiert haben – zwischen globalisierungskritischen, multikulturell und ökologisch orientierten Überzeugungslinken auf der einen Seite und national-konservativen und teilweise nationalistischen und populistischen Rechten auf der anderen Seite, die sich beide nur in einem einig sind: im Zweifel gegen die USA. Das ist für mich als Anhänger aller im sogenannten Westen erstrittenen und angloamerikanisch und später westeuropäisch geprägten Werte der Aufklärung schon ein niederschmetterndes Ergebnis.

Bemerkenswert an der Globalisierung von Gesellschaften und Kulturen und ihrer Gegenbewegungen oder »Störkräfte« ist, dass beide eine gemeinsame Geschichte haben, indem die Kräfte der Globalisierung zugleich immer Gegenkräfte freisetzten. Bislang waren im historischen Längsschnitt die Kräfte der Globalisierung stärker als ihre Gegner. Aber nicht immer waren die Akteure und Treiber der Globalisierung auch die sprichwörtlichen »Bösen«. Im Gegenteil, die Globalisierung von Wirtschaft, Gesellschaft und Kultur hat ungeheuer viel Wertschöpfung in vielen Ländern, Wohlstand für die Hälfte der Menschheit, Welterfahrung, Völkerverständigung und gegenseitige Bereicherung durch Austausch von Kultur – sei es nun Kunst, Musik, Literatur, Theater etc. – gebracht. Ohne Globalisierung wäre die Welt in vielerlei Hinsicht ärmer. So viel steht fest. Allein in China hat die Globalisierung unzählige Menschen aus der Armut geholt, Jahr für Jahr zweistellige Millionenzahlen an

Menschen, die aus den ländlichen Regionen des Reichs der Mitte in die Küstenregionen umsiedeln, um dort Jobs zu finden und sich einen bescheidenen Wohlstand zu erarbeiten. Das Gleiche gilt für andere Schwellenländer im asiatischen Raum, die den gleichen Weg zu gehen versuchen bzw. schon weit auf diesem Wachstumspfad fortgeschritten sind.

Dass dennoch überall auf der Welt – wenn auch am stärksten und nachhaltigsten in den postindustriell geprägten Ländern wie Deutschland – auch Gegenkräfte wider die ungezügelte Globalisierung, die eben fast immer mit einer Homogenisierung, Standardisierung und Normierung einhergeht, entstanden sind und weiter entstehen, gehört zur gemeinsamen Geschichte der globalisierten Welt nach 1945. Vor allem in der ersten Phase der verdichteten Globalisierung während des Kalten Krieges mit seiner Systemkonkurrenz haben Gegenbewegungen der Globalisierung durchaus genutzt, weil der Kapitalismus dadurch herausgefordert wurde, die Gesellschaften nach innen zu integrieren.

Es ist kein Wunder, dass sich gerade in dieser ersten Verdichtungsphase der Globalisierung in den 1950er- bis Anfang der 1970er-Jahre das herausbildete, was wir in Deutschland »Soziale Marktwirtschaft« nennen. Aber eben auch in anderen entwickelten Industrieländern des Westens entstand der »Sozialstaat«, den Helmut Schmidt zu Recht mal die größte Errungenschaft des 20. Jahrhunderts nannte. Und dabei war immer klar, dass der »Sozialstaat« deutscher Prägung – allein wegen seiner Lückenlosigkeit und Verlässlichkeit bei gleichzeitigen und vergleichsweise hohen Zahlungen aus Transfer- und Umlagesystemen – auch elementarer Bestandteil unserer gefühlten »Stabilitäts-Kultur« war.

Dies gilt bis heute, aber wir ahnen, dass wir inzwischen an Grenzen stoßen und das erfolgreiche, fast dialektische Wechselspiel zwischen Globalisierung, Gegenbewegung, Flexibilisierung und Integration im Weltmaßstab nicht bruchlos fortgesetzt werden kann. Die Gründe dafür sind vielfältig, und es bedürfte eines eigenen Buches, sie darzustellen und zu untersuchen. Aber was wir feststellen können, ist, dass die Globalisierung, fast drei Jahrzehnte nach dem Fall des Eisernen Vorhangs, an einem Punkt angekommen ist, den ich als ein Übergangsstadium der Großen Transformation bezeichnen möchte.

Dass Globalisierung so störungsfrei weitergeht wie bisher, ist eher unwahrscheinlich, denn es gibt vier weltumspannende Trends, die, mit unterschiedlicher Wucht, im kommenden Jahrzehnt auf alle entwickelten Gesellschaften einwirken werden: die digitale Durchdringung der industriellen und dienstleistenden Wirtschaft mit enormen Folgen für die Hochlohn-Arbeitsgesellschaft und Millionen Jobs in Deutschland, der am Ende der 2020er-Jahre dramatische Wandel in der Demografie, die globale Klimaerwärmung und der zunehmende Migrationsdruck auf Europa.

Auf alle diese gigantischen Herausforderungen sind weder Politik noch Wirtschaft noch unsere inzwischen zerklüftete Gesellschaft vorbereitet. Jede einzelne Herausforderung wird ungeheure Ressourcen – und das meint nicht nur finanzielle, sondern auch legitimatorische – beanspruchen, und alle vier zusammen werden unsere freiheitliche Demokratie, unsere bürokratischen Sozialsysteme, aber eben auch unseren Ordnungsstaat an die Grenzen der Handlungsfähigkeit bringen, wenn wir nicht die Zeit nutzen, uns entschieden auf die mit den skizzierten Trends verbundenen Aufgaben vorzubereiten.

Schon heute zeigt sich, dass die zweite Phase der Globalisierung nach 1945 drei Jahrzehnte nach dem Siegeszug des Kapitalismus, der plötzlich, wie Peter Sloterdijk damals spottete, allein zu Haus war, an ein vorläufiges Ende gekommen ist. In einem aktuellen Buch beschreibt ein Autorenteam unter der Leitung von Michael Hüther diesen Zustand als »Die erschöpfte Globalisierung«, so der Titel des Werkes. Ob der Begriff »Erschöpfung« der passende ist für den aktuellen Zustand der globalen Ökonomie, sei dahingestellt. Aber das Phänomen des mannigfachen Stillstands, der Blockaden, des drohenden Endes multilateraler Vereinbarungen, des Rückfalls in alte Streitmuster, die wir überwunden glaubten, ist nicht zu übersehen. Das wird – in unterschiedlicher Intensität – Rückwirkungen für alle globalisierten und alternden Gesellschaften haben.

Das wachsende Unbehagen breiter Bevölkerungsschichten

Diese – zugegebenermaßen – sehr verkürzte Momentaufnahme überträgt sich auf eine Gesellschaft, deren langfristige Erwartungen an die Wirtschaft sich mittlerweile deutlich eingetrübt haben, wobei sie gegenüber der Politik ohnehin illusionslos von andauernder Unzufriedenheit geprägt ist. Das instinktive pessimistische Gespür der Mehrheitsbevölkerung in Deutschland trifft dabei auf eine Regierung, deren Orientierungskräfte zusehends erschöpft scheinen, die auch deshalb kraftlos und unentschlossen wirkt, weil sich die sogenannte Große Koalition demoskopisch kleinregiert hat; sie trifft auf eine exportabhängige Wirtschaft, die ihre Prosperitätsversprechen auch aufgrund globaler Unsicherheiten und einiger gravierender unternehmerischer Fehlentscheidungen (wie zum Beispiel im Zuge des Dieselskandals) nicht mehr halten kann; und sie ist einer zunehmenden Fragmentierung ausgesetzt, sodass sich nur noch in bestimmten Regionen so etwas wie solidarischer Zusammenhalt organisieren lässt.

Das alles leistet der schon seit geraumer Zeit anhaltenden individualistischen Selbstentfaltung von immer mehr Menschen weiter Vorschub. Kurzum: Die Welt ist wirklich für viele Menschen bei uns sehr unübersichtlich und zugleich scheinbar ungemütlich geworden. Und so äußern das viele auch – entweder in qualitativen Befragungen oder in den mehrfach wöchentlichen Umfragen zur politischen Stimmung im Lande.

Dass es zu dieser seit Jahren anhaltend grummelnden Grundstimmung in der deutschen Gesellschaft gekommen ist, hat – das gehört zur ehrlichen Bestandsaufnahme dazu – auch mit der globalen Migration zu tun, die uns in Deutschland nicht erst seit 2015 auf allen politischen, aber eben auch wirtschaftlichen, gesellschaftlichen und kulturellen Ebenen beschäftigt. Auch dieses Thema hat eine lange Vorgeschichte, und diese wiederum hat etwas mit Fakten, Fehlern, Gefühlen, Überforderung, Gelingen, medialer Abbildung, Polarisierung bis hin zu aggressiver Gewalt zu tun, die zwischenzeitlich jede vernunftgetragene Debatte über das Thema der Migration unmöglich gemacht hat, weil sich ein Teil der Menschen in Deutschland in ihren lokalen Umfeldern nicht mehr zu Hause oder geborgen fühlt.

Zur Vorgeschichte seit 1945 nur so viel in wenigen Strichen: Schon in den 1950er-Jahren begann die Arbeitsmigration von sogenannten Gastarbeitern, die mittels zwischenstaatlicher Anwerbeabkommen vor allem aus mediterranen EU-Mitgliedsstaaten in deutschen Unternehmen Beschäftigung fanden und den damals existierenden Arbeitskräftemangel zu lindern halfen. Gedacht war stets daran, dass diese Arbeitskräfte nur vorübergehend zur Arbeit nach Westdeutschland kommen sollten und dann wieder in ihre Heimatländer zurückkehren.

Schon diese Fiktion war realitätsblind und entpuppte sich als politische Lebenslüge, denn es zeigte sich, dass der Saldo zwischen Ende der 1950er-Jahre bis Anfang der 1970er-Jahre bei rund drei Millionen Gastarbeitern lag, die über die langen Jahre ihrer Beschäftigung bei uns selbstverständlich ihre Familien nachholten oder hier heirateten. Diese verleugnete Einwanderung wurde von einem Anwerbestopp 1973 nur kurzzeitig unterbrochen, weil dieser noch mehr die Tendenz im familiären Nachzug beförderte. Nur: Zur Integration der Eingewanderten wollten sich die Parteien damals nicht bekennen. Schon damals war das eine sträflich vergeudete Zeit. Und dann erlebte Gesamtdeutschland eine Einwanderungswelle, die es zuvor in dieser Dimension nur im unmittelbaren Nachkriegsdeutschland von Deutschen aus dem östlichen ehemaligen Reichsgebiet gegeben hatte.

Zwischen 1988 und 1993 kamen rund 7,3 Millionen Menschen nach Deutschland, von denen zwar 3,6 Millionen wieder das Land verließen. Trotzdem löste dieser riesige und vorher nicht erlebte Einwanderungsüberschuss für die politisch unvorbereitete Bevölkerung, da die CDU-geführte Bundesregierung weiter offiziell daran festhielt, kein Einwanderungsland zu sein, Erschütterungen aus, die vorübergehend eine rechts-nationale Partei bis in die Landesparlamente Baden-Württembergs und Bayerns spülte (die Republikaner), und die von Beginn an in einigen der neuen ostdeutschen Länderparlamente die NPD über Jahre hinweg verankerte, bevor sie abgelöst wurde von einer scheinbar gemäßigteren Rechtspartei. Der »Boden« war so schon vorbereitet, auf dem die AfD Jahrzehnte danach ganz andere »Wahlerfolge« feiert.

Fremd im eigenen Land? – die Erschütterung 2015

Im Jahre 2015 spitzte sich die Situation in einer völlig veränderten Lage und unter anderen Vorzeichen in Deutschland und Europa neu und anders zu, als sich im Zuge des Syrienkriegs und weiterer kriegerischer Auseinandersetzungen auf der Arabischen Halbinsel und in Afghanistan sowie auf dem afrikanischen Kontinent zum ersten Mal in sehr kurzer Zeit Millionen Flüchtlinge auf den Weg über Land- und Mittelmeerrouten nach Europa machten. Die Zahlen und Folgen sind weitgehend bekannt und müssen hier nicht wiederholt werden.

Entscheidend ist, dass sich seitdem unser Land im Innern in einer tiefen politischen wie gesellschaftlichen Orientierungskrise befindet, weil die damals und noch heute regierende CDU-Bundeskanzlerin ihren dritten radikalen Kursschwenk vollzog nach dem Ausstieg aus der Atomenergie und der Abschaffung der Wehrpflicht, nämlich den Deutschen sozusagen verordnete, wenn wir das millionenfache Flüchtlingsproblem nicht lösten (also ihrem Appell »Wir schaffen das!« nicht folgten), dann sei das nicht mehr ihr Land. Ich glaube, dass sich die CDU von diesem nie erklärten und politisch einschneidenden Kursschwenk bis heute nicht erholt hat, weil zum ersten Mal nicht nur konservative Wählerinnen und Wähler den Eindruck hatten, der Staat habe zeitweise die Kontrolle verloren und eine Entscheidung gegen einen Teil seiner Bürger getroffen.

Für die politische Kultur und die Art und Weise der Auseinandersetzung innerhalb und außerhalb der politischen Arenen hatte dieses Flüchtlingsjahr 2015 bis heute Folgen, deren weitere Entwicklung noch immer nicht abzusehen sind. Die Gesellschaften in ganz Europa polarisierten und radikalisierten sich mehr und mehr, an Deutschlands damals freizügiger Haltung schieden sich die osteuropäischen, aber auch die Geister anderer EU-Nachbarstaaten. Deutschland mit seiner Bundeskanzlerin Merkel hatte sich aus der Sicht vieler EU-Staaten auf einen Sonderweg begeben, »ohne«, wie es der Alt-Bundeskanzler Schröder spöttisch umschrieb, »einen Plan zu haben«. Und der damalige Bundespräsident Joachim Gauck brachte es auf die menschlich verbindlichere Formel: »Unser Herz ist weit. Aber unsere Möglichkeiten sind endlich.« Vielleicht weil er sah, was sich im Land vor allem auf den Straßen Ostdeutschlands tat.

Das Land und seine Menschen standen sich plötzlich in gar nicht mehr herzlicher Zuneigung, sondern mit heftigsten Wutgefühlen unversöhnlich gegenüber. Die deutsche Gesellschaft bezahlte ihre große äußere Liberalität mit dem Verlust der inneren. Die aggressive Grundstimmung, die sich bis heute auf den Straßen und Plätzen, aber vor allem in den sozialen Netzwerken auslebt, wird sich so bald nicht legen, auch weil sich viele Deutsche, aber auch hier bereits seit Langem lebende Mitbürgerinnen und Mitbürger mit ausländischen Wurzeln inzwischen fremd fühlen. Und es war der Beginn des Siegeszuges der AfD auf Bundesebene, die 2017 mit 12,6 Prozent in den Bundestag gewählt wurde. In den ostdeutschen Ländern hat sie die 20-Prozent-Marke bei den drei Landtagswahlen im September und Oktober 2019 weit hinter sich gelassen.

Dass dies nicht allein in der Migration und den ungelösten Integrationsproblemen begründet ist, liegt auf der Hand. Aber es ist einfach nicht zu leugnen, dass der ungebremste Zuzug von Flüchtlingen vom Sommer 2015 bis Ende 2016 die Temperatur im »Auenland« Deutschland, so Stephan Grünewald, Psychologe und Geschäftsführer des Marktforschungsinstituts Rheingold, in einem kürzlich geführten Interview zu 70 Jahren Grundgesetz über die »Seelenlage« in Deutschland, plötzlich so hat steigen lassen, dass es der AfD die Wähler vor allem im Osten aus dem Lager der Nichtwähler in Scharen zutrieb.

Der etwas spöttische Begriff »Auenland« aus dem Mega-Fantasy-Bestseller »Der Herr der Ringe« bringt es wohl auf den Punkt: Viele

Deutsche wähnten sich bis vor wenigen Jahren noch in einer abgeschlossenen und sicheren Zitadelle. Und dann hatten sie mit der in allen Zeitungen und TV-Bild-Berichten Tag für Tag in einer Dauerschleife gesendeten »Flüchtlingsstrom-Saga« zum ersten Mal ihr nicht gewolltes und sie teilweise kulturell überforderndes »Rendezvous mit der Globalisierung«, so der etwas bittere Befund im November 2015 von Wolfgang Schäuble, der zu dem Zeitpunkt als Bundesfinanzminister im Hintergrund ein harter Kritiker der Kanzlerin und ihrer Flüchtlingspolitik war. Seitdem ist die Spaltung in unserem Land fühlbar und Gegenstand unzähliger Berichte und Bücher – zuletzt die lesenswerte »Reise zum Riss« des jungen Autors Peter Maxwill.

Warum sich die deutsche Gesellschaft derart aufgespalten hat, ist nur zu verstehen, wenn man sich vergegenwärtigt, dass die letzten zwei Jahrzehnte für viele Menschen in Deutschland wie in einer großen Zentrifuge verliefen – politisch, wirtschaftlich und kulturell. Vom Reformstau der späten 1990er-Jahre über die Flexibilisierung des Arbeitsmarktes im Zuge der Agenda-2010-Reformen ab 2003 über die einschneidende Finanzkrise 2008/2009 bis hin zur Flüchtlingskrise ab 2015, die sich medial durch ständiges Aufrufen des Themas bis heute hinzieht und als nicht gelöst im Sinne einer gesellschaftlichen Befriedung betrachtet werden kann.

Meine Partei – die SPD – tat und tut sich bis heute vor allem im Umgang mit der Flüchtlingskrise schwer. Wie bei vielen anderen Menschen streiten in der SPD auch »Herz« und »Verstand« miteinander. Das »Herz« will Menschen helfen, der »Verstand« sagt, dass es natürlich Grenzen der Aufnahmefähigkeit gibt. Die vom CSU-Chef Horst Seehofer lange Zeit mit Schaum vor dem Mund betriebene Debatte um eine »Obergrenze« zur Aufnahme von Flüchtenden hat das Klima für eine aufgeklärte Auseinandersetzung darüber, was ein wohlhabendes Land wie Deutschland schaffen kann und wo selbst dieses starke Land überfordert wird, leider vollständig verhindert. Niemand wollte sich mit dem CSU-Chef gemein machen, weil dessen Argumentation lange Zeit nicht sehr von der AfD zu unterscheiden war. Im Kern aber stimmt es natürlich, dass auch ein Land wie Deutschland Grenzen der Aufnahmefähigkeit besitzt. Sie liegen aber nicht in einer diffusen und nicht begründeten Zahl, sondern müssen entlang der Frage austariert werden, wie viele Integrationskurse, Wohnungen, Kindertagesstätten, Lehrer und Schulen, Ausbildungs- und Arbeitsplätze und auch Polizisten wir zusätzlich brauchen und bezahlen können, um eine gesicherte Integration von über einer Million Menschen in relativ kurzer Zeit bewältigen zu können. Und wie wir übrigens unsere vorhandenen Kapazitäten für die nutzen, die wirklich unseres Schutzes und unserer Hilfe bedürfen – und alle anderen ohne längerfristige Aufenthaltsbegründung auch wieder aus Deutschland heraus in ihre Herkunftsländer schicken.

Wer sich darüber keine Gedanken macht, der sorgt für die Entstehung neuer Ghettos und eine neue und nicht integrierte Unterschicht in Deutschland. Aktuell sehen wir jedenfalls, dass es uns bis heute schwerfällt, dieser Aufgabe gerecht zu werden. Denn die, die zu uns gekommen sind, entstammen oft einem Kulturkreis, in dem zum Beispiel die Idee einer Berufsausbildung fremd ist, deren religiöse oder kulturelle Vorprägung vollständig anders ist als die unsere. Ich selbst betreue eine syrische Familie, die wirklich ein hartes Lebensschicksal und schwere Verwundungen erleiden musste. Es ist wunderbar mit anzusehen, wie sich vor allem die jüngste Tochter in kürzester Zeit in der Schule und ihrer neuen Sprache zurechtfand und gewiss eine sehr gute Ausbildung absolvieren wird. Aber so aufgeschlossen und dankbar die Familie auch ist, sie wird ganz schweigsam, wenn es zu Themen wie Antisemitismus oder Homosexualität kommt. Es wird lange dauern, bis sie sich in unserer Welt voller unterschiedlicher Lebensangebote zurechtfinden wird.

Diese im Alltag unserer Gesellschaft sichtbaren Probleme werden nicht von allen Menschen so rational verarbeitet, wie wir es uns in unserem politischen Parteigremien und Parlamenten wünschen mögen. Der in der Gesellschaft entstandene Eindruck eines doppelten Kontrollverlusts des Staates – einmal in der Finanzkrise und dann in der Flüchtlingskrise – ist bis heute für viele Menschen in Deutschland prägend. Nichts anderes zeigt die im November 2019 veröffentlichte Studien des Allensbach-Instituts, die einen Absturz des Vertrauens in die politische Stabilität von 81 Prozent (2015) auf 57 Prozent (2019) registrieren.

Die SPD ist diesen schwierigen Fragen der Begrenzung der Aufnahmefähigkeit bzw. der Voraussetzung für eine nachhaltig gelingende Integration nie wirklich nachgegangen. Zu groß war die Furcht, in die Nähe derjenigen zu geraten, die mit der Angst vor Einwanderung und Flüchtlingen ihr politisches Süppchen kochen wollten, nicht selten eine Suppe voller rassisischer und nationalistischer Inhalte. Die Sozialdemokratie meinte daher, man müsse vor allem »Haltung zeigen«. Es ist eine pure Selbstverständlichkeit und bei Weitem keine allein der SPD zustehende Aufgabe, die offene Gesellschaft und ihre Liberalität gegen alle Angriffe zu verteidigen. Sozialdemokratinnen und Sozialdemokraten müssen aber mehr tun, als die richtige »Haltung« zu fordern und zu verteidigen. Sie müssen verstehen, warum sich gerade ihre traditionelle Anhängerschaft in der Migrations- und Flüchtlingsfrage nicht dieser Haltung automatisch und widerspruchslos anschließt, Und das sollte der SPD eigentlich nicht schwerfallen, denn es ist doch klar, dass diejenigen mit geringeren Einkommen, schlechteren Startbedingungen im Bildungswesen und oftmals ungewissen Zukunftsaussichten mehr Sorgen um den Erhalt ihres erreichten sozialen Status haben als diejenigen mit relativ hohem Einkommen und gesicherten Existenzen. Man kann es auch zuspitzen: Diejenigen, die ohnehin zu den Gewinnern unseres auf globalen Austausch ausgerichteten Wirtschaftssystems gehören, erleben die Migration als Bereicherung. Dazu gehören multikulturelle Begegnungen ebenso wie die Erhöhung des Arbeitskräftepotenzials, preiswerte Angebote für Dienstleistungen – von der Haushaltshilfe bis zum Taxifahrer – und ein erweitertes Konsum- und Restaurantangebot. Mittlere und noch mehr untere Einkommensgruppen, die ohnehin in unserer Gesellschaft um ihren sozialen Status aufgrund von steigenden Qualifikationsanforderungen, höheren Mieten und schlechteren Bildungsangeboten fürchten müssen, erleben Migration ganz anders; als Wettbewerb um preiswerten Wohnraum, verfügbare Arbeit, schwierigere schulische Bedingungen und nicht zuletzt auch als Zuwanderung in die von ihnen finanzierten Sozialsysteme. Dieser Teil unserer Gesellschaft wohnt zudem in relativer Nähe zu den Wohnorten derjenigen Zuwandererinnen und Zuwanderer, deren Integration misslungen ist, und die für alle sichtbar vor allem von den in diesem Land existierenden Sozialleistungen leben (müssen). Die Distanz und teilweise Ablehnung in diesen Gruppen unserer Gesellschaft gegenüber einer als zu groß und zu schnell empfundenen Zuwanderung ist eben nicht Ausdruck einer »falschen Haltung«, sondern Ergebnis einer stärkeren Verletzbarkeit im sozialen Status. Um es noch mehr zuzuspitzen: Denjenigen, die sich ohnehin eher zu den ökonomischen und sozialen Verlierern des Landes zählen, auch noch den Vorwurf zu machen, sie seien die »Ewiggestrigen«, kann nur dazu führen, dass sie sich von der Sozialdemokratie immer weiter entfernen – bis hin zur AfD. Ich weiß auch, dass sich der Rechtspopulismus nicht nur aus diesen Wählergruppen speist, aber für die SPD sind es die entscheidenden. Sie kann und darf nicht hinnehmen, dass mit Blick auf die Sozialstruktur ihrer Wähler die AfD heute die Arbeiter- und Handwerkerpartei ist und nicht die SPD.

Statt wie im letzten Europawahlkampf oder im öffentlichen Auftreten vieler akademisierter SPD-Repräsentanten immer nur die »richtige Haltung« einzufordern, muss es der Sozialdemokratie viel mehr um einen neuen Sozialvertrag gehen, der zeigt, dass trotz der Aufnahme von Flüchtlingen niemand vergessen wird. Das gelingt nur über Investitionen in den Zusammenhalt. Dazu gehört die Förderung von Integration, Schul- und Berufsausbildung für diejenigen, die zu uns geflüchtet sind. Aber eben auch die Forderung nach aktiver Integrationsbereitschaft. Ohne die deutsche Sprache zu können, ist ein selbstbestimmtes Leben in unserem Land schwer denkbar. Zu dieser aktiven Integrationsbereitschaft gehört auch, dorthin zu gehen, wo Arbeit und Wohnraum vorhanden ist. Wer sich all dem verweigert, kann nicht auf Dauer hierbleiben, sondern muss spätestens dann unser Land wieder verlassen, wenn im Heimatland kein Krieg mehr herrscht. Es geht aber auch um die Integration derjenigen, die schon lange hier leben. Auch sie müssen spüren, dass die Politik sie nicht vergessen hat: von Mindestrenten und weitaus höheren Mindestlöhnen, niedrigeren Sozialabgaben für Familien bis hin zu kleineren Klassen, besserer Ausstattung mit Lehrern und Polizisten bis hin zum bezahlbaren Wohnraum und der Sicherung der Daseinsvorsorge in ländlichen Regionen: Alles gehört dazu.

Ein solcher neuer Sozialvertrag zwischen denen, die neu kommen, und denen, die als Deutsche hier geboren sind oder als Zuwanderer schon lange hier leben, muss Chancen für beide Seiten bieten. Jede Gemeinde, die Flüchtlinge aufnimmt, sollte nicht nur Geld zur Flüchtlingsintegration bekommen, sondern die gleiche Summe noch einmal für ihre eigenen Bürgerinnen und Bürger, um kulturelle Angebote, öffentliche Infrastruktur und die kommunale Daseinsvorsorge für alle zu verbessern. Damit Flüchtlinge sich nicht nur auf-, sondern auch angenommen fühlen, müssen sie mit einem gesicherten Bleiberecht ausgestattet sein, damit es sich für sie lohnt, sich aktiv an der Integration in den Arbeitsmarkt zu beteiligen – ganz unabhängig von der Frage, ob sie sich aus politischen oder wirtschaftlichen Gründen auf den Weg zu uns gemacht haben. Und wer dies nicht tut, muss das Land wieder verlassen – vor allem dann, wenn die Fluchtgründe, die zu einer Anerkennung als Bleibeberechtigter in Deutschland geführt haben, in Zukunft entfallen. Auch diese zwei Seiten gehören zu diesem neuen Sozialvertrag.

Wir sind Staatsbürgerinnen und Staatsbürger – Wir sind nicht »das Volk«

Man kann den Eindruck gewinnen, dass bei so vielen Veränderungen, denen die Menschen ausgesetzt sind, sich Erschöpfungs-, Blockade- und Stillstandsymptome ausbreiten. Ein Großteil der Bürger hat den Eindruck, die Politik trete auf der Stelle, blockiere sich und andere und sei zu zögerlich bei anstehenden Entscheidungen oder bei deren Umsetzung. Ob diese Betrachtung stimmt, ist zunächst unerheblich, wichtiger scheint mir, dass diese Grundstimmung die Polarisierung von erheblichen Teilen der Gesellschaft inzwischen heftig befördert – anders ist die klare Frontstellung zwischen dem demoskopischen Höhenflug der Grünen auf der einen Seite und der anhaltenden Zustimmung für die AfD auf der anderen Seite kaum zu erklären.

Bei allen Umfrageinstituten erreichen beide Parteien inzwischen stets an die 40 Prozent der Wahlbürger, während die beiden bisher angestammten Volksparteien Union und SPD seit der letzten Bundestagswahl 2017 kräftig Federn lassen mussten und zusammengerechnet gleich stark oder manchmal etwas stärker taxiert werden als Grüne und AfD.

Inzwischen bilden Grüne und AfD die Enden der Parabel in unserem Parteiensystem. Während die Grünen immer stärker das große Ganze unter dem Eindruck der globalen Erderwärmung mit allen ihren Folgen für unser Land emotional-argumentativ in den Blick rücken und dabei zugleich auf urban-progressive Wahrnehmungsmuster setzten, versucht die AfD aus der Froschperspektive das Lokale, Regionale und Nationale als Ort allen Wohlbefindens emotional-pejorativ und in Abgrenzung zu allem scheinbar Fremden und Schuldigen (etablierte Parteien, Alt-Parteien, System-Parteien, Lügenpresse etc.) auch sprachlich-verhetzend zu besetzen und zu brandmarken.

Dazwischen haben es in verhaltener Dosis argumentierende Volksparteien generell schwer, weil sie ihre Empfänger in dieser aufgewühlten Gesellschaft immer schwerer erreichen. Vor allem aber haben es deren einfache Mitglieder als Multiplikatoren noch schwerer, in dieser polarisiert-radikalisierten Stimmungslage Zugang und Gehör zu finden. Dass sie dennoch unverdrossen und unverzagt ihr Engagement in den Kommunal- und Landesparlamenten so intensiv fortsetzen, gehört für mich zu den großen Stärken unseres demokratischen Gemeinwesens. Auf diesem Fundament kann der Neustart nicht nur unserer Demokratie, sondern auch der übrigen Demokratien des sogenannten Westens gelingen. Allerdings kostet das weiterhin viel Kraft.

Die beiden traditionellen bundesrepublikanischen Volksparteien SPD und CDU/CSU und ebenso ihre dem Grunde nach ähnlich strukturierten kleineren Partner FDP und Bündnis 90/Die Grünen richten ihr Politikangebot letztlich an Staatsbürgerinnen und Staatsbürger. Dieser etwas hochtrabend daherkommende Begriff meint aber im Grund nur die Individuen des bundesrepublikanischen Gemeinwesens, die vor Wahlen zwischen unterschiedlichen Angeboten gewichten und danach ihre Wahlentscheidung abgeben. Mehr oder minder aufgeklärte Bürger wägen Vor- und Nachteile des personellen und inhaltlichen Angebots ab und entscheiden sich dann.

Das Ressentiment von Populisten dagegen richtet sich gerade nicht an aufgeklärte Bürgerinnen und Bürger, sondern an das imaginäre »Volk«. In der Regel zugespitzt auf ein Thema erklären sich die Populisten zum Vollstrecker des scheinbaren Volkswillens. »Wir hier unten gegen die da oben« ist die klassische populistische Erzählung, die versucht, demokratisch getroffene Entscheidungen über Mehrheit und Minderheit in Parlamenten und Regierungen zu delegitimieren. Dies verläuft entlang von politischen Meta-Themen: in Deutschland ist dies die sogenannte Flüchtlingskrise, in den USA das tiefe Misstrauen gegen das Establishment in Washington und seine engen Bindungen an die Finanzmärkte der Wall Street und in Großbritannien ist es der BREXIT unter der Überschrift »Take back control«.

Fast keines der populistisch zugespitzten Themen ist den traditionellen Parteien unbekannt, im Gegenteil: Sie tragen sie alle auch in sich, sofern sie Volksparteien sind. Aber diesen Volksparteien gelang es in der Vergangenheit, in ihrer eigenen Willensbildung den politischen Abwägungsprozess vorzunehmen, um daraus dann ein eher abgewogenes Politikangebot zu formulieren. Weil dies alle traditionelle Parteien bereits in ihrem eigenen parteiinternen Willensbildungsprozess tun, bewegen sie sich auch alle im Zentrum – in der Mitte – der Gesellschaft. Und deshalb sind sie im Kern auch alle miteinander koalitionsfähig. Der Einwand, damit seien diese Parteien aber nicht mehr richtig unterscheidbar, ist durchaus berechtigt. Aber zur Wahrheit gehört natürlich auch, dass diese im Verlauf der letzten 70 Jahre zugenommene Fähigkeit zur Konsensfähigkeit auch die politische Stabilität Deutschlands zur Folge hatte. Zum Wohle seiner wirtschaftlichen und sozialen Entwicklung, aber durchaus auch im Interesse seiner europäischen Nachbarn und internationaler Partner, weil Deutschland als größtes Land im Zentrum Europas damit auch berechenbar wurde. 180-Grad-Schwenks in seiner Entwicklung waren nicht zu befürchten. Ein verlässliches Deutschland zu haben, ist für unsere Nachbarn historisch eine eher junge Erfahrung. Es mag uns gelegentlich langweilen, wir haben aber nach innen und nach außen davon erheblich profitiert.

In einer sehr individualisierten Gesellschaft allerdings wird dieser innere Abwägungsprozess einer Volkspartei immer schwieriger. Die Ausdifferenziertheit von immer individualisierten Gesellschaften macht es immer unwahrscheinlicher, große Wählergruppen zusammenzuhalten und für alle nachvollziehbare innere Konsense zu erzielen, die dann nach außen das politische Angebot abgeben.

Die Frage ist, wer diese Aufgabe der Konsensbildung übernimmt, wenn es die Volksparteien nicht mehr allein schaffen. Was tritt an die Stelle der Volksparteien, wenn es nicht die populistischen Bewegungen sein sollen, die im Übrigen natürlich ebenso antikapitalistisch links wie reaktionär nationalistisch rechts daherkommen können?

Die gern zitierte »Zivilgesellschaft« wird es jedenfalls auch nicht sein, weil auch sie sich meist in »Ein-Punkt-Bewegungen« konkretisiert, in der Abwägungsprozesse selten anzutreffen sind. Schon der Begriff der »Zivilgesellschaft« ist seltsam, weil sich die Frage stellt, was eigentlich das Gegenteil davon ist. Der Gegensatz zu zivil wäre militärisch, das aber dürfte nicht gemeint sein. Eher wohl verbirgt sich hinter dem positiv besetzten Begriff der Zivilgesellschaft eine negative Konnotation des Staates, der ihr gegenübersteht und gegen den sie sich behaupten muss. Das allerdings ist das Gegenteil der Idee des demokratischen Rechtsstaates in unserer Verfassung, in der der zivile Staat durch seine Bürgerinnen und Bürger geschaffen und getragen wird und ihnen – um im Bild zu bleiben – nicht fremd gegenübersteht, sondern sich schützend an ihrer Seite befinden soll.

Vom Bild eines Staates als zu überwindendes Gegenüber der Zivilgesellschaft ist es nicht mehr weit zu der Forderung, dass die Demokratie zu langsam und zu ineffizient sei, um drängende Menschheitsfragen wie etwa den Klimawandel zu lösen. Die der Demokratie innewohnenden Abwägungsprozesse werden nicht nur als hinderlich angesehen, sondern eher als Beweis dafür, dass ihre Repräsentanten die Dringlichkeit der Aufgabe noch nicht verstanden hätten. Die sich daran anschließende Konsequenz wagt bislang kaum jemand laut auszusprechen. Aber natürlich würde die Schlussfolgerung unweigerlich bei einem erzreaktionären Menschenbild enden, nach dem jeder einzelne Bürger letztlich unfähig zur Vernunft ist und durch eine »weise Führung« zur Rettung der Menschheit gezwungen werden muss.

Natürlich wird das Parteiensystem von vor 2013 mit nur vier Parteien plus CSU so bald nicht wiederkehren. Und die Individualisierungs- und Selbstoptimierungstendenzen unserer Gesellschaft werden sich auch weiterhin fortsetzen. Als Folge werden wir in Deutschland lernen müssen, mit drei, vier oder vielleicht sogar fünf Parteien Koalitionen und mehrheitsfähige Regierungen oder auch Minderheitenkabinette zu bilden. Das ist anstrengend, ohne Zweifel, aber der Blick in andere Länder zeigt, dass das nicht nur möglich, sondern auch erfolgreich sein kann.

Es muss die demokratischen Parteien allerdings einen, dass sie die Konsensfähigkeit in unserer Gesellschaft verteidigen. Gegen die Populisten ebenso wie gegen Ein-Punkt-Bewegungen. Und auch gegenüber Medien, deren Verkaufs- und Clickzahlen sich eher am Konflikt orientieren als am Konsens.

Der Umgang der CDU nach ihrer Wahlniederlage in Thüringen im Oktober 2019 war das Gegenbeispiel davon. Statt das Wahlergebnis und den Wahlsieger – den Ministerpräsidenten Bodo Ramelow von der Linkspartei – zu akzeptieren, versuchte die CDU, ihm den Wahlsieg zu nehmen und Regierungskoalitionen zu bilden, die das Gegenteil dessen abgebildet hätten, was der demokratische Teil der Wählerschaft in Thüringen am Wahlsonntag gewählt hatte. Mit der neuen Unübersichtlichkeit der Parteiendemokratie nicht nur »klar zu kommen«, sondern sie produktiv zu nutzen, kann nur bedeuten, dass demokratische Parteien gewählte Mehrheiten von demokratischen Parteien auch wirklich zulassen – egal, ob sie selbst daran partizipieren oder nicht. Ausschließen darf und muss das demokratische Parteienspektrum die Gegner der Demokratie – zu denen aber zählt in Thüringen gewiss nicht die Linkspartei und ihr Ministerpräsident.

Das Einrichten auf die neue Zeit beginnt jetzt und vielleicht mit einer Konzentration auf etwas, was scheinbar in die Jahre gekommen zu sein scheint: auf Begriffe, die allen voran die politischen Entscheidungsträger in den kommenden Jahren leiten sollten: Freiheit und Verantwortung als entscheidendes ausbalancierendes Begriffspaar, um einen neuen Gesellschaftsvertrag in Europa und in Deutschland zu begründen.

II.

Das Schicksalsthema: Wie bewältigen wir den Klimawandel?

Eine Transformation ganz eigener Art bringt der Klimawandel mit sich. Er liegt quer zu allen Politikfeldern und betrifft die Lebensbedingungen nahezu aller Menschen auf unserem Planeten. Die auf der südlichen Hemisphäre freilich dramatischer und gefährlicher als die im Norden.

Die Globalisierung macht es immer weniger möglich, ausschließlich in nationalen Kategorien und Interessen zu denken. Ausgerechnet in einer Zeit, in der die Welt nichts mehr braucht als die Bereitschaft zur internationalen Zusammenarbeit, um den alle Menschen bedrohenden Klimawandel zu stoppen oder zumindest zu begrenzen, sind die Bedingungen dafür so schlecht wie lange nicht mehr. Statt internationaler Zusammenarbeit, Multilateralismus und verbindlicher internationaler Verabredungen setzt sich mehr und mehr die »My-nation-first«-Politik durch. Nicht nur in den USA und Brasilien, sondern auch in Russland, Indien, China, ja bis nach Europa spürt man das Anwachsen einer Haltung, in der jeder für die eigenen und manchmal sehr kurzfristigen Interessen eintritt.

Ironischerweise setzen vor allem auch die deutschen Klimaaktivisten auf nationale Alleingänge. Die schwedische Schülerin Greta Thunberg mit ihrer sehr erfolgreichen Kampagne »Fridays for Future« geht es anders an. Sie tritt nicht nur in vielen unterschiedlichen Staaten auf, sondern reiste sogar zur Generalversammlung der Vereinten Nationen nach New York oder zur internationalen Klimakonferenz nach Madrid. Viele Politiker und Medien haben sich darüber lustig gemacht oder kleinkariert die Treibhausgasemissionen ihres Segeltörns über den Atlantik ausgerechnet. Die Wahrheit ist: Greta Thunberg hat den Finger in die richtige Wunde gelegt und den Mangel an internationaler Zusammenarbeit zum Thema gemacht. Hier entscheidet sich Erfolg oder Misserfolg des Kampfes gegen den Klimawandel.

Das Beispiel des gelungenen Pariser Klimaabkommens zeigt: Erst wenn das Thema auf der Tagesordnung der Staats- und Regierungschefs, der Außenminister und der Finanzminister steht, sind Erfolge möglich. Solange sich die Umweltminister alleine trafen – von Montreal über Bali bis Kopenhagen –, blieben die Klimaschutzverhandlungen letztlich erfolglos.

Selten ist mir das so klar geworden wie in meiner Zeit als Bundesminister für Umwelt, Naturschutz und Reaktorsicherheit zwischen 2005 und 2009. So wie das Wasser des Rheins nur durch eine Zusammenarbeit aller Anliegerstaaten in Europa wieder so zum Guten verändert werden konnte, dass heute dort wieder praktisch alle Fischarten der vorindustriellen Zeit aufzufinden sind, können Fragen des Klimawandels, der Artenvielfalt oder des Meeresschutzes nur international erfolgreich angegangen werden. Kein anderes Thema macht die Notwendigkeit zur internationalen Zusammenarbeit so deutlich und ist gleichzeitig so sehr Ausdruck und Treiber von Globalisierungsprozessen wie der Klimawandel. Ich widme dieser Schicksalsfrage der Menschheit hier ein ausführliches eigenes Kapitel, weil der Klimawandel bzw. seine friedliche Bewältigung eine Voraussetzung für – aber auch ein Mittel zur Errichtung – einer besseren Zukunft ist.

Der Klimawandel gehört zur Menschheitsgeschichte und war oft ein wichtiger Faktor in der Entwicklung unserer Gesellschaften. Viele Ereignisse der Geschichte müssen vor dem Hintergrund der jeweiligen klimatischen Verschiebungen gesehen werden. Sie waren mit eine treibende Kraft für die großen Völkerwanderungen im 4. bis 6. Jahrhundert, Ernährungskrisen, ja sogar kriegerische Konflikte. Auch im Jahr der Französischen Revolution zogen verarmte und unterernährte Bauern durch das Land, nachdem sehr kalte Winter zu Missernten und Viehsterben geführt hatten. Klima machte und macht Geschichte.

Die globale Temperatur steigt und diesmal ist der Mensch zur stärksten Naturgewalt aufgestiegen. Deshalb sprechen die Forscher vom anthropogenen – vom Menschen verursachten – Klimawandel. Seit der Erfindung des Wattschen Parallelogramms 1786, das zum entscheidenden Durchbruch für die Dampfmaschine und damit für die Industrielle Revolution wurde, hat sich die Weltbevölkerung von 800 Millionen auf heute 7,75 Milliarden Menschen nahezu verzehnfacht. Die Eingriffwirkung industrieller Produktionssysteme auf einzelne Ökosysteme ist bis zu 100 Mal höher. Und der Ressourcenverbrauch pro Kopf liegt heute in den Industriestaaten sogar rund 20 Mal höher.

Das Anthropozän ist eine Warnung, den Ressourcenverbrauch zu begrenzen, ihn in Kreisläufe zu führen und die Wirtschaftssysteme auf eine erneuerbare Basis zu stellen. Andernfalls drohen unkalkulierbare Verteilungskonflikte, aus denen Ressourcenkriege werden können. Siegfried Lenz sprach bei der Verleihung des Friedenspreises des deutschen Buchhandels 1988 deshalb davon, dass die Welt »am Rande des Friedens« steht.

Denn die Weltbevölkerung nimmt weiter zu, die Weltwirtschaft und die Industrialisierung erfassen fast jeden Winkel dieser Erde. Damit steigen der weltweite Energiehunger, und nur die Erschließung immer neuer Energiereserven – zum Teil mit großen ökologischen Folgeschäden – verhindert bislang Preissteigerungen auf breiter Front – derzeit vor allem durch den Export von Liquefied Natural Gas (LNG) aus den USA.

Die gute Nachricht ist: Beiden Herausforderungen, dem wachsenden Energiehunger der Weltwirtschaft einerseits und dem Klimawandel andererseits, kann die Weltgemeinschaft mit einer mutigen gemeinsamen Strategie wirksam begegnen. Dazu gehört die deutliche Steigerung der Energie- und Rohstoffeffizienz in der Produktion, die Nutzung der Einsparpotenziale auch durch Verhaltensänderungen und im Konsum sowie der Wechsel zu erneuerbaren Rohstoffen, die zu einem immer größeren Anteil aus nachhaltiger Erzeugung stammen. Das ist die einzige friedliche Strategie, mit der die wachsende Weltwirtschaft ausreichend mit Rohstoffen versorgt werden kann. Das wird nur möglich, wenn der Umbau sozial gerecht erfolgt und den Menschen mehr Mitspracherechte eingeräumt wird.

Die notwendige globale klimafreundliche Umstrukturierung der Industriegesellschaft steckt immer noch in den Kinderschuhen, obwohl der Deutsche Bundestag bereits vor 30 Jahren ein detailliertes Programm vorgelegt hat, mit dem bis heute eine Senkung von mehr als 65 Prozent bei den Treibhausgasemissionen erreicht worden wäre. Doch andere Fragen und nicht zuletzt die deutsche Einheit überlagerten immer stärker den Klimaschutz. Er trat als gesellschaftliches Thema in den Hintergrund oder in Konkurrenz zu vielen anderen, als gleichrangig empfundenen Herausforderungen,

Ich habe in der Regierungszeit von CDU/CSU und SPD zwischen 2005 und 2009 als damaliger Umweltminister gemeinsam mit der Bundeskanzlerin Angela Merkel – selbst zwischen 1994 und 1998 Umweltministerin und Präsidentin der ersten Klimaschutzkonferenz 1995 in Berlin – mit dem Integrierten Klima- und Energie-Programm (IKEP) das Thema Klimaschutz wieder aufgenommen. Auf der Klimakonferenz auf Bali im Jahr 2007, an der ich als deutscher Umweltminister teilgenommen und das Abschlussdokument als Vertreter der Europäischen Union mitverhandelt habe, gab die Weltgemeinschaft den Startschuss für ein neues und deutlich ambitionierteres Klimaschutzabkommen. Ich erinnere mich noch gut an die dramatischen Appelle der kleinen Inselstaaten, die bei einem Anstieg des Meeresspiegels nur um wenige Zentimeter vollständig ihrer Heimat beraubt würden, als nach einer letzten durchverhandelten Nacht die Vertreter der USA den Weg für das Abschlussdokument frei machten. Fast wäre auch diese Klimakonferenz wieder am Widerspruch kurzfristiger wirtschaftlicher und langfristiger Überlebensfragen gescheitert – wie so oft davor und danach. Es waren nicht zuletzt Länder wie das Vereinigte Königreich und Deutschland, die als Vertreter der EU, aber auch und gerade Südafrika als damaliger Vertreter der Gruppe der 77 Entwicklungs- und Schwellenländer, die damals den Erfolg möglich machten, weil sie als faire Verhandler viel Vertrauenskapital auf allen Seiten besaßen.

Und doch führte im Jahr 2009 die 15. Klimakonferenz in Kopenhagen erst einmal zu einem beispiellosen Scheitern der internationalen Klimadiplomatie, weil nicht nur die USA, sondern auch die großen Entwicklungs- und Schwellenländer noch nicht bereit waren, sich zur Verringerung ihrer Treibhausgasemissionen zu verpflichten. Die Ideen von Bali wurden dann erst im zweiten Anlauf 2015 in Paris endgültig verabschiedet. Spätestens das Scheitern der letzten internationalen Klimakonferenz im Dezember 2019 in Madrid hat aber gezeigt: Auch in diesem Bereich der internationalen Politik setzt sich die Ideologie »My country first« gegen den Gedanken durch, ein wirkliches Menschheitsproblem durch multilaterale Zusammenarbeit zu lösen. Wer es freundlich ausdrücken wollte, erklärte nach dem Scheitern der Konferenz von Madrid, die Welt trete in der Klimapolitik »auf der Stelle«. Die bittere Wahrheit jedoch lautet: Die Welt macht Rückschritte. Statt gemeinsamer und verbindlicher Minderungsziele, um die Beschlüsse von 2015 wirksam in die Tat umzusetzen, baut China mehr Kohlekraftwerke, verzichtet Brasilien auf den Schutz des Regenwaldes und können sich Entwicklungsländer und Industrieländer nicht auf die Finanzierung von Klimschutztechnologien, den Schutz von Mooren und Wäldern und Anpassungsmaßnahmen an den bereits existierenden Klimawandel einigen. Wieder bestimmt die inoffizielle Tagesordnung – wirtschaftliches Wachstum und sozialer Aufstieg – die Verhandlungen. Und wieder wird der Klimaschutz nicht als Chance für beides begriffen, sondern als Gefahr.

Welches Wachstum wollen wir?

Im Kern ging es schon auf Bali um die Herstellung einer Balance zwischen den Minderungsverpflichtungen der Industrieländer einerseits und den Beiträgen der Entwicklungsländer zum Klimaschutz andererseits. Vor allem die Schwellen- und Entwicklungsländer wollten sicher gehen, dass ihre wirtschaftliche und industrielle Entwicklung nicht durch Klimaschutzauflagen ausgebremst würde. Nicht selten war auf Seiten des globalen Südens der Vorwurf zu hören, dass die gesamte Klimaschutzdiskussion nichts anderes sei als eine neue Idee der alten Kolonialstaaten, wie sie sich unliebsame Konkurrenz aus den jungen aufstrebenden Nationen vom Leib halten können. Offiziell ging es auf den internationalen Klimaschutzkonferenzen um Umwelt- und Klimaschutz. Tatsächlich aber waren die wirtschaftlichen Perspektiven der beteiligten Länder Thema in den Verhandlungen. Große Teile der Weltbevölkerung leben in Armut. Ihnen eine Verzichtsethik der Reichen des Nordens zu empfehlen, würde dort als eine neue Form des Kolonialismus verstanden. Von daher geht es um ein globales Gesellschaftsmodell, das sozialen wie ökologischen Zielen gleichermaßen gerecht wird.

Wenn die junge und beeindruckende Klimaaktivistin Greta Thunberg vor der Generalversammlung der Vereinten Nationen von der »Illusion des Wirtschaftswachstums« spricht und dies in einen Gegensatz zur Erfüllung der weltweiten Klimaziele setzt, dann ist ihr das nicht vorzuwerfen. Aber alle, die vor ihr sitzen und Beifall gespendet haben, sollten wissen, dass der Aufbau dieses Widerspruchs zwischen Industrialisierung und nachhaltigem wirtschaftlichen Erfolg einerseits und dem Erreichen der Klimaziele andererseits nur zu einem führen wird: dem Ausscheren vieler Länder aus den bereits abgeschlossenen Klimaschutzabkommen. Denn wo manchem aus den wohlhabenden Ländern dieser Welt wirtschaftliches Wachstum wie ein »Fetisch« einer vergangenen Epoche vorkommen mag, sehen die ärmeren Teile der Welt exakt dies als Weg aus der Befreiung von bitterer Armut und Not. Von daher muss eine globale Klimaschutzpolitik auf das Ziel ausgerichtet sein, das Erich Fromm als eine Welt beschrieben hat, »die weder Mangel noch Überfluss kennt«.

Aber nicht nur in den ärmeren Regionen der Welt wirkt eine wachstumskritische Verzichtsethik kontraproduktiv, das gilt auch für den weniger wohlhabenden Teil unserer reichen Industriegesellschaften. Denn die gewachsene Einkommensungleichheit führt zu einer steigenden Anzahl von Menschen, die schon heute den Eindruck haben, dass ihr »Stück vom Kuchen« zu klein ist, und die deshalb die Aufforderung zum Konsumverzicht eher befremdet.

Eigentlich waren wir in der Debatte um wirtschaftliches Wachstum schon einmal weiter als heute. Nach Veröffentlichung des Berichts des Club of Rome im Jahr 1972 unter der Überschrift »Die Grenzen des Wachstums« entwickelte sich schnell eine Diskussion über qualitatives Wachstum. Der Sozialdemokrat Erhard Eppler publizierte 1975 zu dieser Problematik sein wegweisendes Buch »Ende oder Wende«.

Jede Form von Wachstum ist weder immer gut und gewünscht noch generell schlecht und unerwünscht. Das Ausbrechen von Epidemien würde erhebliche Wachstumsschübe auslösen – bei Krankenhäusern, in der Medikamentenproduktion und im Zweifel bei Leichenbestattern. Mit einer Verbesserung des Lebens hätte es wenig zu tun. Umgekehrt wird wohl niemand etwas dagegen haben, wenn durch das Wachstum von Umwelttechnologien heute im Rhein wieder die gleiche Artenvielfalt bei Fischen existiert wie in der vorindustriellen Zeit.

Die Debatte abstrakt zu führen, hilft nicht weiter. Nur ein Beispiel: In Westdeutschland war die Zufriedenheit der Bürgerinnen und Bürger und die Akzeptanz der Demokratie Mitte der 1970er-Jahre vergleichsweise hoch, obwohl das Bruttosozialprodukt nur halb so hoch war wie heute. Die reine Quantität sagt also noch nichts aus über den gesellschaftlichen Zusammenhalt und das Wohlgefühl der Menschen.

Die Qualität des Lebens

Schon im Jahr 1972 fand in Oberhausen, mitten im Ruhrgebiet, eine bemerkenswerte Konferenz unter dem Titel »Die Qualität des Lebens« statt. Veranstalter war die Industriegewerkschaft Metall. Mitten im Zentrum der Industrialisierung, mitten in einer Zeit, in der es um höhere Löhne, mehr Konsum und größeren Wohlstand für alle ging, mitten in einer Zeit der »Quantitäten« diskutierte die IG Metall mit Betriebsräten, Wissenschaftlern und Politikern über Lebensqualität. Eine bemerkenswerte und wahrlich in die Zukunft weisende Idee des kurz danach verstorbenen legendären Vorsitzenden der Metallgewerkschaft, Otto Brenner.

Liest man nur das Grußwort des damaligen und ersten sozialdemokratischen Bundespräsidenten Gustav Heinemann, so hat man den Eindruck, es sei heute geschrieben. Dort heißt es unter anderem:

> »Wir stehen inmitten stürmischer industrieller Revolution und steigendem zivilisatorischem Wohlstand in freilich nur begrenzten Bezirken der Welt. Was wird das für ein Leben sein, wenn wir so weitermachen wie bisher? Haben wir nicht viel zu lange manche Kosten unseres Wohlstandes in den Industrieländern auf die Umwelt abgewälzt, in der wir nun zu ersticken drohen? Wir müssen uns die Frage stellen, ob die Erde nicht in einen katastrophalen Zustand geraten wird, wenn die Bevölkerungsexplosion anhält und wenn die Menschheit die nicht vermehrbaren Naturschätze weiterhin in steigender Beschleunigung in Anspruch nimmt, wie sie es zu tun im Begriff ist. (…) Um der Zukunft unserer Kinder wegen müssen wir die Produktionsverhältnisse ganzer Industrievölker infrage stellen.«

Und natürlich war es für die Gewerkschafterinnen und Gewerkschafter in Oberhausen kein Widerspruch, für faire Löhne, einen höheren Anteil am Sozialprodukt und mehr soziale Absicherung zu kämpfen.

»Quantitäten« der Teilhabe von Arbeitnehmerinnen und Arbeitnehmern am Haben und Sagen waren für sie kein Widerspruch zu den aufkommenden Fragen der Qualität des Zusammenlebens. Sie wussten: »Das Reich der Freiheit beginnt dort, wo das Reich der Notwendigkeit endet.«

Die Oberhausener Konferenz 1972 war der programmatische Ursprung der sozialdemokratischen und gewerkschaftlichen Debatte um die Verbindung von Arbeit und Umwelt. Im Kern ging es darum, Fortschritte bei der Sicherung von Gesundheit und Umweltschutz nicht durch die Gefahr des Verlustes von Arbeitsplätzen zu erkaufen. Im Gegenteil: Durch den Einsatz neuer Technologien, durch Forschung und Entwicklung sollte dreierlei erreicht werden: die Steigerung der Effizienz und Produktivität, was automatisch zu mehr Wettbewerbsfähigkeit der deutschen Volkswirtschaft führen würde; die Humanisierung der Arbeitswelt und damit auch der Schutz von Arbeitnehmerinnen und Arbeitnehmern am Arbeitsplatz und natürlich ein gesünderes Leben, saubere Luft, saubere Flüsse, die Schonung natürlicher Ressourcen nicht nur in Deutschland, sondern auch weltweit.

Längst ist diese Oberhausener Vision in vielen Sektoren unserer Wirtschaft Realität geworden. Mit rund 300.000 neuen Arbeitsplätzen im Bereich erneuerbarer Energien haben wir zum Beispiel den Verlust von 30.000 Jobs durch den Ausstieg aus der Atomenergie weit mehr als ausgeglichen.

Unsere Gesellschaft hat sich seitdem in Richtung Nachhaltigkeit, Umwelt- und Klimaschutz positiv verändert. Und sie muss es weiter tun, denn es gibt keinen Zweifel daran, dass unsere heutige Form industrieller Produktion weltweit auf Grenzen gestoßen ist, deren Übertretung für die Menschheit am Ende dieses Jahrhunderts lebensgefährlich werden könnte. Gustav Heinemann hatte vor den jetzt real existierenden Fragen bereits 1972 gewarnt.

Vor 50 Jahren lebten rund drei Milliarden Menschen auf unserem Planeten. Heute sind es etwa sieben Milliarden und in 50 Jahren werden es wohl zehn Milliarden sein. In nur 100 Jahren vervierfacht sich die Weltbevölkerung. Und die Mehrheit dieser Menschen lebt bereits in Städten und wünscht sich die Industrialisierung ihrer Gesellschaften. Denn letztlich heißt Industrialisierung, dass das einzelne Produkt, die einzelne Dienstleistung so oft vervielfältigt wird, dass sie preiswert genug ist, damit nicht nur reiche Menschen sie erwerben können. Niemand wird den Asiaten, Afrikanern und Lateinamerikanern diese Idee verbieten können.

Würden wir diesen Prozess der Industrialisierung aber mit den Instrumenten der letzten 100 Jahre vorantreiben, so bräuchten wir dafür wohl einen zweiten Planeten – es gibt aber nur diese eine Erde. Es geht also um eine industrielle Transformation zur Verbesserung von Quantitäten und Qualitäten des Lebens überall auf der Welt und nicht nur für einen Teil. Misslingt das, werden die bereits existierenden Verteilungskonflikte noch verheerender: Die Ausbreitung der Wüsten durch den Klimawandel provoziert bereits heute Krieg und Bürgerkrieg um Regionen, in denen noch genug Wasser zum Nahrungsmittelanbau existiert. Flucht vor der Ausbreitung von Wüsten vertreibt Menschen aus ihrer Heimat. Und Stürme und Fluten zerstören bereits heute Küstenregionen. Auf Dauer werden sich die wohlhabenden Teile Europas vor den Folgen dieser weltweiten Veränderungen nicht schützen können, auch wenn hierzulande genug Geld da sein sollte, um die Folgen des Klimawandels zu beherrschen.

Wir brauchen also die Transformation unserer Industriegesellschaften, in der wir unsere technologischen Fähigkeiten nutzen, um die natürliche Verwertbarkeit und die Wiederverwendbarkeit von Rohstoffen voranzutreiben und den Ausstoß von Treibhausgasen zu verringern.

Die Voraussetzung für diese Transformation der Industriegesellschaften ist allerdings internationale Zusammenarbeit. Denn es hilft der Menschheit nichts, wenn dies allein in Deutschland oder Europa geschieht. Genau gegen diese internationale Zusammenarbeit baut sich derzeit eine Art Gegentransformation auf. Donald Trumps Botschaften sind: »Our country first«, »Building walls«, »There is no thing like climate change«. Die autoritären und rechtsradikalen Bewegungen sind auch in dieser Hinsicht mehr als gefährlich. Man kann wie der frühere Leiter des Deutschen Instituts für Entwicklungspolitik, Dirk Messner, die autoritären Bewegungen in den USA und Europa auch als Gegenbewegung zu den Transformationen der Moderne sehen: gegen die Entwicklung der westlichen Gesellschaften zu mehr Liberalität, Gleichberechtigung, sozialer Gleichheit und Weltoffenheit. Aber auch als Gegenbewegung zur Transformation der bestehenden Industriegesellschaften zu mehr internationaler Kooperation und Nachhaltigkeit.

Lebensqualität – darum geht es vielen Menschen auch heute wieder, mehr als vielleicht noch vor einigen Jahren. Gesunde Lebensmittel, mehr Zeitsouveränität, Gesundheitsvorsorge und natürlich Umwelt- und Klimaschutz. Das sind Stichworte, die längst nicht mehr nur im »grün« bewegten Teil unserer Gesellschaft zentrale Bedeutung erlangt haben.

An die Ideen der Oberhausener Konferenz anzuknüpfen, heißt allerdings auch, das »Reich der Notwendigkeit« nicht zu vergessen. Ein Beispiel dazu aus der Stahlindustrie. Während 85.000 Stahlarbeiter in Deutschland und zusätzlich viele Tausend ihrer Kollegen in Europa um ihre Arbeitsplätze bangen, weil Dumpingimporte aus China den Markt in Europa zu zerstören drohtn, diskutieren die Verantwortlichen in Brüssel monatelang abstrakte Fragen nach dem »Marktwirtschaftsstatus Chinas«, ohne wirklich etwas zum Schutz gegen diesen unfairen Wettbewerb zu tun.

Was uns gelingen muss, ist, Perspektiven zu schaffen für die von einer ambitionierten Klimapolitik betroffenen Industrien. Denn es sind die geschlossenen Wertschöpfungsketten von der Rohstoffindustrie bis zur Dienstleistung, die Deutschland so ungeheuer leistungsfähig machen. Wer Bausteine herausbricht, verliert die Kette und damit auch den wirtschaftlichen Erfolg, den wir brauchen, um soziale Sicherheit ebenso zu finanzieren wie unsere Anstrengungen im Umwelt- und Klimaschutz. Denn nichts kommt von selbst. Die Entwicklung der erneuerbaren Energien kostet die deutschen Stromverbraucher noch über viele Jahre weit mehr als 20 Milliarden Euro jährlich. Nur ein wirtschaftlich erfolgreiches und wohlhabendes Land kann das stemmen. Die gute Nachricht ist allerdings, dass andere Länder diese »Lernkurve« nicht mehr finanzieren müssen. Der daraus entstehende Technologietransfer in andere Teile der Welt ist ein Beitrag unseres Landes zum internationalen Klima- und Ressourcenschutz.

Arbeit und Umwelt müssen die Leitplanken einer Politik für mehr Lebensqualität bilden und unseren politischen Kompass bestimmen. Oder um es anders zu formulieren: Wieder geht es wie am Ende der 1990er-Jahre um ein soziales und ökologisches Reformprogramm. Wo müssen die »landmarks«, die unübersehbaren Leuchtfeuer auf der politischen Landkarte stehen, die Menschen motivieren, diesem Kompass zu folgen?

Erstens: Wir dürfen keine Spaltung in Gewinner und Verlierer in unserer Gesellschaft zulassen oder neu schaffen. Weder durch den technologischen Wandel noch durch unsere Zielsetzungen im Umwelt- und Klimaschutz. Die Formulierung der CDU-Kanzlerin Angela Merkel, man »müsse sich mehr um die Modernisierungsverlierer kümmern«, ist ein ganz unangemessener Ausdruck. Denn er beweist denen, um die es geht, nur, dass ihre Angst berechtigt ist. Die Wochenzeitung *Die ZEIT* hatte recht, als sie einmal darauf hinwies, dass dieses Land sehr viel »political correctness« kennt, aber kaum noch »social correctness«. Es geht also einerseits um Ent-Prekarisierung der Arbeitswelt und mehr soziale Sicherheit und Perspektiven für die, die weniger schnell sind, weniger gut ausgebildet und in weniger produktiven Wirtschaftsbereichen arbeiten. Aber es geht auch um viele andere: Zuallererst verdienen alle Arbeitnehmerinnen und Arbeitnehmer – auch die in der Braunkohle – Respekt für ihre tägliche Leistung. Industriearbeiterinnen und -arbeiter stehen nicht »auf der falschen Seite der Geschichte«, sie sind nicht »Modernisierungsverlierer«. Sondern sie tragen viel zu dem Wohlstand unserer Gesellschaft bei, der es erlaubt, die Transformation zu erneuerbaren Energien zu finanzieren, die am Ende die Braunkohle überflüssig machen.

Dass gerade die vom technologischen Wandel betroffenen Arbeitnehmerinnen und Arbeitnehmer den politischen und medialen Eliten immer weniger über den Weg trauen und damit Raum geschaffen wird für Verschwörungstheoretiker und politische Lügenkampagnen, hat Gründe. Waren es doch die hochmütigsten Teile der politischen, medialen oder wirtschaftlichen Eliten, die jahrelang »postfaktisch« gelogen haben, um in Wahrheit ihre materiellen Interessen ohne Rücksicht auf andere durchzusetzen. Wenn man also diesen Begriff einführt, dann muss man ihn auf die Erfinder des »postfaktischen Zeitalters« beziehen: auf die Volkswirte, Bankvorstände, Manager der Finanzindustrie zum Beispiel, die uns weißmachen wollten, die Finanzwirtschaft sei eine »neue Industrie«, die aus Geld neues Geld machen kann. Fakt ist, dass uns dieser ganze Irrsinn in eine weltweite Krise geführt hat, bei der Millionen Menschen ihre Arbeit und ihr Vermögen verloren und von der wir uns immer noch nicht erholt haben. Und wie steht es eigentlich mit den Ideen der Neoliberalen, nach denen alle wohlhabender werden, wenn nur die »freien Kräfte« des Marktes wirken können und die Politik liberalisiert und privatisiert? Auch das war ein großer Beitrag zur weltweiten Wirtschaftskrise und in unserem Land der Treiber sozialer Spaltung, die wir jetzt mühsam rückgängig machen müssen. Und »postfaktisch« war wohl auch die Behauptung, Saddam Hussein habe Massenvernichtungswaffen, weshalb die halbe westliche Welt in den Irak einmarschiert ist. Mehr Krieg, Bürgerkrieg und Terror sind das Ergebnis dieser Erfindung.

Man könnte die Liste der »postfaktischen« Elitendiskurse noch viel länger machen. Von den Panama-Papers bis zu den Steueroasen Europas. Die das zu verantworten haben, sollten sich mit dem abschätzigen Blick auf den Teil der Gesellschaft zurückhalten, der erfahrungsgetrieben skeptisch der Politik, den Wirtschaftseliten und den Medien gegenübersteht. Das soll die Verschwörungstheorien, die Lügenkampagnen und die Hetze im politischen Alltag nicht rechtfertigen. Im Gegenteil: Aufklärung tut not. Aber ein bisschen mehr Demut bei denen, die die »postfaktischen« Fehler Anfang der 2000er-Jahre vorangetrieben haben, wäre schon angebracht. Vieles von dem, was wir auf diesem Weg in eine nachhaltige Wirtschaft und Gesellschaft brauchen, haben Menschen wie der 2019 verstorbene Erhard Eppler, der Umweltwissenschaftler Ernst-Ulrich von Weizsäcker oder der oft zu Unrecht gescholtene SPD-Umweltpolitiker Michael Müller vorgedacht. Ihre Beiträge zur Debatte um die »Qualität des Lebens« sind heute so aktuell wie vor mehr als 40 Jahren.

Wir brauchen einen Systemwechsel: Der sozial-ökologische New Deal

Wir brauchen einen qualitativen Wachstumsbegriff, bei dem eine Gesellschaft entscheiden muss, was bei ihr wachsen und was schrumpfen soll. Deutschland zeigt gerade, dass das nicht immer leicht ist, aber trotzdem gelingen kann, denn in unserem hochindustrialisierten Land schrumpft seit Jahren die Kernenergie und seit Neuestem auch die Kohleverstromung gegen null und erneuerbare Energien wachsen. Im Ergebnis steigt die Lebensqualität, weil die Luft besser wird und weniger radioaktive Abfälle produziert werden, die für Millionen von Jahren nachfolgende Generationen belasten.

Dabei geht es allerdings um mehr als um die Korrektur einzelner technologischer Entscheidungen. Schaut man sich die dramatischen Verluste an Artenvielfalt, die anhaltende Zerstörung der Regenwälder, die Verschmutzung der Meere und Gewässer, die Übernutzung der Fischerei, die nach wie vor weltweit steigenden Treibhausgasemissionen auf der einen Seite an und auf der anderen die weiter wachsende Weltbevölkerung und den Wunsch von Milliarden Menschen, in besseren Lebensverhältnissen zu leben, dann muss man kein Wissenschaftler sein, um zu erkennen: So kann das alles nicht weitergehen.

Die natürlichen Ressourcen sind begrenzt, aber niemand wird Milliarden von Menschen, die heute noch in Armut leben, verbieten können und wollen, diese Ressourcen auch für sich zu nutzen und ein besseres Leben zu führen. Und »besser« bedeutet in der

Regel auch mehr: mehr Nahrungsmittel, mehr Energie, mehr saube-res Wasser und natürlich auch insgesamt ein Mehr an Konsum- und Industriegütern. Wer das zusammenbringen will, muss das System so ändern, dass nur das wirtschaftlich erfolgreich ist, was die natürlichen Lebensgrundlagen nicht übernutzt: letztlich also nur eine wirkliche Kreislaufwirtschaft nicht nur ökologisch, sondern auch ökonomisch belohnt wird.

Wie sehr das helfen könnte, zeigt ein kleines Beispiel: Obwohl die Zahl der Hungernden weltweit auf heute über 820 Millionen Men-schen wieder gewachsen ist, nachdem sie einige Zeit zurückging, stei-gen auch die Mengen achtlos weggeworfener Lebensmittel. Je nach Schätzung werden zwischen 30 und 40 Prozent der erzeugten Lebens-mittel weggeworfen. Und was im Bereich der Lebensmittel stattfin-det, kann man verallgemeinern, wenn es um unseren Naturhaushalt geht: Wir nehmen immer mehr heraus, denken unsere Wirtschaft linear und werfen immer mehr weg – auch weil es nur wenige Anreize gibt, über eine Veränderung nachzudenken. Der eine Teil der Welt hat so viel, dass er den Wert dessen, was er besitzt, immer weniger zu schätzen weiß. Und der andere Teil der Welt hat so wenig, dass ihm oft kein anderer Ausweg mehr bleibt, als sich auf den Weg ins »Gelobte Land« zu machen, in dem nicht nur Milch und Honig flie-ßen, sondern sie sogar auf dem Müll landen.

Wie müsste also ein Systemwechsel aussehen? Zuerst muss man die ökologischen Fragen ins Zentrum des marktwirtschaftlichen Betriebs-systems bringen. Zur Zeit haben wir eine Art »Verlust-Sozialismus« in unseren marktwirtschaftlichen Systemen: Gewinne werden privati-siert – die Kosten der Umweltverschmutzung trägt weltweit die Allge-meinheit. Dabei sind auf der schnell zusammenwachsenden Erde die Folgen noch immer zeitlich, räumlich und sozial tragisch ungerecht verteilt. Afrika gehört beispielsweise zu der hauptbetroffenen Erdre-gion des Klimawandels, ist aber nur mit fünf Prozent an den weltwei-ten Treibhausgasemissionen beteiligt.

Wir haben nach wie vor eine starke Drei in unserem System: Hier das Ökonomische, dort das Soziale und dann noch das Ökologische.

Diese Trennung hat mit dem wirklichen Leben aber nichts zu tun. In den am meisten vom Verkehr und der Luftverschmutzung belasteten Stadtteilen leben in der Regel die einkommensschwächsten Menschen. Je höher die Kosten der Umweltzerstörung sind, desto härter trifft es diejenigen, die ohnehin schon wenig haben und davon noch Gebühren und Steuern für Abfallbeseitigung, Luftreinhaltung oder Gewässerreinhaltung bezahlen müssen.

Umgekehrt zeigen die Untersuchungen der beiden Wissenschaftler und Buchautoren Kate Pickett und Richard Wilkinson, dass gerechtere Gesellschaften glücklicher und reformfähiger sind.

Es wäre besser, wenn wir ein neues, ein integriertes System schaffen. Und dies nicht – wie einige Verwirrte nicht nur in der Umweltbewegung meinen – durch Änderung des demokratischen Systems, das ihnen zu langsam zu sein scheint, sondern durch die Änderung der wirtschaftlichen, sozialen und ökologischen Rahmenbedingungen. Der Glaube, eine Art »Öko-Diktatur« sei nötig, um die Menschheit zu retten, ist ja gar nicht so neu. Welterlösungsglauben gab es schon lange vor den radikalen Klimaschützern von »Extinction Rebellion«: Überzeugte Marxisten hatten beispielsweise schon früh den quasi naturgesetzlichen Wahrheitsanspruch für ihre Klassenperspektive erhoben. Manches erinnert mich deshalb an die linken Sozialismusdebatten der Vergangenheit. Im Sozialismus war prinzipiell alles geklärt, weil der Grundwiderspruch per defitionem geklärt war. So weit die Theorie, die Praxis sah anders aus. Und auch die andere Seite des politischen Spektrums hält eine lange Tradition der Demokratieverachtung bereit. So hielten die alten reaktionären Ideengeber antidemokratischer Bewegungen die Menschheit nicht zur Demokratie fähig und forderten stattdessen den aufgeklärten Diktator. Wo das endet, ist bekannt: in Unfreiheit und Unterdrückung und nicht etwa bei der Lösung existierender Herausforderungen.

Die heutigen Öko-Radikalen gab es schon bei der Gründung der Partei »Die Grünen« in den 1980er-Jahren. Damals wurde heftig gestritten über die Akzeptanz von Mehrheitsprinzip und Gewaltmonopol des Rechtsstaates und die Frage, ob die Demokratie mit Blick auf den Umweltschutz eigentlich reformfähig sei. Denn die Voraussetzung einer Mehrheitsdemokratie ist ja die prinzipielle Umkehrbarkeit einmal getroffener Mehrheitsentscheidungen: die bisherige Minderheit kommt durch Wahlen zur Mehrheit und kann die früher getroffenen Entscheidungen umkehren. Dies setzt allerdings voraus, dass Entscheidungen nicht als prinzipiell richtig oder falsch aufgefasst werden, sondern immer nur als Ergebnis von Mehrheit und Minderheit. Wer dagegen eine Entscheidung für falsch und vielleicht sogar für menschheitsgefährdend hält, wird sich berechtigt fühlen, diese Entscheidung auch gegen das Mehrheitsprinzip einer Demokratie zu verhindern – notfalls mit Gewalt. So war der Einstieg in die Nutzung der Kernenergie zur Stromerzeugung nicht prinzipiell reversibel. Zwar kann man Atomkraftwerke auch abschalten, der radioaktive Abfall aber bleibt für eine Million Jahre die Last auch derjenigen, die diese Form der Energieerzeugung entweder selbst abgelehnt oder nie angewandt haben. Das zu verhindern wurde zur Legitimation auch des gewaltbereiten Widerstands gegen das geplante Atommüll-Endlager in Gorleben.

Die Wiederbelebung dieser ziemlich alten Debatte über die Frage, ob Demokratien geeignet sind, Menschheitsprobleme zu lösen, geht aus meiner Sicht aber an den Realitäten vorbei. Sind autokratische Systeme wirklich besser? Das Gegenteil ist der Fall, siehe China, siehe Brasilien, siehe Russland. Real an der Debatte – und das ist nicht neu, denn sie existiert seit den Berichten des Club of Rome – geht es um die Frage, wie zukunfts-, nachhaltigkeits- und zeitorientiert angesichts von globalen Problemen Demokratien sind oder sein können. Oder angesichts der enormen ökonomischen und technologischen Entwicklung Chinas, ihrem Aufstieg zur ökonomischen, technologischen und militärischen Supermacht. Die Herausforderung für Demokratien lautet: Werden schnell und grundlegend genug Probleme adressiert und entsprechende Politiken implementiert? Wer dieser Aufgabe entkommen will, erliegt der autoritären Versuchung mit ökonomischen oder ökologischen Motiven. Historisch ist die Antwort eindeutig. Die Katastrophen des 20. Jahrhunderts waren Katastrophen aus dem Geist des Totalitarimus oder Autoritarismus. Die Frage für Demokratien und ihre Vertreter ist, ob sie in der Lage sind, legitimierte und operationalisierbare Zukunfts- und Politikentwürfe zu entwickeln. Das setzt voraus: Mut zur Führung, Mut zu Kontroversen, Mut, auch Zielkonflikte zu benennen. Das heißt dann auch »out of the box« denken. Denn nur so lassen sich die Selbstblockaden überwinden. Politisch heißt das, die alten Konfliktmuster, in denen die Parteien denken und handeln und von denen sie glauben, davon hänge ihr Profil ab, zu überwinden. Die demokratische Frage ist insofern keine Frage des Systems, sondern ihrer Akteure, vor allem der politischen Parteien. Nichts rechtfertigt, Demokratie infrage zu stellen, bei allen Schwächen, wir haben nichts besseres. Wer es trotzdem tut, verspielt Zukunft und Humanismus.

Im Ergebnis solcher Auseinandersetzungen um die Reformfähigkeit von Gesellschaften haben allerdings in der Vergangenheit außerparlamentarische Bewegungen Veränderungen zum Besseren erreicht und sind zu einem Gutteil selbst Teil des gesellschaftlichen Konsenses geworden. Das ging der Arbeiterbewegung des 19. und 20. Jahrhunderts ebenso wie der Umweltschutzbewegung der letzten Jahrzehnte. Ich denke, wir erleben mit den Klima- und Umweltaktivisten derzeit wieder den Druck außerparlamentarischer Opposition auf die Institutionen der Demokratie, die – wie schon in den 1960ern und 1970ern des letzten Jahrhunderts – Offenheit und Handlungskraft beweisen müssen. Demokratische Verfahren muss man gegen die radikale Kritik derjenigen, denen alles zu langsam geht, in Schutz nehmen, allerdings müssen Parlamente und Regierungen auch Ergebnisse liefern. Nur dann gewinnen sie Respekt und Vertrauen zurück.

Aber auch diejenigen, die mehr der außerparlamentarischen Opposition als den Institutionen des demokratischen Rechtsstaates vertrauen, muss man kritische Fragen stellen: Wie kommt es eigentlich, dass mehr Beteiligung nicht zu mehr Zufriedenheit, sondern zu mehr Unzufriedenheit führt? Je mehr Leute mitreden, desto weniger kommt es auf die Einzelnen an, je lauter der Chor, desto weniger hört man von den Solisten. Gelegentlich habe ich den Eindruck, dass viele, die Beteiligung fordern, eine »Jetzt-komm-ich-Haltung« einnehmen, bei der die Frustration vorprogrammiert ist.

Zurück zum scheinbaren Dilemma von Klimaschutz und Wachstum: Maja Göpel, die Generalsekretärin des wissenschaftlichen Beirats der Bundesregierung für globale Umweltveränderungen (WBGU) hat in einem Interview in der *Frankfurter Allgemeinen Sonntagszeitung* am 29. September 2019 skizziert, worum es dabei geht: »Ein Teil des Problems ist, dass sich kaum jemand die Mühe macht, mal zu definieren, was ›Wettbewerbsfähigkeit‹, ›Wachstum‹ und so weiter genau bedeuten und warum das sinnvolle Konzepte sein sollen für die Herausforderungen, denen wir gegenüberstehen. Momentan haben wir es mit Definitionen zu tun, die in einer Vergangenheit entstanden sind, in der die Probleme, die wir heute haben, einfach noch nicht existierten. Daher werden diese Ideen von ›Produktivität‹ oder ›Wertschöpfung‹ auch keine nachhaltigen Lösungen anleiten, bevor sie nicht an komplett veränderte Rahmenbedingungen angepasst sind. […]

Dazu kommen die derzeitigen Eigentumsverhältnisse und Steuersysteme und die daraus resultierende wachsende Ungleichheit zwischen Arm und Reich. Man kann immer sagen, die Leute sollen Aktien kaufen, aber vierzig Prozent der Bürger haben nicht mal die Möglichkeit, Anteile zu erwerben. Der dritte Punkt ist die Finanzialisierung. Wenn wir jetzt sehr viel Geld drucken, müssen wir auch fragen, wie danach die Besitzverhältnisse aussehen. Und wer kontrolliert dann was? Wenn es so weitergeht wie bisher, haben wir im besten Fall weltweit einen grünen Feudalismus, aber das löst ja die soziale Frage nicht. Die Kreislaufwirtschaft erlaubt, diese Trends einzuhegen, indem wir sie regenerativ denken. Es geht nicht um die maximale Extraktion von Wert gemessen in Geld, sondern um die Nutzung natürlicher Ressourcen in dem Maße, wie sich Ökosysteme dynamisch stabil regenerieren können. Solche Wertschöpfung vermeidet die Zerstörung dessen, woraus geschöpft wird, und das gilt für soziale Systeme und ihre Kohäsion genauso.«

127

Im Kern geht es um einen sozial-ökologischen New Deal:

- Abbau der umweltschädlichen Subventionen;
- Beendigung der Externalisierungen, die anderen Regionen, vor allem armen sozialen Schichten, und künftigen Generationen hohe soziale und ökologische Folgekosten auflasten;
- Stärkung der öffentlichen Güter, zu denen neben Bildung, innerer Sicherheit gewiss auch gesunde Lebensbedingungen und der Erhalt der natürlichen Lebensgrundlagen zählen;
- Modernisierung (statt dauernder Reparatur) der Infrastruktur;
- die soziale und ökologische Stadt als Muster für die Welt von morgen (denn ab 2050 werden zwei Drittel aller Menschen in Städten wohnen).

Das magische Dreieck: Klimaschutz, die soziale Frage und wirtschaftlicher Erfolg

Klimaschutz wird nur dann gelingen, wenn die wachstumsstarken Länder Asiens, Afrikas oder Lateinamerikas darin keine Beeinträchtigung oder gar Gefährdung ihrer ökonomischen und sozialen Ziele erkennen.

Auf Beschluss der UN-Generalversammlung 1987 wurde der Vorschlag der Unabhängigen Kommission Umwelt und Entwicklung aufgegriffen, weltweit zu einer nachhaltigen Entwicklung zu kommen.

Nachhaltigkeit umfasste ausdrücklich neben der Schonung von Natur und Umwelt und der natürlichen Ressourcen auch Nachhaltigkeit in wirtschaftlicher, finanzieller und sozialer Hinsicht. So wollte der globale Süden seine wirtschaftlichen Interessen wahren: Umweltschutz sollte kein Hemmnis für die wirtschaftliche und soziale Entwicklung sein.

Nicht nur international, sondern durchaus auch innerhalb der Industriestaaten wird ein engagierter Klimaschutz nur dann wirklich

Unterstützung finden, wenn er diesem erweiterten Begriff von Nachhaltigkeit gerecht wird. Klimaschutz muss deshalb in eine wirtschaftliche Wachstums- und soziale Modernisierungsstrategie integriert werden. Denn es ist relativ einfach, sich für engagierten Klimaschutz einzusetzen, solange wirtschaftlicher Erfolg und soziale Sicherheit zweitrangig bleiben. Und ebenso leicht ist es, sich für wirtschaftlichen und sozialen Erfolg einzusetzen, wenn dabei der Klimaschutz außer Acht gelassen wird. Die eigentlich schwierige Aufgabe wird es sein, alle drei Aspekte miteinander zu verbinden. Nur wenn reiche Länder und Regionen wie Deutschland und Europa das schaffen, werden uns andere folgen.

Dass wir das bislang nicht ausreichend getan haben, zeigen auch die Wahlerfolge der Klimaschutz-Gegner der AfD in den Braunkohlerevieren der Lausitz oder unter den Beschäftigten der Automobilindustrie. Deshalb ist es kein Widerspruch, wenn wir einerseits für engagierten Klimaschutz eintreten, dafür Gesetze und Verordnungen in unserem Land verabschieden, mit denen eine CO_2-Minderung von 55 Prozent im Jahr 2030 gegenüber 1990 möglich ist, aber andererseits darauf aufmerksam machen, dass es nicht vernünftig ist, die deutsche Autoindustrie so unter Wert zu behandeln, als hätten wir eine zweite im Keller. Sich für Klimaschutz einerseits und sozialen und wirtschaftlichen Erfolg andererseits einzusetzen, ist kein Widerspruch. Nur wenn das zusammengeführt wird, ist ein erfolgreicher Klimaschutz möglich.

Deshalb ist die Antwort auf den scheinbaren Gegensatz von Industrialisierung und wirtschaftlichem Wachstum einerseits und der Begrenzung des Klimawandels auf möglichst 1,5 Grad Celsius Temperaturerhöhung gegenüber dem vorindustriellen Zeitalter andererseits nur durch Innovation, technologischen Fortschritt und qualitatives Wachstum zu geben.

Eines stimmt gewiss: Würden wir die Industrialisierung der letzten 50 oder 100 Jahre einfach in die kommenden 50 bis 100 Jahren fortschreiben, dann bräuchten wir wohl zwei Planeten. Schon heute wird der Welterschöpfungstag Ende Juli erreicht, den Rest des Jahren wirtschaften wir aus der Substanz. Das heißt: Die Menschheit verbraucht bereits 1,75 »Erden«. Die aber haben wir nicht.

Klimaschutz und globale Gerechtigkeit

Klimaschutz ist auch ein Gebot der globalen Gerechtigkeit. Schon der Unterschied von 0,5 Grad bedeutet nach den Untersuchungen des IPCC, dass mehr als 400 Millionen Menschen ihre heutigen Ernährungsgrundlagen verlieren, über 100 Millionen Menschen haben keinen Zugang mehr zu Trinkwasser und die Korallenriffe, das zweitgrößte Ökosystem der Erde, sterben unwiderruflich ab. Es ist ungerecht, dass nach Berechnungen der Weltgesundheitsorganisation schon heute jährlich 150.000 Menschen an Gesundheitsproblemen infolge des Klimawandels sterben. Es ist unfair, dass Hunderttausende Kinder sterben, weil sie als Folge des Klimawandels nicht ausreichend Wasser zur Verfügung haben. Es ist auch ungerecht, dass der Kontinent mit den niedrigsten CO_2-Emissionen, nämlich Afrika, am meisten unter den Folgen von zunehmender Erwärmung, Trockenheit und Dürre zu leiden hat. Wer große Flüchtlingsströme, Krieg und Bürgerkrieg in Zukunft verhindern will, der muss dafür sorgen, dass Wasser vorhanden ist und dass die Menschen in ihrer Heimat Lebenschancen haben. Schon heute stellen nach Angaben von *Brot für die Welt* die Umweltflüchtlinge den höchsten Anteil an der weltweiten Migration.

Es ist zudem ungerecht, dass die weltweite Vernichtung des Naturkapitals künftige Generationen in riesige Schwierigkeiten bringen wird. Urwälder verschwinden, die Meere und die großen Süßwasserseen werden ausgeraubt, Lebensräume zerstört und mit Nährstoffen überfrachtet. Ohne intakte Ökosysteme ist eine nachhaltige Nutzung undenkbar. Gerade in den ärmsten der armen Länder dieser Erde führt dies zu einem Teufelskreis aus Armut, Zerstörung und Hunger. 25 Ländern, die zu den ärmsten gehören, droht nach den Untersuchungen des amerikanischen Peterson-Institutes in den nächsten 20 Jahren der Zusammenbruch ihrer landwirtschaftlichen Systeme.

Es ist natürlich auch unfair, unseren eigenen Kindern und Enkelkindern, die in den Alpen oder an der Küste Norddeutschlands leben wollen, ihre Heimat zu nehmen, wenn sie in 50 oder 100 Jahren Schnee oder Gletscher nicht mehr kennen und die Sturmfluten an den Deichen immer gefährlicher werden. Und ebenso ist es unfair, wenn vor allem auf sandigen Böden wie in Brandenburg die Wälder unter dem Klimastress zusammenbrechen.

Es gibt nicht nur Schulden im finanziellen Sinn. Vielmehr hat natürlich die Form der industriellen Entwicklung der Vergangenheit zu unseren gegenwärtigen Problemen beigetragen. Das ist nicht zu verhindern, weil Menschen immer auf dem jeweiligen Stand der Technik arbeiten. Aber wir müssen erkennen, dass es eine Schuld gibt, und zwar gegenüber unseren Enkeln, die wir ebenso abzutragen haben wie die staatlichen Defizite in unseren Haushalten.

Das müssen auch die Skeptiker erkennen: Umweltpolitik zu gestalten heißt, als Vertreter späterer Generationen fairen Wirtschaftskreisläufen den Weg zu bahnen und gerechtere Lebensstile zu stimulieren. Das ist der Kern der Nachhaltigkeitsidee.

Klimaschutz ist zu einer Überlebensfrage der Menschheit geworden. Klimaschutz ist ein Gebot der Fairness und der Gerechtigkeit gegenüber kommenden Generationen. Klimaschutz wahrt Zukunftschancen und sichert, ohne dass man dafür viel Pathos aufwenden muss, in vielen Teilen der Welt das Recht der Menschen auf Leben. Ökologische Gerechtigkeit und soziale Gerechtigkeit müssen zu einer Einheit werden.

Klimawandel und internationale Zusammenarbeit

Den deutschen Grünen gelang es, die aus ihrer Sicht mangelhafte nationale deutsche Klimapolitik zu ihrem Thema im Europawahlkampf zu machen – aber nicht etwa als europäisches Thema, sondern allein als nationales. In anderen europäischen Mitgliedsstaaten war der Klimaschutz in diesem Europawahlkampf des Jahres 2019 allenfalls ein

Randthema. Im Heimatland von Greta Thunberg etwa verloren die Grünen sogar knapp vier Prozent an Wählerstimmen.

So wichtig auch eine engagierte nationale Klimaschutzpolitik in Deutschland ist, so liegen die eigentlichen Gefahren für eine erfolgreiche Klimapolitik doch im wachsenden Unwillen vieler bedeutender Staaten – auch innerhalb Europas – zur internationalen Kooperation. Zugespitzt formuliert: Wenn es nicht gelingt, die nationalen Egoismen zurückzudrängen und den internationalen Klimaschutz auf der Agenda zu halten, dann ist es ist für das Weltklima weitgehend unerheblich, ob Deutschland seine Klimaschutzziele 2030 oder 2035 erreicht und ob die Braunkohleverstromung in den kommenden 15, 20 oder 24,5 Jahren beendet wird – die Klimakatastrophe wird dann nicht aufzuhalten sein. Strategien zu entwickeln, wie man die Erosion der internationalen Ordnung aufhalten kann, wäre eigentlich das Gebot der Stunde. Das aber ist deutlich schwieriger als die Konzentration auf die eigene nationale Politik. Paradoxerweise bedienen so die Klimaaktivisten selbst die »My-nation-first«-Strategie – nur mit umgekehrten Vorzeichen.

Ein gutes Beispiel dafür ist die Heftigkeit der Debatte in Deutschland um die Braunkohleverstromung und die Bereitschaft, für diesen vorgezogenen Ausstieg aus der Braunkohle bis zu 100 Milliarden Euro auszugeben, obwohl die Klimabilanz Europas durch diese nationalen Entscheidungen Deutschlands nahezu keinerlei Verbesserung erfährt. Denn die Mengen an CO_2, die in den kommenden Jahren aus Europa in die Atmosphäre gelangen, sind längst durch Regeln der Europäischen Union begrenzt und sinken drastisch – völlig egal was Deutschland tut oder lässt.

Es ist der mit dieser europäischen Politik verbundene Kostendruck durch drastisch steigende CO_2-Preise, der so oder so die deutsche Kohleverstromung zu teuer und unwirtschaftlich machen wird. Der europäische Emissionshandel hat seine Kinderkrankheiten längst abgelegt und funktioniert: Die Emissionen aus Industrie und Kraftwerken werden jedes Jahr weiter gesenkt. Durch den steigenden CO_2-Preis werden Braunkohle- und Steinkohlekraftwerke gegenüber erneuerbaren Energien zunehmend unwirtschaftlich. Der vorgezogene Ausstieg aus der Braun- und Steinkohle ist nicht viel mehr als Symbolpolitik auf höchstem Niveau – auch mit Blick auf die Kosten für die Steuerzahler.

Man stelle sich einmal vor, wir hätten auf diese Symbolpolitik verzichtet, die Kohleverstromung wäre ohne nationale Eingriffe durch den europäischen Emissionshandel dem Ende zugegangen und wir hätten uns die 100 Milliarden Euro auch nur zur Hälfte gespart, weil ja tatsächlich so oder so in den alten Kohlerevieren Ost- und Westdeutschlands erhebliche Investitionen in den Aufbau von Ersatzarbeitsplätzen getätigt werden müssen. Mit den verbleibenden 50 Milliarden Euro hätte Deutschland in den internationalen Klimaschutz investieren können. Nicht als Ersatz für nationale Klimaschutzpolitik, sondern als Ergänzung. Denn natürlich sind die Vermeidungskosten pro Tonne CO_2 in vielen ärmeren Ländern weit geringer – sprich: mit der gleichen Summe des Geldes könnte dort ein Vielfaches von dem eingespart werden, was in Europa oder Deutschland damit erreichbar wäre. Natürlich funktioniert das nur, wenn hier kein Ablasshandel organisiert wird nach dem Motto: Im eigenen Land betreiben wir keinen Klimaschutz, sondern machen es billiger im Ausland. Es geht immer um zusätzliche Maßnahmen – im vorliegenden Fall um den Verzicht auf unsinnige Maßnahmen. Würde man diese Investitionen in den Klimaschutz in anderen Ländern dann auch noch mit den UN-Zielen für nachhaltige wirtschaftliche, demokratische und soziale Entwicklung in diesen Ländern verbinden, würde das wirklich einen großen Unterschied zur manchmal sehr kleinteiligen innerdeutschen Debatte darstellen. Wer internationale Zusammenarbeit und die Teilung des Wohlstands im Klimaschutz will, muss mit gutem Beispiel vorangehen.

Wir leben gegenwärtig eher in einer Art »G-Null-Welt« ohne den Willen zu einer für alle verbindlichen internationalen Ordnung. Das ist das Gegenteil dessen, was die Welt zur Lösung der großen Herausforderungen zu Beginn des zweiten Jahrzehnts im 21. Jahrhundert braucht. Dies zeigt sich auch bei anderen globalen Themen wie Cybersicherheit oder Migration, bei denen die globalen Anstrengungen den Herausforderungen nicht gewachsen sind. Es ist jedoch besonders problematisch für den Klimawandel, der ohne Zusammenarbeit nicht gelöst werden kann.

Die Anpassung an den Klimawandel nicht zum Tabu machen[1]

Es ist schwer zu sagen, ob und wann der Trend zu »My country first« endet oder was ihn ersetzt. Die Zeit zur Stabilisierung des Klimas ist jedoch knapp. Wenn die großen Emittenten die globalen Emissionen bis 2030 nicht drastisch senken, wird sich der Planet im Vergleich zu vorindustriellen Zeiten wahrscheinlich um deutlich mehr als zwei Grad Celsius erwärmen. Wir erleben bereits einen Grad der Erwärmung und spüren die Auswirkungen. 1,5 Grad Erderwärmung würde eine weitere Störung bedeuten, ist aber gerade noch überschaubar. Darüber hinaus werden die Folgen für Milliarden von Menschen sehr schlimm werden. Das Plus von drei Grad, auf das die Welt zusteuert, ist laut dem gemeinsamen Gremium der Weltgemeinschaft zur wissenschaftlichen Erforschung des Klimawandels – dem Intergovernmental Panel for Climate Change (IPCC) – katastrophal.

So bitter es für engagierte Klimaschützer ist: Wir tun gut daran, uns auch auf diese für die Welt gefährliche Lage einzustellen. In allen internationalen Klimaschutzverhandlungen wird neben der Verringerung der Treibhausgase – Mitigation – auch immer über die Anpassung an den Klimawandel – Adaptation – diskutiert. Kaum jemand traut sich jedoch, dies öffentlich und offensiv zu tun, denn natürlich besteht die Sorge, dass dann der Druck auf den Klimaschutz sofort nachlässt und die Anpassungsstrategien an den Klimawandel zur Aus-

---

1   Hier folge ich einer Argumentation, wie sie in den Veröffentlichungen der Eurasia Group von Ian Bremmer zum Ausdruck kommt.

rede und Entschuldigung für das Versagen im globalen Kampf um die Verringerung der Treibhausgase werden.

Trotzdem ist es falsch und vor allem gefährlich, nicht über Anpassung zu reden. Denn wenn der internationale Klimaschutz seine Ziele nicht erreichen sollte, werden die Ärmsten der Armen den höchsten Preis zahlen. So sehr uns in Europa, Deutschland oder auch den USA heftigere Wetterereignisse, Sturmfluten und Orkane auch zusetzen werden: Im Zweifel sind wir reich genug, um uns besser zu schützen. Aber diejenigen, die heute schon zu wenig Wasser haben, werden bei der Ausbreitung der Wüsten vor die Wahl zwischen Flucht und Tod gestellt. Und wer an der Küste Afrikas oder auf einem Inselstaat lebt, wird mit der Vernichtung seines Lebensraums rechnen müssen.

Anpassung an den Klimawandel – der Bau von Bewässerungssystemen, Gewässerreinhaltung, die Erhöhung der Landwirtschaftsproduktion, Deiche und vieles andere mehr – wird am Ende weit mehr Geld kosten als der Klimaschutz. Auch das ist wahr, Meine Sorge ist allerdings, dass dieser Verteilungskonflikt zwischen Arm und Reich bzw. dem Süden und dem Norden unserer Welt zulasten der Schwächeren ausgehen wird, wenn wir nicht heute schon damit beginnen.

Bis 2030 sind es nur noch zehn Jahre – weniger Zeit, wie seit der Finanzkrise vergangen ist. Viele der heutigen nationalen Führungspersönlichkeiten auf der Welt werden in dieser Zeit noch im Amt sein. Und selbst wenn die USA und Brasilien neue Präsidenten haben, wird ihre heutige Politik noch einen starken Einfluss haben und die geringere Unterstützung globaler Institutionen wahrscheinlich bis in das nächste Jahrzehnt hinein anhalten.

Es ist wahr, dass andere Akteure versuchen, diese Lücke zu füllen. Staats- und Regierungschefs wie der französische Präsident Emmanuel Macron, der japanische Premierminister Shinzo Abe und der kanadische Premierminister Justin Trudeau setzen sich weiterhin für multilaterale Maßnahmen ein. Aber sie sehen sich zu Hause populistischem und industriellem Druck gegen ihre Klimapolitik ausgesetzt. Ihre stärksten Helfer sind die Aktivisten aus Umweltverbänden, aber auch die Bürgermeister großer Städte, die eine eigenständige Klimapolitik betreiben. Und auch China spielt wohl eine konstruktivere Rolle als in der Vergangenheit, da es inzwischen auch im Bereich erneuerbare Energien eine führende Position erreicht hat. Zugleich baut dieses Land aber weiter Kohlekraftwerke aus und gefährdet damit das Erreichen der weltweiten Klimaschutzziele.

Reichen also die Gegengewichte aus, um den Klimawandel im Einklang mit dem Pariser Abkommen einzudämmen, oder müssen wir uns stärker auf die Anpassung an die Auswirkungen konzentrieren? Weil wir diese Frage derzeit nicht wirklich beantworten können, müssen wir uns um beides kümmern: um die Verringerung der weltweiten Treibhausgas-Emissionen ebenso, wie um die Anpassung an einen Klimawandel, der heftiger werden wird, als wir es uns erhoffen.

Megawattstunden arbeitslos machen – nicht Menschen

Aber der Klimaschutz beinhaltet nicht nur Herausforderungen, sondern auch große Chancen. Die Sanierung und Zukunftsfähigkeit der Nutzung der natürlichen Lebensgrundlagen ist nicht nur eine Chance auf einen neuen Innovationsschub, sondern auch das größte Beschäftigungsprogramm aller Zeiten. Die Informations- und Kommunikationstechnologien sind Schlüsseltechnologien. Erneuerbare Energien und Energieeffizienz werden in Zukunft weitere Motoren des Fortschritts sein. Die Märkte für Umweltgüter wachsen und wir müssen hier Weltspitze bleiben; denn nur umweltverträgliche Arbeitsplätze sind am Ende sichere Arbeitsplätze. Die Modernisierung und auch die Wettbewerbsfähigkeit unserer Volkswirtschaft erfordert den Einsatz moderner Technologien zur Reduktion der Treibhausgase bei der Nutzung von fossilen Brennstoffen. Am Ende machen wir so Megawattstunden arbeitslos und nicht Menschen.

Wenn man dieses Ziel einer ökologischen Industriepolitik verfolgen will, heißt das auch, dass man den Wirtschafts- und Wettbewerbsstandort Deutschland nicht überfordern darf. Wenn wir sachbezogene und erfolgreiche Umweltpolitik machen wollen, kann das nicht bedeuten, eine Inselpolitik zu betreiben oder im Ergebnis bei uns exzellente Anforderungen zu formulieren, wenn dann der CO_2-Ausstoß in anderen Ländern der Welt stattfindet und in Deutschland Arbeitsplätze abgebaut werden. Auch das gehört zu einer realitätsbezogenen Umweltpolitik.

Man kann aus der Atomenergie und der Kohleverstromung aussteigen, aber eben nicht aus der Industriegesellschaft und dem globalen Wettbewerb. Aber mit Umwelt- und Klimaschutz kann man Gott sei Dank inzwischen Geld verdienen. Bereits 2016 betrug der Umsatz in Bereich eneuerbare Energien 162 Milliarden Euro – und machte mehr als 50 Prozent des Gesamtumsatzes deutscher Unternehmen im Bereich Green Tech aus. 2018 wurden in Deutschland 13,5 Milliarden Euro in Anlagen der erneuerbaren Energien investiert. Darüber hinaus ergaben sich aus dem Betrieb dieser Anlagen (zum Beispiel durch Wartung, Biomassebereitstellung) wirtschaftliche Impulse in anderen Branchen in einer Größenordnung von 16,8 Miliarden Euro. Längst ist der Umweltschutz nicht nur in diesem Bereich Impulsgeber für Innovation und Wettbewerbsfähigkeit. Umweltverträgliche Technologien sind auf dem Weltmarkt ein echter Wettbewerbsvorteil.

Das Welthandelsvolumen für Umwelttechnologiegüter hat sich in den letzten Jahren rasant vervielfacht, durchbrach 2016 erstmals die Marke von drei Billionen Euro, und macht damit einen nicht unerheblichen Anteil des aktuellen Welthandelsvolumens von etwa 20 Billionen US-Dollar aus. Es wird erwartet, dass die Bedeutung weiter steigen wird und 2025 bereits bei knapp sechs Billionen Euro liegt. Deutschland ist mit einem Marktanteil von knapp 14 Prozent weltweit der größte Exporteur von Umweltschutzgütern. Zum Vergleich: Deutschlands Anteil an der globalen Wirtschaftsleistung liegt bei 4,6 Prozent. An dem gewaltigen Unterschied der beiden Zahlen wird der überproportionale Anteil, den deutsche Unternehmen in dieser Sparte des Welthandels haben, deutlich.

Tatsächlich bedeutet die Umsetzung der europäischen Klimaschutzziele den grundlegenden Umbau der Industriegesellschaft. Das erfordert eine neue industrielle Revolution. Wenn wir für eine auf zehn Milliarden Menschen wachsende Weltbevölkerung bis zur Mitte dieses Jahrhunderts Güter und Dienstleistungen mit der halben Menge an Treibhausgasemissionen bereitstellen wollen, benötigen wir einen Quantensprung in der Entwicklung unseres Wirtschaftens. Entscheidend neben der Effizienz sind vor allem disruptive Technologien, etwa Kohlefasern statt Stahl, oder neue Mobilitätskonzepte, in der das Auto integraler Bestandteil, aber nicht alleinige Form individueller Mobilität ist. Allerdings müssen wir zugleich die Energieeffizienz unserer Volkswirtschaft in Zukunft statt wie bisher um ein Prozent jährlich um drei Prozent pro Jahr steigern. Nur mit einer ambitionierten Steigerung der Energieeffizienz und einem massiven Ausbau der erneuerbaren Energien können wir die Klimaschutzziele erreichen.

Wir müssen Forschung und Entwicklung konzentrieren und unsere Produktionsprozesse auf den Prüfstand stellen, neue Produkte und Dienstleistungen entwickeln und innovative Verkehrskonzepte erarbeiten. Hier sind wir in den letzten Jahren im internationalen Vergleich deutlich zurückgefallen. Während Japan heute pro Kopf über 30 Dollar für die Energieforschung einsetzt, liegen wir in Deutschland bei mageren 6,20 US-Dollar.

Für diesen Umbau der Industriegesellschaft brauchen wir die Menschen in unserem Land, die das unterstützen. Hier meine ich vor allem die jungen Menschen. Am Freitag mit »Fridays for Future« für den Klimaschutz demonstrieren ist gut. Noch besser wäre es aber, wenn sie sich für die technologische Umsetzung ihrer Forderungen ausbilden ließen. Zur Zeit studieren knapp 800.000 Menschen an deutschen Hochschulen Ingenieurswissenschaften – das sind immerhin schon etwa 500.000 mehr als noch vor 20 Jahren. Das wird aber immer noch nicht reichen, wenn wir in Zukunft wettbewerbsfähig bleiben wollen. Auf die jungen Talente, ihre Kreativität und ihr Engagement müssen wir setzen. Entwickelt neue Ideen, Konzepte, Technologien, Produkte und Verfahren, beteiligt euch an diesem Wettbewerb; denn nur dann gehört euch die Zukunft! Welche großartigere Aufgabe kann es geben, als im wahrsten Sinne des Wortes daran mitzuarbeiten, die Welt zu retten?

Deutschlands Klimapolitik ist besser als ihr Ruf

In Deutschland ist es üblich geworden zu behaupten, dass unser Land auf dem Gebiet des Klimaschutzes versagt habe. Nun bin ich weit davon entfernt, mit dem Erreichten zufrieden zu sein, aber es ist wirklich eine dumme politische Strategie, die eigenen Erfolge ständig kleinzureden. Wie will ich Menschen Mut zum Engagement machen, wenn ich nicht auch darüber rede, was engagierte Menschen im Klimaschutz in den letzten Jahren alles erreicht haben? Wer die eigenen Erfolge kleinredet, um politischen Druck aufzubauen für größere Anstrengungen, folgt einer fragwürdigen politischen Pädagogik. Panik ist jedenfalls kein politisches Konzept, sondern ein Angst erzeugendes. Und Angst war noch nie ein guter Ratgeber in der Politik. Ich bin nach wie vor der Überzeugung, dass wir am Erfolg mehr lernen als am Misserfolg. Und es ist doch kein Widerspruch, auf das Erreichte stolz zu sein und zugleich drängend darauf hinzuweisen, dass das bisher Erreichte noch nicht genügt.

Entgegen vielen Behauptungen wurde schon viel erreicht: Der mit Abstand größte Teil der Treibhausgasemissionen kommt aus dem Kraftwerksbereich – und da haben wir bereits massiv reduziert. Ohne den Kernenergieausstieg wären wir noch besser, aber die Entscheidung zum Ausstieg aus der CO_2-freien Kernenergie bedeutete erst einmal, dass wir den 30-prozentigen Anteil der Kernenergie an der Stromerzeugung CO_2-frei durch erneuerbare Energien ersetzen mussten, bevor es zu wirklichen Verminderungen der Treibhausgase aus dem Kraftwerksbereich kommen konnte.

Damit ich nicht falsch verstanden werde: Ich bin absoluter Befürworter des Ausstiegs aus der Atomenergie zur Stromerzeugung, denn nicht nur das Risiko eines Reaktorunfalls ist unvertretbar, sondern vor allem auch die in Deutschland und weltweit (!) völlig ungelöste Frage der sichereren Entsorgung der radioaktiven Abfälle. In die Kernenergie einzusteigen, ohne eine sichere Entsorgung zu haben, war so ähnlich, als ob man ein Flugzeug betritt und damit abhebt, ohne zu wissen, ob es eine Landebahn gibt. Bei der sicheren Lagerung hochradioaktiver Abfälle geht es um einen Zeitraum von einer Million Jahre, in dem Mensch und Natur geschützt werden müssen.

Ohne den Kernenergieausstieg hätten wir heute jedenfalls bereits 75 Prozent emissionsfreie Stromerzeugung. Der Anteil der erneuerbaren Energien wurde in den letzten 20 Jahren von rund fünf auf nahezu 45 Prozent Anteil am Bruttostromverbrauch ausgebaut. Deutschland ist Spitzenreiter bei diesen Technologien, wenn man mal von Ländern wie Norwegen absieht, die wegen ihrer Geologie in großem Umfang Wasserkraft zur Stromerzeugung nutzen können.

Der deutsche Umbau des Stromsektors ist weltweit beispiellos. Und mit dem Kohleausstieg bis 2038 wird er Schritt für Schritt fortgesetzt. Das ist alles andere als der »Stillstand«, der von Bündnis 90/Die Grünen oder den Propagandisten von »Fridays for Future« so öffentlichkeitswirksam angeprangert wird.

Auch in der Industrie und im Gebäudesektor wurden die Emissionen seit 1990 massiv gesenkt – allerdings teilweise auch durch die »low hanging fruits« des Zusammenbruchs der alten Industriebereiche im Rahmen der Wiedervereinigung. Der Sektor, in dem zu wenig passiert ist, ist der Verkehr. Aber auch hier lohnt sich ein differenzierter Blick: Zum einen gab es auch dort massive Effizienzfortschritte, die aber durch Verkehrswachstum und größere, leistungsstärkere Fahrzeuge aufgefressen wurden. Und zum anderen: Welches Land hat denn im Verkehrssektor die Emissionen spürbar gesenkt? Allenfalls Norwegen, das mit seinen Öl- und Gasmilliarden seinen Bürgern die Teslas subventioniert. Die Ironie: Die Emissionen dieser Öl- und Gasmilliarden werden bei uns bilanziert, weil in unseren Wohnungen das Erdgas verbrannt wird. Der Verweis auf fehlende Maßnahmen zur Verringerung der Treibhausgasemissionen in anderen Ländern darf und soll nicht als Entschuldigung dafür dienen, die geringen Fortschritte im deutschen Verkehrssektor zu entschuldigen, aber er relativiert ein bisschen die Behauptung, Deutschland sei sozusagen der Klassenletzte. In der Tat liegt hier aber eine der großen Herausforderungen. Gerade in diesem für den wirtschaftlichen Erfolg und die soziale Stabilität unseres Landes so wichtigen Sektor wie der Automobilindustrie werden wir viele und vor allem gemeinsame und möglichst wenig »panische« Anstrengungen unternehmen müssen, um wirtschaftlichen und ökologischen Erfolg zusammenzuhalten. Wenn wir das schaffen wollen, dürfen wir aber nicht wie bisher auf das Automobil wie das Kaninchen auf die Schlange starren. Selbst der Umstieg vom Verbrennungsmotor auf die Elektromobilität greift zu kurz, sondern es geht um Mobilität in einem weit umfangreicheren Verständnis. Die Bedürfnisse nach Mobilität in Deutschland werden unterschiedlicher und individueller. Das liegt an sehr unterschiedlichen Einkommensverhältnissen, sozialen und kulturellen Prägungen oder schlicht an den unterschiedlichen Lebensverhältnissen in größeren Städten einerseits und in ländlichen Regionen andererseits. Der Umbau der Automobilwirtschaft muss deshalb in einen Umbau der Mobilität in Deutschland integriert sein. Wohnungswirtschaft und Stadtentwicklung müssen weit mehr als bisher mit Verkehrskonzepten verknüpft werden. Die Dringlichkeit solcher integrativen Wohn-, Arbeits- und Mobilitätskonzepte kann man – leider in negativer Hinsicht – in Städten wie Berlin oder München beobachten. So wird in Berlin und Brandenburg ohne ein gemeinsames Wohn- und Verkehrskonzept zwischen Stadt und Umland gebaut. In Münchens Umgebung werben Landräte für sich und ihre Wiederwahl mit der Forderung nach »Null-Wachstum«. Dort möchte der Stadtrand die hohe Attraktivität der Großstadt nutzen – aber ihr nicht helfen, den nach wie vor hohen Zuzug zu bewältigen.

Das deutsche Erfolgsmodell droht zurückzufallen

Wie in einem Brennglas zeigt das im November 2019 vom Bundestag beschlossene Klimaschutzgesetz die Stärken und Schwächen deutscher Klima- und Energiepolitik. Positiv zu werten ist, dass die ambitionierten Klimaziele gesetzlich verbindlich festgelegt und auf die verschiedenen Sektoren wie Gebäude und Verkehr heruntergebrochen werden. Die Ministerien haben jetzt erstmals gesetzliche und damit verbindliche Ziele und nicht nur programmatische. Auch das handfeste Monitoring – also die Überwachung der Einhaltung der verabredeten Schritte jedes einzelnen Bundesministeriums – gehört zu den Stärken des Pakets.

Die fundamentale Schwäche des Klimaschutzgesetzes liegt allerdings in der fehlenden Umsetzungsstrategie. Das lässt sich an zwei Kernpunkten festmachen. Erstens: Die beschlossenen ökonomischen Anreize sind derart schwach, dass damit die verbindlichen Klimaschutzziele vermutlich verfehlt werden. Zweitens: Es fehlt eine glaubwürdige Strategie für den Ausbau der erneuerbaren Energien. Hier droht ein wirkliches Desaster der Energiewende.

Die Bundesregierung ist dabei, den Erfolg der erneuerbaren Energien in Deutschland zurückzudrehen, obwohl gerade hier bislang die große deutsche Erfolgsgeschichte in der Kombination von Klima-, Energiewende und Industriepolitik stattfand. Etwa 40 Prozent des erzeugten Stroms entfällt bereits heute auf erneuerbare Energien durch Windenergieanlagen an Land. Je nachdem, wie die von der Bundesregierung beschlossene Abstandsregelung für Windkraftanlagen nun aber konkret formuliert wird, könnte der Ausbau praktisch zum Erliegen kommen. Wird der vorgesehene Abstand von 1000 Metern auf jede Splittersiedlung bezogen, könnten rund 40 Prozent der geeigneten Windflächen in Deutschland entfallen. Der Anteil der Windenergie an Land an der Stromerzeugung könnte sogar rückläufig werden, wenn die Abstandsregeln auch auf den Ersatz von alten durch neue Anlagen, das sogenannte Repowering, erstreckt werden. Im Ersatz alter durch erneuerte und leistungsfähige

Windkraftanlagen liegt aber ein großes Potenzial für den Ausbau der erneuerbaren Energien. Die neuen, allerdings auch höheren Anlagen sind viel effizienter und produzieren eine größere Strommenge als die Altanlagen. Extrem wichtig wäre auch, dass laufende Planungen von der Abstandsregelung ausgenommen werden. Die Verfahren für die Regionalpläne, mit denen geeignete Flächen für Windkraftanlagen ausgewiesen werden, laufen oft über viele Jahre. Sonst fehlen schlicht die Flächen, auf denen Windkraftanlagen errichtet werden können.

Natürlich muss die Politik zur Kenntnis nehmen, dass vor allem im Osten des Landes der Widerstand der Bürgerinnen und Bürger gegen Windkraftanlagen enorm gewachsen ist. Die alte Lehre, nach der »Gift eine Frage der Menge« ist, gilt auch hier. Wer nachts durch Sachsen-Anhalt fährt, erlebt vielerorts ein rot blinkendes Lichtermeer und nicht wenige Bürgerinnen und Bürger sagen schlicht: Genug ist genug. Eine maßvolle Abstandsregelung kann also durchaus hilfreich sein, um die Sorgen zu adressieren.

Es besteht aber die sehr reale Gefahr, dass je nachdem wie die Abstandsregelung formuliert wird, der Ausbau schlicht abgewürgt wird. Hilfreich könnte sein, dass die Länder bei der Planung von Windflächen weitgehende Befugnisse bekommen. Die Länder müssten aber gleichzeitig in der Planung sicherstellen, dass genügend Windflächen ausgewiesen werden. Eine wenig rühmliche Rolle spielen in dieser Frage manche Naturschutz- und Umweltverbände. Einerseits fordern sie vehement, dass immer noch ambitioniertere Klimaschutzziele noch schneller erreicht werden. Andererseits werden inzwischen viele Planungen für Windkraftanlagen durch Einwendungen von Naturschutz- und Umweltverbänden blockiert.

Ohne den substanziellen und zügigen Ausbau von Wind an Land können wir die Ausbauziele für erneuerbare Energien und die Klimaziele vergessen. Dann schalten wir in einigen Jahren etwa zum gleichen Zeitpunkt die Hälfte unserer Stromerzeugungskapazitäten ab – Kohle und Atomstrom –, können aber nicht für den Ersatz durch erneuerbare Energien sorgen. Spätestens wenn wir dann Kohle- und

Atomstrom aus Polen und Frankreich importieren müssen, wäre die Energie- und Klimawende diskreditiert. Das gilt es zu verhindern und das kann nicht ohne den weiteren Ausbau von Windenergie an Land gelingen.

Derzeit versucht vor allem die Bundesregierung, das Problem zu verbergen. So werden einfach die Strombedarfe der Zukunft künstlich kleingerechnet mit dem Argument, dass die steigende Effizienz elektrischer Geräte den Strombedarf drosseln werde.

Das Gegenteil ist aber in der Realität der Fall. Die ohne Zweifel vorhandenen Effizienzgewinne werden durch den steigenden Stromverbrauch in anderen Sektoren wie Gebäude, Industrie und Verkehr überkompensiert. Wenn wir diese Sektoren in den nächsten Jahren dekarbonisieren wollen, geht das nur, indem dort verstärkt Strom aus erneuerbaren Energien eingesetzt wird. Das gilt für die Elektromobilität genauso wie für Gebäude und die Industrie. Das treibt aber wie erwähnt den Stromverbrauch trotz steigender Effizienz in die Höhe.

Als Fazit bleibt festzuhalten, dass für die im Klimaschutzgesetz formulierten ambitionierten Ziele für 2030 und die Zeit danach mit der fehlenden Umsetzung das Fundament fehlt. Weder werden die ökonomischen Rahmenbedingungen für einen marktwirtschaftlichen Klimaschutz geschaffen noch die Voraussetzungen für einen zielführenden Ausbau der erneuerbaren Energien. Im Gegenteil: Bei der Windkraft an Land wird es zu einem Einbruch kommen, wenn die geplanten Abstandsregelungen greifen.

Ohne eine handfeste Umsetzungsstrategie ist das Klimaschutzgesetz nicht das Papier wert, auf dem es steht. Dass es auch anders geht, zeigt ein Rückblick auf das Jahr 2007. Damals hat die Große Koalition mit den sogenannten Meseberger Beschlüssen das Integrierte Energie- und Klimaprogramm beschlossen. Neben den ambitionierten Zielen enthielt es ein sehr handfestes Maßnahmenpaket mit 14 Gesetzen und Verordnungen, das angefangen von den Erneuerbaren über die Kraft-Wärme-Kopplung (KWK) bis hin zu den Gebäuden alle Handlungsfelder mit konkreten Maßnahmen adressierte. Etwas Vergleichbares fehlt bislang.

Wir haben eine doppelte Aufgabe: Die Klimaziele zu erfüllen UND wirtschaftlichen und industriellen Erfolg zu erhalten. Eines von beidem reicht nicht. Darin – und nicht in den absoluten Beiträgen zur Reduktion von CO_2 – liegt unsere besondere Verantwortung. Und dafür sind marktwirtschaftliche Anreize und europäische Einbettung von zentraler Bedeutung.

Wie man aus Klima-Mathematik Klima-Politik machen kann

Vorausgesetzt man akzeptiert diese Verantwortung, kommen viele Klimaschutzexperten schnell zu sehr schematischen mathematischen Berechnungen: Wer im Land emittiert wie viel CO_2 und muss deshalb entsprechend einsparen? So errechnen wir seit Jahren unsere Klimaziele und legen sie in allen möglichen Beschlüssen fest.

Das Problem: Nur für den Kraftwerks- und Industriesektor haben wir mit dem Emissionshandel auch ein wirksames ökonomisches und zugleich europäisches Instrument zur Erreichung dieser Ziele entwickelt. Es funktioniert im Prinzip ebenso wie die Gebührenordnung der klassischen Abfallbeseitigung: Zur Vermeidung von Haushalts- und Industrieabfällen haben wir spätestens seit den 1980er-Jahren mengen- und gewichtsabhängige Preise entwickelt. Je knapper der Deponieraum wurde, desto teurer wurden die Abfallgebühren. Die Folge: Abfallvermeidung sowie stoffliche und energetische Wiederverwertung wurden wirtschaftlich interessanter und der Bedarf an Deponieraum sank drastisch. Nicht anders funktioniert der Emissionshandel, denn die Erdatmosphäre war bislang nichts anderes als eine Abfalldeponie für Treibhausgase und ihr Deponieraum wird jedes Jahr knapper. Der Emissionshandel führt eine Abfallgebühr für Treibhausgase ein, aber eben bislang nur für Kraftwerke und Industrie. Von dort kommen aber aber nur gut die Hälfte der jährlich in Deutschland emittierten Treibhausgase. Landwirtschaft, Heizungs- und Feuerungsanlagen und Verkehr sind zusammen für fast 40 Prozent der Emissionen verantwortlich. Wer also die Klimaziele 2030 erreichen will, kann es bei diesen Sektoren nicht einfach bei mathematischen Berechnungen und unverbindlichen Zielvorhaben belassen, wie wir es in der Vergangenheit getan haben. Aus der Mathematik muss Politik werden. Entweder durch das Einbeziehen der Sektoren Verkehr, Wärme und Landwirtschaft in den Emissionshandel oder durch die Einführung einer CO_2-Steuer. Beides setzt marktwirtschaftliche Preis- und Knappheitssignale und sollte am besten im europäischen Verbund in Kraft gesetzt werden. Hinzu kommen die Speicherungen in der Biosphäre. In Deutschland gibt es auf drei Prozent der Landfläche Moore, die eine so hohe CO_2-Bindung haben wie die deutschen Wälder zusammen.

Gegenüber dem Emissionshandel hat die Einführung einer CO_2-Steuer erhebliche Vorteile: Die Erweiterung des europäischen Emissionshandels würde erneut Jahre von Verhandlungen in Anspruch nehmen. Es wäre ein Hauen und Stechen um Ausnahmen und nationale Sonderinteressen. Die Einführung einer CO_2-Steuer könnte dagegen in Deutschland beginnen und würde innerhalb Europas relativ schnell Verbündete finden, zum Beispiel in Frankreich. Zwar würde auch sie nicht schnell europäisches Recht, aber sie wäre anschlussfähig. Sie ist einfach an der Quelle – bei den fossilen Brennstoffen – zu erheben, erfordert sehr wenig bürokratischen Aufwand und ist einfach zu steuern. Mit der Neuwahl des Europäischen Parlaments und der neuen EU-Kommission besteht die Gelegenheit, den europäischen Emissionshandel auf die anderen Sektoren auszuweiten.

Klimapolitik mit der sozialen Frage verbinden

Bei aller öffentlichen Aufmerksamkeit, die das Klimathema jüngst wieder findet, ist es doch in einkommensstärkeren und bildungsbürgerlichen Schichten weit stärker verankert als im Durchschnitt der Bevölkerung. Es dürfte kein Zufall sein, dass an den Demonstrationen »Fridays for future« vor allem Gymnasiasten teilnehmen und sie die Haupt- und Realschüler oder Berufsschüler weit weniger erreichen. Würde man die Klimapolitik mit Verteilungs- und Gerechtigkeitsfragen verbinden, könnte man das ändern.

Denn häufig genug werden die unterschiedlichen Einkommensverhältnisse bei der Klimapolitik ignoriert. Hinter der »großen Menschheitsfrage« müsse alles zurückstehen, heißt es häufig bei den etablierten Klimaschützern, die dafür aber selten aus einkommensschwachen Verhältnissen stammen. Das hat längst zu Gegenreaktionen geführt: Gefragt, warum sie bei der letzten Landtagswahl in Thüringen im Oktober 2019 für die Rechtspopulisten gestimmt hätten, antworteten auffällig viele Wählerinnen und Wähler der AfD damit, dass diese Partei sich als einzige gegen die »Klimahysterie« gestellt habe. Hier wird engagierter Klimaschutz als »Elitenthema« eingeordnet, gegen das man sich zur Wehr setzen müsse.

Was bei einer elitären Klimapolitik herauskommen kann, haben wir angesichts einer relativ bescheidenen Erhebung einer CO_2-Abgabe durch den französischen Präsidenten Macron beobachtet: Die Demonstrationen der Gelbwesten wurden getragen von Arbeitnehmern, kleinen Selbstständigen und Handwerkern, für die selbst eine geringe Steigerung der Benzin- und Dieselpreise sozial nicht mehr akzeptabel war. Und wir erleben in Deutschland Ähnliches im Wahlverhalten in den Braunkohlerevieren: Da CDU, SPD, Linke, Grüne und FDP dort unisono die Kohleverstromung so schnell als möglich beenden wollen, ohne zugleich realistische Arbeitsplatzalternativen anbieten zu können, steigt der Wähleranteil derjenigen, die sich der Klimapolitik komplett verweigern – der AfD.

Klimapolitik darf also nicht blind sein für soziale Fragen, sonst wird sie scheitern. Umgekehrt darf man die Klimaschutzziele auch nicht aufweichen, weil man sich nicht zutraut, sie gesellschaftlich mehrheitsfähig zu machen. Keine leichte Aufgabe.

Ein Weg: Lasst die »kleinen Leute« mit Abgaben im Klimaschutz in Ruhe. Lasst sie lieber davon profitieren. Man könnte die Einnahmen aus der CO_2-Steuer wieder an die Bürgerinnen und Bürger zurückzahlen. Noch besser: am Anfang des Jahres vorab an sie auszahlen. Denn vermutlich würde bei Einführung dieser Steuer wenig

Glaubwürdigkeit dafür existieren, dass »Vater Staat« das Geld am Ende wirklich wieder zurückgibt. Die Neigung, mit neuen Einnahmequellen sofort neue staatliche Programme zu bezahlen, ist sehr, sehr groß.

Die CO_2-Steuer darf also nicht zur schwarzen Kasse der Klimapolitik werden, sonst ist sie schnell nur noch eine Steuer mehr und trägt zum Verdruss der Menschen bei. Sie würden eher den Klimaleugnern zugetrieben als den Klimaschützern. Deshalb also müsste jeder Cent, der über eine CO_2-Steuer eingenommen wird, auch zurückgezahlt werden – noch besser: vorab ausgezahlt werden. Und zwar als »Kopf-Prämie«, also für jeden der gleiche Betrag.

Da Familien in der Regel einen höheren Energieverbrauch haben als Single-Haushalte, würden sie durch diese Pro-Kopf-Auszahlung profitieren. Und da einkommensstarke Haushalte vermutlich größere und verbrauchsstärkere Autos fahren, größere Wohnungen haben und mehr Energie verbrauchen, werden sie über den Preis fossiler Energien mehr CO_2-Steuer zahlen als einkommensschwächere Haushalte. Wenn also jeder pro Kopf die gleiche Prämie zurückerhält, bekommen Menschen mit mittlerem oder niedrigerem Einkommen relativ mehr zurück als diejenigen mit hohen Einkommen und Verbräuchen. Im Zweifel erhalten die unteren Einkommen bei diesem Modell sogar mehr zurück, als sie an CO_2-Steuer bezahlt haben. Klimaschutz verbindet sich mit gerechter Umverteilung, denn wenig wächst derzeit in unserem Land so sehr wie die ungerechte Einkommens- und Vermögensverteilung. Das wäre mal eine wirkliche Unterscheidung zwischen grüner (elitärer) und sozialdemokratischer Klimapolitik für viele.

Wir werden mittelfristig nicht um eine vollständige Umsteuerung unseres Steuer- und Abgabensystems herumkommen, wenn wir die notwendige Verteuerung des Umwelt»verbrauchs« und der Treibhausgasemissionen wollen, dies aber nicht zu einer neuen sozialen Frage werden lassen wollen. Mich grausen schon die Anfänge dieser Debatte, bei der die ersten Klimaaktivisten die Frage aufwerfen, ob man das Fliegen nicht drastisch verteuern müsse. Ich habe nichts dagegen, die Spottpreise deutlich zu erhöhen, für die heute Flugreisen in die Urlaubsgebiete angeboten werden. Meine Befürchtung ist allerdings, dass sich dahinter eine prinzipielle Verzichtsethik verbirgt, bei der am Ende die Wohlhabenden sich weiterhin jede Flugreise leisten können, die Normal- und Niedrigverdiener aber nicht mehr.

Wer die externen Kosten mangelnden Umwelt- und Klimaschutzes durch die angerichteten Zerstörungen der Funktionsfähigkeit unseres Planeten einpreisen und Umwelt- und Klimaabgaben deshalb drastisch verteuern will, muss zugleich – besser vorher – andere Steuern und Abgaben senken. Es ist ja eigentlich auch paradox, dass wir immer noch im Wesentlichen das besteuern, was wir alle wollen – ein möglichst hohes Einkommen. Und zugleich das, was wir nicht wollen – ein zu hoher und belastender Naturverbrauch – weitgehend kostenlos machen bzw. die daraus erwachsenden Kosten der Allgemeinheit aufbürden. Diese Art der Verlust-Sozialisierung ist weder wirtschaftlich vernünftig noch sozial gerecht.

Die Konsequenz wäre eine wirkliche ökologische Steuerreform, die diese paradoxe Situation umkehrt; Einkommen von Steuern und Abgaben befreien und Umweltsteuern erheben. Die Frage, wie man das am besten macht, wäre eine wunderbare Gelegenheit, im kommenden Bundestagswahlkampf über die besseren Wege im Klimaschutz zu diskutieren und zu streiten.

III.

Europa in der großen Transformation: Innere und äußere Herausforderungen

Europa unter Druck

Wirtschaftlich und technologisch verändert sich zurzeit alles, was seit rund 200 Jahren den Erfolg Europas und vor allen Dingen Deutschlands als Industriegesellschaft ausgemacht hat. Wir Deutschen vor allem sind es gewohnt, in das Produkt zu investieren, Verfahren zu verbessern, effizienter und produktiver zu werden, um damit im internationalen Wettbewerb die Nase vorn zu haben. Das ist bislang das »Geheimnis« unseres wirtschaftlichen Erfolgs. Es baut niemand so gute Autos, Maschinen, Elektrotechnik oder Windräder, wie wir das in unserem Land können.

Auf einmal aber verschieben sich Teile der Wertschöpfung: weg von den Produkten und hin zu Datenplattformen. Um zu erläutern was ich damit meine, hilft eine kleine Geschichte, die mir mit meiner erwachsenen Tochter passiert ist: Als ich ihr einmal erzählte, wie wichtig es für mich mit 18 Jahren gewesen sei, endlich ein eigenes Auto zu haben – es konnte die älteste Karre der Stadt sein, Hauptsache es war meins –, schaute sie mich etwas fragend an, und meinte nur: »Das finde ich eine schräge Idee.« Meine Tochter wollte kein Auto besitzen, sondern Mobilität, und zwar am Wochenende eine andere als in der Woche und im Sommer eine andere als im Winter. Und wenn sie diese Mobilität sucht, dann geht sie nicht zum VW-, Fiat- oder Daimler-Händler um die Ecke, sondern ins Internet. Und wer weiß am meisten über die Mobilitätswünsche meiner Tochter und ihrer Generation? Jedenfalls nicht ein deutscher Autohersteller und auch kein französischer oder italienischer, sondern Google und Facebook.

Wir beherrschen die Produkte, aber die Datenplattformen werden heute von fünf amerikanischen Konzernen dominiert. Und wenn es nach dem Willen des chinesischen Staatspräsidenten geht, dann demnächst von zehn chinesischen. Wenn wir nicht aufpassen, sind wir es diesmal, die zur verlängerten Werkbank werden.

Aber nicht nur ökonomisch und technologisch geraten wir unter Druck, sondern auch das Sozialmodell unseres Landes gerät in Gefahr. Praktisch alles, was wir an sozialen Sicherungssystemen haben, dockt an der Lohnquote an. Wir gehen seit Jahrzehnten davon aus, dass diese Lohnquote in etwa gleich bleibt und wir unmittelbar verbunden mit Löhnen und Gehältern unsere sozialen Sicherungssysteme wie die Rentenversicherung, die Krankenversicherung oder die Arbeitslosenversicherung finanzieren. Was passiert nun aber, wenn in der digitalen Welt von morgen zwar immer noch viele Menschen arbeiten, aber immer weniger in einem klassischen Hoch-Lohn-Beschäftigungsverhältnis stehen?

Ein kleines amerikanisches Unternehmen in San Francisco trägt den Namen *Upwork*; es hat im wesentlichen Hunderte von sogenannten Freelancern. Sie kreieren Apps, machen Übersetzungsdienstleistungen und vieles andere mehr. Was die Beschäftigten miteinander eint, ist die Tatsache, dass keiner von ihnen in einem klassischen Arbeitnehmerverhältnis mit dem Unternehmen steht. Sie sind so etwas wie Solo-Selbstständige; dementsprechend finanziert niemand von ihnen über seine Löhne die sozialen Sicherungssysteme. Von einstmals 78 Prozent Lohnquote sind wir in Deutschland inzwischen auf 68 Prozent abgesunken. Es gibt Länder in Europa, die bereits bei 58 Prozent angelangt sind.

Wie werden wir unsere sozialen Sicherungen in Zukunft finanzieren? In einer Welt also, in der künstliche Intelligenz und Digitalisierung immer weniger das klassische Arbeitnehmerverhältnis erfordern. Vorschläge wie das »Recht auf Heimarbeit«, wie es der Staatssekretär im Bundesarbeitsministerium, Björn Böhning (SPD), mit einem eigenen Gesetzentwurf gefordert hat, werden dieser Entbetrieblichung noch Vorschub leisten. Was fehlt, ist das Nachdenken darüber, an welchem Teil der Wertschöpfungskette wir in Zukunft unsere sozialen Sicherungssysteme nachhaltig andocken wollen. Wie sieht soziale Marktwirtschaft im Zeitalter globaler und datengetriebener Ökonomien aus? Eigentlich ein originäres Thema für eine »Partei der Arbeit«, wie sich die SPD zumindest früher verstanden hat.

Ebenso dramatisch wie die ökonomischen Veränderungen vollziehen sich die geopolitischen Machtachsen unserer Welt. Nicht erst seit Donald Trump, sondern seit geraumer Zeit sehen sich die Vereinigten Staaten von Amerika in einem strategischen Dilemma. Einerseits fordert ihre Stellung als Schutzmacht der liberalen Weltordnung in erheblichen Umfang Ressourcen, anderseits benötigen sie diese Ressourcen aber, um ihre Stellung als wirtschaftliche Führungsnation in der Welt zu behaupten. In der Konsequenz ziehen sie sich aus Teilen ihrer Verantwortung für die Aufrechterhaltung dessen zurück, was wir nach dem Zweiten Weltkrieg »liberal order« genannt haben.

Auf der Suche nach einer neuen Rolle in der »Weltordnung 3.0«

Für Europa war dies übrigens außerordentlich bequem. Europa war nie gedacht als ein globaler Akteur, ganz im Gegenteil: Nach den Erfahrungen zweier Weltkriege sollte Europa sich heraushalten aus der Welt, sollte sich um sich selbst kümmern. Wenn wir ehrlich zu uns sind, dann hatten wir 70 Jahre lang die bequeme Möglichkeit, unsere globalen deutschen und europäischen Interessen an Amerika zu delegieren. Die Aufgabenteilung war und ist bis heute klar: Weil vor allem wir Deutschen im 20. Jahrhundert keinerlei Moral gezeigt, sondern katastrophales Unheil über die Welt gebracht hatten, legen wir jetzt für unser internationales Handeln besonders strenge moralische Maßstäbe an. Ob im Klima- und Umweltschutz, in der Migrationspolitik, beim Einsatz militärischer Mittel: Wir Deutschen wollen ein moralisches Vorbild sein, das nicht nur Reden über grundlegende Werte hält, sondern sie auch zum Maßstab unseres praktischen politischen Handelns macht. Nur in der Finanzpolitik setzen wir, wenn es wie im Fall Griechenlands oder des europäischen Südens darauf ankommt, unsere nationalen Interessen gnadenlos durch. Beim Geld hört »der Spaß« auch für uns Deutsche auf. Und das, obwohl wir an der Eurokrise sogar noch verdient haben.

In den meisten anderen Feldern der europäischen und internationalen Politik machen wir unsere eigenen nationalen moralischen Wertmaßstäbe zur Messlatte auch für alle anderen. Der Preis dafür ist allerdings gelegentlich hoch. Denn vor allem unsere europäischen Nachbarn und Partner können das nicht immer verstehen, sodass Risse im europäischen Einigungsprojekt auch durch Deutschland entstehen. So fragte in der Flüchtlingskrise des Jahres 2015 der französische (sozialistische) Ministerpräsident Manuel Valls – selbst ein Einwanderer in Frankreich –, ob es uns Deutschen nicht reiche, Europa wirtschaftlich und politisch zu führen und ob wir wirklich meinen würden, auch noch einen moralischen Führungsanspruch erheben zu können. Gemeint war damit natürlich die Position der deutschen Politik, dass es eine moralische Pflicht sei, die nationalen Grenzen für die Flüchtlinge aus dem Nahen und Mittleren Osten zu öffnen. Wer die Situation von Flüchtlingen an der Grenze Frankreichs zu Italien kennt, weiß, dass Frankreich das bis heute in seiner praktischen Migrationspolitik durchaus anders sieht als wir Deutschen. Wie in vielen anderen europäischen Mitgliedsstaaten gelten in Frankreich Werte nach innen – nach außen gelten Interessen.

Die Beispiele, in denen unsere Nachbarn unsere »werteorientierte« Außenpolitik nicht verstehen, sind inzwischen vielfältig. Die doppelte Unfähigkeit Deutschlands, an internationalen oder europäischen militärischen Aufgaben wie im Kampf gegen den islamistischen Terrorismus in Syrien oder in Mali ernsthaft teilzunehmen, wird immer weniger akzeptiert. Doppelt, weil einerseits die politische und gesellschaftliche Bereitschaft fehlt, andererseits auch die militärischen Mittel dazu. Es sind bei Weitem nicht nur die USA, die nicht mehr akzeptieren wollen, dass die größte Wirtschaftsmacht Europas – Deutschland – es sich leistet, dass ihre Flugzeuge nicht fliegen können, ihre U-Boote nicht tauchen und ihre Soldaten nicht einsatzfähig sind. Auch hier zeigt ein Zitat eines französischen Diplomaten, wie offen inzwischen die Entfremdung der einstigen beiden Garanten eines einigen Europas zutage tritt: »Wir sind es leid, dass wir kämpfen, während ihr nur fotografiert.«

Nun ist es wahrlich gut, dass Deutschland im Einsatz militärischer Mittel außerordentlich zurückhaltend ist. Weder lassen sich Krisen dauerhaft mit Militäreinsätzen befrieden, noch waren die Kriegseinsätze der Vergangenheit immer völkerrechtlich gerechtfertigt – siehe zweiter Irak-Krieg. Trotzdem gibt es durchaus auch heute und leider auch morgen Situationen, in denen militärischer Schutz und der Einsatz militärischer Mittel die zwingende Voraussetzung für die Sicherung von Freiheit oder die Beendigung gewalttätiger Auseinandersetzungen bleiben. Bislang konnte Europa dabei im Zweifel auf die Bereitschaft Frankreichs, Großbritanniens und vor allem der USA setzen, Militäreinsätze dieser Art zu verantworten. Die wiederkehrenden Hinweise Donald Trumps auf den Vorrang amerikanischer Interessen und seine Zweifel an der NATO lassen nicht einmal mehr die Verteidigungsbereitschaft der USA im transatlantischen Bündnissystem als unzweifelhaft gelten. Und noch weniger werden die USA bereit sein, europäische Interessen in Nordafrika, im Nahen und Mittleren Osten oder der Türkei zu vertreten.

Der zur Zeit populäre Ruf nach »Äquidistanz« zu den USA – was ja nur bedeuten kann, ebenso Abstand zu den USA zu halten wie zu Russland oder China – drückt eine gefährliche Selbstüberschätzung Europas aus. Und zudem eine Geschichtslosigkeit gegenüber den Vereinigten Staaten von Amerika und deren Opferbereitschaft für ein befreites und demokratisches Europa. Denn ohne den Eintritt der USA in den Zweiten Weltkrieg würden wir heute unter den Nachfolgern Hitlers oder Stalins leben. Und ohne die wirtschaftliche Hilfe und die Sicherheitsgarantien Amerikas wären West-Berlin und die junge westdeutsche Bundesrepublik wohl kaum ein demokratisches, freies und wohlhabendes Land geworden. Und nicht zuletzt: Es war ein amerikanischer Präsident, der Deutschlands Wiedervereinigung ermöglichte, während die britische Premierministerin und der französische Präsident das aus Angst vor einem neuen »großdeutschen Reich« verhindern wollten. Unvergessen der Satz des damaligen konservativen italienischen Ministerpräsidenten Andreotti: »Ich liebe Deutschland so sehr, dass ich froh bin, dass es zweimal existiert.«

Kein Land hat für die Einigung Europas und die Einigung Deutschlands so viel getan wie die Vereinigten Staaten von Amerika. Das kann auch die Präsidentschaft Donald Trumps nicht relativieren. Noch viel wichtiger aber ist: Keine Großmacht dieser Welt steht uns kulturell, politisch und gesellschaftlich so nahe wie die USA. Bei aller Kritik, die wir heute und im Übrigen auch in früheren Jahren oftmals an den Vereinigten Staaten hatten: sie sind im Gegensatz zu Russland und China eine Demokratie. Wie sollten wir »Äquidistanz« zu Demokratien und autoritären Regimen pflegen? Jeder mag sich selbst fragen, in welchem Land er eigentlich leben möchte, wenn für die Auswahl nur Amerika, Russland oder China zur Verfügung stünden.

Und nicht zuletzt: Selbst ein geeintes und außenpolitisch weitaus stärkeres Europa, als wir es heute vorfinden, wird in der Welt von morgen kein ausreichendes Gewicht mitbringen, um allein und ohne Bündnispartner die Weltordnung wirksam mitzugestalten. Nur die Allianz mit den USA bietet uns dafür die Möglichkeit. Das bedeutet nicht, dass Europa oder auch Deutschland mit den USA immer im Gleichschritt marschieren oder ihnen folgen muss. Im Gegenteil:

Nur selbstbewusste Partner sind echte Partner. Deshalb muss Europa gewiss stärker werden und auch eine strategische Souveränität erlangen, aber das ist etwas anderes als Autonomie und Äquidistanz.

Deutschlands Bereitschaft zur europäischen Solidarität

Washington, Peking und Moskau und auch Ankara können mit einem Gebilde wie der Europäischen Union wenig anfangen. Denn in Europa gibt es keinen Chef, mit dem man »big deals« aushandeln könnte, denen dann alle anderen ungefragt folgen müssten. Und was die Großen dieser Welt am meisten irritiert: In Europa haben die Kleinen genauso viel zu sagen. Für den amerikanischen, chinesischen und russischen Präsidenten und auch für den türkischen dürfte es absolut unvorstellbar sein, dass ein Land mit 83 Millionen Einwohnern wie Deutschland in der Europäischen Union genauso viel Rechte hat wie Malta mit 400.000. Und vermutlich gibt es auch in Deutschland Menschen, die das nicht verstehen. Tatsache ist aber, dass es keine Europäische Union gäbe, wären die kleinen nicht sicher, dass die großen Mitgliedsstaaten nicht mehr Rechte haben als sie selbst.

Das respektieren die Regierungen von Washington, Moskau, Peking und Ankara aber nicht, und sie testen Europa. Es ist kein Zufall, dass der amerikanische Präsident beim Besuch in Europa zuerst Warschau besucht und immer wieder polnische Regierungsvertreter empfängt. Er weiß, dass die Polen vor allem den Deutschen bei der Frage ihrer Sicherheit am Ende nicht über den Weg trauen; ebenso wenig die Balten. Das hat etwas mit der Geschichte dieser Länder zu tun.

Geografie und Geschichte bestimmen auch heute noch den Blick auf die Gegenwart. Polen ist ein Land, das 150 Jahre nicht existiert hat, es war zwischen Deutschland, Preußen und Russland aufgeteilt. Das ist der Grund, warum die Mehrzahl der Menschen in Polen katholischen Glaubens sind, denn nur in der katholischen Kirche konnte und durfte man polnisch sprechen, nur am Katholisch-Sein erkannte man sich untereinander. Kaum hatte Polen seine nationale Souveränität im Jahr 1918 wiederentdeckt, machten sich deutsche und russische Eliten sofort an Pläne, dieses Experiment wieder zu beenden und Polen erneut von der Landkarte zu radieren. Das geschah dann auch mit dem Hitler-Stalin-Pakt im Jahr 1939.

Kein Wunder also, dass insbesondere die Polen nicht ganz sicher sind, ob wir Deutschen Artikel 5 des NATO-Vertrages eigentlich ernst nehmen. Diesen Artikel kann man übersetzen und seine Übersetzung erscheint uns Deutschen heute fremd, sie klingt unheimlich und bedrohlich. Aber die Übersetzung hat einen ebenso schlichten wie heroischen Inhalt: »Wir sind bereit, für eure Freiheit zu sterben«. Gerade wir Deutschen mögen diesen Satz kaum noch denken, geschweige denn laut aussprechen. Er macht uns Angst und er ist uns unangenehm. Das wissen die Polen und die Balten. Sie haben Zweifel, ob wir Deutschen – und andere Europäer auch – bereit wären, für die Freiheit der Polen und der Balten zu sterben. Und jeder kann sich ja einmal selbstkritisch fragen, ob er diesen Satz eigentlich laut aussprechen würde.

Natürlich glauben gerade wir Deutschen nicht, dass Wladimir Putin tatsächlich die Absicht hat, an der Ostgrenze der NATO Mitgliedsstaaten der Europäischen Union zu überfallen. Die Frage ist aber nicht, was wir Deutschen glauben, sondern welche historischen Erfahrungen die Polen und die Balten gemacht haben und wie ihr Blick auf ihre östlichen Nachbarn aussieht. Noch einmal: Geografie und Geschichte prägen den Blick auf Gegenwart und Zukunft.

Der Satz: »Wir sind bereit, für eure Freiheit zu sterben«, ist übrigens der Inhalt dessen, was John F. Kennedy bei seiner berühmten Rede in Berlin gesagt hat. Sein Ausspruch: »Heute ist der stolzeste Satz, den jemand in der freien Welt sagen kann: Ich bin ein Berliner«, war nichts anderes als das deutliche Warnsignal an die Sowjetunion, es gar nicht erst zu versuchen, weil die Amerikaner bereit waren, mit ihrem Leben für die Freiheit West-Berlins einzutreten.

Der heutige amerikanische Präsident weiß um die Zweifel einiger Osteuropäer an der Bereitschaft Deutschlands oder auch Frankreichs, für diese Freiheit einzustehen. Das ist der Grund, warum er und seine Außen- und Verteidigungsminister so sehr Wert darauf legen, vor allen Dingen die Beziehungen zu Osteuropa und zu Polen zu intensivieren. Es ist ein Test unserer Geschlossenheit.

Übrigens zeigt dieses Beispiel, dass die Gefahr einer immer stärkeren Orientierung auf europäische Autonomie letztlich Europa nicht einen, sondern vermutlich spalten wird.

Wenn der französische Präsident die NATO als »hirntot« beschreibt, dann heißt das ja, dass er keine Hoffnung auf eine Wiederbelebung mehr hat und nun an die Entnahme der noch funktionsfähigen Organe gehen will, um sie nach Europa zu transplantieren. Es steht zu vermuten, dass Präsident Macron dieses brutale Bild nicht zufällig gewählt hat, denn der Hirntod ist ja die rechtliche Voraussetzung zur Organentnahme. Im Kern spiegelt sich bei Macron der blanke Gaullismus wider: ein von den USA unabhängiges Europa, das global gestaltet – und in dem Frankreich auf Grund seines Nuklearmachtstatus und seiner Mitgliedschaft im Sicherheitsrat der Vereinten Nationen sowie seiner territorialen Ausdehnung auf allen Kontinenten der Welt der entscheidende Faktor zum Ausgleich der europäischen Machtinteressen wird. Auf dem Umweg über die Außen- und Sicherheitspolitik will Frankreich seine politische Führungsrolle wiedergewinnen, die es durch seine wirtschaftliche Schwäche über Jahre an Deutschland verloren hatte. Dass dies Europa vermutlich eher spalten als einen wird, scheint dem französischen Präsidenten egal zu sein. Noch jedenfalls dürften die Polen, Balten und andere Ost- und Mitteleuropäer eher den USA die Bereitschaft zur Verteidigung ihrer Freiheit zutrauen als den Deutschen und Franzosen.

Die Aufkündigung der NATO führt jedenfalls in Ländern wie Polen, den baltischen Staaten und anderen mittel- und osteuropäischen Staaten nicht zu einer stärkeren Orientierung an Europa, sondern im Gegenteil: diese Mitgliedsstaaten der EU werden sich sicherheitspolitisch noch enger an die Vereinigten Staaten zu binden versuchen, weil sie Europa – und hier speziell Deutschland – schlicht nicht zutrauen, für ihre Freiheit und Sicherheit gegenüber Russland einzustehen.

Und würden wir in die Falle des amerikanischen Präsidenten tappen und beispielsweise in der Sicherheitspolitik von den Vereinigten Staaten und der NATO schrittweise Abstand nehmen und die Idee einer eigenen europäischen Verteidigungspolitik unabhängig von der NATO und den USA verfolgen, so hätte auch dies vermutlich zur Folge, dass ein Teil der europäischen Mitgliedsstaaten – insbesondere Polen – sich noch mehr von Europa abwenden und den USA zuwenden würde. Nicht die Einheit Europas wäre die Folge, sondern die Spaltung.

Eine Zentralmacht in der Mitte Europas wie Deutschland mit 83 Millionen Einwohnern hat deshalb immer auf beiden Schultern zu tragen: auf der europäischen und auf der atlantischen. Deutschlands Aufgabe ist es, dabei die Balance zu halten. Nur auf diesem Weg können wir unseren Beitrag zur europäischen Einigung leisten.

Wie sehr andere Länder die deutsche Entwicklung auch kritisch beobachten, zeigt ein Beispiel aus der britischen Brexit-Debatte: Eines der Argumente der Befürworter eines Austritts Großbritanniens aus der Europäischen Union lautet, dass Europa zu sehr von Deutschland dominiert werde und sich – bliebe Großbritannien Mitglied der EU – die Opfer des Zweiten Weltkrieges nicht gelohnt hätten. Klingt das schon einigermaßen absurd in unseren Ohren, so wird es vollends skurril, wenn man das Argument der Remainer zum gleichen Thema hört: Großbritannien müsse in der EU verbleiben, weil sonst die Dominanz Deutschlands zu groß werde und sich dann die Opfer der Briten im Zweiten Weltkrieg nicht gelohnt hätten.

Das Beispiel soll lediglich illustrieren, wie sehr inzwischen auf das wiedervereinigte Deutschland auch mit kritischen Augen geschaut wird und wie wichtig die Bindung an die USA, gerade auch des wiedervereinigten Deutschlands, ist. Wenn man so will geht es um eine zweite Westbindung, unter völlig geänderten Voraussetzungen.

Verständnis für unterschiedliche Sichtweisen in Europa

Die Einheit der Europäischen Union wird nicht erreicht werden, wenn wir die unterschiedlichen Sichtweisen auf diese EU weiterhin ignorieren. Natürlich ist es unmöglich für die Europäische Union, wenn Mitgliedsstaaten Kernbestandteile dessen infrage stellen, was die Substanz der europäischen Zusammenarbeit ausmacht: Rechtsstaatlichkeit, Freiheit der Justiz, Pressefreiheit, die Demokratie – das alles sind Voraussetzungen für die Mitgliedschaft in der Europäischen Union.

Trotzdem werden wir uns bemühen müssen, die unterschiedlichen Sichtweisen auf den Inhalt der Europäischen Union zu ertragen, denn in der Regel erwachsen diese unterschiedlichen Perspektiven eben aus der Nationalgeschichte dieser Länder. Kann man sich eigentlich vorstellen, dass die deutsche Nationalhymne, die luxemburgische oder die dänische mit den Worten beginnt: Noch ist Dänemark oder Luxemburg oder Deutschland nicht verloren? Natürlich klänge das fremd in unseren Ohren; man muss aber wissen, dass so die polnische Nationalhymne beginnt. Für uns Westeuropäer, insbesondere für uns Deutsche ist die Nation immer auch etwas Gefährliches. Unsere Geschichte in der Zeit des Nationalsozialismus und des Zweiten Weltkrieges hat uns gezeigt, dass die Überdehnung und Überhöhung des Nationalen in die Katastrophe führen kann.

Ganz anders in Ländern wie Polen oder auch im Baltikum, dort ist der Begriff der Nation ein revolutionärer Freiheitsbegriff. Das Erringen von nationaler Selbstbestimmung war zugleich immer verbunden mit der Durchsetzung von Freiheit und Demokratie. Wenn also die Westeuropäer über die Vereinigten Staaten von Europa sprechen, müssen sie wissen, dass das in den Ohren von Osteuropäern so klingt, als wollten wir diesen Ländern erneut das nehmen, wofür manchmal über Jahrhunderte Menschen ihr Leben eingesetzt haben. Das ist keine Rechtfertigung für Nationalismus und schon gar nicht für die anti-europäische Propaganda, die es in diesen Staaten gibt, aber es ist eine Aufforderung, sich immer in die Schuhe des Nachbarn zu stellen, bevor man Urteile abgibt.

Um Europa zusammenzuhalten, müssen die Westeuropäer verstehen lernen, warum die Konzeption Europas aus osteuropäischer Sicht oft anders ist. Nicht etwa, um die dortige Haltung zu Europa zu übernehmen, nicht einmal tolerieren müssen wir sie immer. Aber uns Mühe geben, die Gründe zu verstehen, sollten wir schon. So ist beispielweise die Homogenität vieler mittel- und osteuropäischer Staaten weit höher als die von Westeuropa. Die Auflösung der Habsburger Monarchie nach dem Ersten Weltkrieg hatte ja geradezu das Ziel, dem Vielvölkerstaat homogenere Staaten folgen zu lassen. Zuwanderung wird dort deshalb häufig als Rückschritt und Gefährdung des Erreichten gewertet und nicht etwa als Bereicherung. Oder das Beispiel Bulgarien: Das Land hatte vor 20 Jahren noch knapp acht Millionen Einwohnerinnen und Einwohner – heute sind es noch sieben Millionen und bis zur Mitte des Jahrhunderts werden es weniger als sechs Millionen sein. Vor allem die jungen und besser qualifizierten Menschen haben das Land mangels ausreichender Chancen verlassen. Ein wirklich dramatischer Verlust an Qualifikationen, die für die Entwicklung des Landes eigentlich gebraucht würden. Die Gewinner sind vor allem die westeuropäischen Mitgliedsstaaten, vor allem Deutschland hat enorm von der qualifizierten Zuwanderung aus Mittel- und Osteuropa profitiert. Wenn jetzt Deutschland und die Europäische Union von einem Land wie Bulgarien die Aufnahme einer relativ hohen Zahl von nicht- oder geringqualifizierten Flüchtlingen verlangen, ist es kein Wunder, dass es Abwehrreaktionen gibt. »Erst raubt ihr uns unsere jungen Leute und nun schickt ihr uns Araber«, erklärte mir auf einer Konferenz ein bulgarischer Wirtschaftsvertreter.

Das Verständnis über die unterschiedlichen Perspektiven in Europa ist die Voraussetzung dafür, die europäische Einheit zu bewahren. Die alte Bonner Republik wusste das möglicherweise besser als die heutige Berliner Republik. Unsere Verletzbarkeit zur Zeit der Teilung war uns bewusst und so haben wir nach Partnern und Verbündeten gesucht. Die Berliner Republik ist oft so selbstbewusst und selbstgewiss, dass sie dazu tendiert, die deutsche Position automatisch als die richtige auch für alle anderen zu empfinden. Wir bauen erneuerbare Energien aus, ohne für die Stromleitungen zu sorgen. Als Konsequenz drücken wir den Polen unsere Windenergie in ihr Netz und zwingen sie dazu, ihre Kraftwerke herunterzufahren. Und natürlich glauben wir, dass wir damit Gutes tun und das Klima retten. Die Polen schauen auf ihre roten Zahlen und haben eine geringfügig andere Auffassung zur deutschen Energiepolitik. Es sind viele Politikbereiche, in denen wir Deutsche uns moralisch auf der richtigen Seite empfinden und mit Unverständnis reagieren, wenn unsere Nachbarn eine ganz andere Perspektive einnehmen. Im Kern geht es nicht darum, wer »recht hat«. Wer Europa zusammenhalten will, der sollte immer zuerst die Perspektive des schwächsten europäischen Partners einnehmen: sich in der Sicherheitspolitik in die Schuhe der Osteuropäer, in der Migrationspolitik in die Schuhe der Italiener und Griechen und in der Finanz- und Wirtschaftspolitik in die Schuhe des europäischen Südens und Frankreichs stellen. Nicht um als deutsche Regierung jeweils die anderen Positionen zu übernehmen, sondern um sie zuerst einmal zu verstehen und sie für ebenso legitim zu erachten wie unsere eigenen politischen Vorstellungen.

In den kommenden Jahren wird es nicht um das Projekt der »ever closer union« gehen, sondern vor allem darum, das bereits Erreichte zu bewahren. Dafür braucht es die Unterstützung der Mehrheit der Menschen in den Mitgliedsstaaten. So wichtig das Europäische Parlament auch ist, am Ende können es nur die Nationalstaaten und ihre Bevölkerungen tragen. Europa hat – wenn man den Satz des großen Verfassungsrechtlers Ernst-Wolfgang Böckenförde etwas abwandelt – Voraussetzungen, die es selbst nicht schaffen kann. Und das ist der Wille seiner Bürgerinnen und Bürger zu einem geeinten, demokratischen und freien Europa. Und für die ist der Nationalstaat auf Sicht der wichtigste Referenzpunkt zur Garantie von Demokratie und Selbstbestimmung. Wir sollten nicht den Fehler begehen, die Nationen gegen das vereinigte Europa auszuspielen. Für nicht wenige Mitgliedsstaaten vor allem in Osteuropa war das geeinte, freie und demokratische Europa zuerst und vor allem die Befreiung von Fremdbestimmung – die möchte man auch nicht aus Moskau oder aus Brüssel. Und insbesondere das Verhältnis zu Russland muss in der Europäischen Union eine zentrale Rolle spielen.

Russland nicht verlieren!

Russland bleibt als direkter Nachbar für die Europäer ein schwieriger Nachbar. Wenig ist übrig geblieben von den Gesten der Freundschaft und der Partnerschaft insbesondere zwischen Deutschland und Russland. Wer die Rede Wladimir Putins vor dem Deutschen Bundestag im Jahr 2001 heute noch einmal nachliest, kann nur schwer begreifen, dass hier der gleiche Repräsentant Russlands sprach, der wenige Jahre danach sein Land ganz bewusst von den Werten westlicher Gesellschaften entfernte: weniger Meinungsfreiheit, Einschränkungen der Pressefreiheit, Missachtung von Menschen- und Minderheitenrechten und Militäreinsätze zur Durchsetzung nationaler Interessen. Natürlich tragen auch Europa und der Westen an dieser Entwicklung Russlands Mitverantwortung. Wirtschaftlich wurde Russland sich selbst überlassen und kein »Marschall-Plan« für den wirtschaftlichen Neuaufbau Russlands erarbeitet. Ein ökonomisch und vom Chaos der Jelzin-Jahre geschwächtes Russland erschien westlichen Strategen sogar als wünschenswert. Und statt die Sicherheitsinteressen Russlands zu respektieren, wurden die Nachbarn Russlands vor allem von den Repräsentanten des Westens zur Mitgliedschaft in der NATO eingeladen. Und auch die Assoziierung der Ukraine an die Europäische Union wurde ohne Rücksicht auf die Zollunion dieses Landes mit Russland vorangetrieben – von der strategischen Bedeutung der Halbinsel Krim und des Hafens Sewastopol für die Russische Förderation ganz abgesehen.

Um nicht falsch verstanden zu werden: Keine dieser Fehlentscheidungen oder Fehlbeurteilungen Europas und der USA rechtfertigen die Verschiebung von Grenzen mit militärischer Gewalt, wie dies von Russland ja nicht erst auf der Krim und in der Ost-Ukraine, sondern bereits in den Kaukasus-Republiken durchgesetzt wurde. Deshalb waren und sind die wirtschaftlichen Sanktionen Europas und der USA gegen die Beteiligung Russlands am Bürgerkrieg in der Ost-Ukraine und gegen die Besetzung der Krim auch nach wir vor gerechtfertigt.

Zur Wahrheit aber gehört auch: Dieses tief gestörte Verhältnis insbesondere zwischen Europa und Russland ist auf Dauer auch nicht im europäischen Interesse. Derzeit jedenfalls bewegt sich Russland politisch, wirtschaftlich und militärisch immer stärker auf China zu und wendet sich von Europa ab. China ist für Russland historisch gesehen kein einfacher Partner: Grenzstreitigkeiten und eine rein zahlenmäßig überwältigende chinesische Bevölkerungsmehrheit in den Grenzregionen und nicht zuletzt das Nuklearwaffenpotenzial Chinas an der Grenze zu Russlands Süden waren immer wieder Anlass zur Sorge in Russland. Zudem weiß die russische Elite nur zu gut, dass Russland für China nur »zweite Wahl« ist und nicht auf Augenhöhe mit den Amerikanern betrachtet wird. Trotzdem ist aus russischer Sicht China für den Moment der einfachere Partner: von dort droht keine ideologisch motivierte »Regime-Change«-Politik, wie sie den USA und der NATO unterstellt wird. Statt Menschenrechte, politische Freiheiten und Pressefreiheit bietet China Handelskooperationen an.

Europa braucht also eine neue Russlandstrategie, weil diese sino-russische Annäherung in keinem Feld von Interesse ist: sie verringert unseren wirtschaftlichen, politischen und kulturellen Einfluss auf Russland. Und sie verschlechtert unsere Aussichten auf eine neue gemeinsame europäische Friedens- und Sicherheitsarchitektur mit Russland. Diese neue Russlandstrategie muss immer eine europäische Strategie und darf nie ein deutscher Alleingang sein. So sehr auch insbesondere in Ostdeutschland die Sanktionen gegen Russland in der Kritik stehen: Es wäre verhängnisvoll, wenn ausgerechnet Deutschland aus einer gemeinsamen europäischen Haltung ausscheiden würde. Die EU würde zerbrechen, denn nicht nur die Polen erinnern sich daran, welches Unheil deutsche Sonderwege in der Politik mit Russland für andere europäische Staaten angerichtet hatten.

Aber mithelfen, europäische Strategien für Russland zu entwickeln, darf und muss Deutschland durchaus. Dazu gehört übrigens – wie schon in der Entspannungspolitik Willy Brandts – auch militärische Stärke. Der sozialdemokratische Friedensnobelpreisträger hatte in keiner seiner Verhandlungen mit den Machthabern der Sowjetunion einen Zweifel daran gelassen, wo er und wo Deutschland stand: fest verankert im westlichen Bündnis und in der NATO. Nur starke Partner können starke Verträge schließen. Und nur ein einiges und militärisch selbstbewusstes und verteidigungsbereites Europa wird als Verhandlungspartner von Russland ernst genommen.

Und erste kleine Schritte dafür sind mit dem Treffen von Bundeskanzlerin Angela Merkel, dem französischen Präsidenten Emmanuel Macron, dem ukrainischen Präsidenten Wolodymyr Selenskyj und Russlands Präsident Wladimir Putin am 10. Dezember 2019 ja bereits unternommen worden. Wenn es wirklich gelingt, einen dauerhaften Waffenstillstand in der Ost-Ukraine durchzusetzen, die schweren Waffen dort abzuziehen und die Konfliktparteien räumlich zu entflechten, wäre ein erster großer Beitrag zu einer friedlichen Beilegung dieses mörderischen Konflikts erfolgt. Gewiss sind damit viele andere Fragen nach wie vor offen: der Status der von den Separatisten kontrollierten Gebiete im Donbas, die damit verbundenen Wahlen, Amnestiefragen und vieles andere mehr. Und ehrlicherweise muss man zugeben, dass über die Rückgabe der Krim an die Ukraine in Wahrheit niemand mehr ernsthaft redet oder verhandelt. Vieles spricht dafür, dass wir auf Jahre einen »frozen conflict« in Europa haben werden. Aber auch das wäre gegenüber dem täglichen Schießen und Sterben in der Region ein großer Fortschritt. Und genau den muss Europa dann auch mit dem Abbau erster Sanktionen belohnen. Die Vorstellung, dass sämtliche von Europa gegen Russland verhängten Sanktionen bestehen blieben, bis alle Fragen gelöst sind, halte ich für absolut unrealistisch. So wie die Sanktionen schrittweise aufgebaut wurden, muss man sie auch schrittweise abbauen, wenn es zu Fortschritten in den Verhandlungen kommt. Und der dringendste Fortschritt wäre ein dauerhafter Waffenstillstand und die Beseitigung der schweren Waffen aus der Konfliktregion.

Zu einer neuen europäischen Russlandstrategie würde es auch gehören, die Unabhängigkeit von russischem Erdgas zu vergrößern – Deutschland bezieht etwa 30 Prozent seines Erdgasbedarfs aus Russland –, ohne die Liberalisierung des Gasmarktes aufzugeben. Dazu muss und sollte man aber nicht die Gaspipeline Nord Steam 2 bekämpfen, sondern den Wettbewerb am europäischen Gasmarkt vergrößern: Mittel- und langfristig wird Gas auch im Bereich der Heizenergie durch erneuerbare Energiequellen ersetzt werden müssen, wenn Europa seine Klimaziele erreichen will. Zudem sollte die Gasinfrastruktur innerhalb der EU weiter ausgebaut und vernetzt werden. Denn in dieser Vernetzung kann der mögliche Ausfall einer Lieferrichtung sofort durch das Einspeisen von Gas aus einer anderen Lieferbeziehung ersetzt werden. In diesem Zusammenhang braucht es auch dann LNG-Terminals in Deutschland und Europa, wenn sie in spannungsfreien Zeiten wenig oder gar nicht ausgelastet werden. Und natürlich kann und darf die Finanzierung dieser Infrastruktur auch staatlich subventioniert werden, wenn sie der Energiesicherheit dient.

Russland ist in einer innenpolitischen Lage, wo die Chance zu einem Neuanfang besteht. Denn die Unruhe in der russischen Gesellschaft nimmt zu. War die Besetzung der Krim noch so etwas wie eine nationale heroische Großtat, die Putins Umfragewerte in ungeahnte Höhen katapultierte, so ist der Dauerkonflikt mit der Ukraine längst kein Gewinnerthema mehr in Russland. Zu viele Familien, Ehen, Verwandtschaften und Bekanntenkreise vereinen die russische und die ukrainische Gesellschaft. Zu verwandt erscheinen Religion, Kultur und Geschichte. Dazu kommt, dass das Hauptargument aller Putin-Unterstützer an Kraft verliert: Der russische Präsident galt nach den Jahren seines Vorgängers Boris Jelzin jahrelang als einziger Garant für Stabilität und einen funktionsfähigen russischen Staat. Nun aber ist dieses Stabilitäts-Argument immer größeren Teilen der jungen Generation Russlands weniger oder gar nichts mehr wert. Neben den Rentnern, die auf die angekündigte Rentenkürzung massenhaft demonstrierten, sind es vor allem die Jüngeren, die gerade ihrer Unzufriedenheit Ausdruck verleihen. Sie erleben Perspektivlosigkeit auf dem Arbeitsmarkt, eine dramatische soziale Spaltung zwischen Arm und Reich und einen immer weniger handlungsfähigen russischen Staat. Erfolgreiche Start-ups oder erfolgreiche kleinere Unternehmen werden von staatlichen oder nichtstaatlichen Oligarchen notfalls mit ernst gemeinten Drohungen übernommen. Noch richtet sich der Protest von Rentnern und der jüngeren Generation gegen die russische Regierung und noch nicht gegen Präsident Putin. Während eines Abendessens in Moskau meinte ein anwesender hoher Repräsentant des Kreml: »Der Präsident arbeitet bis drei Uhr in der Nacht und die Regierung nicht mal bis drei Uhr am Nachmittag.« Auf Dauer allerdings wird diese Kritik in einem Land vor dem Präsidenten nicht haltmachen, in dem selbst die kleinsten Entscheidungen auf ihn zugeschnitten sind. Es rächt sich jetzt dramatisch, dass es Waldimir Putin in den letzten Jahren nie gelungen ist, einen funktionsfähigen Regierungsapparat aufzubauen. Angekündigte Regierungsprogramme bleiben oft folgenlos und die dafür bereitgestellten Finanzmittel werden ineffizient genutzt oder verschwinden in den dunklen Kanälen von Korruption und Günstlingswirtschaft. Vor allem aber landen Entscheidungen praktisch immer auf dem Schreibtisch des Präsidenten. Anfangs galt das als Zeichen der Führungsstärke – heute ist es das Symbol der Unregierbarkeit Russlands. Oft schon schien eine grundlegende Reform und ein Wechsel vor allem an der Spitze der Regierung überfällig – und ebenso oft blieb sie aus.

Anstatt Russland in dieser Situation weiter in Richtung China driften zu lassen, könnte Europa ein neues Angebot an Russland richten. Wirtschaftliche Kooperation, Zusammenarbeit bei Infrastrukturvorhaben, Forschung und Entwicklung und Handelsabkommen könnten die Vorbereitung für Gespräche und Verhandlungen auch über eine stabile Friedensordnung, gemeinsame Sicherheitsstrukturen und Abrüstung sein. Die einzige Voraussetzung dafür wäre die glaubwürdige Fortsetzung der Befriedung der Verhältnisse in der Ost-Ukraine. Die Zeit dafür wird allerdings knapp: Obwohl die Frage nach der Nachfolge Wladimir Putins im Amt des russischen Präsidenten erst in fünf Jahren beantwortet werden muss, herrscht schon heute eine lähmende Übergangsstimmung in Russland. Und die jetzt heranwachsende Generation von Politikerinnen und Politikern ist im Wesentlichen von der Ära wachsender Distanz zwischen Russland und dem Westen geprägt und weiß nichts mehr von den einstigen Hoffnungen auf ein neues Zeitalter gemeinsamer Prosperität. Junge Diplomaten reden zum Beispiel eher zynisch und abfällig über den Westen, dessen Liberalität sie als Schwäche und Zeichen des Verfalls ansehen. Russland wird östlicher, nicht westlicher. Wollen wir es nicht verlieren, bedarf es eines grundlegenden strategischen Neubeginns.

Europas Aufgaben im Innern

Die inneren Herausforderungen, vor denen Europa damit heute steht, sind wirklich groß.

In finanz- und wirtschaftspolitischen Fragen sind Nord- und Südeuropa geteilt. Die Eurozone zwingt die weniger wettbewerbsfähigen Mitgliedsstaaten des Südens immer wieder zur internen Abwertung mittels niedrigerer Löhne, Renten und Sozialabgaben, weil ihnen die Alternative externer Währungsabwertung nicht mehr zur Verfügung steht. Der gesellschaftliche und politische Widerstand dagegen wächst immer mehr und macht es populistischen Parteien einfach, an Zustimmung zu gewinnen. In Italien versprechen die rechten Populisten geringere Steuern, die linken höhere Sozialleistungen und zeigen mit dem Finger auf Brüssel und Berlin, weil dort auf das Einhalten der Verschuldungsgrenzen gedrängt wird. Hierzulande nutzen die rechten Populisten die Ausgabefreudigkeit ihrer Gesinnungsgenossen im Süden Europas als Beleg dafür, dass Deutschland so schnell wie möglich aus dem Euro und am besten gleich aus der »teuren« Europäischen Union ausscheiden solle. Die Reformvorschläge des französischen Präsidenten zur Reform der Eurozone und Europas sind ebenso bemerkenswert, wie sie in Deutschland, den Niederlanden oder Finnland umstritten sind.

In politischer Hinsicht gibt es große Spannungen zwischen West- und Osteuropa, wie wir sie am Beispiel der Auseinandersetzung über Rechtsstaatlichkeit, Pressefreiheit und Unabhängigkeit der Justiz gerade zwischen Ländern wie Frankreich und Deutschland einerseits und Polen und Ungarn andererseits erleben.

In rechtsstaatlicher Hinsicht besteht ein Gefälle zwischen Nord-West-Europa und Süd-Ost-Europa, denn endemische Korruption, schlechte Regierungsführung und das Eindringen organisierter Kriminalität sind alarmierende Kennzeichen nicht nur in der Slowakei. Das Problem wird sich verschärfen, wenn – wie die EU-Kommission es gerade vorgeschlagen hat – Serbien und Albanien bis 2025 in die Europäische Union aufgenommen werden sollen und sich parallel zu diesem Aufnahmeprozess die Rechtsstaatlichkeit eher verschlechtert als verbessert.

Und die größte Herausforderung im Innern ist natürlich der geplante Austritt des Vereinigten Königreichs aus der Europäischen Union. Zum ersten Mal seit der Gründung verlässt ein Land die Union. Das wird dramatische Folgen haben. Nicht so sehr in wirtschaftlicher Hinsicht, denn sowohl das britische Empire als auch die EU haben Schlimmeres überlebt als eine Wirtschaftskrise. Es geht um die politischen Folgen. Schon heute gibt es international große Zweifel daran, ob die EU wirklich eine Zukunft hat. Mit dem Ausstieg Großbritanniens aus der Europäischen Union würden diese Zweifel für viele zur Gewissheit. Mit Großbritannien geht eine jahrhundertealte international hoch anerkannte europäische Macht. Ein ökonomisches Powerhaus und eine Nuklearmacht mit erheblicher militärisch-praktischer Durchschlagskraft dazu.

Genug zu tun in der inneren Verfasstheit der Europäischen Union also. Zeitgleich aber verändert sich das weltpolitische Umfeld derart schnell und gravierend, dass selbst eine weitaus stärker geeinte Europäische Union es nicht leicht hätte, darin zu bestehen.

Um erfolgreich für sein Interesse an einer liberalen, regelbasierten Ordnung einstehen zu können, muss Europa ein doppeltes Dilemma auflösen: Nach innen muss es die Balance zwischen Autonomie und Gemeinschaft wiederfinden. Denn in einem haben die Brexiteers ja recht: Das Konzept einer »ever closer union«, das Konzept der »Vereinigten Staaten von Europa« ist gescheitert. Das heißt aber nicht, dass Europa gescheitert ist. Die Bedeutung von Nationalstaaten wird bei der Aufgabe, die Union zusammenzuhalten, eher zunehmen. Das ist auch nicht schlimm. Denn noch kennen wir keinen besseren Referenzpunkt für Rechtsstaatlichkeit, Demokratie und Freiheit als die nationalstaatlichen Verfassungen – seien sie nun geschriebener oder ungeschriebener Natur.

Europas Aufgaben nach außen

Die Entwicklung einer globalen und datengetriebenen Ökonomie setzt die klassischen industriellen Erfolgsmodelle Europas – und hier insbesondere Deutschlands – unter massiven Wettbewerbsdruck in einem bislang nie gekannten Ausmaß. Was sich hinter Begriffen wie »disruptiv« oder »künstlicher Intelligenz« verbirgt, meint nicht weniger als den Abschied von allen bei uns bislang dominierenden wirtschaftlichen Erfolgsfaktoren. Die zersplitterte europäische Forschungs- und Investitionslandschaft und eine Regulierung, die weder der Geschwindigkeit für Innovation und Markterschließung noch hinsichtlich der erforderlichen Größe der notwendigen europäischen Marktteilnehmer gerecht wird, behindern uns massiv, bei dieser veränderten globalen Wirtschaftsdynamik mitzuhalten. China will bis 2025 rund 150 Milliarden Euro in künstliche Intelligenz investieren. Deutschland gerade mal drei Milliarden Euro. Wir sind stolz darauf, dass wir drei Prozent unseres Sozialprodukts in Forschung und Entwicklung investieren, weil der Rest Europas das nicht schafft. Unsere eigentlichen Wettbewerber in Südostasien allerdings investieren schon heute mehr als vier Prozent und wollen noch deutlich darüber hinaus.

Die Vereinigten Staaten verlassen die von ihnen selbst geschaffene internationale Architektur der »liberal order«. Sie folgen einem neuen Kosten-Nutzen-Kalkül, bei dem sie erstmals nach dem Zweiten Weltkrieg die Vorteile, die für sie aus der Aufrechterhaltung ihrer internationalen Rolle erwachsen, nicht mehr als ausreichend ansehen, um die damit auch verbundenen Kosten zu rechtfertigen.

In das dabei entstehende Vakuum treten neue Mächte: China vor allem. Die Neue-Seidenstraße-Initiative ist dafür nur ein Symbol, denn spätestens der letzte Parteitag der KP Chinas zeigte, dass hier ein Land seinen inneren Aufbaupfad als ausreichend stabil erachtet, um nun durch eine weitaus engagiertere Außen- und Interessenpolitik seine Unabhängigkeit dauerhaft zu sichern und wirtschaftlich, politisch und sicher auch militärisch internationalen Einfluss auszuüben. Diese Entwicklung wäre auch ohne den Rückzug der USA aus der internationalen Architektur erfolgt. Denn die nach dem Zweiten Weltkrieg geschaffene Weltordnung bildet schon seit längerer Zeit nicht mehr die Kräfteverschiebung hin zu den bevölkerungsreichen Kontinenten und Ländern der Erde ab. Chinas Ansprüche sind also in gewisser Hinsicht »normal«, aber sie fordern uns Europäer in besonderer Weise heraus.

Aber auch andere Mächte drängen in das Vakuum, das die USA und mit ihnen der Westen hinterlassen. Russland, Iran und die Türkei zeigen gerade in Syrien, dass wir Europäer – mal abgesehen von Nebenrollen der beiden Sicherheitsratsmitglieder Frankreich und Großbritannien – schlicht und ergreifend zu vernachlässigen sind, wenn es um die Neuordnung dieses Landes geht. Und auch in allen anderen Brandherden des Nahen Ostens spielen wir Europäer keine oder nur eine Nebenrolle: im Konflikt Saudi-Arabiens mit dem Iran, im Konflikt am Golf, im Jemen und leider auch im Palästina-Konflikt. Die bittere Wahrheit ist: Wir halten Vorträge, beklagen die Lage und fordern die Achtung des Völkerrechts ein, während andere ganz grundlegend die Machtachsen der Region verschieben oder es zumindest versuchen.

Und nicht zuletzt Afrika: Der Kontinent verdoppelt bis spätestens 2050 seine Bevölkerungszahl auf drei Milliarden Menschen. Auch in dieser unmittelbaren Nachbarschaft zu Europa schwindet unser Einfluss eher, als er wächst. Auch hier ist es China, das seit Jahren in Infrastruktur, Rohstoffvorkommen und auch in Bildung investiert.

Der einzige Weg: zusammenstehen

Wer die Lage in Europa nüchtern analysiert, wird schnell merken: Es sind nicht neuer Nationalismus oder Populismus, die Europa bedrohen, sondern unsere eigene Unfähigkeit, angemessene Antworten auf die Herausforderungen unserer Zeit zu finden. Erst dieses politische Vakuum ermöglicht es Populisten und neuen Nationalisten, ihre Antworten in Europas Gesellschaften zu verankern.

Europa wird seine Stellung in der Welt, seine Wertvorstellungen und seine Interessen nur durchsetzen können, wenn wir mehr als bisher auch in sehr unbequemen und risikoreichen Situation wie denen unlängst in Syrien zusammenstehen. Entweder wir versuchen selbst in dieser Welt zu gestalten – sind handelndes Subjekt – oder wir werden zum Objekt, vom Rest der Welt gestaltet.

Nichts ist deshalb zurzeit wichtiger als die Entwicklung einer gemeinsamen europäischen Strategie in den unterschiedlichen Feldern internationaler Politik. Mit Blick auf Russland ebenso wie mit Blick auf die Türkei, den afrikanischen Kontinent, China – und auch mit Blick auf die USA. Wir Europäer können vielleicht nicht mit Trump, aber ohne die USA wird es eben nicht gehen.

Manches, was es an harschen Reaktionen gegenüber der Politik des US-Präsidenten in Europa und speziell in Deutschland gibt, ist auch mit dem Zorn darüber zu erklären, dass Donald Trump unsere euro-

173

päische Schwäche erstmals vollständig offenlegt. Mehr noch: Donald Trump legt die Schwächen des gesamten »alten Westens« offen: ein dramatischer Mangel an gemeinsamer Strategiefähigkeit mit Blick auf China, Russland oder den Mittleren Osten, die Unfähigkeit gemeinsame Interessen auch wirksam durchzusetzen – seien es wirtschaftliche, sicherheitspolitische oder politische und menschenrechtliche Interessen –, die fehlende Fähigkeit zur gemeinsamen Verteidigung und die Hilflosigkeit im Hinblick auf die großen globalen Herausforderungen der wachsenden sozialen Ungleichheit, des Klimawandels und der Migration. Ich teile nicht die Antworten, die der amerikanische Präsident zu diesen und anderen Fragen gibt, aber wann immer wir mit dem Finger auf ihn zeigen, sollte uns bewusst sein, dass wir – die Europäer – oftmals nur wohlklingende Leerformeln als Antworten bereithalten.

Wir merken einfach, dass unser Anspruch und unsere Möglichkeiten weit auseinanderliegen. Und wie sehr wir in der Vergangenheit bequem davon leben konnten, dass sich die USA für die internationalen »public goods« des Westens verantwortlich gefühlt haben und wie wenig wir derzeit in der Lage sind, diese Verantwortung auch nur teilweise zu übernehmen. Dieser politische Offenbarungseid ist uns außerordentlich unangenehm, und wir reagieren daher gereizt und nervös darauf. Wichtiger als das tägliche Trump-Bashing wäre es deshalb, diese europäische Schwäche und Machtlosigkeit zu beseitigen. Ich weiß: Das ist leichter gesagt als getan. Aber je eher wir damit anfangen, desto besser.

In dieser Lage wird Europa strategische Fähigkeiten entwickeln müssen, die es bislang nicht brauchte. Der liberale Intellektuelle Ralf Dahrendorf hat einmal einen fast schon vernichtenden Satz über Europa gesagt: »Europa hat keine Gestaltungsmacht – jedenfalls hat es kein europäisches Interesse, das diese Gestaltungsmacht formieren könnte.«

Es war das Jahr 2000, als Dahrendorf dies in einem Interview sagte. Der Satz ist aus heutiger Sicht etwas erklärungsbedürftig. Kurz gefasst würde ich sagen: Dahrendorf wollte warnen, in der Außenpolitik nicht zu viel von Europa zu erwarten. Sein Befund war eigentlich nicht überraschend, denn Europa ist nach innen und nicht als weltpolitischer Akteur gegründet worden. Es sollte nach den verheerenden zwei Weltkriegen Frieden im Inneren Europas sichern und Wohlstand schaffen. Das Wirken nach außen blieb den europäischen Mitgliedern des Weltsicherheitsrats Großbritannien und Frankreich vorbehalten. Das würde selbst dann nicht mehr ausreichen, wenn das Vereinigte Königreich Mitglied der Europäischen Union bliebe. Europa steht wirklich am Scheideweg.

Vor allem Deutschland wird sich also ändern müssen, wenn sich Europa ändern soll. Die »deutsche Frage« kehrt zurück, wenn auch mit umgekehrtem Vorzeichen. Nach 1945 stellte sich diese Frage mit Blick auf die Einbindung und die Verhinderung deutscher Sonderwege. Heute stellt sie sich mit Blick auf die Bereitschaft meines Landes, mehr Verantwortung zu übernehmen. Genau das aber haben wir höchstens wirtschaftlich gelernt. Aus guten Gründen ist mein Land seit Ende des Zweiten Weltkrieges zu einem geopolitischen Abstinenzler geworden, denn immer wenn wir es nicht waren, hatte das verheerende Konsequenzen für den Rest der Welt. Allerdings sind wir zu groß, um uns in dieser veränderten Lage herauszuhalten. Europas Richtung wird ganz maßgeblich davon abhängen, wie sich Deutschland dazu verhält. Versuchen wir uns weiterhin fernzuhalten und eine Art zweite Schweiz zu sein –, wirtschaftlich bedeutend, aber international politisch irrelevant – dann wird Europa schwach bleiben. Sind wir bereit, auch eine europäische Machtprojektion mit zu entwickeln, so werden wir das auf eine Art und Weise tun müssen, die keine erneuten hegemonialen Ansprüche entstehen lässt. 70 Jahre lang haben andere auf uns aufgepasst, jetzt müssen wir lernen, das selbst zu tun. Heraushalten jedenfalls werden wir uns nicht können.

Die heute noch fehlende Machtprojektion der Europäischen Union hat jedenfalls dazu geführt, dass überall dort, wo sich die USA zurückgezogen haben, keine Hinwendung zu Europa erfolgt, sondern zu anderen Staaten, von denen operationalisierte Macht weit eher erwartet wird: im Nahen Osten zum Beispiel zu Russland und in Afrika zu China. Wobei die Hinwendung afrikanischer Staaten bislang vor allem darauf basierte, dass wirtschaftliche Notwendigkeiten der Afrikaner auf einen neokolonialen Anspruch der Chinesen stießen. Je stabiler die chinesische Entwicklung aber wirtschaftliche Prosperität mit politischer Stabilität verbinden kann, um so attraktiver wird es als Modell gegenüber den westlichen Angeboten. Wir erleben eben gerade, dass die Konkurrenz nicht schläft.

Die in der Shanghai-Gruppe versammelten Mächte um China, Russland und andere Staaten sind keine Freunde, aber sie haben einiges gemeinsam. Sie berufen sich nach innen und nach außen auf ihre historische Größe. Und: Sie setzen einiges Kapital dafür ein, es dem Westen gelegentlich zu zeigen. Man könnte sagen, sie sind bereit, eine Art »Großmachtsteuer« für ihren Status zu entrichten. Wirtschaftliche Einbußen, diplomatische Ächtungen, finanzielle Bestrafungen – vieles wird in Kauf genommen, um den regionalen Führungsanspruch und die nationale Souveränität zu dokumentieren. Das sehen wir an dem Vorgehen Russlands gegenüber der Ukraine. Iran steckt beachtliche Ressourcen in die Unterstützung teilweise terroristischer Milizen in der gesamten Region, um Nachbarstaaten zu kontrollieren. Und die Türkei scheut nicht vor Militäreinsätzen und vor Konfrontationen mit den USA zurück, um ihre Interessen gegenüber kurdischen Nationalbestrebungen zu verteidigen.

Syrien ist insofern der bisherige Höhepunkt des Vormarschs der drei alten Imperien. Das müssen wir übrigens durchaus selbstkritisch betrachten. Der Westen hat in den vergangenen sieben Jahren zu keiner Zeit eine vernünftige Relation zwischen seinen sehr ambitionierten Forderungen und den dafür eingesetzten Ressourcen zustande bekommen.

Es reicht nicht, das bisher Erreichte zu bewahren. Wenn das bisher Erreichte nicht krisenfest genug ist, muss man gute Zeiten nutzen, um der nächsten Krise vorzubauen. Nichts anderes will der französische Präsident. Bei der Suche nach einer strapazier- und handlungsfähigen europäischen Außenpolitik kommt Deutschland eine große Rolle zu. Deutschland muss bereit sein, diese Verantwortung anzunehmen.

Und vor allem: Die politisch Verantwortlichen müssen bereit sein, dies den Bürgerinnen und Bürgern in Deutschland auch zu erklären, darüber zu streiten, Zustimmung dafür zu gewinnen. Denn in Demokratien hängt die Fähigkeit zu einer strategischen Politikentwicklung am Ende davon ab, dass sie mehrheitsfähig ist. Bislang verweigert sich die Mehrheit der Mitglieder unseres politischen Betriebs dieser Aufgabe. .

Herfried Münkler hat ein interessantes Buch zum Dreißigjährigen Krieg vorgelegt. Er geht darin scharf mit der außenpolitischen Klasse in Deutschland ins Gericht. Er beklagt eine deutsche »Fixierung auf das Recht als Bewältigungsform politischer Herausforderungen«, die fast einer Realitätsverweigerung gleichkomme. Oder um einen anderen Zitatzusammenhang zu bemühen: Die Weltpolitik wird eben nicht vor dem Amtsgericht verhandelt. Man traue sich nicht, schonungslos zu analysieren, was wirklich passiere. Stattdessen schweife der Blick stets zum »Horizont moralischer Normen und Imperative«. Was fehle, so Münkler, sei »politisch-strategisches Denken«. Ich finde, Münkler legt hier den Finger in die Wunde.

Was also ist zu tun? Wir brauchen einen klaren und realistischen (nüchternen) Blick auf die Welt – wie sie eben ist. Und nicht nur eine Vision, wie sie eigentlich sein sollte. Es ist nicht zielführend, von Wunschvorstellungen auszugehen. Mit diesem kühlen Blick auf die Realität und mit einem klaren Wertekompass sollten wir dann beherzt für das kämpfen, was wir bewahren und was wir erreichen wollen. Und zwar ohne überdimensionierte moralische oder normative Scheuklappen – und mit der Bereitschaft zur, wie Münkler schreibt, »strategischen Kompromissbildung«.

Wenig bewegt mich derzeit so sehr wie die Frage der Zukunft Europas. Viel hängt davon ab, wie sich mein Land, Deutschland, in den kommenden Monaten entwickelt. Denn Deutschland ist zu groß, zu zentral in Europa gelegen und ökonomisch und politisch zu wichtig, um sich dauerhaft nur mit sich selbst zu beschäftigen, was es – wenn wir ehrlich sind – schon deutlich länger tut als nur einige Wochen und Monate.

Ich bin überzeugt: Hätte mein Land offensiver, früher und engagierter auf die Initiativen Frankreichs für ein stärkeres Europa reagiert, dann hätten es die anti-europäischen Populisten zum Beispiel in Italien nicht so leicht gehabt. So aber findet die vorhandene Frustration über die zu hohe Jugendarbeitslosigkeit in Europa, über die Trostlosigkeit der Bürokratie in Brüssel oder die fehlende Bereitschaft, große Herausforderungen wie die Migration gemeinsam anzupacken, scheinbar nur ein politisches Angebot: das der Nationalisten und Anti-Europäer.

Europas sensationelle Erzählung in die Zukunft verlängern

Was Europa fehlt, ist eine starke, auch emotional motivierende Erzählung, die wieder daran erinnert, was Europa eigentlich sein sollte: ein gemeinsames Projekt, das für alle ein besseres Leben ermöglicht und Schritt für Schritt die Lebensverhältnisse in Europa angleicht, möglichst vielen Europäern bessere Optionen bietet und vor allem auch die Schwächsten schützt.

Europa hat ja eine sensationelle Erzählung, die auch das transatlantische Verhältnis zu den USA umfasst: es ist die außerordentliche Geschichte, wie man vom Völkermord zur Völkerfreundschaft gelangen kann. Von Auschwitz bis zu den Europäischen Verträgen ist es ein unglaublicher Weg, den 1945 nach dem Ende des Zweiten Weltkrieges sicher niemand für möglich gehalten hätte. Was mögen wohl die Bürgerinnen und Bürger der Niederlande, Frankreichs, Italiens, Belgiens, Luxemburgs gedacht haben, als ihre Staatsmänner ausgerechnet uns Deutschen zum Bau eines gemeinsamen, friedlichen und demokratischen Europas einluden? Eben noch waren wir mordend und brandschatzend durch ihre Länder gezogen und jetzt am gemeinsamen Tisch in Europa? Gewiss wird es viele gegeben haben, die sich das Gegenteil vorgestellt hatten. Und doch wurde es Wirklichkeit, weil es schlicht um die Frage ging, ob man nach zwei Weltkriegen innerhalb nur weniger Jahre noch einmal auf dem europäischen Kontinent das große Risiko des Krieges und des Mordens eingehen wollte. Es ist der Klugheit der damaligen demokratischen Führungen der Gründerstaaten Europas zu verdanken, dass nicht der damals ja durchaus berechtigte Hass auf die Deutschen, nicht das nationalistische Ressentiment oder die Rache die Leitgedanken für die künftige Ordnung Europas bildeten, sondern das Gegenteil davon: Aussöhnung, Vertrauen, Zusammenarbeit und Frieden. Die Vereinigten Staaten von Amerika waren der Schutzpatron dieser Idee. Sie hatten – wie Russland, Kanada und viele andere Nationen auch – ihre Söhne auf den Schlachtfeldern Europas geopfert, um dem Völkermord des nationalsozialistischen Deutschland ein Ende zu machen. Und sie waren es, die wussten, dass es auch in ihrem nationalen und internationalen Interesse war, eine friedliche Ordnung in Europa zu schaffen, und sie waren bereit, dafür auch erhebliche finanzielle Mittel bereitzustellen. Und nicht zuletzt: Zu der sensationellen Erzählung gehörte auch, dass vor allem Amerikaner, aber eben auch Briten und Franzosen bereit waren, für die Freiheit der (West-)Deutschen ihr Leben einzusetzen.

Diese sensationelle Erzählung, dieser Gründungsmythos der Europäischen Union und auch der transatlantischen Beziehungen ist nicht weg, aber weit weniger präsent als vor dem Fall des »Eisernen Vorhangs« im Jahr 1989. Heute herrscht eher eine gewisse Trägheit in der europäischen Politik, so als ob alles Erreichte fast selbstverständlich gesichert sei. In einer großen Umfrage vor der letzten Europawahl wurden die Bürgerinnen und Bürger in 18 Mitgliedsstaaten der EU unter anderem gefragt, wie sich Europa zu China, USA oder Russland verhalten solle. Die Antwort war immer: neutral. Etwas böse formuliert könnte man sagen: So antworten Rentner. Man will das im Leben Geleistete genießen und nicht jeden Tag mit neuen Herausforderungen konfrontiert werden. Europa scheint im Rentenalter angekommen zu sein und wünscht sich einen Status quo zu erhalten, den es längst nicht mehr gibt.

Was also ist die neue große Erzählung, die Europa begründet? Nicht, um die alte zu ersetzen, aber um sie im 21. Jahrhundert zu ergänzen.

Dabei geht es offenkundig um weit mehr als die technokratischen Antworten auf Bankenunion, einen europäischen Finanzminister oder einen *common backstop*. Es ist auch mehr als ein gemeinsamer Markt, von dem Jacques Delors zutreffend gesagt hat: »Niemand verliebt sich in einen Binnenmarkt.« Natürlich sind wachsender wirtschaftlicher Wohlstand und soziale Sicherheit ein wichtiger und unverzichtbarer Bestandteil der Europäischen Union. Und doch ist sie mehr. Europa ist vor allem eine Idee vom Zusammenleben der Menschen und der Völker: Die europäische Idee stellt das Gemeinwohl über das Einzelinteresse und die kulturelle Vielfalt über den Zwang zur Anpassung. Die europäische Idee setzt die Lebensqualität über die Anhäufung von Reichtum und die nachhaltige Entwicklung vor die rücksichtslose Ausbeutung von Mensch und Natur. Und die europäische Idee stellt vor allem die Zusammenarbeit über einseitige Machtausübung. Wer also wieder mehr Zustimmung zu Europa in unseren Bevölkerungen erzeugen will, der muss sich dieses ursprünglichen Gedankens erinnern.

- Ein Europa, das seine außenpolitischen Interessen selbst in die Hand nimmt und sich selbst um die Krisenherde in seiner Nachbarschaft kümmert – auch auf die Gefahr hin, dabei Fehler zu machen. Das alles in einer Partnerschaft auf Augenhöhe mit den USA, aber nicht als deren »Gefolgschaft«.
- Ein Europa, das lernt, außenpolitisch gemeinsam zu handeln und zu einem globalen Akteur zu werden. Nicht in der Verengung auf Militäreinsätze, sondern in der gesamten Bandbreite internationaler Zusammenarbeit. Dazu wäre die Aufgabe des Einstimmigkeitsprinzips auch in der Außenpolitik wünschenswert. Aber davon sind wir weit entfernt, denn eine einstimmige Zustimmung zur Einführung des Mehrheits-

prinzips ist in der Außenpolitik auf absehbare Zeit nicht zu erwarten. Aber wie wäre es, wenn ein Land wie Deutschand oder vielleicht sogar gemeinsam mit Frankreich einen Regierungsbeschluss fassen würde, nach dem Deutschland – ggf. auch Frankreich – nie ein Veto einlegen würde, wenn ansonsten alle anderen EU-Mitgliedsstaaten einem außenpolitischen Beschluss zustimmen? Eine solche einseitige Erklärung großer Mitgliedsstaaten wäre ein erster Schritt in Richtung Mehrheitsprinzip in Europa.

- Ein Europa, bei dem vor allem Deutschland bereit ist, mehr in die Sicherheit Europas, in Forschung, Entwicklung, Bildung und Ausbildung und gemeinsame Wettbewerbsfähigkeit zu investieren.

- Ein Europa, das sich immer zuerst in die Schuhe des schwächsten Mitglieds unserer Union stellt: in der Sicherheitspolitik in die Schule der Balten und der Polen, in der Finanzpolitik in die Schuhe des Südens und in der Migrationspolitik in die Schuhe Griechenlands und Italiens.

- Ein Europa, das für mehr Fairness und Gerechtigkeit – und damit auch mehr Lebenschancen für alle – sorgt, indem es die legale Steuervermeidung großer Konzerne bekämpft.

- Ein Europa aber auch, das gegen Korruption, organisierte Kriminalität und schlechte Regierungsführung vorgeht. Das nicht zulässt, dass Mitgliedsstaaten wie Polen und Ungarn die Vorteile der EU genießen – nicht zuletzt durch den hohen finanziellen Mittelzufluss; in Ungarn werden fast die Hälfte der öffentlichen Investitionen durch Brüssel finanziert –, gleichzeitig jedoch den Rechtsstaat und die Pressefreiheit unterminieren.

- Und ein Europa, das seine Mitgliedsstaaten nicht aus der Verantwortung für den Erfolg des europäischen Projekts entlässt. Denn wir stehen vor einer Phase, in der es auf die Mitgliedsstaaten ankommen wird. Europa wird nur dann überleben, wenn seine Mitgliedsstaaten es wollen.

Europa muss bereit sein, »*out of the box*« zu denken. Der Brexit zum Beispiel muss nicht nur negative Folgen haben. Je nachdem wie gut das dann notwendige Folgeabkommen zwischen Europa und dem Vereinigten Königreich sein wird, kann es auch als »Blue-Print« für andere Nachbarländer gelten, die wir an Europa binden wollen, von denen wir aber wissen, dass die Vollmitgliedschaft in der EU kein wirklich realistisches Ziel ist. Für die Türkei beispielsweise oder für die Ukraine. Europa hat ein großes Interesse daran, dass sich diese beiden großen Länder weiter an uns orientieren, aber wir sollten aufhören den Eindruck zu erwecken, als könnten sie in absehbarer Zeit Mitglieder der EU werden. In den letzten Jahrzehnten hat die Europäische Union zu schwierigen Fragen des Erweiterungsprozesses immer eine ambivalente Haltung eingenommen: Sie hat die Hoffnung auf einen mittelfristigen Beitritt genährt, um die betreffenden Länder »bei Laune« zu halten, war sich in Wahrheit aber im Inneren darüber im Klaren, dass die Union einen Beitritt so großer und so schwieriger Länder wie die Türkei oder die Ukraine nicht bewältigen kann. Das führte und führt zu massiven Vertrauensverlusten und im Verhältnis zur Türkei – ganz unabhängig von deren eigener innerer Entwicklung – auch zu einem massiven Einflussverlust. Gebraucht wird – auch gegenüber Ländern im westlichen Balkan – eine Alternative zur Vollmitgliedschaft in der Europäischen Union, die aber mehr Basis auch für gemeinsames politisches Handeln schafft, als es beispielsweise die reinen Freihandelsabkommen des Europäischen Wirtschaftsraums (EWR) sind, in denen Norwegen, Island und Liechtenstein ihre Zusammenarbeit mit der EU festgelegt haben. Der außenpolitische Think Tank der Bundesregierung, die Stiftung Wissenschaft und Politik, nennt das einen »Europäischen Politischen Politik- und Wirtschaftsraum« (EPWR) (siehe SWP-Aktuell 62 vom November 2019).

Die Prozesse in der Entwicklung der Europäischen Union aus der Vergangenheit reichen jedenfalls nicht aus, um in den kommenden Jahren das europäische Projekt auf Erfolgskurs zu halten. Das jüngste Beispiel ist der Konflikt um die Aufnahme von Beitrittsverhandlungen mit weiteren südosteuropäischen Staaten wie Albanien oder Nordmazedonien. Natürlich stimmt das Argument derjenigen, die Sorge haben, dass ein weiteres Hinausschieben von Beitrittsverhandlungen zu Frust und Abwendung dieser Länder von der EU führen kann – was wiederum den Einfluss Russlands an der Süd-Ost-Grenze Europas steigen lassen dürfte. Auf der anderen Seite zeigen die Entwicklungen der Vergangenheit aber, dass auch nach langen Beitrittsverhandlungen irgendwann eine Situation eintritt, wo die ursprünglich harten Beitrittskriterien für die Mitgliedschaft in der Europäischen Union flexibler gemacht werden, um endlich einen Beitrittsprozess abzuschließen. Frei nach dem Motto: Der Rest ergibt sich von allein.

Das sind aber nicht die Erfahrungen der letzten Jahre. Solange die Bedingungen für die Aufnahme in die EU – so etwa Rechtsstaatlichkeit, Freiheit der Justiz, Meinungs- und Pressefreiheit und Korruptionsbekämpfung – nur deshalb verfolgt werden, weil sie für die Mitgliedschaft in der EU notwendig sind und nicht deshalb, weil sie aus sich selbst heraus für die eigene Gesellschaft als notwendig erachtet werden, reißen die Gräben im Verständnis dafür, was die Europäische Union und ihre Mitgliedsstaaten im Kern ausmacht, schnell wieder auf. Die Auseinandersetzung um die Unabhängigkeit der Justiz in Polen und Ungarn, die endemische Korruption in Rumänien oder Malta sind deutliche Beweise dafür. Und wenn in einem EU-Mitgliedstaat bei einem Fußballspiel gegen Großbritannien Tausende Zuschauer im Stadion aufstehen und den Hitler-Gruß zeigen, sobald dunkelhäutige Spieler das Feld betreten, kann man den Widerstand gegen die Aufnahme neuer Staaten gut verstehen.

Der Konfliktpunkt bei der Erweiterung der Europäischen Union hat den alten Streit zum Hintergrund, ob die Vertiefung der Union oder ihre Erweiterung wichtiger sei. Bislang hat sich Europa immer für beides ausgesprochen – aber in Wahrheit nur die Erweiterung mit Erfolg betrieben. Es wird Zeit, dass es auch zur Vertiefung kommt. Und dazu gehört natürlich eine Stärkung der Eurozone vor allem durch eine gemeinsame Verantwortung aller Mitgliedsstaaten gegenüber dieser Gemeinschaftswährung. Nur auf diesem Weg kann aus dem Euro eine wirkliche internationale Reservewährung werden, die Europa aus der Abhängigkeit vom Dollar befreit. Die Beispiele der Auswirkungen von US-Sanktionen gegen Russland oder dem Iran zeigen das deutlich. Wenn Europa souverän werden will – also sein eigenes Recht durchsetzen möchte –, dann muss es diese Abhängigkeit vom Dollar schrittweise abbauen. Das gelingt nur darüber, dass internationale Anleger den Euro als sichere Währung empfinden, wie sie es heute gegenüber dem Dollar tun. Die exorbitante Verschuldung der USA hat den Dollar nie geschwächt, weil die Anleger davon überzeugt sind, dass ein Land wie die Vereinigten Staaten von Amerika immer ihre Schuldendienste werden bezahlen können. Die gleiche Beurteilung braucht der Euro. Dafür aber ist die gemeinsame Haftung der Mitgliedsstaaten der Währungsunion für ihre Währung die zwingende Voraussetzung. Europa hat die Wahl zwischen dem Risiko dauerhaft fehlender Souveränität in der Währungspolitik oder dem Risiko, dass einzelne Mitgliedsstaaten sich nicht an die Spielregeln des Euro halten. Ich bin fest davon überzeugt, dass das zweite Risiko weitaus geringer ist und zudem durch entsprechende Mechanismen innerhalb der Währungsunion begrenzt und sogar ausgeschlossen werden kann. Der gescheiterte Versuch Italiens im Jahr 2019, zu hohe Schulden machen zu wollen, zeigt, dass die Währungsunion nach innen handlungsfähig ist. Nun muss sie es auch nach außen werden.

Dazu gehört vieles von dem, was der französische Präsident in den letzten zwei Jahren gefordert hat: ein Eurozonen-Budget, mit dem Wirtschaftskrisen bekämpft werden können. Gemeinsame Regeln zur Zuwanderung und Migration und ein gemeinsames europäisches Asylrecht. Und natürlich auch ein europäischer Sicherheitsrat, damit Europa lernt, einen gemeinsamen Blick auf die Welt zu entwickeln.

Um die Staaten des westlichen Balkans nicht sich selbst oder dem Einfluss Russlands oder Chinas zu überlassen, müsste die EU allerdings wesentlich mehr bereit sein, dort zu investieren. Nur wenn die

Bevölkerung in diesen Ländern im Alltag spürt, dass die Entwicklung hin zur EU sich für sie lohnt, wird sich so etwas wie »ownership« für die mit dem Beitritt in die EU verbundenen Rechte und Pflichten entwickeln. Die heutige Alternative »Beitritt« oder »Kein Beitritt« ist kein verlockendes Angebot. Die Beitrittsperspektive verschreckt viele Bürgerinnen und Bürger in der derzeitigen Europäischen Union, weil sie erleben, wie eine Reihe von mittel- und osteuropäischen Mitgliedsstaaten zentrale Bedingungen für freie und demokratische Gesellschaften infrage stellen. Und die fehlende Beitrittsperspektive treibt die Menschen in den Ländern des westlichen Balkans dazu, sich andere Partner zu suchen wie China, Russland oder die Türkei. Auch das ist nicht im Interesse der EU.

Zu allererst heißt dies, mehr für die wirtschaftliche und soziale Lage zu tun, damit Europa der »Nordpol« bleibt, auf den die Westbalkan-Länder ihren Kompass ausrichten. Das ist der Unterschied zwischen »Engagement« und »Marriage«. Warum finanziert China die Eisenbahnverbindung zwischen Belgrad und Budapest und nicht die EU? Warum investiert die EU nicht in die Modernisierung eines uralten Braunkohlekraftwerks mit immensen CO_2-Belastungen in Kosovo? Und warum überlässt die EU die Bürgerinnen und Bürger der zwischen Serbien und Kosovo geteilten Stadt Mitrovica dem organisierten Verbrechen?

Und wenn sich die Europäische Union erweitern soll, warum dann nicht in eine ganz andere Richtung: Warum sollte Kanada nicht ein neues und gleichberechtigtes Mitglied der Europäischen Union werden? Es mag außerhalb der geografischen Reichweite Europas liegen, aber es ist kulturell, politisch und wirtschaftlich europäischer als mancher EU-Mitgliedsstaat. Nach dem Ausscheiden Großbritanniens aus der EU könnte Europa mit Kanada als Mitgliedsstaat seine Balance halten, die es spätestens beim Beitritt weiterer Länder des westlichen Balkans verlieren würde. Kanada dagegen ist selbst mehr und mehr in einer isolierten Situation, nicht zuletzt wegen der USA. Es ist aber zugleich Arktis-Anrainer, was die Europäische Union bislang nicht ist. Diese Region aber wird mehr und mehr Austragungsort des geopolitischen Machtspiels, weil der Klimawandel der Nordwest-Passage und den dortigen Rohstoffvorkommen einen enormen wirtschaftlichen, aber auch strategisch-militärischen Bedeutungszuwachs geben wird. Es wäre gut, wenn Europa dabei »einen Fuß in der Tür« hätte und nicht erneut zum Zuschauer degradiert würde.

Europa braucht den Willen seiner Mitgliedsstaaten zur Einigung

Das europäische Projekt hat Voraussetzungen, die es selbst nicht schaffen kann: Das ist der Wille zur Einigung zwischen seinen Mitgliedsstaaten und eine breite Unterstützung innerhalb seiner Bevölkerungen. Und die Bereitschaft seiner politischen Führungen, Verantwortung für das Ganze zu übernehmen, über den Tellerrand nationaler Kurzfristinteressen hinauszuschauen. Nur wenn das gelingt, wird das europäische Projekt wieder an Strahlkraft gewinnen.

Ein geeintes und stärkeres Europa ist allerdings nur eine notwendige und noch keine hinreichende Bedingung für unsere Selbstbehauptung in einer Welt, die sich in einem großen Umbruch befindet. Allein werden wir es schwer haben, in dieser Welt nicht zwischen die Mühlsteine zu geraten.

Wirtschaftlich geht es um die Frage, ob eine arbeitsteilige Weltwirtschaft eigentlich für alle die gleichen Spielregeln besitzt. Von einem fairen Wettbewerb wird man kaum reden können, wenn fast zwei Fünftel des Handels in einer den WTO-Regeln widersprechenden Weise geschieht. Abschottung der eigenen Märkte durch nicht-tarifäre Handelshemmnisse, hohe staatliche direkte oder indirekte Subventionen für die eigene Wirtschaft, systematische Missachtung der *intellectual property rights*, Joint-Venture-Zwang und eine zunehmende Kontrolle durch den staatlichen Apparat sind das Gegenteil dessen, was man sich unter einer funktionierenden sozialen Marktwirtschaft vorstellt.

Die USA, Europa, aber auch Länder wie Japan, Neuseeland und andere haben hier die gleichen Interessen in Bezug auf China. Die Frage allerdings ist, ob wir unsere Interessen gemeinsam vertreten und ein für alle Staaten der Erde verbindliches *level playing field* schaffen.

Derzeit scheint die Tendenz im transatlantischen Verhältnis eher zu sein, dass jeder versucht, in bilateralen Deals möglichst viel für das eigene Land – bzw. in Europa, wo die Nationalstaaten keine Handelspolitik betreiben können, für die EU – herauszuholen.

Aus europäischer Sicht sollten wir erkennen, dass die USA sich dauerhaft ändern werden: In nur wenigen Jahren wird die Mehrheit der US-Amerikaner keine europäischen Wurzeln mehr haben, sondern asiatische, lateinamerikanische und afrikanische. Dieses neue Amerika wird auch anders auf die transatlantischen Beziehungen schauen. Und übrigens nicht zwingend freundlicher. Die ersten Einwanderergenerationen haben oft einen viel kühleren, härteren und vor allem interessegeleiteteren Blick auf die politischen Realitäten.

Aus meiner Sicht wird es deshalb Zeit, wieder viel mehr in das transatlantische Verhältnis einzubringen. Um gemeinsame Werte, aber vor allem auch gemeinsame Interessen zu definieren und unsere Rollen zu verteilen. Wir Deutschen und wir Europäer sollten viel in das Amerika von morgen investieren: in die nächste Generation, in die Hispanics, die Nachfahren asiatischer und afrikanischer Einwanderer. Und wir sollten nicht immer nur nach New York, Washington und Kalifornien fahren, sondern die kulturelle, politische und wirtschaftliche Breite dieses großartigen Landes in unseren Blick nehmen.

Und wir brauchen eine Schubumkehr, wenn wir nicht in einigen Jahren vor den Trümmern der EU stehen wollen – und hilflos in der Welt. Wir müssen Europa wieder eine Seele geben.

Emmanuel Macron hat das, was uns zusammenhält, sehr leidenschaftlich – so wie es vielleicht nur ein Franzose vermag – bei seiner Rede zur Eröffnung der diesjährigen Frankfurter Buchmesse auf den Punkt gebracht. Macron, der ja ein sehr belesener Politiker ist, hat beschrieben, wie es vielfach deutsche und französische Autoren waren, die die Werke aus der jeweils anderen Kultur besonders gut verstanden und für ein größeres Publikum – in beiden Ländern – aufbereitet haben. Ihm selber, so Macron, habe der deutsch-jüdische Philosoph Walter Benjamin erst den großen französischen Dichter Baudelaire nähergebracht!

Distanz schärft wahrscheinlich erst den Blick für das Besondere. Europäer, gerade wir Deutschen und Franzosen, haben gelernt, dass das Andere nicht das sein muss, was die eigene Identität bedroht oder infrage stellt. Das Gegenteil trifft zu – da bin ich ganz bei Macron: Die Andersartigkeit unserer nächsten Nachbarn nährt unsere Identität – die französische wie die deutsche, aber auch die europäische. Und es ist genau diese Vielfalt, die Europas Stärke ausmacht. Europa ist ein Projekt, das für unsere derzeit so kriegerische und konfliktreiche Welt etwas anzubieten hat: dass aus Feinden erst Partner und dann sogar Freunde werden können. Nicht zuletzt wegen dieses so einzigartig erfolgreichen Beispiels haben gerade wir Deutschen eine Verantwortung für die Zukunft dieses gemeinsamen Europas.

Im Sinne Dahrendorfs liegt noch ein gutes Stück Arbeit vor uns, als Deutsche und als Europäer. Ob wir die Kraft dazu haben? Ich weiß es nicht. Aber wir müssen es versuchen und dabei mit der Definition unserer Interessen beginnen. Dann stellen sich Machtfragen, das wird nicht angenehm. Aber wie sagte Willy Brandt? »Es mag so sein, dass Macht den Charakter verdirbt, aber Ohnmacht nicht minder.« In diesem Sinne sollten wir uns nicht auf angeblicher Ohnmacht ausruhen.

IV.

Deutschland hat die Wahl: Lethargie oder Aufbruch?

Während sich die wirtschaftlichen, politischen und militärischen Machtachsen der Welt vom Atlantik in den Pazifik verschieben, scheint Deutschland als einstiges Zugpferd der Europäischen Union in Trance verfallen zu sein. So sehr sich die Welt verändert, so sehr beschäftigt sich Deutschland mit sich selbst. Allen voran meine eigene Partei, die SPD. Wenn aber Europa in Zukunft nicht nur attraktive Destination für chinesische Touristen und ein etwas zu groß geratenes Museum werden will, müssen wir die Ärmel aufkrempeln. Auf Deutschland kommt es dabei besonders an, denn wir sind die größten Gewinner der europäischen Einigung, die stärkste Volkswirtschaft und die Zentralmacht in Europa. Für die Entwicklung Europas gilt die Faustregel: Deutschland allein ist nicht genug, aber ohne Deutschland geht gar nichts voran in Europa.

Angesichts der gewaltigen Verschiebungen der Wertschöpfungsketten durch die Digitalisierung und die damit verbundene Erosion fast aller sozialen Sicherungssysteme, die in den letzten 150 Jahren in unserem Land aufgebaut wurden, angesichts der Brutto-Register-Tonnen-Mentalität chinesischer Investitionen in künstliche Intelligenz und nicht zuletzt wegen des erneuten Aufkommens geostrategischer Konflikte im Pazifik sowie drohenden massiven

Handelskonflikten zwischen Europa und Deutschland auf der einen und den Vereinigten Staaten auf der anderen Seite, ist die Antriebs- und Bewegungslosigkeit der deutschen Politik geradezu haarsträubend und zukunftsvergessen.

Wir geben rund 100 Milliarden Euro für einen sieben bis acht Jahre vorgezogenen Kohleausstieg aus, der aufgrund des längst deutlich verbesserten europäischen Emissionshandels ohnehin kommen würde – und investieren ganze drei Milliarden Euro in künstliche Intelligenz. Wir planen zum gleichen Zeitpunkt, die Hälfte der deutschen Stromerzeugungskapazitäten stillzulegen, erreichen aber nicht einmal mehr die Hälfte dessen, was an Ersatz durch erneuerbare Energien notwendig wäre – vom Bau der notwendigen Stromleitungen ganz zu schweigen. Während andere die Mobilität von morgen neu erfinden, befassen wir uns mit dem Dieselmotor von gestern und empfinden zugleich eine im Ausland schwer nachvollziehbare Lust daran, einen der wichtigsten Pfeiler des deutschen Wohlstands – die Automobilindustrie – täglich in Grund und Boden zu reden. Das Verrückte an dieser Debatte ist: Wir haben die Käufer von Automobilen so sehr verunsichert, dass der Absatz von modernen und sauberen Diesel-Pkw um 40 Prozent eingebrochen ist – zugunsten von benzingetriebenen Otto-Motoren mit deutlich höherem CO_2-Ausstoß. Mit den Rohstoffindustrien von der Chemie bis zum Stahl, der grünen und roten Gentechnik oder den Biotechnologien treiben wir es nicht besser.

Wer einen Blick auf die Sorgen und Nöte der Belegschaften deutscher Autobauer und ihrer Zulieferer wirft, kann vielleicht nachvollziehen, dass sich viele der dort Beschäftigten bisweilen von der Politik und den Unternehmenslenkern alleingelassen fühlen. Und wir reden hier von einer Branche, die – bei allen ihren tatsächlichen und kommunikativen Fehlleistungen – bis hinein in alle Verästelungen der inländischen Wertschöpfungsketten fast 20 Prozent der deutschen Güterproduktion ausmacht. In anderen Ländern der Welt würde man das als die »Kronjuwelen« der eigenen Volkswirtschaft betrachten.

Deutschland wird zur Panda-Aufzuchtstation

Obwohl der deutsche Wohlstand ganz wesentlich auf der Fertigungsindustrie und industrieller Produktion basiert, tun wir wenig dafür, diesen Industrien national, europaweit und international möglichst gute Wettbewerbsbedingungen zu verschaffen. Wir reden von der Notwendigkeit einer neuen Industriepolitik und tun das Gegenteil. Wir feiern uns für die berühmte »schwarze Null« in Bundes- und Länderhaushalten, sind aber gleichzeitig nicht dazu in der Lage, unsere Infrastruktur, unsere Schulen und Hochschulen zu modernisieren. Stattdessen warten wir mit Investitionen so lange, bis die Zinsen wieder steigen, um dann vermutlich weit mehr Schulden machen zu müssen, um den gestiegenen Sanierungsaufwand finanzieren zu können.

Und während man in China Pünktlichkeit, Bequemlichkeit und Verlässlichkeit deutscher Bahntechnologie bewundern kann, »gelingt« es der Deutschen Bahn, hierzulande das Gegenteil zum Alltagserlebnis zu machen. Die sprichwörtliche »deutsche Pünktlichkeit« wird angesichts der Situation im Bahn- und Flugverkehr schon zur Ironie, wogegen deutsche Kunden von Hochgeschwindigkeitszügen in Spanien, Frankreich, China oder Japan über ihre Erfahrungen ins Schwärmen geraten. Gleichzeitig werden in Stuttgart vermutlich weit mehr als 15 Jahre vergehen und viele Milliarden Euro versenkt, bis es dort gelingt, einen Regionalbahnhof mit ein paar Fernverkehrsverbindungen unter die Erde zu legen. In der polnischen Hauptstadt ist das bereits 1975 geschehen. Vollends in die Absurdität rutscht dieses Projekt 2018, weil die Entdeckung von Eidechsen nicht etwa nur ein Naturschutzproblem aufwarf, sondern auch eine Migrationskrise der besonderen Art: Die auf der Baustelle gesichteten Mauereidechsen erwiesen sich teilweise als nicht-deutsche Amphibien, die offenbar auf geheimnisvollen Wegen aus Italien nach Stuttgart eingewandert waren. Da aber das deutsche Naturschutzrecht nur biodeutsche Eidechsen schützt und nicht ihre – illegal – zugewanderten ausländischen Verwandten, wird nun in einem auf mehr als ein Jahr angelegten genetischen (!) Untersuchungsprozess geprüft, welche Eidechsen

Schutz genießen und welche nicht. Die Bauzeit des Projekts dürfte dadurch nicht gerade beschleunigt werden, Vermutlich müssen die zugewanderten Eidechsen mit Abschiebehaft rechnen, denn das recht auf Familiennachzug ist ja in Deutschland schon bei Menschen sehr eingeschränkt. Das alles zeigt nur eines: Horst Seehofer hatte recht, als er darauf hinwies, dass die Migration die Mutter aller Probleme ist.

Beobachter und Besucher aus diesen Ländern schütteln nur noch die Köpfe, wenn sie über unser Land sprechen. Die Beispiele aus Deutschland, auf die man international fragend und verunsichert angesprochen wird, reichen von kleinen bis zu großen Projekten. Kaum etwas scheint noch in zumutbaren Zeiten geplant, gebaut und eröffnet zu werden. Für den Ersatz (nicht etwa für den Neubau!) einer Rheinbrücke benötigen wir mindestens zehn Jahre. In einer Stadt wie München, die in den letzten zehn Jahren einen Einwohnerzuwachs von 200.000 Menschen zu verzeichnen hatte, ist seit 20 Jahren kein Meter zusätzlicher U-Bahn gebaut worden. In der Zwischenzeit schicken wir den Schwerlastverkehr durch die Wohngebiete der angrenzenden Städte, beklagen aber die hohen Staub- und Stickoxidbelastungen und wundern uns über den Zorn der betroffenen Anwohnerinnen und Anwohner. In der Bundeswehr gelingt nicht einmal mehr die Reparatur eines Segelschulschiffes, von Flugzeugen, Kampfschiffen und U-Booten ganz zu schweigen. Das traurigste Beispiel aber ist der gescheiterte Flughafen in der deutschen Hauptstadt. Wo China in seiner Hauptstadt Peking in einem Vierjahresplan einen gewaltigen neuen Verkehrsflughafen für jährlich 45 Millionen Passagiere nicht nur plant, sondern auch baut und eröffnet, steht die Eröffnung des Berliner Flughafens BER für nur 28 Millionen Fluggäste auch nach mehr als 20 Jahren noch in den sprichwörtlichen Sternen. Jetzt hat sich zwar der Flughafenbauchef auf den 31. Oktober 2020 festgelegt, aber solche Ankündigungen gab es schon einige. Warten wir es also ab. Sollte er jemals fertig werden, wird er zu klein und zu alt sein und wohl eher einem Architekturmuseum der 1990er-Jahre ähneln.

Die deutsche Öffentlichkeit scheint sich inzwischen an die Überbürokratisierung und die daraus folgenden Lähmungen der öffentlichen Verwaltung gewöhnt zu haben. International allerdings beschädigt das inzwischen massiv die Qualitätsmarke »Made in Germany«. Es stimmt, was uns wohlmeinende Ausländer zu verstehen geben: Ihr Deutschen merkt gar nicht, dass ihr gerade alles verspielt, was einstmals die Attraktivität eures Landes ausgemacht hat. Vor allem anderen sind wir IN ALLEM zu langsam geworden: im Planungsrecht, in der Entscheidungsbereitschaft und im Vollzug. Zu langsam, um entscheidende Innovationssprünge anderer Wettbewerber einzuholen oder auszugleichen. Und noch schlimmer: Wir sind nicht in der Lage, schnell eine für die Bedeutung der Bundesrepublik elementare Infrastruktur bereitzustellen.

Einer der zentralen Gründe für diese Unfähigkeit, größere Vorhaben noch in angemessenen Zeiträumen zu realisieren, ist der von allen politischen Parteien vorangetriebene Ausbau des individuellen Einspruchs- und Klagerechts. Auch ich habe in meiner Zeit als Abgeordneter Gesetzen zugestimmt, die die Einspruchs- und Klagemöglichkeiten von Einzelpersonen und Verbänden ausgeweitet haben. Wie viele andere war ich davon überzeugt, dass Planungsvorhaben am Ende schneller vollzogen werden können, wenn eine möglichst umfangreiche Bürgerbeteiligung gewährleistet und die Bedenken und Einsprüche zum Beispiel von Umwelt- und Naturschutzverbänden berücksichtigt werden. Nach den Erfahrungen der letzten zwanzig Jahre muss ich heute zugeben: Uns ist die Balance zwischen individuellen Beteiligungsrechten und dem Gemeinwohlinteresse verloren gegangen. Es kann nicht nur gegen alles in mehreren Instanzen vorgegangen werden, es geschieht auch. Vom Kohlekraftwerk bis zur Windenergieanlage, vom Radweg bis zur Schienenstrecke, vom Kabel unter der Erde bis zur Hochspannungsleitung. Praktisch kein staatliches oder privates Projekt kann mehr ohne Einsprüche, Klagen und Berufungsverfahren in einem angemessenen Zeitraum realisiert werden. Und sei es für die wirtschaftliche, soziale oder ökologische Entwicklung des Landes noch so wichtig. Die Komplexität der Verfahren ist dadurch immer größer geworden. Der Ausbau der individuellen Beteiligungs- und Klagerechte freut jeden Einzelnen von uns, wenn wir Betroffene von Planungen sind. Es verärgert uns, wenn diese Planungen nicht vor unserer Haustür stattfinden und wir sie für bedeutsam halten. Die Wahrheit ist: Je mehr individuelle Rechtswege, desto geringer die politischen Spielräume. Wenn wir schneller werden wollen, müssen wir bei Projekten, bei denen das Gemeinwohl weit überwiegt oder die von nationalem Interesse sind, die Beteiligungs- und Einspruchsmöglichkeiten wieder zurückführen. Ich habe das in meiner Zeit als Bundeswirtschaftsminister meinem damaligen Kollegen im Verkehrsministerium, Alexander Dobrindt, mehrfach vorgeschlagen. Leider ohne Erfolg. Um ehrlich zu bleiben: Bis heute bin ich nicht sicher, ob unsere Parteien dabei am Ende mitgemacht hätten. Denn so groß der öffentliche Ärger über fehlende Infrastrukturmaßnahmen und zu lange Planungszeiträume bei jedem einzelnen Projekt auch sein mag, noch weit unpopulärer ist es, einmal gesetzlich verankerte Beteiligungs- und Klagerechte wieder zurückzunehmen. Der Aufschrei vor allem der davon betroffenen Verbände wäre groß. Trotzdem bin ich der festen Überzeugung, dass diese Beschleunigung bei den großen Infrastruktur- und Bauvorhaben erfolgen muss.

Es mag auf den ersten Blick romantisierend und klischeehaft wirken, aber mit unserem Land wurden tatsächlich einmal Attribute wie »Qualität« (Made in Germany!), »Genauigkeit« und »Pünktlichkeit« verbunden. Dazu gehörte die Bereitschaft zu harter Arbeit, Disziplin, der Wille zur Verbesserung, die Freude am Erfolg – und die Bereitschaft, diesen Erfolg auch gerecht zu verteilen. Der deutsche »Diplom-Ingenieur« war eben etwas anderes als der »Master of Engineering«. Letztlich standen diese Begriffe für die Leistungsfähigkeit Deutschlands als Industrienation, mit dem Automobilbau als sichtbarem Aushängeschild. Deutschland als »Industrialisierer der Welt« war und ist bis heute die Grundlage des wirtschaftlichen Erfolgs und der sozialen Sicherheit in unserem Land.

Wenig scheint von diesen typisch deutschen Attributen in den Augen unserer Beobachter noch vorhanden zu sein. Selbst die Automobilindustrie steht vor dem größten Umbruch in ihrer Geschichte und droht ihre zentrale Stellung für die Wohlstandsentwicklung Deutschlands zu verlieren. Die Automobilindustrie ist mit Abstand der wichtigste deutsche Industriezweig. 2017 konnte sie ihren Umsatz auf 422,8 Milliarden Euro steigern und hat damit ein neues Rekordniveau erreicht. 2008 waren es noch 345,9 Milliarden, 2015 war ihr vom Statistischen Bundesamt erhobener Anteil am deutschen BIP 4,5 Prozent, mit anderen Worten: Jeder zwanzigste Euro wird in Deutschland von der Automobilbranche erwirtschaftet. Über 800.000 Menschen sind in Deutschland in der Automobilindustrie beschäftigt. Zählt man die davon abhängigen Familienmitglieder und die Betriebe dazu, die an den Automobilstandorten von einer hohen Beschäftigungsquote abhängen, dann dürfte die Zahl sich vermutlich mehr als verdreifachen.

Bei genauerem Hinsehen erweist sich aber die Automobilindustrie als wichtigster Faktor für die zukünftige technologische Entwicklung Europas. Die deutsche Automobilindustrie hat ihre Ausgaben für Forschung und Entwicklung (FuE) erneut erhöht. Im Jahr 2017 stiegen die weltweiten Aufwendungen nach Angaben der Europäischen Kommission auf 42,7 Milliarden Euro – ein Zuwachs von sechs Prozent gegenüber dem Vorjahr. Damit stemmt die deutsche Automobilindustrie mehr als ein Drittel der gesamten weltweiten FuE-Ausgaben der Automobilbranche. Das ist die Spitzenposition – noch vor japanischen und amerikanischen Unternehmen. Drei der Top-5-Investoren im Automobilbereich sind Unternehmen aus Deutschland.

Weit über die Hälfte der FuE-Investitionen entfällt auf den Standort Deutschland: Die inländischen FuE-Aufwendungen wuchsen 2017 um 17 Prozent auf 25,7 Milliarden Euro. Davon wurden 61 Prozent von Fahrzeugherstellern sowie 39 Prozent von Zulieferern getätigt. Mit 37 Prozent der FuE-Investitionen der gesamten deutschen Wirtschaft (ohne Staat und Hochschulen) werden in der Automobilindustrie annähernd so hohe Ausgaben für FuE getätigt wie in vier anderen Branchen zusammen: der Elektroniksparte, dem Maschinenbau, der Pharmazie- und der Chemiebranche.

Die hohe Innovationskraft der Automobilindustrie spiegelt sich auch darin wider, dass laut einer Studie des Instituts der deutschen

Wirtschaft 40 Prozent aller Patentanmeldungen in Deutschland auf sie entfallen. Viele Start-up-Unternehmen der Tech-Branche bringen ihre Innovationen in die Autos von morgen. Die Zulieferer zeichnen sich durch einen besonders hohen Erfindungsreichtum aus, allein zwei Drittel aller Patente im Automobilbereich kommen von ihnen. »Neben den Investitionen in das vernetzte und automatisierte Fahren stellt die Entwicklung von elektrifizierten Pkw einen großen FuE-Schwerpunkt dar. 70 Prozent aller Patente, die die Branche anmeldet, entfallen auf innovative Bereiche wie Sensoren und Elektrotechnik. Wir treiben die Forschung in diesem Bereich weiter voran – allein in den nächsten drei Jahren sind hierfür 40 Milliarden Euro FuE-Investitionen vorgesehen. Im gleichen Zeitraum wird sich die Anzahl der Elektromodelle der deutschen Hersteller auf 100 verdreifachen«, so der frühere VDA-Präsident Mattes. Auch bei den weltweiten Patentanmeldungen zum vernetzten und automatisierten Fahren sind die deutschen Hersteller und Zulieferer top: rund die Hälfte der Patente stammen von ihnen. International ist das Platz 1.

Noch dramatischer wird die Abhängigkeit von diesem Wirtschaftszweig aber in unseren Nachbarländern in Osteuropa: Polen, die Slowakei, Tschechien und andere haben einen überragenden Anteil an Zulieferung und Produktion für den deutschen und europäischen Automobilmarkt. Angesichts dieser unübersehbaren Bedeutung der Automobilwirtschaft für Deutschland und Europa muss man staunen, wie leichtfertig Medien und Politik mit ihr umgehen. Das Totalversagen von Managern und Unternehmensführern in der Diesel- und Abgaskrise darf nicht zur politischen Dauerprofilierung auf dem Rücken dieses Wirtschaftszweiges führen.

Ende des Jahres 2019 bin ich von den Vertretern der deutschen Automobilwirtschaft gefragt worden, ob ich Präsident des Verbandes der Automobilindustrie werden wolle. Ich empfand das durchaus als ehrenwertes Angebot, denn diesen für Deutschland so wichtigen Industriezweig durch die vermutlich schwierigsten Jahre seiner Geschichte begleiten zu können, war ein sehr interessantes Angebot. Dass ich es trotzdem abgelehnt habe, lag daran, dass ich nicht noch einmal in Verbandsstrukturen arbeiten wollte. Das hatte ich ja – wenn auch in einem politischen Verband – jahrzehntelang getan. Richtig besorgniserregend fand ich aber die öffentliche Debatte darüber, ob ein ehemaliges Regierungsmitglied eigentlich für die »Auto-Lobby« arbeiten darf. Noch bevor ich überhaupt über das Angebot nachdenken konnte, meldeten sich schon die besorgten Kritiker. Allen voran mein heutiger SPD-Vorsitzender Norbert Walter-Borjans, der mir via *BILD*-Zeitung seine Kritik mitteilen ließ – natürlich ohne mich vorher mal zu fragen, ob ich tatsächlich dieses Amt anstreben würde. Und kaum hatte ich öffentlich erklärt, dass ich nicht Präsident des VDA werden wolle, erhielt ich öffentliches Lob für diese Entscheidung. So als ob ich mich gerade noch rechtzeitig gegen ein unanständiges Angebot entschieden hätte. Für mich zeigte diese ganze dumme Diskussion nur eines: Offenbar ist einem größeren Teil der Politik und der Medien nicht klar, wo eigentlich ein großer Teil des Wohlstands erarbeitet wird, der dieses Land so stabil, sozial und sicher macht. Wieso ist es eigentlich so verabscheuungswürdig, als früherer Bundesminister zwei Jahre nach dem Ausscheiden aus der Bundesregierung für einen Wirtschaftsverband – in diesem Fall die Automobilindustrie – zu arbeiten? Wenn wir als ehemalige Minister nach dem Ausscheiden aus dem Amt nichts tun, werden wir dafür kritisiert, dass wir zu hohe Pensionsansprüche haben. Wenn wir stattdessen weiter arbeiten gehen wollen, gibt es sofort den Generalverdacht, wir würden aus unseren früheren Ämtern »Kapital schlagen«. Und in der Tat gab es ja auch Fälle, bei denen Regierungsmitglieder direkt nach dem Ausscheiden aus ihren Ämtern in Wirtschaftsunternehmen wechselten, für die sie vorher politisch zuständig waren. Um das zu unterbinden, haben wir vor einigen Jahren ja eine gesetzliche Schranke eingeführt: Bis zu mindestens 18 Monate nach dem Ausscheiden aus der Regierung muss sich jeder ehemalige Minister neue berufliche Aufgaben vorher in einem öffentlichen Verfahren genehmigen lassen. Bei mir einen Zusammenhang zwischen früheren Entscheidungen als Regierungsmitglied und diesem neuen Amt anzunehmen, ist völliger Unsinn, denn ich war aus dem für die Automobilindustrie zuständigen Bundeswirtschaftsministerium ja bereits drei Jahre zuvor ausgeschieden.

Und warum ist die Vertretung wirtschaftlicher Interessen eigentlich etwas Unanständiges? Ich jedenfalls finde daran nichts Problematisches, solange diese Interessenvertretung transparent, öffentlich sichtbar und im Rahmen der dafür vorgesehenen Verfahren stattfindet. Und selbst wenn diese Unternehmen der Automobilindustrie in der Vergangenheit große Fehler und offenbar sogar Straftaten zu verantworten haben, wechselt man als Politiker nicht zur Mafia. Stattdessen geht es doch darum, mit den Fehlern der Vergangenheit aufzuräumen und diese Industrien für unser Land und ihre Menschen auch in Zukunft zu erhalten. Warum ist es unehrenhaft, wenn Politiker nach dem Ende ihrer politischen Karriere dabei mithelfen? Und was ist eigentlich mit einer Sozialdemokratie los, die sich dafür schämt, dass einer ihrer früheren Vorsitzenden Verantwortung in einer Branche übernehmen soll, wo Hunderttausende ihrer Wählerinnen und Wähler in gewerkschaftlich mitbestimmten Unternehmen arbeiten und dort gute Gehälter, Renten und Arbeitsbedingungen haben?

Statt die Rahmenbedingungen für das emissionsfreie Auto der Zukunft gemeinsam und planvoll zu entwickeln, gehen wir öffentlich mit der Autoindustrie – und ihren Beschäftigten (!) – um, als wäre eine zweite vorhanden. Es geht nicht um die Verniedlichung der Skandale, aber um eine rationale Bewertung der Automobilwirtschaft für den Wohlstand, die soziale Sicherheit und übrigens auch für die ökologische Nachhaltigkeit unseres Landes und Kontinents. Jedes andere Land der Erde würde im Falle Deutschlands das politische Ziel ausgeben, trotz gewaltiger Veränderungen auch in zehn Jahren noch das Automobilland Nr. 1 sein zu wollen. Um John F. Kennedy zu zitieren: Nicht weil das leicht ist, sondern weil es schwer ist, wollen wir das erreichen!

So hat der chinesische Staatspräsident das Ziel ausgegeben, dass China bis 2025 die technologische Führerschaft im Bereich des autonomen Fahrens übernehmen soll. Angesichts des mangelhaften Ausbaus der digitalen Infrastruktur in Deutschland und unserer Datenschutzgesetzgebung dürfte Deutschland – bisher das Automobilland Nr. 1 auf der Welt – dagegen wenig aufzubieten haben. Kein Wunder also, wenn sich Unternehmen wie die VW AG zunehmend China als Innovationsmarkt widmen.

Am Ende droht uns eine technologische Abhängigkeit, die der des Berliner Zoos ähnelt: die dortigen Publikumslieblinge, die Pandabären, sind nur eine chinesische Leihgabe. Und die kleinen Panda-Babys, die im Berliner Zoo zur Welt kommen, ebenfalls. Selbst das Bambusrohr für die kleinen Stars muss zu großen Teilen aus dem Reich der Mitte bezogen werden. Wenn wir nicht aufpassen, wird unser Land nicht viel mehr werden als eine große technologische »Panda-Aufzuchtstation« Chinas. Ein Land – ähnlich wie Indien – mit einer jungen und erfolgshungrigen Bevölkerung, das auf einen europäischen Kontinent trifft, der sich mental eher im Rentenalter wähnt und sich nichts mehr zumuten will.

Organisierte Verantwortungslosigkeit

Fast alles aber, was diesen schier unglaublichen Aufstieg Deutschlands möglich gemacht hat, gerät derzeit in unserem Land unter die Räder: Der Sanierungsstau an Deutschlands Schulen beträgt 50 Milliarden Euro – ganz zu schweigen von der fehlenden digitalen Anbindung und Ausstattung. Insgesamt fehlen 40.000 Lehrerinnen und Lehrer und noch immer sind viel zu viele unserer Schulen reine Halbtagsschulen statt Ganztagsschulen, an denen neben Lehrerinnen und Lehrer auch Sozialpädagogen, Therapeuten und Psychologen arbeiten.

Hier findet außerdem inzwischen eine fatale Verantwortungsvermischung statt, die viel mit der aktuellen Regierungskoalition zu tun hat: Es waren die Ministerpräsidenten von Union und SPD, die

die Koalitionsverhandlungen führten. Gemeinsam sorgten sie für eine immer weitreichendere finanzielle Verantwortung des Bundes für Länderaufgaben. Die originären Bundesaufgaben in der Außen- und Verteidigungspolitik oder der Entwicklungshilfe dagegen wurden vernachlässigt. Das ist einer der Gründe, warum Deutschland weder seinen europäischen Verpflichtungen in ausreichendem Maße nachkommt noch seinen internationalen. Zugleich aber wurden die unterschiedlichen Verantwortlichkeiten von Bund und Ländern nicht nur faktisch eingeebnet, sondern für die Bürgerinnen und Bürger entsteht ein immer schwerer zu durchschauender Verantwortungsdschungel. Der Föderalismus erscheint zunehmend als organisierte Unverantwortlichkeit.

An Deutschlands Universitäten beträgt der Investitionsstau im Bereich der Sanierung immerhin auch 20 Milliarden Euro, zugleich liegt die Studienabbrecherquote laut einer Studie von 2017 bei sage und schreibe 32 Prozent. Die duale Berufsausbildung, um die uns der Rest der Welt beneidet, gerät demgegenüber seit Jahren immer mehr aus dem Blick. Wir halten lieber in Afrika Vorträge über die Vorzüge der beruflichen Bildung, statt im eigenen Land die Meister- und Technikerausbildung gebührenfrei zu machen.

Dabei hätte unser Land gerade jetzt die besten Chancen, in seine Zukunft zu investieren, denn es geht uns gut. Noch. Im November 2019 ist die Arbeitslosenquote auf dem niedrigsten Stand seit 1990 – 4,8 Prozent, oder 2,8 Millionen Menschen. Die Tarifabschlüsse versprechen höhere Löhne und Gehälter und Dank voller Kassen in den öffentlichen Haushalten profitiert sogar der öffentliche Dienst mit einer sechsprozentigen Steigerung von der anhaltend guten wirtschaftlichen Entwicklung. Sogar die Fundamentaldaten Europas sehen besser aus als oftmals vermutet: So lag im September 2019 die Arbeitslosenquote europaweit bei 6,3 Prozent – der niedrigste Stand seit 2000, und fünf Prozent weniger als noch 2013. Statt wieder auf schlechte Zeiten zu warten und dann vermutlich erneut unter dem Druck der Verhältnisse harte soziale Reformen wie während der Agenda 2010 durchsetzen zu müssen, wäre jetzt – in guten Zeiten – der politische Spielraum für Veränderungen groß.

Aber statt die vergleichsweise guten Zeiten für notwendige Reformen, ein verändertes Investitionsverhalten und eine langfristige Strategie für die Selbstbehauptung Deutschlands und Europas als einer der führenden Wirtschaftsregionen der Welt zu nutzen, um auch morgen noch für wirtschaftlichen Erfolg und soziale Sicherheit sorgen zu können, konzentriert sich die deutsche Politik im Wesentlichen auf die Verteilung des Vorhandenen. »Zu viel Gegenwart und zu wenig Zukunft« – so könnte man die Missweisungen auf den politischen Seekarten der deutschen Politik zusammenfassen.

Ein perfekter Sturm braut sich zusammen

Schon steigt das öffentliche Fieberthermometer trotz der immer noch guten wirtschaftlichen und sozialen Lage im Lande. Die Mehrzahl der Bürger hat Angst vor Altersarmut. Erschreckend ist dabei, dass diese Angst bei jungen Menschen besonders ausgeprägt zu sein scheint. 43 Prozent der Deutschen haben Angst vor steigenden Lebenshaltungskosten – ein Zeichen, dass der Spielraum bei vielen trotz glänzender Arbeitslosendaten nur noch gering ist. Es gibt Gründe für diese allerorts wahrnehmbare Unsicherheit: Da ist einerseits ein seit Jahren wachsender Zufluss von Steuermitteln in alle öffentlichen Kassen. Gesamtstaatlich seit 2010 immerhin über 260 Milliarden Euro. Trotz dieser durch einen unerwartet lang anhaltenden konjunkturellen Aufschwung massiv gewachsenen staatlichen Einnahmen bleiben im gesellschaftlichen Alltag des Landes die seit mehr als 20 Jahren existierenden Debatten folgenlos: Es fehlen Lehrer, Polizisten, Staatsanwälte und Richter ebenso wie Pflegekräfte, die Deutsche Bahn leidet unter massiven Investitionslücken, die Mieten explodieren aufgrund eines zu schleppenden Wohnungsbaus oder die kleinen ländlichen Gemeinden veröden, weil sie die öffentliche Daseinsvorsorge nicht mehr finanzieren können. Selbst wenn man nicht für eine Senkung der Steuer- und Abgabenlast eintritt – wofür es auch hinreichend Gründe gäbe –, klafft zwischen den jährlichen staatlichen Überschüssen und den umfangreicher werdenden Mängellisten des Gemeinwesens eine schwer zu erklärende Lücke. Nicht wenige im Lande haben schlicht und ergreifend den Eindruck, dass das Selbstverständliche – ein funktionierender Staat – in deutschen Landen nicht mehr selbstverständlich ist. Mit Sicherheit ein Grund für wachsendes Missvergnügen.

Zugleich wirken sich inzwischen die Abkühlung der Weltkonjunktur, die Verunsicherung aufgrund eines wachsenden wirtschaftlichen Protektionismus, die Verschiebung der Wertschöpfung zu den digitalen Plattformen und der steigende Mangel an Fachkräften aus. Viele Unternehmen beginnen ihre Strategien und in der Folge auch ihre Beschäftigtenzahlen anzupassen. Wo neue Beschäftigung entsteht, ist sie oft völlig anders geartet als die bisherige oder erfordert doch vollständig neue Qualifikationen. Eine fast vergessene »Normalität« erreicht wieder unser Bewusstsein: Jedem wirtschaftlichen Aufschwung folgt ein Abschwung. Und gerade eine Exportnation wie Deutschland ist besonders anfällig für globale Unsicherheiten und Veränderungen, wie wir sie derzeit erleben.

Auf den ersten Blick ist der Glanz der wirtschaftlichen Entwicklung Deutschlands immer noch beeindruckend. Aus dem »Uncertain Giant«, wie der britische *Economist* 2002 titelte, wurde »Europes Engine« (*The Economist* 2010). Man mag darüber streiten, wie hoch der Anteil der Reformpolitik des SPD-Bundeskanzlers Gerhard Schröder an dieser Entwicklung war, unstreitig jedoch dürfte sein, dass seine unter dem Titel »Agenda 2010« zusammengefassten Wirtschafts- und Sozialreformen zusammen mit den erheblichen Investitionen in Forschung, Entwicklung und erneuerbare Energien ganz wesentlich zu diesem neuen deutschen Wirtschaftswunder beigetragen haben. Seit 2010 befindet sich die Bundesrepublik in einer der längsten wirtschaftlichen Aufschwungphasen ihrer Geschichte.

Allerdings zeigen sich erste Kratzer im Lack dieses Glanzes. So ist die deutsche Volkswirtschaft in dem anerkannten »World Competitiveness Ranking« des Lausanner »Instituts für Management Development« vom 6. Platz im Jahr 2014 auf nunmehr Rang 14 heruntergestuft worden. Und im Bereich der digitalen Wettbewerbsfähigkeit liegt unser Land jetzt nur noch auf Platz 17. Die Arbeitsproduktivität liegt zudem seit fast zehn Jahren nur bei einer jährlichen durchschnittlichen Zunahme von 0,6 Prozent. Zum Vergleich: In Südkorea lag nur in den Jahren 2012 und 2014 die Arbeitsproduktivität gegenüber dem Vorjahr im Jahresdurchschnitt unter einem Prozent, in den USA in den Jahren 2012, 2013, 2016 und 2017 – ansonsten stets oberhalb von einem Prozent gegenüber dem jeweiligen Vorjahr.

Die Bundesbank geht davon aus, dass die Wirtschaftsleistung zurückgeht und die »konjunkturelle Grundtendenz nach wie vor schwach« ausfallen wird. Die Hauptursache dafür sieht die Bundesbank im Abschwung der Industrie. Der Branche also, von der unser Wohlstand, die soziale Sicherheit und unsere finanziellen Möglichkeiten zur Investition auch in den Umweltschutz am meisten abhängen – und die doch in der Öffentlichkeit eher als ökologischer Problemfall betrachtet wird. Erstaunlich, wie wenig wir noch über die Zusammenhänge unseres Wohlstands mit der Fähigkeit, auch in Umwelt- und Klimaschutz zu investieren, noch wissen.

Vor allem die Einbrüche im verarbeitenden Gewerbe und der Industrie müssen Sorgen machen. Derzeit jedenfalls wird die deutsche Wirtschaftsleistung – ganz anders als seit Jahrzehnten – vor allem durch den Konsum getragen und nicht durch die Stärke der deutschen Exportwirtschaft.

Die Risiken, die sich hier aufgetürmt haben, sind beträchtlich:

- Da ist zum einen die wachsende Unsicherheit aufgrund des Handelskonflikts zwischen den USA und China.
- In einem protektionistischer werdenden wirtschaftlichen Umfeld hat es ein Land wie Deutschland mit einem Offenheitsgrad von mehr als 84 Prozent seiner Volkswirtschaft schwer. Kein anderes Land besitzt eine so große Offenheit.

- Der Handelsstreit mit den USA hängt wie ein Damokles-schwert über Europa und Deutschland. Jetzt rächt sich, dass sich vor allem die Bundesrepublik seit Jahrzehnten dage-gen wehrt, ihren Leistungsbilanzüberschuss abzubauen. Die Refinanzierung dauerhafter Überschüsse müssen andere Regionen der Welt üblicherweise übernehmen, wenn das Geld nicht vom Mars kommen soll. Unser Mars waren über viele Jahre die USA mit erheblichen Haushaltsdefiziten. Und das will und wird Donald Trump nicht länger akzep-tieren. Es wäre gut, wir würden selbst etwas unternehmen.

- Das scheuklappenartige Festhalten an der »schwarzen Null« in den staatlichen Haushalten, während die öffentliche Infrastruktur in Schulen, Hochschulen, im Schienenver-kehr, im Energiesektor oder in der digitalen Infrastruktur entweder immer mehr verrottet, veraltet oder Neues erst gar nicht durch entsprechende Investitionen entsteht, stellt sich immer mehr als ein dramatischer Fehler heraus.

- China selbst ist derzeit auch in schwieriger Verfassung. Gerade für das Industrieland Deutschland war und ist China ein stetig wachsender und wichtiger Absatzmarkt. Aber genau der »schwächelt« aktuell. Die chinesische Regie-rung prognostiziert gerade, dass das diesjährige Wachstum mit sechs bis 6,5 Prozent auf dem niedrigsten Niveau seit 30 Jahren liegen werde. Und so sind Chinas Im- und Exporte in den letzten Monaten drastisch zurückgegangen.

- Und natürlich wird diese Unsicherheit auch befördert durch die andauernde Debatte rund um den Brexit. Denn niemand weiß heute, wie das neue Gefüge zwischen dem Vereinigten Königreich und der Europäischen Union nach dem Brexit aussehen wird.

- Als wäre das alles nicht genug, ändert die Digitalisierung – oder besser: die datengetriebene globale Ökonomie – unsere traditionellen Wertschöpfungsmodelle in rasanter Geschwin-digkeit. Nicht mehr das Produkt allein ist wichtig, nicht mehr, dass wir Deutschen seit 200 Jahren in der Industrialisierung besonders gut, effizient und produktiv entwickelt haben, sondern die in die Produktion integrierten Datenplattformen werden der bestimmende Teil der Wertschöpfungskette. Die aber beherrschen fünf amerikanische Konzerne und demnächst – wenn es nach dem Willen des chinesischen Staatspräsidenten geht – zehn chinesische. Deutschland droht zur verlängerten Werkbank zu werden.

Man könnte sagen, es braut sich der perfekte Sturm über Deutschland zusammen.

Deutschland muss die Ärmel hochkrempeln

So sehr die Politik auch versucht *Business as usual* zu betreiben, so viele Milliardenprogramme zur Befriedung gesellschaftlicher Teilgruppen auch aufgelegt werden, viele Menschen ahnen doch, dass sich die Zeiten gerade dramatisch ändern. Der abendliche Blick in die »Tagesschau«, die morgendliche Lektüre der Zeitung oder der Online-Medien zeigen eine ständig steigende Zahl an Krisenherden in der Welt. Trotz aller guten Daten im HEUTE gibt es wachsende Unsicherheit über das MORGEN. Kurt Tucholsky hatte mit seiner Vermutung offenbar recht, dass die Menschen zwar nicht alles ganz genau wissen, dafür aber ziemlich genau spüren. Und in diesem Fall könnte es sein, dass sie ahnen, dass die Windstille im Auge des Orkans nicht von Dauer sein dürfte.

Wir bemerken gar nicht, dass immer mindestens drei Finger auf uns selbst zurückweisen, wenn wir mit einem Finger auf China oder die USA zeigen. In Wahrheit sind wir nur deshalb so sauer auf diese beiden Großen der Weltpolitik, weil sie uns täglich den Unterschied zwischen unseren Ansprüchen und unseren Möglichkeiten vor Augen führen. Es wird Zeit, dass wir diese Lücke schließen.

15 Jahre nach der Agenda 2010 des Kanzlers Gerhard Schröder ist es nötig, eine Phase neuer Reformanpassungen ins Werk zu setzen und diese auch so zu nennen. Aber nicht verbunden mit Angst und sozialen Deklassierungen. Das Motto dieser Reformen darf nicht sein: »Die fetten Jahre sind vorbei, jetzt heißt es den Gürtel enger zu schnallen«, denn es gibt ausreichend Menschen in Deutschland, die weiß Gott keine »fetten Jahre« hinter sich haben und die den Gürtel längst im engsten Loch tragen.

Das Motto einer neuen Reform sollte eher lauten: »Ärmel aufkrempeln«. Nicht Angst, sondern Mut zur Anstrengung muss die Politik erzeugen. Die weit überwiegende Mehrheit der Deutschen weiß übrigens, dass es im Leben Phasen gibt, in denen mehr geleistet werden muss, damit es morgen besser wird. Die Felder, auf denen diese Reformen gebraucht werden, sind klar: die gravierenden demografischen Veränderungen bis zum Ende des kommenden Jahrzehnts, wenn nicht mehr wie heute noch drei Erwerbstätige einem Ruhestandsempfänger gegenüberstehen, sondern nur noch zwei; die notwendigen Sanierungsmaßnahmen für Ausbau und Modernisierung der gesamten öffentlichen Infrastruktur für die bevorstehende postindustrielle Wertschöpfungsphase; die Stärkung und Fokussierung des europäischen Einigungsprozesses vor allem mit Blick auf die großen außen- und sicherheitspolitischen Herausforderungen in der Welt, um nur die wichtigsten Aufgaben zu nennen.

Bevor ich zu den konkreten Vorschlägen komme, die aus meiner Sicht in Deutschland dringend angepackt werden müssen, möchte ich hier an jene erinnern, die noch schwierigere Zeiten durchlebt und durchlitten haben als die, die vor uns liegen. Der Überlebenswille, der Mut und die Leistungsbereitschaft der Generation meiner Eltern und Großeltern waren es, die das Land nach der totalen materiellen und moralischen Zerstörung wiederaufgebaut haben. Das gilt übrigens auch für die damalige DDR, der kein Marshall-Plan der USA finanziell zur Seite stand, sondern die noch Wiedergutmachung an den »Bruderstaat« Sowjetunion zu zahlen hatte.

Wieso also sollten wir heute kleinmütig sein und zaghaft? Ja, es werden anstrengende Jahre vor uns liegen. Aber sie werden weit weniger anstrengend sein als die Jahre des Wiederaufbaus durch die beiden Generationen vor uns.

Natürlich ist auch im Wiederaufbau der beiden Nachkriegs-Deutschlands manches falsch gemacht worden und ebenso bei der Wiedervereinigung nach 1990. Wie sollte es nach so gewaltigen Umbrüchen auch anders sein? Es gibt weiß Gott keine paradiesischen Zustände in unserem Land, und das schon gar nicht für alle. Aber eines stimmt auch: Es ist das beste Deutschland, das es jemals gab. Und warum sollte es uns nicht gelingen, es zu erhalten und noch besser zu machen?

Und auch die Trostlosigkeit, die uns erfasst, wenn wir auf das aktuelle politische Führungspersonal in Deutschland schauen, sollte uns nicht allzu pessimistisch machen. Auch das gab es in unserem Land schon häufiger: Willy Brandt wurde von den Konservativen als »Bastard« lächerlich gemacht, weil er der uneheliche Sohn einer Konsumverkäuferin war. »Heute wissen wir's genau: Frahm heißt die Verräter-Sau« war eine der übelsten Parolen der Aktion Widerstand gegen die Ostverträge und die Entspannungspolitik des SPD-Kanzlers, weil er den Kampfnamen »Willy Brandt« nach Kriegsende beibehielt, mit dem er als norwegischer Student getarnt die Untergrundorganisation der Sozialistischen Arbeiter Partei in Berlin leitete. Später wurde dieser Verfemte Friedensnobelpreisträger und ein bis tief in die CDU/CSU hinein geschätzter Politiker. Helmut Kohl wurde als Kanzlerkandidat der Union als »Birne« ausgelacht. Niemand traute diesem etwas tapsig daherkommenden »schwarzen Riesen« zu, ein wirklich guter Kanzler zu werden. Am Ende war er nicht nur einer der Väter der deutschen Wiedervereinigung, sondern vor allem auch der europäischen Einigung. Ein großer Bundeskanzler, ohne Zweifel. Auch Gerhard Schröder und seinem grünen Partner Joschka Fischer wurde am Anfang ihrer Regierungszeit nichts zugetraut. Der eine kam aus prekären sozialen Verhältnissen, der andere galt als linker Aktivist, bei dem es gerade mal zum Taxifahrer gereicht hatte. Es war dieses politische Tandem, das den Mut auf-brachte, Deutschland in den ersten militärischen Einsatz zu führen, um den Völkermord in Jugoslawien zu stoppen. Beide standen den USA nach dem grauenhaften Angriff auf das World Trade Center zur Seite und machten Deutschland zum Partner im Kampf gegen die Terrorbasis von Osama bin Laden in Afghanistan – verweigerten sich aber dem völkerrechtswidrigen zweiten Irak-Krieg. Und beide starteten die Wirtschafts- und Sozialreformen der Agenda 2010, von denen unser Land bis heute profitiert.

In diese Reihe gehört nicht zuletzt Angela Merkel, über die sich am Anfang sogar die eigene Partei lustig machte. Niemand traute ihr eine starke Kanzlerschaft zu. Sie führte Deutschland inner-halb zweier Legislaturperioden – jeweils mit ihren Regierungspar-teien SPD und Bündnis 90/Die Grünen – durch vier große Kri-sen: die Euro-Krise, die Griechenland-Krise, die Ukraine-Krise und die Flüchtlingskrise. Jede für sich hätte ihr einen Eintrag ins deut-sche und europäische Geschichtsbuch gesichert, und sie hielt das Schiff »Deutschland« trotz ganz schweren Wetters immer auf Kurs und stabil.

Allen diesen vier Bundeskanzlern ist gemein, dass ihnen am Anfang ihrer Amtszeit nicht viel zugetraut wurde – und doch haben sie Großes für Deutschland und Europa geleistet. Das Amt prägt eben Charakter und Person – von Ausnahmen wie aktuell in den USA mal abgesehen.

Wir kennen den Kanzler oder die Kanzlerin noch nicht, der oder die unser Land durch die kommenden zehn Jahre führen wird. Aber ich bin sicher, dass es solche Personen geben wird. Die Aufga-ben suchen sich die Menschen, die diese Aufgaben erledigen. Nicht umgekehrt. Eines scheint mir aber klar zu ein: So wie nach den anstrengenden Jahren von Rot-Grün und dem fordernden Kanz-ler Gerhard Schröder die Mehrheit der Deutschen ausruhen wollte und sich jemand wie Angela Merkel suchte, die eher von hinten als von vorne das Land geführt hat, so schlägt das Pendel jetzt wieder zurück: *Political leadership* – Führungsstärke ist gefordert und nicht endlose Moderation, an deren Ende alle eingeschlafen sind. Nur wer führen will, notwendigem Streit nicht aus dem Weg geht, aber trotzdem den Willen hat, das Land zusammenzuhalten, wird diesem Anspruch gerecht werden.

Vor allem aber haben wir alles, was man für einen neuen Aufbruch in Deutschland braucht: gemessen an der Nachkriegszeit nicht nur jede Menge Geld, sondern vor allem kluge und engagierte Menschen jeden Alters. Ich weiß nicht, ob es nur mir so geht: Aber wenn ich abends in die »sozialen Netzwerke« schaue, die allzu oft eher »asoziale Netzwerke« zu sein scheinen, dann habe ich den Eindruck, dass alle hier im Land bekloppt geworden zu sein scheinen. Und wenn ich morgens aus der Haustür gehe, dann treffe ich den ganzen Tag nur normale Leute: die arbeiten gehen, sich reinhängen, nach Feierabend im Sport, der Feuerwehr, der Kultur oder sonst irgendwo ehrenamtlich engagiert sind und die abends ihren Kindern und Enkelkindern an der Bettkante wieder eine Geschichte vorlesen. So wie wir es zu Hause auch machen. Ganz normale Menschen. Dann schaut man wieder ins Internet und schlägt die Hände über dem Kopf zusammen.

Ich glaube, wir reden viel zu viel über die zehn oder 15 Prozent Spinner im Land, die wir überproportional in den (a)sozialen Netzwerken finden. Die sich in ihrer kompromisslosen Engstirnigkeit gegen alles wenden, was irgendwie mit diesem Staat zu tun hat. Und es sind keineswegs nur rechte Spinner. Die übrigens gibt es im Nachkriegsdeutschland schon immer. 1980, nach den ersten rechtsterroristischen Attentaten in Westdeutschland gab der frühere Bundeskanzler Helmut Schmidt die SINUS-Studie in Auftrag zur Untersuchung des rechtsradikalen Potenzials. Ergebnis: 13 Prozent. Die allermeisten davon hielten sich übrigens subjektiv für Demokraten und wählten CDU, SPD oder FDP – oder nahmen an den Wahlen nicht teil, weil sie das demokratische System an sich ablehnten.

Heute hat sich dieses Potenzial in der AfD versammelt. Deshalb ist die AfD auch keine bürgerliche Partei, wie sie es selbst gern darstellen möchte. Sondern sie ist das Sammelbecken für den rechten und rechtsradikalen Rand. Sie ist gerade keine Volkspartei und wird von mehr als 80 Prozent der Deutschen weder gewählt noch akzeptiert. Deshalb ist es so wichtig, eine klare Trennlinie zu diesem rechten Sammelbecken zu ziehen. Womit die demokratischen Parteien – allen voran die SPD – aufhören müssen, ist die tägliche Ansprache der Anhängerschaft der AfD. Uns darf es nicht um die zehn bis 15 Prozent Unruhestifter gehen, sondern um die 80 bis 85 Prozent, die dieses Land tragen. Ich bin der Überzeugung, dass man mehr am guten Beispiel lernt als am täglichen Verweis auf das Schlechte. Denn dieses beste Deutschland aller Zeiten ist doch von denen erarbeitet und erschaffen worden, die sich im Job ebenso reinhängen, wie sie sich in der Freizeit um ihre Kinder, um Vereine, Nachbarschaften oder die eigenen Eltern und Großeltern kümmern. Das ist Deutschland – und nicht das Zerrbild, das wir im Internet finden.

Unsere gemeinsame Botschaft an dieses engagierte Deutschland könnte lauten: Ja, es wird anstrengend in den kommenden Jahren. Aber es lohnt sich – vor allem für unsere Kinder und Enkel. So wie sich die Anstrengung unserer Eltern und Großeltern für uns gelohnt hat. Und gemeinsam werden wir diese Herausforderungen bewältigen mit einem gerechten Gewinn für alle!

Mut zum Staat

Wo immer man mit Menschen über unsere Gesellschaft und über Politik ins Gespräch kommt, landet man sehr schnell bei deprimierenden Beschreibungen unserer staatlichen Leistungsfähigkeit. Nun ist es tatsächlich so, dass fast jeder über das deutsche Gesundheitswesen schimpft – aber nur so lange, wie er oder sie nicht im Ausland krank geworden ist. Denn spätestens dann wünschen wir uns alle nichts sehnlicher, als zurück in das Gesundheitswesen Deutschlands zu gelangen.

Trotzdem wird man nicht umhinkommen, über die offensichtlichen Mängel in der staatlichen Handlungs- und Leistungsfähigkeit in unserem Land zu sprechen. Die vielen Beispiele, die ich für unsere organisierte Unfähigkeit aufgezählt habe, sind ja Beweis genug. Besonders problematisch aber wird es für die Stabilität der Demokratie, wenn sie ihre Versprechen auf Rechtsstaatlichkeit und Sicherheit nicht mehr hinreichend erfüllen kann. Denn das Mindeste, was Bürgerinnen und Bürger eines Landes erwarten, ist die Durchsetzung von Recht und Gesetz und eine angemessene Ausstattung der öffentlichen Bildungseinrichtungen. Kaputte Straßen, Funklöcher, marode Schienennetze sind ein Ärgernis und im Zweifel ein Problem für die wirtschaftliche Leistungsfähigkeit. Fehlende Polizisten und Lehrer, überlange Gerichtsverfahren, die Existenz von organisierter Kriminalität, die wie im Falle arabischer Clans ihre Verachtung gegenüber dem Rechtsstaat auch noch offen zur Schau stellt, sind ein Problem für die Demokratie an sich. Denn sie wird nur geachtet, wenn sie die Werte, für die sie eintritt, auch durchsetzen kann.

Je unterschiedlicher, je heterogener ein Staat ist, je vielfältiger die in ihm vertretenen Kulturen, Religionen und Lebensgewohnheit sind, desto wichtiger ist es, eine Instanz zu haben, auf die sich alle einigen und verlassen können: den demokratisch verfassten Rechtsstaat. Er muss gegenüber jedermann die in seiner Verfassung gesetzten Normen sichtbar durchsetzen, sonst bilden sich Parallelgesellschaften. Und davon haben wir bereits viel zu viele. Nicht nur unter den Großclans arabischer Zuwanderer, sondern auch unter Deutschen: sei es die seltsame Duldung täglicher Rechtsverletzung in deutschen Großstädten, die wie beispielsweise in Berlin-Kreuzberg aus einer angeblichen »linken« Perspektive der Kommunalpolitik auch noch ideologisch gerechtfertigt und zum besonderen »Lebensstil« überhöht wird, oder die Verbreitung rechtsradikaler und rechtsterroristischer Ideen in Gruppen wie den »Identitären«, den »Reichsbürgern« oder den Schulungszentren der Neuen Rechten in unserem Land. Nichts davon ist zu rechtfertigen und doch wird es allzu oft geduldet.

Ein starker Staat ist mitnichten ein autoritärer Staat, sondern ein handlungsfähiger, der auch die finanziellen und personellen Ressourcen besitzt, um die ihm zugewiesenen Aufgaben tatsächlich zu gewährleisten. Und genau diesen Anspruch erfüllt der demokratische Rechtsstaat derzeit nicht im angemessenen Umfang. Dafür tragen paradoxerweise beide Seiten des politischen Lagers Verantwortung: CDU und FDP haben den Staat über die letzten dreißig Jahre finanziell reduziert. Das Credo ihrer neoliberalen Wirtschaftspolitik hatte das Ziel, den Staat finanziell und personell zu schwächen.

»Privat vor Staat« war das Leitmotiv für Privatisierung und drastische Einsparungen. Die Folgen sind unübersehbar: über Jahre kein öffentlich geförderter Wohnungsbau mehr, Schließung von Krankenhäusern in ländlichen Regionen, eine unzureichende öffentliche Infrastruktur und vor allem der Abbau von Stellen für Lehrer und Polizisten. Länderhaushalte sind zum weit überwiegenden Teil Personalhaushalte, deren größter Anteil Schulen und innere Sicherheit ausmachen. Wo sonst hätten die Länder sparen sollen, wenn nicht bei Investitionen, Lehrern und Polizisten?

SPD und Grüne haben dem ideologischen Druck der Entstaatlichung seit Beginn der 1990er-Jahre auch nachgegeben. Zudem aber sind sie mitverantwortlich für die kulturelle Reduzierung des Staates: Nur im Bereich des Sozialstaates sind die Parteien links der Mitte für den »big state«, im Bereich der inneren Sicherheit misstrauen sie ihm eher. Wo also CDU und FDP den Staat finanziell reduziert haben, taten es SPD und Grüne oft genug kulturell.

Eine der wenigen Ausnahmen von beidem bildet interessanterweise das Land Bayern mit der dort seit Jahrzehnten dominierenden CSU. Entgegen allen öffentlichen Aufforderungen hat die dortige Staatsregierung die staatliche Sichtbarkeit immer hochgehalten. Sei es bei der Einstellung von Lehrerinnen und Lehrern oder Polizisten bis hin zum Bau repräsentativer Gebäude. Jede andere Landesregierung, die eine derart pompöse neue Staatskanzlei gebaut hätte, wie es die CSU in den 1980er-Jahren selbstbewusst durchsetzte, wäre wohl öffentlich massiv unter Druck geraten. Nicht so in Bayern, denn der Staat – in diesem Fall der Freistaat Bayern – ist dort nach wie vor kulturell akzeptiert und muss sich nicht verstecken. So waren wir angesichts der Flüchtlingskrise 2015 froh, dass der Grenzübertritt von rund einer Million Flüchtlingen in Bayern stattfand und auf eine exzellent funktionierende öffentliche Verwaltung stieß – von der Polizei bis zu den bayerischen Kommunalverwaltungen. Das Gegenteil davon war in Berlin zu beobachten.

Die Wiederherstellung staatlicher Handlungsfähigkeit – von seinen Aufgaben im Bildungsbereich, in der inneren und der sozialen Sicherheit bis hin zur Daseinsvorsorge und annähernd vergleichbaren Lebensverhältnissen in allen Teilen Deutschlands – ist die zentrale Bedingung für die Stabilität einer immer heterogener werdenden Gesellschaft,

Deutschland 2030: digitaler, grüner und gerechter

Trotz aller Entgrenzung der wirtschaftlichen Prozesse gibt es natürlich immer noch sehr viel national zu tun, damit man international überhaupt wahrgenommen wird. Der wirtschaftliche und soziale Erfolg Deutschlands ist DIE zentrale Voraussetzungen dafür, dass wir in der Welt ernst genommen werden. Denn unsere demokratischen Werte allein – das muss man leider zugeben – reichen in der Welt der harten Macht- und Interessenpolitik nicht mehr aus. Außerdem ist der wirtschaftliche Erfolg Deutschlands auch die Bedingung für den Erfolg und den Zusammenhalt Europas.

Und umgekehrt gilt: Nur in einem geeinten Europa hat Deutschland eine Chance, seine wirtschaftliche Stärke auch weltweit zu behaupten. Noch gehen 60 Prozent unseres Waren- und Dienstleistungsexports in die Europäische Union. Nur wenn es den Ländern um uns herum gut geht, haben wir Arbeit und auch ein soziales Auskommen. Die Steigerung des deutschen Anteils an der Finanzierung der Europäischen Union ist also keine Erhöhung unserer »Nettozahler-Position«, sondern eine Investition in unsere eigene Zukunft.

Die Rückkehr zum Nationalstaat, die Zerstörung des Euro und der EU, wie es sich die rechten Populisten und Nationalisten auf die Fahne geschrieben haben, sind für unser Land nichts anderes als ein Programm für Massenarbeitslosigkeit. Und linke Fantasien zu staatlich regulierter Wirtschaft schaffen auch keine Investitionen in die Wettbewerbsfähigkeit des Standortes Deutschland oder des europäischen Kontinents. Sie sind lediglich eine Ersatzhandlung für die Abwesenheit wirtschaftspolitischer Konzeptionen und fehlenden Mut, sich den Realitäten zu stellen.

Der Hinweis auf die Europäisierung und Globalisierung darf keine Ausrede für nationales Nichtstun sein. Das Ziel muss sein, die wirtschaftliche Leistungsfähigkeit, die technologische Stärke und die soziale Sicherheit in Deutschland zu erhöhen – nicht auf Kosten unserer Nachbarstaaten in Europa, sondern damit die Bundesrepublik mehr in die Europäische Union investieren kann. Das Programm muss lauten »Deutschland 2030: digitaler, grüner, gerechter«. Um das zu beschreiben, braucht es kein 100-seitiges Wahlprogramm. Zehn Seiten tun es auch:

1. Den Forschungs- und Wirtschaftsstandort Deutschland stärken. Denn davon hängt alles ab!

   • Bund und Länder sollten sich auf langfristige Investitionsprogramme in die öffentliche Infrastruktur einigen: Straßen, Schienenwege, Wasserwege, Flughäfen, digitale Infrastruktur, Forschung, Technologie und eine Modernisierung unserer Schulen und Hochschulen sind wichtiger als die berühmte »schwarze Null«. Das kommende Jahrzehnt muss eine Dekade der Investitionen werden.

   • Deutschland braucht eine Reform seines Planungs- und Genehmigungsrechts. Oder um es an zwei früheren Lieblingsspielen der Deutschen zu beschreiben: Mehr »Mensch ärgere Dich nicht«, weniger »Malefiz«. Schneller ans Ziel zu kommen, macht mehr Freude, als anderen immer nur Hindernisse in den Weg zu räumen. Natürlich freut sich jeder von uns über den Zuwachs an individuellen Beteiligungs-, Widerspruchs- und Klagerechten, wenn wir selbst von einem öffentlichen Bauprojekt eingeschränkt oder zumindest subjektiv negativ berührt werden. Diesem Ausbau der Individualrechte steht allerdings inzwischen die Einengung des politischen Handlungsspielraums insbesondere bei Projekten von überregionaler oder nationaler Bedeutung gegenüber. Wir alle klagen über die schlechten Mobilfunkverbindungen in Deutschland – der Ausbau scheitert aber nicht zuletzt daran, dass die Telekom keine Baugenehmigungen für Antennenstandorte bekommt. Wir klagen über zu viel CO_2 aus Kohlekraftwerken – schaffen aber pro Jahr nur wenige Kilometer Stromnetzausbau, weil jede Trasse x-fach beklagt wird. Wenn wir das wieder ändern wollen, müssen wir für Projekte und Investitionen, bei denen das Gemeinwohl weit überwiegt, die Widerspruchsmöglichkeiten auf eine Instanz begrenzen. Wenn Klagen dort nicht erfolgreich sind, muss gebaut werden dürfen.

• Und natürlich gehört zur Stärkung des Wirtschaftsstandorts Deutschland und zu einer Agenda 2030 auch eine industrielle Strategie, die sowohl den Mittelstand fördert als auch Unternehmenszusammenschlüsse ermöglicht, die mit den wirklichen Giganten aus China und den USA mithalten können. So hat das europäische Wettbewerbsrecht den Zusammenschluss der französischen und deutschen Schienenverkehrsunternehmen Alstom und Siemens untersagt, weil damit innerhalb Europas eine zu große Marktmacht entstanden wäre. Das ist sicher richtig, nur wäre dieses gemeinsame neue Unternehmen immer noch deutlich kleiner als sein größer Konkurrent – der sitzt in China und nicht in Europa und wird deshalb bei den Wettbewerbsentscheidungen nicht berücksichtigt. Das europäische Wettbewerbsrecht braucht deshalb ein ähnliches Instrumentarium wie das deutsche Kartellrecht, nachdem Unternehmenszusammenschlüsse auch dann genehmigt werden können, wenn sie zu Einschränkungen des Wettbewerbs führen, dafür aber das Gemeinwohlinteresse geschützt werden kann. Bundeswirtschaftsminister Peter Altmaier (CDU) hat für eine stärkere Industriepolitik richtige Vorschläge gemacht und ist – wie ich finde – dafür völlig zu Unrecht in seiner eigenen Partei kritisiert worden. Dazu gehört die Stärkung des deutschen Außenwirtschaftsrechts, um Unternehmensübernahmen von ausländischen Investoren besser prüfen und gegebenenfalls auch verbieten zu können, das kann bei wichtigen Infrastrukturen wie Energie- oder Datennetze der Fall sein aber auch im Einzelfall bei Schlüsselindustrien. Auch wenn weniger Menschen im verarbeitenden Gewerbe und der Industrie arbeiten: Hier gründet der Wohlstand unseres Landes. Und hier liegen auch seine Risiken, denn wo wir früher unsere Exportstärke feiern konnten, ist sie angesichts drohender Handelskriege heute unsere Achillesferse. Umso wichtiger ist es, dass wir die politischen Rahmenbedingungen klären und setzen, unter denen industrielle Wertschöpfungsketten – von der Rohstoffindustrie bis zur »Industrie 4.0« – aus Deutschland weltweit Erfolg haben können. Das – und nicht eine wachsende Beteiligung des Staates in Form von Staatsfonds oder Sozialisierungen – ist eine nachhaltige Industriepolitik.

• Eine der größten Herausforderungen der kommenden Jahre für unseren wirtschaftlichen Erfolg wird in Deutschland der demografische Wandel sein. Und zwar in doppelter Hinsicht: einerseits wechseln ab 2030 Millionen Erwerbstätige von der aktiven auf die passive Seite des Arbeitsmarktes – spricht ins Rentenalter. Gleichzeitig fehlt es aufgrund der geburtenschwachen Jahrgänge an einer ausreichenden Erwerbstätigenzahl, um sie zu ersetzen. Die deutsche Wirtschaft geht von einer Lücke bei Fachkräften im Industrie- und Dienstleistungssektor zwischen mindestens drei bis höchstens fünf

Millionen Menschen aus. Die deutsche Volkswirtschaft wird also doppelt gestresst: durch massiv steigende Rentenzahlungen und durch einen drastischen Rückgang der Beitragszahler in die Rentenversicherung. Bislang traut sich niemand so recht, die politischen Konsequenzen dieser Entwicklung aufzuzeigen. Forderungen nach einer weiteren Erhöhung des Renteneintrittsalters zum Beispiel mögen zwar rechnerisch das Problem verkleinern, stoßen aber in der Realität auf massive Widerstände. Trotzdem ist es ganz sicher richtig, die Arbeitsbedingungen so zu verändern, dass Menschen auch bereit sind, länger im Arbeitsprozess zu bleiben. Die Lebensplanung der allermeisten Deutschen sieht allerdings meist anders aus. Viele wollen ihre dritte Lebensphase möglichst früh beginnen. In jedem Fall wird Deutschland also eine Antwort geben müssen, woher die dringend benötigten Fachkräfte kommen sollen. Und natürlich lauten die Antworten: massive Ausweitung der Bildungsinvestitionen, um etwa die Zahl der Schulabbrecher zu verringern und mehr und bessere Schulabschlüsse zu ermöglichen, aber eben auch eine deutliche Vereinfachung der Zuwanderung ausländischer Fachkräfte. Mehrheitlich stellt uns die Zuwanderung heute in Deutschland vor Probleme der Integration und hilft nicht, das Fachkräfteproblem zu lösen. Im Kern braucht Deutschland eine andere Zuwanderung und befindet sich dabei mit Ländern im Wettbewerb, in denen die Zuwanderungsvoraussetzungen schon deshalb einfacher sind, weil die Landessprache englisch ist – von den bürokratischen Hindernissen, um eine dauerhafte Aufenthaltsgenehmigung zu erhalten, mal ganz abgesehen.

• Und auch eine Unternehmenssteuerreform wird dringend gebraucht, damit wir als Investitionsstandort gegenüber anderen Ländern wettbewerbsfähig bleiben. Die letzte große Unternehmenssteuerreform hat der SPD-Bundeskanzler Gerhard Schröder im Jahr 2002 zusammen mit den Grünen auf den Weg gebracht. Seitdem ist im Wesentlichen nichts mehr geschehen. Mit 30 Prozent Unternehmenssteuern verlieren wir einfach massiv an Attraktivität gegenüber Wettbewerbsstandorten wie den USA, die ihre Unternehmenssteuern massiv gesenkt haben. Anfangen sollten wir mit einer breiten und unbürokratischen steuerlichen Forschungsförderung vor allem in mittelständischen Betrieben.

- Den Soli sollte man dagegen nicht abschaffen, sondern daraus eine Förderung für die kleinen Dörfer und Gemeinden in West- und Ostdeutschland machen und in den Großstädten den Bau von öffentlich geförderten Wohnungen zu bezahlbaren Mieten vorantreiben. Der öffentliche Wohnungsbau muss wieder zu einem Korrektiv für die explodierenden Mietpreise im privaten Wohnungsbau werden. Ein geeignetes Instrument hatte Deutschland früher: den öffentlich geförderten gemeinnützigen Wohnungsbau. Die Zerschlagung der Sozialwirtschaft durch die erste CDU/FDP-Regierung von Helmut Kohl war ein Fehler, der sich noch 30 Jahre danach rächt. Denn Wohnungsbau ist eine langfristige Aufgabe. Die Rückkehr zu einem modernen, nachhaltigen, gemeinnützigen Wohnungsbau würde dafür wieder die richtigen Rahmenbedingungen schaffen. Und für Ballungszentren wie das Ruhrgebiet, wo über mehr als ein Jahrhundert der Wohlstand Deutschlands erarbeitet wurde, muss ein langfristiges Programm der sozialen Stadtsanierung zur Verfügung gestellt werden, das selbst das Bundesland Nordrhein-Westfalen nicht allein wird stemmen können. Der Himmel über der Ruhr ist blau, aber das Leben in vielen Stadtteilen ist ziemlich grau. Regionen wie das Ruhrgebiet etwa, die den Reichtum Deutschlands produziert haben, darf man jetzt nicht allein lassen. Das zu ändern wäre gerade für die deutsche Sozialdemokratie ein ehrenvolles Projekt!

- Eine sozial-ökologische Steuerreform, die zuerst Steuern und Abgaben auf das senkt, was wir alle wollen: Arbeit und Einkommen. Und dann das besteuert, was wir nicht mehr wollen: Treibhausgase, Übernutzung der Natur, Zerstörung von Natur und Artenvielfalt. Verteilungsgerechtigkeit und Klimaschutz gehören zusammen.

2. Zur Erneuerung des Versprechens auf Wohlstand für alle in einer sozialen Marktwirtschaft, muss es in Deutschland auch gerechter zugehen:

- Das geht in der Bildung los: Für jeden Einzelnen aber auch für das Gemeinwesen ist eine gute Bildung und Ausbildung die einzige nachhaltige Ressource, die unser Land besitzt. Bildung und Erziehung zu Kompetenz und Orientierung, denn vieles »zu wissen«, reicht nicht. Es geht auch darum, die Welt zu verstehen und sich mit anderen zu verständigen. Ich bin nicht für eine Zentralverwaltungswirtschaft in der Bildung, bei der eine Bundesschulbehörde in Berlin für alle Grundschulen von Passau bis Flensburg zuständig wäre. Nichts würde durch solch einen Bildungszentralismus wirklich besser, eher schon schlechter. Aber mit dem Bildungsföderalismus, wie er bisher gestaltet ist, geht es auch nicht weiter. Unterschiedliche Leistungsniveaus, verschiedenste Schulformen, schlechte Bedingungen für den Wechsel der Schule und vieles andere mehr sind einfach niemandem mehr zu erklären. Und auch wenn sich diese Forderung zurzeit fast utopisch anhört: Man darf die einzige nachhaltige Ressource, die Deutschland hat, nicht weiter den finanzpolitischen Spielräumen und wechselhaften politischen Prioritäten der Landespolitik überlassen. In jedem beginnenden Schuljahr wird die Klage über fehlende Lehrerinnen und Lehrer geführt. Es fehlt an Ganztagsschulen, Lehrkräften, Sozial- und Sportpädagogen und an einer überall gleichermaßen modernen schulischen Infrastruktur. Gleichzeitig brüsten sich Landespolitiker gern mit der »Inklusion« körperlich und geistig Behinderter in den Regelschulbetrieb – allerdings ohne die dafür notwendigen personellen Ressourcen zur Verfügung zur stellen. Der Bund muss für eine deutlich bessere finanzielle Ausstattung des gesamten Bildungssystems einstehen und im Gegenzug von den Ländern einheitliche Qualitätsstandards einfordern. Das alles kostet vermutlich mehr als 20 Milliarden Euro jährlich. Aber von nichts hängt der Erfolg unseres Landes mehr ab als von einem leistungsfähigeren Bildungssystem, als wir es heute vorfinden.

• Wohlstand für alle heißt vor allem, dass Menschen von ihrer Arbeit nicht nur leben, sondern auch gut legen können. Aber gerade bei den mittleren Einkommen besteht Entlastungsbedarf. Seit Jahren beklagen alle Studien der Organisation für wirtschaftliche Zusammenarbeit und Entwicklung (OECD) die hohen Belastungen des Faktors Arbeit in Deutschland. Allerdings nicht durch Steuern, sondern durch die Sozialabgaben. Sie treffen vor allem niedrige und mittlere Familieneinkommen am härtesten. Wie wäre es zum Beispiel, wenn wir eine Freistellung des Existenzminimums nicht nur in der Steuer, sondern auch bei den Sozialabgaben einführen würden? Denn die sind – mit Ausnahme der Krankenversicherung – weitgehend blind für die Frage, ob jemand Kinder hat oder nicht. Wir würden damit pro Kind die Familien um rund 8.000 Euro pro Jahr entlasten. Im Gegenzug würden wir manchen Euro bei den speziellen Familienprogrammen einsparen. Und es macht Eltern vermutlich stolz, wenn sie ihre Kinder vom eigenen Nettoeinkommen ernähren und erziehen können und nicht auf die Beantragung von staatlichen Hilfsprogrammen angewiesen sind. Das kostet rund 20 Milliarden Euro pro Jahr, denn die Ausfälle in der Sozialversicherung müssen ja ausgeglichen werden. Aber wenn wir uns zutrauen, in den kommenden Jahren den Militärhaushalt um 40 Milliarden (und mehr) zu verdoppeln, dann darf uns die Familienförderung nicht schrecken. Kinder kommen Gott sei Dank immer noch deutlich häufiger als »die Russen«.

• Ebenso notwendig sind höhere Mindestlöhne und die Entlastung der Arbeitnehmerhaushalte. Die Durchsetzung des Mindestlohns durch die SPD war ein großer sozialpolitischer Fortschritt. Aber natürlich haben wir dadurch nur eine längst überfällige Lohnuntergrenze geschaffen. Eigentlich ist es eine Schande für ein so reiches Land wie Deutschland, dass es überhaupt eines gesetzlichen Mindestlohns bedarf, weil immer mehr Arbeitgeber sich weigerten, Tarifverträge mit Gewerkschaften abzuschließen, in denen angemessene Löhne und Gehälter vereinbart werden. Der Mindestlohn schützt aber nicht vor Armut. Arm trotz Arbeit ist auch heute noch in vielen Dienstleistungsjobs bittere Realität. Insbesondere aber entstehen selbst durch den Mindestlohn keine armutsfesten Renten, deshalb ist die Einführung einer Mindestrente nach mehr als drei Jahrzehnten Arbeit die richtige Ergänzung des Mindestlohns. Wenn wir die wachsende Entkoppelung des inzwischen ja gar nicht mehr so »neuen« Dienstleistungs-Prekariats vom Rest der Gesellschaft aber stoppen wollen, müssen wir beides – Mindestlohn und Mindestrente – in den kommenden Jahren schrittweise erhöhen.

• Und um zugleich etwas gegen die wachsende Kluft zwischen Arm und Reich in Deutschland zu tun und die soziale Balance zu halten, müssen wir zurückkehren zu einer fairen und angemessen Vermögensbesteuerung. Es hat nicht nur etwas mit der Leistung Einzelner zu tun, wenn ein kleiner Teil der Bevölkerung immer mehr Vermögen und Immobilienbesitz anhäufen kann, während sich für einen wachsenden anderen Teil nicht einmal mehr der Traum von den eigenen vier Wänden erfüllt.

Niemand auf der Welt wird allein durch eigene Leistung super-reich – auch nicht in Deutschland. Viele andere helfen dabei mit, nicht zuletzt durch einen sicheren und handlungsfähigen Staat. Deshalb ist es auch nicht zu viel verlangt, von den besonders Vermögenden einen stärkeren Beitrag zur Finanzierung des Gemeinwesens abzufordern. Aber nicht durch die Wiedereinführung einer »Vermögenssteuer«, denn nach 20 Jahren der Diskussion darüber wissen wir: ihre Erhebung ist außerordentlich kompliziert, bürokratisch und vor allem dann problematisch, wenn sie auch das Betriebsvermögen erfassen würde. Denn das Eigenkapital der Unternehmen stärker zu besteuern und damit zu verringern, würde die Unternehmen ja schwächen. Eine Trennung zwischen Privat- und Betriebsvermögen bei der Vermögensbesteuerung aber ist verfassungsrechtlich nicht möglich. Stattdessen wäre es angesichts eines in den kommenden Jahren zu vererbenden Vermögens von immerhin bis zu 400 Milliarden Euro pro Jahr richtig, die Erbschaftssteuer zu nutzen. Wer einmal die Vordenker des Ordo-Liberalismus und der Marktwirtschaft liest, wird vielleicht überrascht sein, dass gerade sie für eine hohe Erbschaftsbesteuerung eintreten. Erben, so beispielsweise der damalige FDP-Generalsekretär Karl-Hermann Flach 1971 in den Freiburger Thesen, sei leistungsloses Einkommen, das den Markt verzerre, weil im Zweifel nicht der Fleißige Erfolg habe, sondern derjenige, der mit dem Vermögen seiner Eltern über die besseren Startchancen verfüge. Die Liberalen wollten deshalb die Erbschaftssteuer nutzen, um sie vollständig in die Bildungshaushalte des Staates zu investieren und damit die Chancengerechtigkeit für alle Kinder und Jugendlichen zu erhöhen. Die heutige FDP würde diese Idee als »sozialistisches Folterwerkzeug« verteufeln, denn ihre sozialliberale Vergangenheit haben sie bereits 1977 mit den Kieler Thesen ins historische Archiv befördert und leider bis heute nicht wieder entdeckt. Deshalb ist es auch vergebliche Liebesmühe, wenn der FDP-Vorsitzende Christian

Lindner jetzt um »enttäuschte Sozialdemokraten« wirbt. Dafür wäre diese Idee in einem sozialdemokratischen Programm aller Ehren wert. Anders als die Vermögenssteuer ist die Erbschaftssteuer einfach zu erheben: mit einem relativ hohen Freibetrag, damit zum Beispiel selbst das Einfamilienhaus in München nicht steuerpflichtig wird, einem niedrigen Steuersatz aber dann ohne jede Ausnahme. Bei der letzten Reform der Erbschaftssteuer hatte die SPD 2016 exakt das vorgeschlagen, aber in den endlosen Kompromissrunden kam am Ende eine rechtliche Regelung mit einer Vielzahl von Umgehungstatbeständen heraus, die eher ein Arbeitsbeschaffungsprogramm für Steuerberater war als eine faire und angemessene Besteuerung großer Erbschaftsvermögen.

Frieden als Ziel deutscher Außen- und Sicherheitspolitik

Deutschland braucht eine öffentliche Diskussion über unser sicherheitspolitisches Selbstverständnis in einer sich völlig veränderten Weltordnung. Die politische Führung Deutschlands muss die Gesellschaft vom notwendigen Wandel in der Außen- und Sicherheitspolitik überzeugen. Davon, dass es nicht Donald Trump ist, dem zuliebe wir mehr Geld in die deutsche und europäische Verteidigungsfähigkeit investieren, sondern dass dies in unserem eigenen Interesse liegt. Davon, dass wir keine »große Schweiz« sein können, die wirtschaftlich erfolgreich, geopolitisch aber irrelevant ist. Denn dies macht uns zum Spielball anderer Mächte. Davon, dass wir unsere Interessen nicht mehr auf amerikanische Flugzeugträger projizieren können, weil die längst auf dem Weg in den Pazifik sind. Dass wir nicht mehr die Wahl haben zwischen Null-Risiko und Risiko, sondern häufig zwischen zwei Risiken werden wählen müssen, denn die USA wollen nicht mehr jedes Risiko alleine tragen.

Weil es so viel über die Kurzsichtigkeit der aktuellen deutschen Politik aussagt, will ich mich an dieser Stelle etwas ausführlicher zu der innerdeutschen Diskussion um die Außen- und Sicherheitspolitik unseres Landes äußern.

Es ging ja munter durcheinander in der Sicherheitsdebatte, die sich vielleicht nicht zufällig rund um den 30. Jahrestag des Mauerfalls abgespielt hat. Eigentlich ist ein 30. Jahrestag ja nichts Besonderes. In der Regel feiert man 25- oder 50-jährige Jubiläen und nicht 30-jährige. Aber es paaren sich die nationalen Verunsicherungen über die spürbare kulturelle, wirtschaftliche und inzwischen sogar politische Teilung Deutschlands mit den Irritationen und Unsicherheiten innerhalb Europas und des transatlantischen Bündnisses. Da sollen Jahrestage offenbar symbolisch dort Sinn stiften, wo er konzeptionell und inhaltlich verloren gegangen scheint. Die Erinnerung an wahrhaft heroische Zeiten, an eine sensationelle Geschichte soll eine Leere füllen.

Gemeint ist die Leere im innerdeutschen Verhältnis nicht nur zwischen Ost und West, sondern auch zwischen Stadt und Land, Arm und Reich, integriert und desintegriert. Ein Deutschland, das keine Vorstellung davon zu haben scheint, wo es am Ende des jetzt beginnenden neuen Jahrzehnts stehen will, wenn die Kinder von heute volljährig werden. Die Leere in einem Europa, das seine Geschichte so oft beschwören muss, weil es in Ost und West völlig unterschiedlichen Vorstellungen über die Zukunft folgt. Die Leere im transatlantischen Verhältnis, in dem die einstige Führungsnation des Westens neue geopolitische Prioritäten setzt, die außerhalb Europas liegen und die viel weitreichender sind, als das tägliche Trump-Bashing bei uns vermuten lässt. Und nicht zuletzt die Leere innerhalb der NATO, die weder weiß, wo ihre Grenzen liegen sollen, noch wie sie mit der drohenden erneuten atomaren Rüstungsspirale, dem Mittleren Osten, der Türkei, Russland, China oder auch nur mit dem Ruf nach sicherheitspolitischer Autonomie der Europäer umgehen soll.

Es ist der Verdienst der Bundesverteidigungsministerin Annegret Kramp-Karrenbauer, dass sie darauf nach Antworten sucht und die öffentliche Diskussion nicht scheut. Ihr Problem ist nur, dass sie nicht selber zu denken scheint, sondern auf die uralten und gelegentlich schlicht unsinnigen Ideen ihrer Soldatenbehörde zurückgreift. Nichts anderes ist der Vorschlag für einen »Nationalen Sicherheitsrat«, den die Verteidigungsministerin nun aufgewärmt hat und der wie ein manövrierunfähiges U-Boot immer wieder durch die sicherheitspolitische See treibt.

Denn es gibt ihn ja längst, den Bundessicherheitsrat. Und die Verteidigungsministerin und ihr Generalinspekteur der Bundeswehr gehören diesem Gremium auch an – ebenso wie der Außenminister, der Innenminister, der Finanzminister, der Entwicklungshilfeminister, alle Geheimdienste und die obersten Polizeibehörden des Bundes. Von Cyber- und Terrorabwehr, Rüstungsexporten bis zu sicherheitspolitischen Lagebildern kann dort alles diskutiert werden und wird es auch. Und dies unter der Leitung der Bundeskanzlerin. Was also soll der Nationale Sicherheitsrat von Annegret Kramp-Karrenbauer noch tun, was im Bundessicherheitsrat nicht heute schon geschieht oder geschehen kann? In Wahrheit erhoffen sich die »Strategen« des Verteidigungsministeriums seit Jahren mit diesem Vorschlag nur, dass eine höhere Instanz – sprich ein nationaler Sicherheitsberater im Kanzleramt – hilft, das lästige Außenministerium zu entmachten. Denn die Verfasser dieser Vorschläge im BMVg leiden darunter, dass sie eben nur für Verteidigungspolitik zuständig sind. Sicherheitspolitik umfasst aber weit mehr und die Federführung dafür liegt beim Außenministerium.

Wenn es nur um die üblichen Rangeleien zwischen zwei Bundesministerien ginge, wäre das nicht weiter schlimm. Obwohl es nicht schlecht wäre, wenn auch die Beamten des BMVg die deutsche Verfassung kennen würden. Und nach der kann kein Nationaler Sicherheitsrat und schon gar nicht ein Sicherheitsberater im Kanzleramt dem Außen- oder dem Entwicklungsminister Vorschriften machen.

Aber dahinter steckt eben leider mehr: eine fatale Verengung der Sicherheitspolitik auf Fragen der Militäreinsätze. Deutschland hat aber längst einen viel moderneren Begriff von »vernetzter Sicherheit«, bei dem man ganz gewiss auch den Einsatz militärischer Mittel und militärischer Gewalt gegen Terror, Bürgerkriegsparteien oder potenziell feindliche Aggressoren im Instrumentenkasten haben muss – der sich darauf aber nicht reduzieren darf. Krisenprävention, Diplomatie, Entwicklungshilfe, Klimaschutz, wirtschaftliche und internationale Zusammenarbeit gehören auch dazu und sind oft langfristig die einzig wirksamen Mittel zur Herstellung friedlicher Lebensverhältnisse. Deshalb ist Verteidigungspolitik ein Unterfall der Sicherheits- und vor allem der Friedenspolitik – der letzte Begriff scheint aus der politischen Mode gekommen zu sein.

Um die Sicherung oder die Wiederherstellung des Friedens muss es aber gehen. Dafür ist die Verteidigungs- und Einsatzfähigkeit der Bundeswehr im Rahmen der Europäischen Union, der NATO oder auf Bitten der Vereinten Nationen eine wichtige Voraussetzung – aber eben nicht mehr. Die politische Strategie unseres Landes muss sich ihrer sicher sein, darf sich aber nicht an ihr ausrichten. Deshalb reicht es nicht, die Kündigung des Vertrags über das Verbot von atomaren Mittelstreckenraketen durch die USA und Russland achselzuckend hinzunehmen, sondern es wäre gerade die Aufgabe Deutschlands, neue Initiativen zur nuklearen Abrüstung und Rüstungskontrolle zu entwickeln. Leider kann man auch hier nur »Fehlanzeige« konstatieren.

Was wir wirklich als neue Institution brauchen, ist ein europäischer Sicherheitsrat unter Einschluss der Briten, selbst wenn sie die EU verlassen haben. Denn im Kern hat Europa das Problem, keine gemeinsame Sicht auf die Welt zu haben. In Libyen unterstützen Deutschland und Italien den völkerrechtlich legitimierten, aber schwachen Ministerpräsidenten in Tripolis. Frankreich dagegen unterstützt dessen Bürgerkriegsgegner General Haftar. Und alle drei zusammen jammern über den unkontrollierten Flüchtlingshandel von bewaffneten Schlepperbanden an der libyschen Küste. Da ist offenbar nicht nur die NATO »hirntot«, sondern vor allem die europäische Zusammenarbeit. Um das zu ändern, muss man eigentlich nur die Staats- und Regierungschefs der EU zusammen mit den Außen- und Verteidigungsministern alle vier Wochen gemeinsam tagen lassen. Schon der

Zwang, sich den unterschiedlichen Sichtweisen auf die Welt regelmä-
ßig zu stellen, wäre ein heilsamer Fortschritt.

Eigentlich braucht Deutschland das Gegenteil eines hinter ver-
schlossenen Türen geheim tagenden Nationalen Sicherheitsrates:
nämlich eine öffentliche Diskussion über unser sicherheitspolitisches
Selbstverständnis in einer sich völlig veränderten Weltordnung. Die
politische Führung Deutschlands muss die Gesellschaft vom notwendigen Wandel in der Außen- und Sicherheitspolitik überzeugen.

Zu all dem gehört in Zukunft auch die Bereitschaft, gemeinsam
mit anderen Europäern militärische Mittel einzusetzen. Aber bevor
das ein Nationaler Sicherheitsrat beschließt, muss unsere Gesellschaft
in der Mehrheit dazu bereit sein. Die Verteidigungsministerin sollte
mal die deutsche Gesellschaft zu ihrer Wehrbereitschaft befragen. Die
Ergebnisse dürften zeigen, dass wir davon noch weit entfernt sind.
Die Abschaffung der Wehrpflicht war übrigens diesbezüglich eine
große strategische Fehlentscheidung, weil die Bundeswehr heute weit
weniger Teil unserer Gesellschaft ist. Nicht die Bundeswehr hat sich
von der Gesellschaft abgewandt, sondern große Teile der Gesellschaft
von der Bundeswehr.

In dieser öffentlichen Debatte steckt der richtige Kern der Diskussion, die Annegret Kramp-Karrenbauer Ende letzten Jahres begonnen hat. Sie füllt damit die sicherheitspolitische Leerstelle, die von
der Kanzlerin hinterlassen wird. Es wird Zeit, dass andere politische
Parteien in diese Diskussion einsteigen. Der politische Streit wird uns
guttun und am Ende auch Klarheit schaffen.

Die Erneuerung der sozialen Marktwirtschaft

Zur Reform unseres Wirtschaftsmodells gehört auch die Kritik an
dem ungebremsten Kapitalismus der letzten Jahrzehnte, Der globalisierte Kapitalismus durchläuft eine Zeitenwende, der Aufstieg des
Populismus ist nur eines von vielen Anzeichen dafür. Der Kapitalismus muss sozial dazulernen – oder er wird scheitern.

Bei all ihrer Rationalität ist unsere moderne Welt noch immer von Mythen geprägt. Denn sie versprechen Orientierung und Halt in einer immer mehr haltlos erscheinenden Zeit. Ein Mythos der Moderne bleibt der Nationalismus. Nationalisten sind Gläubige, die behaupten, alle kulturellen, sozialen und wirtschaftlichen Herausforderungen seien durch Protektionismus und isolationistische Kraftmeierei beherrschbar. Sie müssen sich ständig aufblasen und ihr Land als Heilsbringer größer erscheinen lassen, als es ist. Das ist ein ebenso anstrengendes wie zum Scheitern verurteiltes Unterfangen. Keine entwickelte Volkswirtschaft überlebt ohne den Anschluss an den Weltmarkt. Keine Verachtung von internationalen Plänen zur CO_2-Minderung stoppt die Erwärmung des Weltklimas und die Versauerung der Weltmeere. Kein Zaun ist hoch genug, um die Migrationsbewegungen unserer Zeit in den Griff zu bekommen. Die Probleme der Welt kann kein nationalistischer Gernegroß allein lösen.

Und auch wenn es auf den ersten Blick provozierend erscheinen mag, gibt es auch auf der linken Seite des politischen Spektrums Mythen, die denen der Nationalisten ähneln. Auch hier lohnt sich ein kritischer Blick: Die Produktionsmittel vergesellschaften zu wollen, ist ein nationalstaatlich gedachtes Instrument der sozialistischen Arbeiterbewegung des 19. und 20. Jahrhunderts. Angewandt haben diese Instrumente nirgendwo zu einer wirklich genossenschaftlich organisierten Volkswirtschaft geführt, sondern immer zu Verstaatlichungen. Auch hier also der sehnsuchtsvolle Blick zurück in die Zeiten des Nationalstaates. In der Praxis haben verstaatlichte Nationalökonomien dem internationalen Wettbewerb weitaus schlechter standhalten können als Volkswirtschaften, deren Produktionsmittel überwiegend in privater Hand verblieben waren. Am Ende landeten sie im Bankrott und in erheblichen sozialen und ökologischen Verwerfungen.

Warum funktionieren diese nationalen Mythen rechts und links wieder? Die Antwort ist einfach: Weil es Entwicklungen gibt, die den Resonanzraum dafür schaffen. Finanzkrise, obszöne Managergehälter einerseits und Altersarmut andererseits, mangelnde soziale Mobilität nach oben und steigende soziale Ungleichheit sowie »abgehängte«

Regionen oder Menschen, die den Eindruck haben, die Politik in den Landeshauptstädten oder in Berlin hätte sie vergessen – das sind nur einige Stichworte dafür. Kurz gesagt: Wo die soziale Marktwirtschaft verliert, gewinnt der Mythos radikaler Forderungen.

Der Ordo-Liberalismus als Fundament wusste im Übrigen sehr genau, dass Märkte Regeln brauchen, weil sonst Marktversagen droht. Mietpreisexplosionen, Bodenspekulation, Klimawandel und auch Altersarmut erwachsen aus Marktversagen. Märkte richten sich eben nach Knappheitsgraden und ihren Preisen und nicht nach den Bedürfnissen nach öffentlichen Gütern wie innere und soziale Sicherheit, ausreichend und bezahlbarem Wohnraum, Bildung, Umwelt und anderes mehr. Es sei denn, staatliche Politik setzt den Märkten Regeln oder gibt dem Marktversagen einen Preis. Die heutigen politischen »Neoliberalen« leugnen das und sind daher nur noch ein folkloristischer Wurmfortsatz dieser großen wirtschaftlichen Vordenker. Politische Institutionen finden keinen Respekt mehr, wenn sie sich anonymen Sachzwängen ergeben.

Der demokratische Staat und die ihn tragenden Parteien dürfen sich bei Strafe ihres Untergangs nicht mit Verhältnissen arrangieren, die für diejenigen, die wenig Macht besitzen, inakzeptabel sind und die ganz offensichtlich nicht in der Lage sind, Menschheitsprobleme wie den Klimawandel zu lösen. Wer Gerechtigkeit mit dem kalten Verweis auf die Konkurrenzfähigkeit des Wirtschaftsstandorts abtut, nährt nur die Wut. Die Mythologie der alternativlosen Verbindung von Globalisierung und Deregulierung taugt auch nicht für die Zukunft. So wenig wie im Feudalismus die Privilegien herrschender Klassen auf Dauer hinnehmbar waren, so wenig kann ein System überleben, das überall Regeln und Rechte zertrümmert und nur den Starken nutzt.

Die Globalisierung als wirtschaftliche Strategie und politisches Konzept hat sicher eine weit größere Verankerung in der Rationalität als die verschiedenen Strömungen des Isolationismus. Sie bewertet Menschen nicht nach Hautfarbe, Religion oder Nation. Sie baut keine Mauern und Eisernen Vorhänge. Sie öffnet Grenzen, physisch wie intellektuell, und erweitert die Freizügigkeit und das Wissen der Menschheit. Es stimmt, dass die Globalisierung bis heute ein starker Motor der wirtschaftlichen Entwicklung ist. Seit 1950 ist die Weltwirtschaft im Durchschnitt zwischen 2,5 und 5,5 Prozent jährlich gewachsen. Der Anteil der Menschheit, der in Armut lebt, sinkt. In China ist seit dem Greifen der Wirtschaftsreformen von Deng Xiaoping mehr als eine halbe Milliarde Menschen der Armut entkommen.

Doch zur Bilanz der Globalisierung gehören die harten Gegensätze zwischen Gewinnern und Verlierern. Nach Berechnungen von Oxfam besitzt das reichste eine Prozent der Weltbevölkerung fast 50 Prozent des weltweiten Vermögens. Die Vereinten Nationen berichten von noch immer 1,2 Milliarden Menschen in extremer Armut.

Der globalisierte Kapitalismus unserer Tage droht die Unabhängigkeitserklärungen der großen demokratischen Revolutionen, die Erklärungen der Menschen- und Bürgerrechte und die Errungenschaften der Arbeiterbewegungen zu kassieren. Er spaltet. Er übertreibt. Er riskiert den sozialen Zusammenhalt der Gesellschaften. Und er produziert als Abfallprodukt politischen Radikalismus. »Pass dich an!« ist kein Satz der Hoffnung, sondern ein Satz der Angst und des Wegduckens. Politisch stößt er uns zurück in Fremdbestimmung. Und der Satz rüttelt am Wesenskern unserer gesellschaftlichen Entwicklung seit der Aufklärung: an der Freiheit zu einem selbstbestimmten Leben.

Die alten sozialen Fragen tauchen in der Globalisierung von Wirtschaft und Politik letztlich nur in neuem Gewande auf. Insofern ist der erneute Kampf um die angemessene Antwort auf die sozialen Fragen wie schon einmal im 19. und 20. Jahrhundert durchaus auch ein erneuter Kampf gegen autoritäre und unterdrückende Machtapparate. Man kann ihn nur nicht mit den gleichen (untauglichen) Mitteln führen wie damals.

Wer den Resonanzraum für Mythen wieder kleiner machen will, muss deshalb die Idee der sozialen Markwirtschaft erneuern. »Eigentum verpflichtet«, heißt es im Grundgesetz. »Sein Gebrauch soll zugleich dem Wohle der Allgemeinheit dienen«. Nur wenn dieser Verfassungsgrundsatz des Artikels 14 Absatz 2 erlebte Wirklichkeit in Deutschland und Europa ist, kann das gelingen. Dazu gehört auch die Umverteilung von Reichtum, der ja nie allein privat erarbeitet werden kann, sondern immer der Voraussetzung eines funktionierenden Gemeinwesens und der Qualität der Arbeit vieler bedarf. Das fängt natürlich im eigenen Land an – und zwar gerade bei uns in Deutschland, das sich stets als Hort der sozialen Marktwirtschaft verstanden hat. Wer das Gemeinwohl und das Wohl von Millionen Menschen am unteren Ende der Einkommens- und Vermögensskala infrage stellt, der darf sich nicht wundern, wenn irgendwann die Scheiben klirren und wie in Frankreich die Gelbwesten übergestreift werden.

Die Grundlagen der großen Erfolge der Idee der sozialen Marktwirtschaft liegen aber eben auch im letzten Jahrhundert, als der soziale Ausgleich noch mittels nationaler Wirtschafts-, Steuer- und Sozialpolitik erreicht werden konnte. Schon in Europa und allemal global fehlen ähnliche Steuerungsinstrumente. Deshalb erweisen sich die sozialen Marktwirtschaften oft als zu schwach, um dem Kapitalismus soziale Grenzen setzen zu können. Die Antwort auf das Marktversagen und damit auf die Gestaltungslücken der sozialen Marktwirtschaft ist deshalb weder die Abkehr von Europa und die Rückkehr ins Nationale noch die Abschaffung des Privateigentums und der Ersatz von privaten Güter- und Dienstleistungsmärkten durch staatliche Planungen, sondern eine immer stärkere Europäisierung und Globalisierung von staatlich gesetzten Marktregeln.

Deshalb brauchen wir eine europäische Besteuerung der Finanzmärke, gemeinsame europäische Instrumente zur Bekämpfung von Konjunktur- und Strukturkrisen und eine Abschaffung der Gerechtigkeitswüsten in Europa, die wir meist als Steuer-»Oasen« bezeichnen. Nur das bringt uns die Mittel, Schritt zu halten bei Forschung, Technologie und Bildung mit Giganten wie China oder in wirklich erkennbarem Maße in Afrika zu investieren, um dem Kontinent zu mehr Stabilität und Unabhängigkeit zu verhelfen. Und nur eine Stärkung des Währungsraums des Euro schafft uns mehr Souveränität gegenüber den drohenden Handelspraktiken der USA.

Es geht erneut um das Erkämpfen von sozialen Regeln für Märkte, die – wenn sie unreguliert sind – zu Übertreibung und zur Gnadenlosigkeit neigen. Es geht aber auch um das Erringen – manchmal auch nur um das Verteidigen – der demokratischen Substanz. Beide Kämpfe – die sozialen und die demokratischen – sind unter den Bedingungen der Globalisierung weitaus schwieriger zu führen. Als beim ersten Treffen der internationalen sozialdemokratischen Arbeiterassoziation 1898 in Paris der 1. Mai als »Kampftag der internationalen Arbeiterbewegung« erfunden wurde, lautete der Slogan: »Der Kapitalismus ist national organisiert – dagegen hilft nur die internationale Solidarität der Arbeiterbewegung.« Heute, gut 120 Jahre später, stellen wir fest: Das Einzige, was wirklich international organisiert ist, ist der Kapitalismus.

Insofern ist die Globalisierungskritik Zeichen eines neuen historischen Fortschritts. Die Welt ist dabei, aus den Fugen zu geraten. Wir erleben eine Zeitenwende. Es kommt in dem vor uns liegenden Jahrzehnt ganz offenkundig darauf an, eine globale Ordnung zu etablieren, die Bedürfnisse nach Sicherheit und Gerechtigkeit befriedigen kann. Sicherheit und Gerechtigkeit für alle oder doch möglichst viele. Oder wie es der verstorbene katholische Bischof von Hildesheim, Josef Homeyer, unmittelbar nach dem Attentat vom 11. September 2001 weitsichtig formulierte: »Das Ziel der Globalisierung muss Gerechtigkeit für alle werden und nicht Reichtum für wenige.« Und in Deutschland und Europa müssen wir damit anfangen.

V.

Vor allem anderen:
Warum ich Sozialdemokrat bin!

Die jüngsten Entwicklungen in der deutschen Sozialdemokratie
machen es für viele Beobachter und (ehemalige) Wählerinnen und
Wähler nicht leicht, noch an eine Zukunft dieser ältesten demokratischen Partei auf dem europäischen Kontinent als gestalterische Kraft
zu glauben. Pessimisten sind bekanntlich Optimisten, die zu viel wissen. Trotzdem bin ich davon überzeugt, dass es gerade das Wissen um
die Geschichte der Sozialdemokratie ist, was uns Gründe für einen
durchaus optimistischen Blick auf die Fortsetzung der mit ihr verbundenen Ideengeschichte liefert. Die Vorstellung von einer Welt, in
der Bedingungen herrschen, unter denen der Lebensweg eines jeden
Menschen offen ist und nicht durch Geburt, Einkommen der Eltern,
Religion, Hautfarbe oder Geschlecht bereits entschieden ist, wie das
Leben verläuft, ist heute so attraktiv wie vor über 150 Jahren bei
der Gründung der sozialdemokratischen Bewegung. Offen ist allerdings, ob das »Gefäß«, in der diese Ideen entwickelt, geschützt und
unter das Volks gebracht werden, noch die heutige Sozialdemokratische Partei Deutschlands sein wird. Das ist nach wie vor möglich,
aber eben keineswegs sicher.

Ein einzigartiges historisches Vermächtnis

Die Geschichte dieser Partei ist so stolz, weil mit der SPD selbst in den dunkelsten Phasen der deutschen Geschichte die Forderung nach Freiheit und Demokratie in Deutschland lebendig geblieben ist. Die SPD steht für die gute Kontinuität in der deutschen Geschichte: Sie strebte nach Freiheit, wenn andere die Freiheit ersticken wollten. Sie lebte die Demokratie, als andere sie als undeutsch und verbürgerlicht diffamierten. Sie trat für gleiche Menschen- und Bürgerrechte ein, als andere die unterschiedliche Wertigkeit von Menschen propagierten. Sie verteidigte die Demokratie, als andere Diktaturen errichteten oder ihre Errichtung zuließen. Niemand hat diese politische Überzeugung der Sozialdemokratie eindringlicher formuliert als Otto Wels in seiner Rede gegen Hitlers Ermächtigungsgesetz: »Kein Ermächtigungsgesetz« – so Wels – »gibt Ihnen die Macht, Ideen, die ewig und unzerstörbar sind, zu vernichten.« Der Preis für diese unbeugsame Haltung war hoch. Der große Sozialdemokrat Julius Leber, einer der Mitverschwörer gegen Hitler, schrieb in einem Brief an seine Angehörigen vor seiner Hinrichtung in Plötzensee: »Für eine so gute und gerechte Sache ist der Einsatz des Lebens der angemessene Preis«. Ein solcher Satz macht uns schlagartig klar, wie viel sich seit damals zum Guten in unserem Land verändert hat. Es waren nicht nur, aber eben vor allem Sozialdemokratinnen und Sozialdemokraten, die Freiheit und Demokratie mit ihrem Leben verteidigt haben.

Deshalb sage ich: Die SPD ist das Rückgrat der deutschen Demokratie! Sie ist die einzige demokratische Konstante in der deutschen Geschichte. Manchmal war der Weg schmerzhaft, manchmal waren auch unsere Antworten nicht ausreichend, und manchmal haben wir Fehler gemacht. Aber nie haben Sozialdemokratinnen und Sozialdemokraten etwas getan, für das sie sich so sehr schämen mussten, dass sie den Namen SPD hätten ändern müssen. Das ging allen anderen Parteien in Deutschland anders. Für mich war das der wichtigste Grund, warum ich vor fast 44 Jahren in die SPD eingetreten bin, und er ist es bis heute geblieben.

Es gibt etwas, was man aus dieser Geschichte der SPD lernen kann. Etwas, was auch heute noch wichtig ist, für die ganze Gesellschaft, und was Anlass zu Mut und Optimismus gibt: In der Geschichte der SPD waren es oft die sogenannten kleinen Leute, die Großes geleistet haben. Otto Wels, der Hitler die Stirn bot, war Sohn eines Gastwirts und Tapezierergeselle. Willy Brandt, der Deutschland mit seinen Nachbarn aussöhnte, war unehelicher Sohn einer Konsumverkäuferin. Marie Juchacz, erste Rednerin in der Weimarer Nationalversammlung nach Einführung des Frauenwahlrechts 1919, war Dienstmädchen und Schneiderin. Und Gerhard Schröder, auch in sehr einfachen Verhältnissen aufgewachsen, fand den Mut, Deutschland aus der Agonie zu führen und bewahrte das Land zugleich vor einem verheerenden Kriegsabenteuer im Irak. Frauen und Männer wie August Bebel, Friedrich Ebert, Otto Wels, Marie Juchacz, Kurt Schumacher, Elisabeth Selbert, Willy Brandt, Gerhard Schröder sind der Beleg dafür, dass Herkunft nichts mit Haltung zu tun hat. Nein, den meisten Frauen und Männern in der SPD wurde es nicht in die Wiege gelegt, Politik zu gestalten. Doch sie haben bewiesen, dass jeder Mensch, gleich welcher Herkunft, etwas Gutes und Großes aus seinem Leben machen kann – gemeinsam mit anderen und für andere Menschen.

Die Sozialdemokraten machten aus der liberalen Idee von Freiheit das Projekt der sozialen Emanzipation – die Idee eines guten Lebens für alle Menschen, durch Freiheit, Gerechtigkeit und Solidarität. Erst die Sozialdemokratie hat die liberale Idee der demokratischen Emanzipation mit der Idee sozialer Emanzipation verbunden. Und diese Verbindung ist zum Wesenskern der deutschen und der internationalen Sozialdemokratie geworden.

Seit nun fast 160 Jahren setzen Sozialdemokratinnen und Sozialdemokraten ihre Ideen in die Praxis um. Die deutsche Sozialdemokratie hat den demokratischen Rechtsstaat, die bürgerliche Demokratie immer verteidigt. Sie hat das Allgemeinwohl über Parteitaktik gestellt, wie Willy Brandt in seiner Abschiedsrede am 14. Juni 1987 herausgestellt hat: »Die Partei ist nicht um ihrer selbst willen da. Sie ist der Menschen wegen da.«

Der eigentliche Grund dafür, dass über Generationen und noch heute viele Menschen den Weg zur SPD finden, ist die Idee demokratischer und sozialer Emanzipation. Bis heute lässt sie junge Menschen in die SPD eintreten. Es ist diese Idee von Freiheit, die bis heute fasziniert. Freiheit in doppelter Hinsicht: Jeder Mensch soll frei sein von Unterdrückung, Not und Verfolgung. Aber eben auch frei zu einem selbstbestimmten Leben. Denn nicht die Herkunft, das Einkommen der Eltern, Hautfarbe, Geschlecht oder Religion sollen über den Lebensweg eines Menschen entscheiden. Gewiss: Um das gelungene Leben selbst muss sich jeder persönlich und von sich aus kümmern. Aber die demokratischen und sozialen Bedingungen dafür zu schaffen, dass das auch für jeden Menschen möglich wird, das ist die politische Aufgabe der Sozialdemokratie.

Angesichts einer Weltwirtschaftsordnung, in der für soziale und ökologische Spielregeln kein Platz zu sein scheint, und angesichts auch einer zunehmenden sozialen und kulturellen Spaltung in Europa und unserer eigenen Gesellschaft geht es heute wieder um diese Idee der Sozialdemokratie: nämlich Bedingungen dafür zu schaffen, dass jeder Mensch die Chance hat, sein Leben selbstbestimmt zu führen.

Davon sind wir heute weit entfernt: Wir haben Hunderte von Milliarden Euro und US-Dollar ausgegeben, um unsere Volkswirtschaften vor den Folgen der Banken- und Finanzmarktspekulation zu retten. Aber es fehlt das Geld, um drei Milliarden Menschen auf der Erde den Zugang wenigstens zu sauberem Wasser zu ermöglichen. Ungeheurer Reichtum ist auf den internationalen Finanzmärkten zu finden, aber sie tragen nirgendwo ihren Anteil an der Finanzierung der öffentlichen Güter und des Gemeinwohls.

Aber auch in unserem eigenen Land sind die Bedingungen keineswegs so, dass alle Menschen die Chance auf ein selbstbestimmtes Leben besitzen: Viele der in Deutschland in den letzten Jahren neu geschaffenen Arbeitsplätze sind befristete Beschäftigungsverhältnisse. Leih- und Zeitarbeit wachsen, schon ein Viertel der Arbeitnehmer in Deutschland arbeiten in prekären Beschäftigungsverhältnissen. Trotz jahrzehntelanger Arbeit wachsen inzwischen unzählige Menschen in die Altersarmut hinein. Und ausgerechnet in Deutschland hat Bildung längst nicht mehr den Stellenwert, den junge Menschen brauchen, um sich ein selbstbestimmtes Leben erarbeiten zu können.

Das Recht auf demokratische Selbstbestimmung – oder wie andere es nennen: das Primat der Politik – durchzusetzen und die sozialen Bedingungen zu schaffen, damit ein gelungenes Leben aller möglich wird: das ist die richtige Antwort auf die ökonomische Globalisierung. Denn diese kennt aus sich heraus weder Menschenrechte noch soziale Sicherheit oder ökologische Verantwortung. Der ungebändigte Kapitalismus der Finanzmärkte, der Zugriff auf die individuellen Daten jedes einzelnen Menschen durch das Internet oder die Spekulation mit Nahrungsmitteln, Böden und Rohstoffen kennt nur den Preis für das Heute und nicht die Kosten für das Morgen.

Wem an der Zukunft unserer Kinder, am Erhalt ihrer Lebensgrundlagen gelegen ist, der muss diese, ihre Zukunft zurück in die Politik holen. Deshalb dürfen wirtschaftlicher Erfolg und technischer Fortschritt immer nur Mittel zum Zweck sein, nämlich zum Zweck demokratischer und sozialer Emanzipation – und nicht umgekehrt. Genau das ist die Idee der Sozialdemokratie heute wie vor 156 Jahren.

Allerdings: Die Entfaltung von Freiheit und Gerechtigkeit in einer solidarischen Gesellschaft können wir nicht mehr allein in einem Nationalstaat schaffen. Die zweite Bändigung des Kapitalismus wird nur erfolgreich sein, wenn wir sie mit anderen gemeinsam anpacken. Zuallererst in Europa. Europa braucht daher einen zweiten Anlauf. Europa muss demokratischer und sozialer werden – man könnte auch sagen: sozialdemokratischer. Gemeinsam wollen wir die Idee der Nachhaltigkeit zum Erfolg verhelfen, in der wirtschaftlicher Erfolg, soziale Sicherheit und ökologische Verantwortung zusammengebracht werden.

Wirklich meistern können wir diese Aufgabe aber nur dann, wenn wir die Entleerung des Politischen stoppen. Denn die größte Gefahr für die Demokratie geht heute vom wachsenden Fatalismus in unserer Gesellschaft aus. Tatsächlich war der größte Gegner der Sozialdemokratie nie eine konkurrierende Partei, sondern immer nur das Ohnmachtsgefühl der Menschen. Die SPD lebt stets vom Hoffnungsüberschuss, vom Glauben der Menschen, dass sich das Leben gemeinsam zum Besseren verändern lässt, und davon, dass sich demokratisches Engagement und Politik lohnen. Genau das meinte Willy Brandt mit seinem berühmten Satz: »Wir wollen mehr Demokratie wagen.« Und »mehr Demokratie wagen« heißt heute: Der Markt ist kein Schicksal, die Globalisierung keine Naturgewalt.

Und wenn jemand heute nach einer neuen Vision, nach einem großen Ziel der Sozialdemokratie fragt, dann lautet die Antwort: Die Globalisierung darf nicht Reichtum für wenige, sondern muss Gerechtigkeit für alle bedeuten. Wir können diese Welt auch heute noch zum Besseren verändern. Und sie braucht diese Veränderung – heute wie vor 156 Jahren.

Was die Sozialdemokratie als Geisteshaltung ist, hat Ernst Bloch einmal auf den Punkt gebracht: »Man muss ins Gelingen verliebt sein, nicht ins Scheitern.« Dass gesellschaftlicher Fortschritt möglich ist – trotz aller Schwierigkeiten, Rückschläge und manchmal auch Enttäuschungen –, diesen Optimismus kann uns unsere stolze Geschichte geben. Sie lehrt uns: Ein besseres Land kommt nicht von allein. Oder, um es mit Karl Richter, einem alten Sozialdemokraten, zu sagen, der sein Leben an seinem 100. Geburtstag mit den Worten zusammenfasste: »Du musst das Leben nehmen, wie es ist. Aber Du darfst es nicht so lassen.«

Mein Weg in und mit der SPD – nie Juso, immer Falke

Schon vor meinem förmlichen Eintritt in die SPD im Jahre 1976 war ich Sozialdemokrat. Es war ausgerechnet ein Manager, ein Vertreter der Wirtschaft, der mich zur Sozialdemokratie brachte: Karl-Heinz Naumann, leitender Angestellter eines damals in meiner Heimatstadt Goslar bedeutenden Industrieunternehmens. Er lud für den SPD-Ortsverein zur Gründung eines Ortsverbandes der »Sozialistischen Jugend Deutschlands – Die Falken« ein, einer sehr alten sozial-demokratischen Jugendorganisation. Ihre Gründung geht zurück auf den Selbstmord eines Berliner Lehrlings, den man im Berliner Grunewald fand und der ganz offensichtlich keinen anderen Ausweg vor den Schlägen seines Lehrmeisters mehr wusste, als sich das Leben zu nehmen.

Der Verband der arbeitenden und lernenden Jugend wurde durch sozialdemokratische Eltern und Pädagogen ins Leben gerufen. Daraus entwickelte sich ebenso die Reichsarbeitsgemeinschaft der Kinderfreunde Deutschlands mit den Roten Falken wie die Sozialistische Arbeiterjugend (SAJ). Das Blauhemd, das später in einer militarisierten Form auch von der FDJ der DDR getragen wurde, sollte den »Blaumann« symbolisieren, also den Schlosseranzug der Arbeiterschaft. In großen Zeltlagern mit Tausenden von Kindern wurden die »Roten Kinderrepubliken« ins Leben gerufen, in denen Kinder und Heranwachsende die Demokratie lernen sollten. Damals – vor dem Zweiten Weltkrieg – war man als Mitglied der Jugendorganisation zugleich SPD-Mitglied.

Nach dem Verbot und der Verfolgung durch die Nazis wurden die Falken nach Ende des Krieges schnell wieder gegründet. Der spätere SPD-Vorsitzende Erich Ollenhauer war selbst in der Weimarer Republik bei den Falken, ebenso wie Willy Brandt oder Bruno Kreisky, der spätere österreichische Bundeskanzler, in seinem Land. Nun allerdings war der Jugendverband formell selbstständig und stand nicht selten in kritischer Distanz zur SPD.

Die Jungsozialisten, die offizielle Jugendorganisation der SPD, wurde viel später gegründet und sind letztlich eine Arbeitsgemeinschaft der unter 35-Jährigen in der SPD. In meiner Heimatstadt hatte ich auch die Jusos im örtlichen Jugendzentrum kennengelernt, aber die lasen »Lohn, Preis, Profit« von Karl Marx und ich verstand kein Wort. Die Falkengruppe von Karl-Heinz Naumann aber bereitete das nächste Jugendzeltlager in Schweden vor. Das war mehr nach meinem Geschmack. Der Sozialismus war eine Idee, die wir auch gut fanden, aber mit unseren Mädels ohne Aufsicht der Eltern drei Wochen ins Zeltlager zu fahren, übte eine durchaus stärkere Anziehungskraft auf uns aus.

So war ich dann also seit 1975 Mitglied der Falken und bald auch der Arbeiterwohlfahrt, denn die damalige Kreisvorsitzende Beatrix Paul imponierte uns durch ihr resolutes Eintreten für die Schwächeren in unserer Stadt.

Für Politik interessierte ich mich eigentlich seit der 9. und 10. Klasse meiner Realschule »Mittelschule für Knaben«. Gemischte Klassen mit Jungs und Mädchen gab es an unserer Schule erst später. Wir waren eine ziemliche Rasselbande und schwer in den Griff zu bekommen. In den ersten zwei Klassen waren wir mit 45 Kindern in einer Klasse, aber wir lernten die ersten jungen und progressiven Lehrerinnen und Lehrer kennen. Am Ende unserer Schulzeit dämmerte uns, dass wir überhaupt keine Idee davon hatten, was danach kommen würde. Ein Berufspraktikum oder eine Vorbereitung auf die Berufswahl gab es damals nicht. Man wurde im Zweifel das, was die Eltern waren. Der Gymnasialanteil lag bei zehn Prozent und in dem Stadtteil, in dem ich aufwuchs, waren wir als »Mittelschüler« schon die Ausnahme. Bei allen anderen hieß es: Neun Jahre sind genug, dann muss Geld ins Haus kommen. Nicht wenige meiner Freunde machten später über Abendschule und den zweiten Bildungsweg ihren Werdegang – weit schwerer, als es nötig gewesen wäre.

Unsere erste Protestaktion, die es in die Zeitung schaffte, war eine Beschwerde gegen die mangelnde Berufsvorbereitung. Eine halbe Seite plus Foto – das erregte damals Aufsehen. Es folgte eine wütende Reaktion unserer Schulleitung und eine Klassenkonferenz. Wir wurden als »Nestbeschmutzer« beschimpft. Im Ergebnis führte das eher zur Politisierung, denn zeitgleich gab es in unserer kleinen Stadt eine Protestbewegung für ein autonomes Jugendzentrum im stillgelegten und vom Abriss bedrohten ehemaligen Krankenhaus. Aufruhr lag also selbst bei uns in der Provinz in der Luft.

Meine Mutter war Krankenschwester und für die damalige Gewerkschaft ÖTV auch im Personalrat. Das hieß nicht, dass Politik bei uns zu Hause eine Rolle spielte. Aber sie besaß ein wirklich großes Gefühl für das, was gerecht und was ungerecht ist. Ich bin sicher, dass ich dieses Empfinden durch sie gelernt habe und es mich letztlich zur SPD geführt hat. Immerhin sorgten die Familienrechts- und Bildungsreformen dafür, dass sich meine Mutter gegen meinen Vater durchsetzen und ich später sogar Abitur machen konnte. Mein Leben war – ohne, dass ich es damals wusste – sehr von der Politik der ersten sozialdemokratischen Bundesregierung Willy Brandts geprägt. Bis zu meinem zehnten Lebensjahr musste ich bei meinem Vater leben, meine Schwester dagegen bei meiner Mutter. So sah es das Familiengericht vor – aus welchen seltsamen Überlegungen heraus auch immer. Meine Mutter stritt mehr als sieben Jahre vor den Familiengerichten, um das Sorgerecht für mich zu bekommen. Ich mag mir heute gar nicht vorstellen, was aus mir geworden wäre, wenn sie das nicht getan hätte und ich bei meinem Vater geblieben wäre. Denn er war bis zu seinem letzten Atemzug ein überzeugter Nationalsozialist – und benahm sich auch zu Hause so. Ich habe oft überlegt, ob ich aus Gründen des Widerstands gegen ihn zur SPD gefunden habe, aber das kann eigentlich nicht sein, weil ich ja bereits mit zehn Jahren zu meiner Mutter kam und mich erst mit etwa 15 Jahren wirklich für Politik interessierte.

Viele Jahre – eigentlich bis 1986 – war ich ausschließlich bei den Falken aktiv, obwohl ich 1977 in die SPD eintrat. Als Folge eines Wahlkampfauftritts von Helmut Schmidt im Jahr 1976 im Bundestagswahlkampf in Goslar. Zwischendurch war ich sogar aus Protest gegen einen gewalttätigen Polizeieinsatz gegen ein paar jugendliche Hausbesetzer in der Stadt Goslar aus der SPD ausgetreten, denn die SPD-Ratsfraktion hatte dieser Räumung zugestimmt, obwohl sie uns etwas anderes versprochen hatte. Und rausfliegen aus der SPD sollte ich gleich zweimal: einmal wegen gemeinsamer Aktivitäten in der Friedensbewegung mit Kommunisten und einmal, weil die SPD keine Beteiligung von SPD-Mitgliedern an Demonstrationen gegen Franz Josef Strauß im Bundestagswahlkampf 1980 erlauben wollte – aus Angst, Sozialdemokraten könnten dabei in Gewalttätigkeiten verwickelt werden. Wir demonstrierten trotzdem gegen Strauß, als er

1980 nach Goslar kam – friedlich natürlich. Rausgeworfen hat mich mein damaliger Kreisvorsitzender Jürgen Linde, parlamentarischer Geschäftsführer von Herbert Wehner, dann doch nicht. Später schien er ganz froh zu sein, es nicht getan zu haben.

1986 verlor Gerhard Schröder die Landtagswahlen in Niedersachsen mit einem Mandat gegen den CDU-Ministerpräsidenten Ernst Albrecht. Ich bildete mir ein, dieses Mandat sei in meiner Heimatstadt verloren gegangen, die bis dahin viele Jahre von der CDU dominiert wurde. Zum lauten Gelächter meiner Göttinger Studenten-WG erklärte ich am Wahlabend, das nächste Mal würde ich in Goslar zur Landtagswahl antreten und den Wahlkreis gewinnen. Mein Mitbewohner Ralf Gorny meinte damals nur lakonisch: »Na klar, auf dich haben sie da gerade gewartet.«

So wurde ich 1987 erst Kreistagsabgeordneter der SPD im Landkreis Goslar und ab 1991 auch Ratsherr. Zehn Jahre lang war ich Kommunalpolitiker. Aber ich gewann 1990 tatsächlich auch das Direktmandat zum Landtag in Goslar. Acht Mal habe ich seither in meinem Wahlkreis jede Wahl direkt gewonnen – zwischen 1990 und 2003 jeweils bei den niedersächsischen Landtagswahlen und danach bis zu meinem Ausscheiden aus dem Bundestag 2019 in den Bundestagswahlkämpfen. Ich war immer stolz darauf, direkt gewählter Abgeordneter zu sein und nicht abhängig von einem Listenplatz. Aber ich gebe zu, dass ich bei meiner ersten Wahl nicht damit gerechnet hatte, zu gewinnen. Sicherheitshalber hatte ich bereits eine Bewerbung als wissenschaftlicher Mitarbeiter im Volkswagenwerk in Salzgitter abgegeben und war angenommen worden. Am Montag nach der Wahl sollte ich da anfangen. Stattdessen musste ich anrufen und sagen: »Tut mir leid, es ist blöd gelaufen. Ich habe gewonnen.« So fing alles an.

Die eigenen Fehler

Wer so lange wie ich hauptberuflich Politik betrieben hat und dabei, wie Max Weber es mal brillant vor fast hundert Jahren in seinem

Aufsatz unter dem Titel »Politik als Beruf« beschrieben hat, im Bohren harter Bretter eine gewisse Übung erreicht hat, dem gelingt selten nach kurzer Zeit die Distanz zur Basis des bisherigen Tuns, vor allem dann nicht, wenn diese so etwas ist wie die politische Heimat: die SPD. Und so kann ich auch nicht so tun, als ob mich die dramatische und in Teilen selbst verschuldete Verzwergung meiner Partei unberührt lässt. Die stolze Sozialdemokratie nach 156 Jahren bei kümmerlichen 13 oder 14 Prozent stehen zu sehen, ist etwas, was ich mir nie hätte vorstellen können. Und man muss befürchten, dass es noch schlimmer kommen kann, wie das Beispiel der französischen Sozialisten zeigt. Interessanterweise übrigens eine Entwicklung, die nichts mit der Frage zu tun hat, ob man in einer Großen Koalition ist oder nicht, denn Frankreichs Sozialisten stürzten unmittelbar nach einer Phase ab, in der sie praktisch unangefochten allein die Regierungsverantwortung trugen. Der in der SPD weit verbreitete Glaube, die sogenannte Große Koalition zwischen den Unionsparteien und der SPD sei der zentrale Grund für ihren Absturz, ist eher der Versuch, sich um die Beantwortung schwierigerer Fragen zu drücken. Das wird sich in der Opposition, auf die sich die SPD geradezu zu freuen scheint, schnell erweisen.

Für den dramatischen Bedeutungsverlust der Sozialdemokratie gibt es viele Gründe – getreu nach dem Motto: Viele Hunde sind des Hasen Tod. So spielen sicher Personen und ihre mediale Wahrnehmung ebenso eine Rolle wie die Konjunktur politischer Themen.

Natürlich frage ich mich heute selbst immer wieder, wie groß eigentlich meine eigene Verantwortung für die schwierige Entwicklung meiner Partei ist. Denn immerhin war ich bis 2017 fast acht Jahre lang ihr Vorsitzender. Ich behaupte jedenfalls nicht, dass ich in dieser Zeit alles richtig gemacht habe. Als ich 2009 auf dem Dresdner Bundesparteitag zum Vorsitzenden gewählt wurde, hatte die SPD kurz zuvor eine dramatische Wahlniederlage bei der Bundestagswahl einstecken müssen und war um über elf Prozent gegenüber der vorherigen Wahl 2005 auf 23 Prozent abgestürzt und fand sich auf

den Oppositionsbänken wieder. Der damalige SPD-Kanzlerkandi-
dat und heutige Bundespräsident Frank-Walter Steinmeier sah diesen Absturz als seine persönliche Niederlage an, die ihm unverkenn-
bar sehr zusetzte. Aus meiner Sicht war diese Wahlniederlage aber
schon damals der Beginn eines strukturellen Rückgangs der Wahl-
chancen der SPD und hatte nichts mit dem Kandidaten zu tun, der
ja ein in seiner Popularität ähnlich hoch geachteter Außenminister
war wie die CDU-Kanzlerin. Die große Mehrzahl der SPD-Man-
datsträgerinnen und Mandatsträger aber war der Überzeugung, das
schlechte Wahlergebnis sei sozusagen ein »Ausrutscher«, der letztlich eine Spätfolge der ungeliebten Reformpolitik des SPD-Kanzlers Gerhard Schröder sei, als deren Architekt Steinmeier ja zu Recht
galt.

Mein erster und möglicherweise größter Fehler war, diese für die
SPD schwierige Auseinandersetzung mit längerfristigen und tiefer-
gehenden Ursachen unserer Wahlniederlage nicht konsequent genug
geführt zu haben. Viel zu schnell haben wir damals versucht, in den
Oppositionsmodus und auf Angriff auf die neue Regierung von
CDU/CSU und FDP umzuschalten, und viel zu oberflächlich war
unsere Auseinandersetzung mit unseren eigenen Fehleinschätzungen.
Die einen wollten aus guten Gründen keine »Generalabrechnung« mit
der Regierungszeit von Gerhard Schröder, dessen Kanzleramtsminis-
ter Frank-Walter Steinmeier nun der neue SPD-Fraktionsvorsitzende
im Bundestag war. Die anderen wollten aber genau dieses öffentliche Schuldeingeständnis und die Selbstgeißelung der SPD für die
Zeit ihres Regierungshandelns. Als Vorsitzender hatte ich zusammen
mit meinen Stellvertreterinnen und Stellvertretern und der damaligen
Generalsekretärin Andrea Nahles alle Hände voll damit zu tun, die
SPD zu stabilisieren, sie zugleich nach den langen Jahren als Regierungspartei oppositionsfähig zu machen, ohne dabei den Eindruck zu
erwecken, dass diese sich zu sehr von eben diesen Jahren der Regierungsverantwortung distanziere. Das ist uns gemeinschaftlich auch
gut gelungen. Aber rückblickend habe ich bei diesem Balanceakt zu
wenig Wert auf eine gründliche Analyse unserer Defizite gelegt. Dafür

aber wäre ich als Vorsitzender zuständig gewesen. Das sollte uns Jahre später noch einholen. Wir hätten damals bereits manches bemerken können, was uns dann 2013 und 2017 mit noch heftigerer Wucht traf und worüber ich im weiteren noch ausführlicher scheiben werde.

Gut sieben Jahre später, im Januar 2017, schlug ich dem SPD-Vorstand vor, den ehemaligen Präsidenten des Europäischen Parlaments, Martin Schulz, mit der Führung der SPD und damit auch der Kanzlerkandidatur zu betrauen. Zu dem Zeitpunkt lag die SPD nach einem leichten Zugewinn bei der Bundestagswahl 2013 von drei Prozent auf rund 26 Prozent in den Umfragen nur noch bei 21 Prozent. Auch aus meiner heutigen Betrachtung ein Wählerverlust, der zentral mit der Zuwanderung von mehr als einer Million Flüchtlingen in den Jahren 2015/2016 zusammenhing. Beide großen Parteien – Union und SPD – verloren damals jeweils etwa 20 Prozent ihrer Anhängerschaft. Ich habe damals für die Öffnung der Grenzen gestimmt und würde es heute wieder tun, weil das die einzig verantwortbare menschliche Haltung war. Aber ich machte mir 2015 und 2016 keine Illusionen darüber, dass dies auch zu erheblichen Auseinandersetzungen in der deutschen Bevölkerung führen würde. Aus diesem Grund wollte ich 2016 so etwas wie einen großen Solidarpakt schmieden, bei dem wir nicht nur den Flüchtenden helfen, sondern zugleich der einheimischen Bevölkerung zeigen, dass wir niemanden vergessen und uns auch um die existierenden Probleme in Deutschland kümmern. Etwa um bessere Renten oder deutlich mehr sozialen Wohnungsbau. Denn überall waren Sätze zu hören wie: »Für die Flüchtlinge macht ihr alles, aber für meine Rente ist kein Geld da.«

Meine SPD wollte davon aber nichts hören. Für sie war allein der Gedanke, dass wir Wählerinnen und Wähler wegen der Öffnung der Grenzen verlieren könnten, fast so etwas wie Hochverrat. Ich erinnere mich noch an die Empörung am Vorabend des SPD-Bundesparteitages 2015, als ich meinen Vorstandskollegen sagte, dass die SPD unter 20 Prozent rutschen würde, wenn wir uns nicht endlich den Problemen der Flüchtlingszuwanderung stellen würden. Am Tag danach wurde ich mit einem Ergebnis von nur knapp 75 Prozent wiedergewählt. Meine scheinbar widersprüchliche Haltung zur Flüchtlingspolitik war einer der großen Kritikpunkte auf diesem Parteitag.

Zuvor hatte ich Anfang 2015 schon »gewagt«, einer Einladung der Landeszentrale für politische Bildung in Sachsen zu einer Veranstaltung zu folgen, bei der Befürworter und Gegner der rechtspopulistischen Pegida-Bewegung in Dresden miteinander diskutierten. War ich 2009 bei meiner Bewerbungsrede für den SPD-Parteivorsitz noch für den Satz bejubelt worden, dass Sozialdemokraten »dahin gehen müssen, wo es stinkt und unangenehm ist«, wurde dieser Besuch in Dresden jetzt innerhalb der SPD zum Anlass für tribunalartige Formen von Kritik. Allen voran meine eigene Generalsekretärin, die man heute eigentlich mal fragen müsste, was sie davon hält, dass sogar der Bundespräsident bewusst AfD-Anhänger zur Diskussion einlädt, wenn er zu Gast in Regionen ist, in denen die Rechtspopulisten relativ viel Zuspruch erfahren. Denn natürlich gibt es in der AfD und ihrer Anhängerschaft echte Nazis, aber auch jede Menge anderer Menschen, die man nicht einfach für die Demokratie abschreiben darf. Der damalige Leiter der Landeszentrale für politische Bildung und Veranstalter der Diskussion in Dresden, Frank Richter – ein früherer DDR-Bürgerrechtler –, ist vier Jahre danach bei den Landtagswahlen 2019 in Sachsen als Vertreter der SPD in den Landtag gewählt worden. 2015 aber war schon der Besuch seiner Veranstaltung für viele führende SPD-Vertreterinnen und Vertreter etwas Unerhörtes, etwas, was sich für einen Sozialdemokraten nicht gehört.

Zu meinen Fehlern gehört gewiss, dass ich solche Auseinandersetzungen selbst auch mit großer Härte angegangen bin. Mit war Klarheit in der Sache oft wichtiger als ein freundlicher und versöhnlicher Umgangston. Und Reibungsflächen gab es in der Regierungszeit 2013 bis 2017 mehr als genug. In einer Regierung täglich handeln zu müssen, erzeugt andere Zwänge, als auf Parteitagen für gute Stimmung zu sorgen. Die Auseinandersetzungen um die Vorratsdatenspeicherung und die innere Sicherheit, um die Freihandelsabkommen CETA und TTIP und die Kontroversen um den richtigen Umgang mit der Zuwanderungspolitik waren oft von allen Seiten von großer und vor allem unnötiger Unnachgiebigkeit und Härte geprägt – auch von meiner Seite. Meine Stellvertreterin Hannelore Kraft hat mich oft darauf hingewiesen, ich habe zu selten auf sie gehört. Am Ende ging es dann meist nicht mehr um die Sache, sondern darum, wer sich durchsetzt. Auf die Dauer verschleißt das alle Beteiligten.

Und ich weiß noch, wie erleichtert damals die Partei auf meinen Rückzug reagierte, denn die Stimmungslage zu Beginn des Super-wahljahres 2017 mit drei Landtagswahlen (Saarland, Schleswig-Holstein und Nordrhein-Westfalen) war alles andere als hoffnungsfroh für die SPD. Es war überall spürbar: Die Mehrheit der Meinungsträger in der SPD war auf der Suche nach einem neuen »Hoffnungsträger«. Und wie in Parteien üblich, wurden die Journalistinnen und Journalisten der Berliner Hinterzimmer auch ausreichend mit Stimmungsbildern aus der SPD versorgt, sodass sich dieser quälende Prozess letztlich öffentlich abspielte. Einige derjenigen, die später den dramatischen Absturz der SPD auf 13 Prozent zu verantworten hatten, waren maßgeblich daran beteiligt. Manche von ihnen haben einige Monate später am eigenen Leibe erfahren müssen, wie bitter diese Art von Organisationsstalinismus ist.

Mir war jedenfalls klar, dass mir – sollte ich selbst Vorsitzender der SPD bleiben und für die Kanzlerkandidatur antreten – das Schicksal Kurt Becks drohen würde. Er wurde als Vorsitzender in einer für die SPD schwierigen Phase durch zum Teil wirklich böswillige und niederträchtige »Durchstechereien« in einem würdelosen Prozess zu Beginn einer SPD-Klausurtagung im Hotel »Am Schielowsee« zum Rücktritt gezwungen. Das war nicht nur für Kurt Beck ein bitterer und ungerechter Abgang, sondern auch die SPD verlor durch die Art ihres Umgangs mit ihren eigenen Vorsitzenden ein weiteres Mal massiv an Vertrauen. Die Menschen spüren einfach, dass etwas faul sein muss in einer Partei, die nichts lieber tut, als über Solidarität zu reden und untereinander doch so wenig davon hat.

Mir war jedenfalls klar, dass angesichts der schlechten Umfragen zu den drei bevorstehenden Landtagswahlen im Jahr 2017 spätestens nach der letzten Wahl ein »zweites Schwielowsee-Desaster« drohen würde. Das wollte ich mir, aber auch der SPD ersparen und machte den Weg für meinen Nachfolger Martin Schulz frei.

Zwischen meiner Wahl zum SPD-Vorsitzenden im Jahr 2009 und meinem Rücktritt 2017 lagen politisch durchaus erfolgreiche Zeiten für die SPD: Während der Regierungszeit von Union und FDP zwischen 2009 und 2013 gewann und behauptete die SPD bei den Wahlen die Rathäuser und Staatskanzleien in Nordrhein-Westfalen, Hamburg, Rheinland-Pfalz, Bremen, Mecklenburg-Vorpommern, Berlin, Schleswig-Holstein und Niedersachsen und wurde Koalitionspartner in Sachsen-Anhalt, Baden-Württemberg und Saarland. Und auch während der Großen Koalition nach der Bundestagswahl 2013, bei der die SPD gegenüber 2009 rund drei Prozent zulegte, konnte meine Partei ihre Position in den Landesregierungen trotz teilweiser Verluste bei einigen Landtagswahlen behaupten, bei der Europawahl 2014 gelang uns sogar mit Martin Schulz als Spitzenkandidat mit heute unvorstellbaren 27,3 Prozent ein fast historischer Erfolg. Nicht zuletzt gelang es uns Sozialdemokraten mit der Wahl von Joachim Gauck und Frank-Walter Steinmeier zweimal hintereinander unseren Kandidaten für das Amt des Bundespräsidenten durchzusetzen und Mehrheiten dafür zu organisieren. Ein journalistischer Beobachter dieser Zeit meinte später einmal, mein größter Verdienst als Vorsitzender der SPD sei es gewesen, den Abstieg verlangsamt zu haben. Das war wohl als Lob gemeint, für mich zugegebenermaßen ein bitteres.

Meine Fehler sehe ich daher weniger bei den Wahlerfolgen, die ja leicht belegbar sind. Wir haben es damals immerhin gemeinschaftlich geschafft, aus der Berliner Politik »Rückenwind« für die regionalen Wahlen zu erzeugen und keinen Gegenwind. Die Unterlassungen, die ich zu verantworten habe, liegen eher im Umgang mit den von mir selbst angekündigten inneren Reformen in meiner Partei. Ich war in Dresden 2009 mit der Ankündigung angetreten, die SPD wieder näher an die Probleme der Menschen und ihrer Lebensumstände heranzuführen. Dies habe ich später vor allem während unserer erneuten Regierungszeit zwischen 2013 und 2017 nicht mit der notwendigen Konsequenz und Konstanz verfolgt. Viele Reformen innerhalb der SPD – auch und gerade gemeinsam mit Andrea Nahles angeschoben – blieben liegen, als wir wieder in die Regierung eintraten. Ich hatte auf einmal drei hauptberufliche Aufgaben zugleich: SPD-Vorsitzender, Wirtschaftsminister und Vizekanzler. Gelitten hat dabei die Partei. Ich bin später einmal gefragt worden, warum ich als Außenminister so aufgeräumt und wie verwandelt gewirkt hätte. Die Antwort ist einfach: Ich fühlte mich wie befreit, als ich nicht mehr die täglichen Reibereien und Streitereien innerhalb der SPD auszutragen hatte. Davor war ja auch mein Umgang mit meinen Kritikern innerhalb der SPD immer rauer und unfreundlicher geworden. Es fiel mir wie ein Stein von der Brust, als ich den Unmut einer Partei, die einerseits regieren will, andererseits aber immer genau mit dieser Regierungsbeteiligung hadert, nicht mehr auszuhalten hatte.

Hinzu kam, dass mein Führungsstil als SPD-Vorsitzender zugegebenermaßen nicht selten von Ungeduld, überraschenden und raschen Wendungen geprägt war, die in einer Mediengesellschaft einerseits notwendig sind, um überhaupt als Partei auf der politischen Bühne wahrgenommen zu werden, andererseits aber vor allem in einer Partei wie der SPD parteiinterne Diskussionen über die politische Verlässlichkeit des Vorsitzenden befördern. Meine Vorgänger und Nachfolger haben dies erlebt und die aktuelle CDU-Vorsitzende macht seit Amtsantritt eine ähnliche Erfahrung, auch wenn innerhalb der Union, und das gilt für CDU und CSU gleichermaßen, die Währung bzw. Kategorie »Wahlerfolge« immer noch einen anderen Wert hat als in der SPD.

Ganz bestimmt habe ich in dieser Zeit versäumt, was in der SPD seit Langem zum politischen Betrieb gehört: Mein Networking bzw. das Knüpfen von belastbaren Beziehungen und mein Umgang mit den Medien waren während meiner Vorsitzendenzeit mangelhaft ausgeprägt – ich vertraute eher auf die Loyalität zum Amt des Vorsitzenden und übersah dabei, dass ich häufig genug weder wirklich respektiert noch geachtet wurde.

Heute komme ich zu dem Schluss: Ich hätte die Vorsitzenden-wahl auf dem Bundesparteitag 2015 wohl nicht mehr annehmen dürfen, denn ich spürte damals ja deutlich, dass die SPD mich nur noch widerwillig als Vorsitzenden akzeptierte. Die, die mich damals dringend baten, die Wahl doch anzunehmen, waren später dieselben, die mir ihre Unterstützung verweigerten. Es war nur noch eine Frage der Zeit, bis der Widerwille, der in Wahrheit bereits die inhaltliche Spaltung der Partei zwischen Regierungsbefürwortern und Regierungskritikern dokumentierte, sich vollends gegen den Vorsitzenden als Verantwortlichen für dieses immanente Schisma entladen würde. Ich spürte, meine Zeit als Vorsitzender ging dem Ende entgegen.

Trotzdem sage ich auch heute noch: So lange Vorsitzender dieser traditionsreichen und stolzen Sozialdemokratie werden zu dürfen, war für mich die größte Ehre, die mir in meinem politischen Leben zuteilwurde – vielleicht mit Ausnahme der Ehrenbürger-würde in meiner Heimatstadt Goslar. Aber es war für mich auch unübersehbar, wie sehr sich nach fast acht Jahren die Führungsebene der SPD damals nach einem neuen Hoffnungsträger sehnte. Unvergessen der Satz des damaligen stellvertretenden SPD-Vorsitzenden Olaf Scholz: »Mit der richtigen Person an der Spitze schafft die SPD 30 Prozent plus.« Er meinte damit zwar vermutlich nicht meinen dann Anfang 2017 gewählten Nachfolger Martin Schulz, sondern wohl eher sich selbst, aber sehr viele in der SPD haben mich damals gedrängt, den Weg frei zu machen für einen aussichtsreicheren Kandidaten zur Bundestagswahl. Und glaubwürdig war ein solcher Personalvorschlag nur, wenn ich ihm zeitgleich auch den Vorsitz der Partei überließe.

Aus meiner Sicht war ich es der SPD schuldig, meine eigenen Wünsche und Ambitionen nicht vor die Interessen der Partei zu stellen. Der Rücktritt als Vorsitzender und damit die Freigabe der Kanzlerkandidatur für die Bundestagswahl Ende 2017 erschien mir als Dienst an der Partei, der ich sehr viel in meinem Leben verdanke und die sich jetzt mit einer anderen Spitzenkandidatur mehr Chancen erhoffte als mit mir. Oder wie es Herbert Wehner einmal ausgedrückt hatte: »Man kann den Karren nur so lange ziehen, wie der Karren gezogen werden will.« Und das war ganz offensichtlich nicht mehr der Fall.

Individualisierung versus Volkspartei

Fast möchte man hoffen, es wäre tatsächlich so, dass immer der jeweilige Vorsitzende »schuld« am fortschreitenden Niedergang der SPD ist. Denn dann wäre tatsächlich die immer wiederkehrende Suche nach der richtigen Persönlichkeit an der Spitze der SPD »alternativlos«. Leider sind die Gründe für die Probleme der SPD und letztlich aller Volksparteien tiefergehend. Denn eine so vielfältig gewordene Gesellschaft wie die deutsche ist nicht mehr mit 30- oder 40-Prozent-Parteien bei bundesweiten Wahlen abzubilden. Es wäre ja auch seltsam, wenn die gesamte Gesellschaft sich verändert und nur die Parteien so blieben wie vor 30 oder 40 Jahren.

Das war einer der Gründe, warum ich meiner Partei in meiner Zeit als Vorsitzender einmal gesagt hatte, dass möglicherweise ein Ergebnis von etwa 25 Prozent vielleicht etwas sei, was schon als Erfolg gelten könnte. Ich erinnere mich noch genau, wie empört gerade diejenigen darauf reagiert haben, die in den letzten drei Jahren die SPD erst auf 20 Prozent bei den Bundestagswahlen und danach auf die heutigen noch niedriger liegenden Umfragedaten geführt haben. Manchmal frage ich mich, ob sich diejenigen, die den Abstieg der SPD auf ihren heutigen Stand zu verantworten haben, eigentlich noch an ihren eigenen Hochmut erinnern, mit dem sie damals mit mir ins Gericht gegangen sind.

Überhaupt hatte ich schon kurz nach meiner Wahl als SPD-Parteivorsitzender in Dresden 2009 den Eindruck, dass mich einige, die mich eben noch aufgefordert hatten zu kandidieren, mehr als »Übergangsvorsitzenden« vor Augen hatten, der solange »geduldet war«, solange andere für sich noch nicht den richtigen Zeitpunkt zur Kandidatur gekommen sahen. Dass ich dann doch fast acht Jahre lang

SPD-Vorsitzender blieb, war seitens der Mehrzahl meiner damaligen Stellvertreterinnen und Stellvertreter offensichtlich nicht geplant.

SPD-Parteivorstände sind schon seit Langem kein Ort mehr, an dem sich Menschen treffen, die sich für die gesamte Entwicklung der SPD verantwortlich fühlen. Sondern dort sitzen sehr häufig Repräsentanten von Unter- und Kleinstgruppen der SPD, die es als Hauptaufgabe ansehen, ihre Teilinteressen zum Gesamtinteresse der SPD zu erheben. Stellvertretende SPD-Vorsitzende empfinden sich oft als Vertreterinnen oder Vertreter ihrer jeweiligen Arbeitsgemeinschaft, ihrer Region oder des »linken« oder »rechten« Flügels – zwei Begriffe, die heute eher folkloristischen als wirklich politischen Charakter haben. Eine Partei mit 13 oder 14 Prozent braucht als letztes »Flügel« – eher schon muss man ihr »Beine machen«. Aber nicht wenige sehen sich mehr als »Aufpasser« und Platzhalter für jemanden, der nach ihrer Auffassung möglichst bald der nächste Parteivorsitzende werden sollte. So gleicht der SPD-Vorstand oftmals eher einer Holding, unter der weitgehend selbstständig agierende Gesellschaften ihr Eigenleben treiben – ohne Rücksicht auf die Gesamtpartei.

Vor allem aber geht es in den vielen Gremien bis hin zu Parteitagen immer mehr ums Recht haben als ums Recht bekommen bei Wahlen. Das übrigens ist der entscheidende Unterschied zwischen linken Parteien und konservativen: Konservative wollen immer regieren, linke Parteien wollen vor allem Recht haben. Notfalls spaltet man sich so lange, bis man so klein ist, dass man sich untereinander immer Recht gibt. Nur Mehrheiten, um Politik zu gestalten, gewinnt man damit nicht. Wenn das Nichtgewinnen dann noch zum Prinzip gemacht wird, weil »man sich dann ja treu bleibt« und keine »faulen Kompromisse macht«, dann findet sich hier die Erklärung, warum in Deutschland CDU/CSU deutlich häufiger die Regierung stellen als Sozialdemokraten. Regieren ist bei einem Teil der politischen Linken – auch innerhalb der SPD – immer schon verdächtig, weil man sich »nicht treu« bleibt. Nicht zuletzt deshalb hatte die politische Linke in Deutschland schon immer etwas Jakobinisches an sich. Wie bei den Jakobinern in der Französischen Revolution tritt ständig ein selbst ernannter »Wohlfahrtsausschuss« zusammen, um als Tribunal über jemanden zu Gericht zu sitzen, der nach Auffassung des linken Teils des Funktionärskörpers angeblich gerade gegen die aktuell geltende Linie verstößt. Diese Lust an der Selbstzerfleischung hat leider eine lange politische Tradition in Parteien links der Mitte – auch in der deutschen Sozialdemokratie. Wer die gegenseitigen Vorwürfe von SPD-Mitgliedern auf Twitter oder Facebook verfolgt, kann sich oft nicht vorstellen, dass die Beteiligten einer gemeinsamen politischen Bewegung angehören.

Um nicht falsch verstanden zu werden: Politischer Streit – durchaus auch zugespitzt – darf und muss auch innerhalb von Parteien stattfinden. Auch politische »Rauflust« ist nötig. Reibung erzeugt Wärme und Muskeln wachsen nur in der Bewegung. Was ich meine, ist etwas anderes: So ziemlich alles, was man an populistischen Stammtischparolen, Vorurteilen und Beleidigungen kennt, hauen sich Mitglieder der SPD gegenseitig um die Ohren. Vieles erinnert an die Parolen Donald Trumps gegen »die da oben«, gegen das scheinbare oder tatsächliche Establishment in der Politik. Offenbar aktiviert die Mitgliedschaft in der SPD bei manchen ein »Schalter-Gen« für auto-aggressives Verhalten. Und natürlich führt das zu der Frage, was eigentlich im Verhalten und im Auftritt des Partei-Establishments Mitglieder und Anhänger der SPD so sehr enttäuscht und reizt, dass es zu derart schweren Verwerfungen zwischen Führung und Mitgliedschaft kommen konnte. In jedem Fall scheint es zum Abriss der Kommunikation gekommen zu sein. Der Hang zur innerparteilichen Rechthaberei und zur Selbstbespiegelung ist jedenfalls der wichtigste Grund, warum CDU/CSU länger in Deutschland regieren als Sozialdemokraten.

Verlust der Wählernähe

Konsequenterweise führen in der SPD zunehmend diejenigen das Wort, die zu Hause im Wahlkreis keine 20 Prozent der Wählerstimmen hinter sich vereinigen und immer nur über die Anpassung an die jeweils herrschende Stimmung auf Parteitagen aussichtsreiche Listen-plätze ergattern. Wer seinen Wahlkreis noch direkt holt, gilt schon als Exot und meist als »rechter Sozialdemokrat«, was oft nur daran liegt, dass diese Vertreterinnen und Vertreter der SPD Positionen for-mulieren, die sie auch bei ganz normalen Wählerinnen und Wählern wählbar machen. Ein Ziel, dem sich – mit Ausnahme der Kommu-nalpolitik – zunehmend weniger SPD-Repräsentanten verpflich-tet fühlen. Konsequenterweise wird die SPD jetzt unter anderem von einer Mit-Vorsitzenden geführt, die in ihrem eigenen Bundes-tagswahlkreis gerade mal 16,9 Prozent der Stimmen auf sich verei-nigen konnte. Und als Nächstes wird der Vorsitzende der Jungsozi-alisten Kevin Kühnert seine Ansprüche auf ein Bundestagsmandat erheben – natürlich über einen sicheren Listenplatz und nicht über den steinigen Weg eines Direktmandats. Immer seltener gibt sich die SPD das Ziel, Wahlkreise direkt zu erobern. Wer aber vor Ort den Anspruch, führende Partei zu sein, aufgibt, wird es bundesweit nie-mals wieder schaffen. Diese Orientierung auf Listenmandate steht sinnbildlich für den Weg von einer bestimmenden politischen Kraft zu einer reinen Funktionspartei, die mal für die Mehrheitsbildung gebraucht wird, ein anderes Mal aber nicht.

Kein Zweifel: Kevin Kühnert ist ein großes politisches Talent. Ob man ihn, der selbst mit über 30 weder eine Berufsausbildung noch ein Studium abgeschlossen hat, gleich in Führungsfunktionen einer Par-tei bringen sollte, ist allerdings eine andere Frage. Noch versteht sich die SPD als Partei der Arbeit und der Arbeitnehmer. Dass jemand wie er zum »Hoffnungsträger« der SPD stilisiert wird, ist eher ein Zeichen der Krise. Früher wäre es undenkbar gewesen, dass jemand, der der-art wirtschaftlich und beruflich abhängig ist von der Partei, sogar als möglicher Vorsitzender gehandelt wird.

Das ist beileibe nicht als böswillige Spitze gegen den aufmüpfi-gen Juso-Vorsitzenden gemeint. Im Gegenteil. Ich bin fest überzeugt davon, dass die SPD froh sein kann, junge Menschen wie ihn für sich zu gewinnen. Ich erinnere mich nur, dass ich selbst mal in Gefahr war, in die Falle zu tappen, in die Kevin Kühnert jetzt zu geraten droht:

Als ich einmal gegen Ende meines Studiums kurz davor war, den Studienabschluss zu »schmeißen«, weil mir das Angebot, hauptamtlicher Jugendsekretär bei den Gewerkschaften zu werden, weit attraktiver erschien, erklärten mir zwei alte Sozialdemokraten, Beatrix und Dr. Jürgen Paul, aus meiner Heimatstadt: »Du bist natürlich weiterhin gern gesehener Gast in unserem Haus, aber wir werden auch dafür sorgen, dass Du in der SPD keinerlei Mandat bekommst.« Das war eine ebenso klare wie drastische Ansage. Das Argument meiner beiden sozialdemokratischen »Zieh-Eltern« war: »Die SPD braucht keine Vertreter, die von ihr wirtschaftlich abhängig sind, sondern unabhängige Köpfe.« Ich war damals ähnlich empört, wie es Kevin Kühnert vermutlich wäre, wenn ihm jemand heute das Gleiche sagen würde. Und doch meine ich rückblickend: Für mich war das damals der richtige Ratschlag. Später habe ich viele politische Auseinandersetzungen auch innerhalb der SPD deshalb gut ertragen, weil ich einerseits stolz darauf war, ein Direktmandat zu haben, andererseits einen Beruf, in den ich im Zweifel zurückkehren könnte. Einen eigenen Beruf zu haben, schafft das Selbstbewusstsein, aus dem heraus man sich auch in den Kampf um ein Direktmandat begeben kann.

Es ist also mehr als eine Formalie, ob man in der Politik eine eigenständige berufliche Existenz hat, denn es geht darum, den Wert der Arbeit selbst schätzen zu lernen und zugleich der SPD Mandatsträgerinnen und Mandatsträger zu ersparen, die von der Politik abhängig sind. Es ist diese Abhängigkeit vom Mandat, die dazu führt, dass man sich eher am innerparteilichen Mainstream orientiert als an dem, was Wählerinnen und Wähler interessiert.

Ich bin fest überzeugt davon, dass das für die eigene Persönlichkeitsentwicklung so wichtig ist wie auch für die Wählerinnen und Wähler, die ja gerade keine Parteifunktionäre wählen wollen, sondern aufgeklärte, selbstbewusste und vor allem selbstständig denkende und handelnde Menschen. Wer es gut meint mit Kevin Kühnert, sollte ihm den Rat geben, den ich damals bekommen habe.

Als ich in die SPD eintrat, war der Vorsitzende des Ortsvereins ein selbstständiger Orthopädie-Schuhmachermeister, der Fraktionsvorsitzende der Gewerkschaftssekretär der örtlichen Industriegewerkschaft Bau und der Oberbürgermeister ein Lungenfacharzt und Kunstliebhaber. Im Ortsverein fanden sich Krankenschwestern, Polizisten, Finanzbeamte, Facharbeiter, Betriebsräte, Selbstständige, Lehrer und jede Menge Angestelltenberufe. Das verstehe ich unter dem Begriff »Volkspartei«. Der Vorsitzende des größten Sportvereins war ebenso Sozialdemokrat wie der Chef der Feuerwehr. Heute ist das Durchschnittsalter meines Ortvereins über 60 Jahre, wir haben pensionierte Betriebsräte, Ehrenvorsitzende von Sportvereinen und den Chef der Altersabteilung der Feuerwehr. Das ist eine in Rente gegangene Volkspartei. Sie ist zu Recht stolz auf ihre Lebensleistung und auf ihre große Vergangenheit, die Zukunft aber erscheint eher als Zumutung.

Kollektives Führungsversagen

Alles, was nach der letzten Bundestagswahl der SPD widerfahren ist – von einem völlig von der Bevölkerung entkoppelten sogenannten Gerechtigkeits-Wahlkampf über das Hin und Her der Koalitionsaussagen nach der verlorenen Bundestagswahl 2017 bis zu den Personalentscheidungen im Parteivorsitz und den Regierungsämtern –, ist nicht »irgendwie passiert« und eben nicht nur vom damaligen Vorsitzenden Martin Schulz oder seiner Nachfolgerin Andrea Nahles allein so herbeigeführt worden.

Im Gegenteil: Man muss von einem kollektiven Führungsversagen sprechen, wenn man sich die Kette von Entscheidungen anschaut, die innerhalb der SPD in den letzten zwei Jahren getroffen wurden. Es ist gewiss richtig, den beiden neu gewählten Vorsitzenden eine faire Chance zu geben und ihnen ihre gewiss nicht einfache Aufgabe nicht noch schwerer zu machen. Aber gerade weil ich zu Beginn meiner Zeit als SPD-Vorsitzender nicht gründlich genug hingesehen habe, wo die eigentlichen Ursachen für die Schwächen meiner Partei liegen, glaube ich, dass man über die Entwicklung seit 2017 und vor allem im zweiten Halbjahr 2019 nicht einfach hinwegsehen sollte.

Vom SPD-Gründer Ferdinand Lassalle soll der Satz stammen: »Die revolutionärste Tat ist und bleibt zu sagen, was ist.«

Und die Probleme begannen nicht erst mit dem aberwitzigen Vorhaben, das Führungsproblem der SPD per Mitgliederentscheid zu lösen. Ich selbst habe einmal als SPD-Vorsitzender einen Mitgliederentscheid durchgeführt, aber über eine vergleichsweise einfache Ja-Nein-Entscheidung über den Eintritt in die Große Koalition im Jahr 2013. Knapp 80 Prozent der SPD-Mitglieder nahmen teil und stimmten mit immerhin knapp 76 Prozent für die Regierungsbeteiligung.

Jetzt aber wurden die SPD-Mitglieder vor eine ganz andere Aufgabe gestellt: Sie sollten das Führungsproblem der SPD lösen, hinter dem sich ja ein ganz anderes Schisma der SPD verbirgt: Regieren oder lieber in die scheinbar bequeme Opposition wechseln? Weil die für dieses personelle wie politische Problem Verantwortlichen sich nicht trauten, selbst eine klare Antwort zu geben, flüchteten sie sich in einen Mitgliederentscheid über den Vorsitz der SPD. Ein Mitgliederentscheid nicht etwas zur Stärkung demokratischer Beteiligung, sondern als Flucht aus der Verantwortung.

Ursprünglich acht weitgehend unbekannte Bewerber-Duos standen dabei zur Auswahl. Und man hatte nicht den Eindruck, als ob es bei der Zusammenstellung der Geschlechterpaarungen wirklich immer um einen Ausdruck der Gleichstellung von Frauen und Männern in der SPD-Parteispitze ging. Man kann es auch als intellektuellen Missbrauch der Gleichstellungsdebatte ansehen, wenn sich die männlichen Alphatiere – oder die sich dafür gehalten haben – zum Teil eine Frau als Mit-Kandidatin suchten, um einen besseren Eindruck zu machen, aber eben nicht, weil sie wirklich an die Doppelspitze glaubten.

Ich jedenfalls kann mich noch gut daran erinnern, wie ein Teil derjenigen Männer, die jetzt mit einer Frau gemeinsam für die neue SPD-Führung kandidierten, einen ähnlichen Vorstoß der Arbeitsgemeinschaft sozialdemokratischer Frauen (AsF) noch vor wenigen Jahren lächerlich zu machen versuchten. Damals war ich im SPD-Parteivorstand der Einzige, der die Idee der damaligen Vorsitzenden der

AsF, Elke Ferner, gut fand, nicht zuletzt weil die SPD die »Doppel-spitze« erfunden hatte: Fast niemand weiß mehr, dass die SPD in ihrer Gründungsphase oft zwei gleichberechtigte Vorsitzende hatte. Allerdings zugegebenermaßen nicht aus Gleichstellungsgründen, sondern weil man Angst davor hatte, dass im Kaiserreich ein Parteivorsitzender auch schnell mal verhaftet werden konnte, und deshalb sollte es einen zweiten geben. Heute kennt kaum jemand noch den Berliner Unternehmer, der zusammen mit August Bebel die SPD führte und vor allem durch die Verbotsjahre der Bismarck'schen Sozialistengesetze zwischen 1878 und 1890 finanzierte. Damals war er so populär, dass nach seinem Tod Tausende seinem Sarg folgten.

Weil nichts davon durchdacht war, es kaum um politische Fragen ging, sondern man eher den Eindruck eines politisch-medialen Schönheitswettbewerbs hatte, kam es, wie es kommen musste: Die Wahlbeteiligung sackte auf magere 50 Prozent ab, weil viele Mitglieder schlicht nichts falsch machen wollten und keines der Kandidatenpärchen wirklich überzeugte. Ein SPD-Mitglied meiner Region kommentierte das Ergebnis des ersten Wahldurchgangs so: »Das ist doch eher ein sozialdemokratischer Swingerclub als ein Wettbewerb um die besten Ideen für unsere Partei.«

Am Ende wurde daraus eine Abstimmung gegen die »Regierungs-SPD«. Dies nicht zuletzt deshalb, weil der sichtbarste Kandidat des Regierungsflügels der SPD keinerlei kämpferische Unterstützung von denen erhielt, für die er eigentlich politisch stehen sollte. Statt von Ort zu Ort, von Landesverband zu Landesverband zu ziehen, um für eine regierungswillige SPD zu werben, zu argumentieren und das mit Emotionalität und Verve zur eigenen Sache zu machen, gab es ein paar Lippenbekenntnisse und Ergebenheitsadressen der Ministerinnen und Minister der SPD und anderer Meinungsträger in der SPD. Diejenigen, die das ganze Desaster der Abstimmung eingeleitet hatten, schlugen sich in die Büsche. Weder von den drei Übergangsvorsitzenden, noch von den SPD-Ministerpräsidenten war eine klare politische Führung erkennbar. Und der SPD-Generalsekretär übte sich mit seinen Mitstreitern lediglich im

»Gespenster-Vertreiben«, indem sie möglichst häufig die Arbeit früherer SPD-Vorsitzender verunglimpften, um von der existierenden intellektuellen und habituellen Wüstenlandschaft abzulenken, die sich mehr und mehr ausbreitet. Von ihm stammt der bemerkenswerte Satz: »Jetzt sind wir mal dran.« Gemeint war wohl »seine Generation«, wogegen an sich nichts einzuwenden wäre, wenn es inhaltlich irgendwie mit einer strategischen Grundlage versehen würde und nicht nur mit dem erschreckenden Gang auf 13 bis 14 Prozent. Als wir einige Jahre zuvor gegen den erklärten Willen vieler »linker« Funktionäre eine Urabstimmung über die Ergebnisse der Koalitionsverhandlungen mit CDU und CSU durchführten, waren alle aus der Führung der SPD wochenlang unterwegs, um die Mitglieder zu überzeugen. Das war die belebendste Zeit, die ich in der SPD erlebt habe. Es wurde über Inhalte, Strategie und Selbstverständnis der SPD gestritten und gerungen – und am Ende abgestimmt. Der Auswahlprozess zur neuen SPD-Führung war das ganze Gegenteil davon. Und das nicht zuletzt, weil sich die Führungseliten der Regierungs-SPD aus der Verantwortung stahlen und ihren Vormann, Olaf Scholz, alleine ließen.

Ich bin kein enger Buddy von Olaf Scholz und er muss sich den Vorwurf gefallen lassen, gemeinsam mit Andrea Nahles die erste Doppelspitze der SPD gebildet und sie von 20 bei der Bundestagswahl 2017 auf zwölf bis 13 Prozent Ende des Jahres 2019 geführt zu haben. Und beide haben mir in meiner Zeit das Leben als SPD-Vorsitzender hinreichend schwergemacht. Aus- und Abgrenzung gehörte offenbar zu den Überlebensstrategien früherer Juso-Generationen. Aber trotzdem weiß ich, wie er sich jetzt fühlen muss, denn fair ist die SPD-Spitze auch mit ihm nicht umgegangen.

Für jemanden wie Olaf Scholz, der unzweifelhaft die SPD über sehr lange Zeit so erfolgreich und ungeheuer engagiert vertreten und mit geführt hat, war das eine maximale Demütigung.

Dass es solche Ranküne in großen Organisationen gibt – zumal, wenn die Verlockungen der Macht im Spiel sind –, ist allerdings nichts Neues. Interessant ist jedoch die Frage, warum eigentlich außerhalb des Führungskreises der SPD jeder die drohenden Gefahren und Fehlentscheidungen kommen sah, innerhalb der SPD aber alle Entscheidungen weitgehend kollektiv abgenickt wurden. Der Widerspruch zwischen Binnen- und Außensicht und die völlige Positionslosigkeit innerhalb der SPD-Führung ist das eigentliche Phänomen dieser Entwicklung. Und das ist nicht neu, denn auch ich kann mich noch an Situationen erinnern, bei denen ich selbst geschwiegen habe, wo ich hätte reden müssen. Auch mir ist es in den Zeiten von Gerhard Schröder, Franz Müntefering oder Kurt Beck als SPD-Parteivorsitzende passiert, dass ich nicht wagte, etwas zu sagen, obwohl allen im Raum klar vor Augen stand, dass wir gerade dabei waren, wie die Lemminge in einen Abgrund zu laufen. Manchmal will man nicht als »Störenfried« dastehen, manchmal will man nicht Menschen kritisieren, denen man persönlich oder politisch nahesteht, und manchmal ist es auch purer Opportunismus, der uns zu solchem Verhalten bringt. Ich habe das alles auch am eigenen Leib erlebt.

Es ist deshalb ungerecht, Martin Schulz, Andrea Nahles und Olaf Scholz die alleinige Verantwortung für den dramatischen Niedergang der SPD seit der Bundestagswahl zu geben. Alle anderen, die mitgemacht haben, tragen ebenso viel Verantwortung. Es offenbarte aber das grundlegende Missverständnis in meiner Partei: Ein Mitglied des Parteivorstands darf sich eben nicht nur als Repräsentantin oder Repräsentant eines Flügels, einer Strömung oder einer Region verstehen, sondern muss immer so handeln, als wäre er selbst Vorsitzender der gesamten SPD.

Eine Idee, wie dieses kollektive Führungsversagen in Zukunft verhindert werden könnte, wäre vielleicht die vermehrte Wahl von Ehrenamtlichen in die SPD-Führungsgremien. Engagierte Kommunalpolitikerinnen und -politiker, SPD-Mitglieder, die sich ihre Unabhängigkeit durch ihren eigenen Beruf erhalten und die schon durch ihren Alltag stärker »geerdet« sind, dürften besser gefeit sein gegen den Gruppenzwang des hauptberuflichen Politiker-Bubbles in Berlin. Wie wäre es also mit einer ganz anderen Quote, nach der die Hälfte aller Mitglieder in den Führungsgremien der SPD ehrenamtlich tätige

Politikerinnen und Politiker sein müssen und es eine Amtszeitbegrenzung von vielleicht sechs oder acht Jahren gibt?

Vom Umgang mit der Macht

Ich glaube, dass die Politik oder der Umgang mit – tatsächlicher oder vermeintlicher – Macht immer beides mobilisieren kann: das Beste und das Schlechteste im Menschen. Zu beidem sind wir Menschen fähig. Und beides wird sich in unserem Handeln in der Politik wiederfinden, denn wir sind nicht nur »gut« oder nur »schlecht«. Ob das eine oder das andere die Oberhand gewinnt oder sich durchsetzt, entscheidet nicht zuletzt das Umfeld, mit dem wir zusammenarbeiten. Ich hatte immer das Glück, Menschen um mich zu haben, die versucht haben, meine negativen Seiten »im Griff« zu behalten und mir einen guten, freien Lauf zu ermöglichen; die mir widersprochen haben, wo immer sie es wichtig und angemessen fanden, weil sie umgekehrt nie Angst davor haben mussten, ich würde sie dafür »abstrafen«. Wem mehr an der Widerspruchslosigkeit seiner Mitarbeiterinnen und Mitarbeiter gelegen ist, der sollte sich die Bemerkung des ehemaligen SPD-Kanzlerkandidaten Peer Steinbrück durch den Kopf gehen lassen: Nur B-Klasse-Spieler holen sich C-Klasse-Berater. Ich war gewiss nicht immer erstklassig, aber meine Beraterinnen und Berater waren es.

Politik war schon immer ein harter Job, weil die Charakterisierung einer Person von Beginn an von Medien mitkreiert und mitbestimmt wird. Ich war nie *nur* der ungestüme, temperamentvolle, wankelmütige und rauflustige Hansdampf in allen Gassen, aber es gelang mir nicht, das einmal verpasste Image abzustreifen, weil daran niemand ein Interesse hatte. Vielmehr hatte ich den Eindruck, die hauptberuflichen Medienarbeiter – meist hatte ich es nämlich mit Männern zu tun – gefielen sich darin, mir meine angeblichen menschlichen Eigenschaften von Porträt zu Porträt hinterherzutragen. Selten habe ich mal neue Facetten über mich entdeckt in diesen publizistischen »Charakter-Studien«. Ich habe das nie beklagt und werde das auch an dieser Stelle nicht tun, sondern sage nur: Kein Vorstandsvorsitzender eines DAX-Unternehmens würde es auch nur drei Monate auf dem Stuhl eines SPD-Vorsitzenden aushalten.

Das gilt im Übrigen auch für den Stuhl der anderen Volkspartei CDU. Bemerkenswert ist allenfalls, dass nicht die Medien einem oder einer Vorsitzenden das Leben schwer machen, sondern die eigenen Leute, die entweder offen oder aus der Deckung heraus versuchen, die Vorsitzenden-Autorität zu untergraben. Auch dafür bedarf es natürlich Medien und ihrer Zuträger aus der eigenen Partei, die am Telefon, hinter vorgehaltener Hand oder in Hintergrundrunden ihrer völlig anderen Sicht, Meinung oder sonstigen Verstimmung freien Lauf lassen. Das gehört zum politischen Geschäft dazu, auch wenn es in der SPD besonders ausgeprägt ist. Als Spitzenpolitiker muss man das aushalten, auch wenn es über einen längeren Zeitraum natürlich kräftezehrend ist, denn man selbst überliest das ja in den morgendlichen Presseauswertungen, aber enge Freunde und die eigene Familie lasen das teilweise auch und fragten mich, wen die Hauptstadtjournalisten eigentlich meinten, wenn ich mal wieder als politischer »Gottseibeiuns« abgemalt wurde. Meist garniert mit der Nachfrage: Was hast Du denn jetzt schon wieder in Berlin angestellt?

Man muss sich als Berufspolitiker (leider seit Jahren schon manch ehrenamtlich tätiger Kommunalpolitiker) rasch ein dickes Fell zulegen, ohne charakterlich zu verhärten. Und es gilt ganz sicher das Sprichwort; Wem es in der Küche zu heiß ist, der soll nicht den Beruf des Kochs erlernen. Jammern gilt also nicht.

Was ich mir trotzdem nicht hätte vorstellen können, war das Ausmaß der Demütigungsversuche meiner früheren »Mitstreiterinnen und Mitstreiter«, nachdem ich als Vorsitzender zurückgetreten war. Nie wäre mir eingefallen, so mit meinen Vorgängern im Amt des Parteivorsitzes umzugehen. Und dass Regierungsmitglieder, die ich in ihre Ämter berufen und gefördert hatte, mich später nicht mal auf den Gängen des Bundestages grüßten, zeigt, wie klein man bleiben kann, auch wenn man in große Ämter hineinrutscht. Am Ende bin ich am letzten Tag meiner Mitgliedschaft im Deutschen Bundestag vom Bundestagspräsidenten Wolfgang Schäuble zum Gespräch eingeladen worden, der bekanntlich der CDU angehört. Von meiner eigenen Partei oder Fraktion habe ich nur ein Formular zugesandt bekommen, in dem ich gebeten wurde, meine Nachsendeadresse anzugeben. Das war's.

Nun habe ich mir über Freundschaften und Loyalitäten in der Politik nie viel Illusionen gemacht. Natürlich gibt es die, aber dort, wo sie entstehen, tun sie dies nicht wegen, sondern meist trotz der Politik. Ich werde nie vergessen, was ein alter Bürgermeister und Landrat meiner Heimatregion, Klaus »Jockel« Homann, mir in jungen Jahren auf den Weg mitgegeben hat: »Junge, bleib Deinen alten Freunden treu. Denn die neuen sind mit den Ämtern schnell weg. Dann hast Du ganz weite Hosenbeine, weil keiner mehr drin raufkrabbelt.« Recht hatte er und ich war über die ganzen Jahre meiner politischen Ämter immer froh, dass ich mir meine alten Freunde und vor allem meine Familie erhalten habe.

Es gab auch das Gegenteil von dem, was man sich so unter Partei»freunden« zumutet: zu Hause im Wahlkreis natürlich, aber auch bei politischen Mitbewerbern. Ganz gleich ob aus CDU, CSU, FDP oder Grünen: Es war und ist für mich eine der wirklich großartigen Erfahrungen, wie viel Menschlichkeit in einer demokratischen Kultur über Parteigrenzen hinaus herrschen kann. Lästerer werden nun vielleicht sagen: »Tote Indianer sind immer gute Indianer.« Nach meinem Gefühl aber war die erlebte freundliche und freundschaftliche Begleitung durch Abgeordnete anderer Parteien nach Beendigung meiner politischen Laufbahn als Minister, Parteivorsitzender und Abgeordneter durchaus ehrlich und offenherzig.

Am Ende meiner politischen Laufbahn angekommen, ist eines allerdings absolut klar und eindeutig: Ich habe der SPD ungeheuer viel zu verdanken. Das begann mit den Familienrechtsreformen der 1970er-Jahre, ohne die sich meine Mutter nie gegen meinen Vater hätte durchsetzen können. Ohne die Bildungsreformen der SPD wäre es mir vermutlich nie gelungen, das Abitur zu machen und als Erster in unserer Familie zu studieren. Und als Mitglied der SPD konnte ich mehr als 30 Jahre lang Politik mitgestalten und gelangte in höchste Staatsämter. Dankbarkeit gegenüber der SPD, ihren Mitgliedern und ihren Wählerinnen und Wählern ist deshalb für mich das Erste, an das ich denke, wenn über die Sozialdemokratie gesprochen wird.

Gezeitenwechsel: Ein politischer Zyklus ist zu Ende gegangen

Die Sorge um die Zukunft der SPD zwingt aber geradezu dazu, sich mit den tieferliegenden Gründen ihres Niedergangs zu befassen. Spätestens mit der Bundestagswahl 2017 ist auch in Deutschland ein politischer Zyklus zu Ende gegangen, ein politischer Gezeitenwechsel fand statt. Frühere politische Zyklen lassen sich grob an den Regierungszeiten von Adenauer mit Westbindung und Restauration, der ersten SPD-Regierungszeit mit Brandt und Schmidt mit Entspannungspolitik, mehr Demokratie wagen und Übergang zum Neoliberalismus, der Ära Kohl mit gesellschaftlichem Stillstand und deutscher Einheit, die Regierungszeiten von Schröder und später Merkel mit gesellschaftlicher Erneuerung, außenpolitischer Souveränität, Krise Europas und Flüchtlingskrise festmachen.

Der zu Ende gegangene Zyklus dauerte von 1998 bis 2017, und er war gekennzeichnet durch die deutsche Sozialdemokratie und ihren Versuch, einen neuen Abschnitt in der Moderne – nennen wir ihn die Globalisierung – mit ihren traditionellen Vorstellungen von einer gerechten Gesellschaft zu verbinden. Die SPD als Partei des gesellschaftlichen Fortschritts und der Moderne erhob erneut den Anspruch, den Eintritt in diesen neuen Abschnitt der Moderne – der wachsenden Dynamik der Globalisierung, der neuen Technologien der Telekommunikation und der Digitalisierung, der Bedeutung der Finanzmärkte und des internationalen Standortwettbewerbs – mit ihren traditionellen Vorstellungen einer gerechten Teilhabe möglichst aller Menschen an den wirtschaftlichen, kulturellen und politischen Möglichkeiten dieser Moderne zu verbinden. Gut 20 Jahre lang prägten Sozialdemokratinnen und Sozialdemokraten mit diesem Anspruch die bundesdeutsche Politik. Denn selbst wenn die SPD zwischen 2009 und 2013 wenige Jahre in der Opposition des Bundestages saß, regierte sie doch über ihre wachsenden Erfolge in den Bundesländern über den Bundesrat mit.

Am Beginn dieses Zyklus lösten erstmals in der Geschichte der Bundesrepublik zwei Oppositionsparteien – SPD und Grüne – eine amtierende Koalition aus Union und FDP ab. Die Generation Schröder/Fischer übernahm die Regierungsverantwortung. Unter Rot-Grün vollzog sich vor allem ein kultureller, stilistischer, thematischer und mentaler Wandel. Rot-Grün prägte das Land anfangs weniger durch nachhaltige Politik in den »harten Politikfeldern« wie der Wirtschafts-, Finanz- oder Sozialpolitik, sondern vor allem durch sogenannte Überbau-Themen wie Gleichstellung, Anti-Diskriminierung, doppelte Staatsangehörigkeit usw. Schröder sprach in seiner Regierungserklärung 1998 bewusst vom Wechsel der Generationen und kündigte sein Kabinett mit »Biografien gelebter Demokratie« an. Die Unionsparteien schienen wie aus der Zeit gefallen zu sein, altbacken, rückständig, gefangen in einer Welt von gestern.

»Innovation und Gerechtigkeit« – der Slogan der erfolgreichen Wahlkampagne des SPD-Kanzlers Gerhard Schröder drückte den Anspruch auf einen neuen Aufbruch in die moderne Welt prägnant aus. Rückblickend muss man allerdings feststellen, dass 1998 der eine Teil der Gesellschaft das Innovationsversprechen in den Mittelpunkt seiner Wahlentscheidung für die SPD stellte und sich eine Öffnung Deutschlands für die moderne Globalisierung erhoffte. Der andere Teil der Gesellschaft – insbesondere die Gewerkschaften – aber das genaue Gegenteil erwartete. Für diesen Teil der Gesellschaft war das Gerechtigkeitsversprechen vor allem Schutz vor den negativen Konsequenzen der Globalisierung. Das »Glück« der SPD war, dass diese beiden Teile der Gesellschaft nichts voneinander wussten.

Das aber änderte sich schnell, und spätestens mit der Reformpolitik der SPD in der »Agenda 2010« war dieser Interessenwiderspruch unübersehbar. Die tatsächlichen oder scheinbaren Anpassungszwänge an eine globalisierte Weltwirtschaft, in die Deutschland mehr als fast jedes andere Land der Welt eingebettet ist und dessen wirtschaftlicher, sozialer und kultureller Erfolg von dieser Einbettung abhängt, standen im massiven Gegensatz zu den Gerechtigkeitsanforderungen vieler SPD-Mitglieder, Anhänger und Wählerinnen und Wähler.

Der Versuch, diesen Spagat durch eine programmatische Debatte über das kurz vor der Europawahl 1999 veröffentlichte »Schröder-Blair«-Papier zu überbrücken oder sich zumindest den denkbaren Widersprüchen der Ansprüche an »Innovation und Gerechtigkeit« zu stellen, wurde sofort wieder abgebrochen, weil der innerparteiliche Widerstand der SPD-Linken zu groß und das programmatische Interesse der SPD-Führung zu gering war. Nicht um die Inhalte des damaligen »Dritte-Weg«-Papiers muss man trauern, sondern um die verpasste programmatische Debatte, die hier hätte geführt werden müssen. Ist es möglich, sich in diesem globalisierten Finanzkapitalismus einzurichten, ihn zu nutzen und sozial angemessen einzuhegen oder wird diese Frage verneint und stattdessen die »Systemfrage« gestellt? Der Diskussion um diese Alternativen ist die SPD damals nicht nur wegen der eigenen Gefangenheit als Regierungspartei aus dem Weg gegangen, sondern weil die »herrschende Meinung«, die volkswirtschaftliche Debatte in Deutschland und Europa sowie der gesamte mediale Mainstream gegen die SPD gestanden hätte.

Der dann immer stärker zutage tretende und unausgetragene Zwiespalt prägte die SPD in der gesamten danach kommenden Zeit und tut es bis heute: Von der Debatte über Freihandelsabkommen über die gewachsene deutsche Verantwortung im internationalen Kontext bis hin zu den Fragen der Währungsunion und der europäischen Einigung. Überall traf und trifft die SPD auf die Frage: Was ist die Antwort einer letztlich auf staatliches Handeln ausgerichteten Partei wie der SPD auf eine sich immer mehr entstaatlichende und zugleich entgrenzende Welt?

Die SPD-Ära seit 1998: Aufstieg, Entfremdung und Niedergang

Kennzeichen dieser 20-jährigen Ära sozialdemokratischer Politik, die sich schon zuvor durch das Erstarken in unterschiedlichen Ländern und Regionen abzeichnete, waren in Deutschland erst gesellschaftliche Reformen, bei denen die Politik nachvollzog, was in der Gesellschaft längst mehrheitsfähig war: der Ausbau der Kindertagesstätten und Ganztagsschulen, die Modernisierung des Hochschulwesens, der Ausstieg aus der Atomenergie und der Einstieg in die erneuerbaren Energien, eine engagierte Politik für die Gleichberechtigung von Frauen, das Bekenntnis zur Einwanderungsgesellschaft verbunden mit der Debatte um die doppelte Staatsbürgerschaft, die schrittweise Gleichstellung von homosexuellen Lebenspartnerschaften und manches andere mehr.

Wirtschaftlich suchte die Sozialdemokratie in einem »dritten Weg« nach einer Verbindung von »Innovation und Gerechtigkeit«. Ökonomische Öffnung einer sich immer schneller globalisierenden Volkswirtschaft verbunden mit Reformbemühungen zur Stabilisierung der zentralen sozialen Sicherungssysteme. Nicht nur in Deutschland, sondern in vielen Ländern Europas sollte dieser »dritte Weg« zwischen der Sozialstaatsorientierung der klassischen Sozialdemokratie und den neoliberalen Marktideologen beschritten werden, um die Möglichkeiten einer sich immer mehr vernetzenden Weltwirtschaft verbunden mit dem rasant wachsenden Finanzkapitalismus zu nutzen. In Deutschland allerdings ohne die in anderen Ländern wie Großbritannien, Frankreich oder den USA übliche Vernachlässigung der industriellen Kerne. Es ist dem sozialdemokratischen Bundeskanzler Gerhard Schröder zu verdanken, dass Deutschland das verarbeitende Gewerbe und die industrielle Produktion nicht zugunsten der Verheißungen der (Finanz-)Dienstleistungsökonomie aufgab und deshalb später deutlich schneller und besser aus der weltweiten Krise der Finanzmärkte herausfand.

Alles, was daraufhin folgte, kreiste immer wieder um den Versuch, die traditionelle Aufgabe der Sozialdemokratie wieder zu erfüllen und

267

gesellschaftliche, technologische und auch kulturelle Modernität mit dem individuellen Schutz vor den Folgen eben dieser Modernisierung zu verbinden. Eigentlich waren bereits die Wahlen 2009 und 2013 deutliche Hinweise darauf, dass dieser Versuch mindestens nicht überzeugend genug gelungen war. In den Augen vieler Wählerinnen und Wähler der SPD war er gescheitert und der sozialdemokratische Zyklus war eigentlich schon vor acht Jahren beendet. Nur die wahrlich katastrophale Regierungsarbeit von CDU/CSU und FDP in ihrer Wahlperiode zwischen 2009 und 2013 führten noch einmal zu einer Verlängerung.

Mit dem erneuten Eintritt in eine Große Koalition verband die SPD im Jahr 2013 zu Recht die Aufgabe, selbst mit verantwortete Fehlentwicklungen der Vergangenheit zu korrigieren. Der gesetzliche Mindestlohn, die Begrenzung von Leih- und Zeitarbeit sowie Werkverträgen, Rentenreformen und viele andere im weiteren Sinn sozialpolitische Maßnahmen standen deshalb im Mittelpunkt der Regierungspolitik bis 2017. Es war wohl die sozialdemokratischste Legislaturperiode seit Langem. Dummerweise unter einer CDU-Kanzlerin, die – im Gegensatz zur SPD – eine Meisterin im Verkauf dieser Regierungsarbeit war. Und natürlich trug die mangelnde Identifizierung der SPD mit der Regierungsarbeit auch dazu bei, dass am Ende die Erfolge durch die Wählerinnen und Wähler nicht auf der Haben-Seite der Sozialdemokratie verbucht werden konnten. Die Unmöglichkeit, zugleich Regierung und Opposition zu sein, wie es der verstorbene SPD-Fraktionsvorsitzende Peter Struck nach der vorletzten Großen Koalition der SPD ins Stammbuch schrieb, bewies sich erneut.

Nichts verunsichert Wählerinnen und Wähler so sehr wie die permanente Leugnung eigener Regierungserfolge. Exakt darin aber hat es die SPD zur Perfektion gebracht, und nichts beherrscht sie so gut wie das Spiel »Wir gegen uns«. Wenn eine Partei sich selbst nicht lobt, sondern geradezu verliebt darin ist, sich selbst infrage zu stellen, die eigenen Regierungsmitglieder mit maßloser Kritik zu überziehen und trotz nachweisbarer Erfolge permanent die eigene Regierungsbeteiligung zur Disposition zu stellen, muss sie sich nicht wundern, wenn

Wählerinnen und Wähler ihr auch nichts zutrauen. Einer Partei, die ihre Koalitionsbeteiligung zweimal durch eindeutige Entscheidungen ihrer Mitglieder – de facto also als Urwahl – beschließen lässt, deren Funktionäre dann aber eben diese Regierungsbeteiligung täglich hinterfragen, ist einfach nicht zu helfen.

Und doch war das nicht der einzige Grund für die dramatische Niederlage am 24. September 2017. Es war die Kombination aus einem in den Jahren zuvor gewachsenen Vertrauensverlust gegenüber der Sozialdemokratie in wichtigen Teilen ihrer früheren Stammwählerschaft, dem weitgehenden Fehlen einer über den Nationalstaat hinausweisenden europäischen Perspektive (wie sie den französischen Präsidentschaftswahlkampf wenige Monate zuvor gekennzeichnet hatte) und der Unterschätzung der tiefen Verunsicherung im Zusammenhang mit der großen Zahl an Flüchtlingen und Zuwanderern, mit der Digitalisierung der Arbeitswelt und natürlich auch mit den weltpolitischen Verwerfungen.

Unter der seltsam unpolitisch und völlig emotionslos daherkommenden Überschrift »Agenda 2010« als Motto der Reformpolitik von SPD und Bündnis 90/Die Grünen ging es Anfang der 2000er-Jahre um die Anpassung der sozialen Sicherungssysteme an die verschärfte internationale wirtschaftliche Standortkonkurrenz – allerdings zu einem sehr hohen Preis. Die Liberalisierung und Privatisierung vieler Dienstleistungssektoren, die Entfesselung der Finanzmärkte, die Entsicherung der Arbeitsmärkte verbunden mit einer Abkehr der gesellschaftlichen Gruppe der Arbeitgeber von den klassischen tarifgebundenen Modellen der sozialen Marktwirtschaft schuf Gewinner, aber eben auch eine wachsende Zahl von Verlierern.

In Deutschland erzwang nicht zuletzt eine rasant steigende Arbeitslosigkeit und eine steigende staatliche Verschuldung diesen Kurswechsel in der Politik des SPD-Bundeskanzlers Gerhard Schröder. Vieles dabei war richtig – etwa die Zusammenlegung von Arbeitslosen- und Sozialhilfe zum Arbeitslosengeld II (»Hartz IV«). Diese so oft kritisierte Reform, die im Übrigen zu rund fünf Milliarden Euro mehr (!) Sozialausgaben führte und schon deshalb kein reines »Spar-

programm« war, beendete den Drehtüreffekt, der Langzeitarbeitslose ohne jeden Anspruch auf Qualifizierung immer nur zwischen
den Sozialetats der Kommunen und der Arbeitsverwaltung hin und
her schob. Es ist erstaunlich wie viele Mythen sich um diese Reformagenda noch heute ranken. So zum Beispiel die Kritik an den sogenannten Ein-Euro-Jobs. In Wahrheit gab es die schon seit Jahrzehnten im Paragraf 19 des Bundessozialhilfegesetzes als »Hilfe zu Arbeit
und Beschäftigung«. Nur dass es sich um Zwei-DM-Jobs handelte,
mit denen versucht werden sollte, Langzeitarbeitslose wieder in den
ersten Arbeitsmarkt zu integrieren. Mit den Reformen der Agenda
2010 bekamen die Inhaber dieser Arbeitsgelegenheiten allerdings das
erste Mal einen Anspruch auf Qualifizierung und Beratung durch die
Arbeitsagenturen. Eine durchaus sinnvolle Reform.

Allerdings leiteten diese Reformen auch massive Fehlentwicklungen ein. So sah die Abschaffung der Arbeitslosenhilfe vor, dass Arbeitnehmer trotz jahrzehntelanger Arbeitslosigkeit nach nur 18 Monaten
auf das Niveau der Sozialhilfe abfielen – also dem Lohnersatzniveau,
das auch jemand erhält, der noch nie gearbeitet hatte. Und nicht nur
das: Wegen der Nachrangigkeit von Sozialhilfeleistungen sollten dann
auch noch erworbene Eigentumsansprüche vorrangig zur sozialen
Sicherung eingesetzt werden, also zum Beispiel Hauseigentum oder
Lebensversicherungen. Vorbild war wohl die Reform von »welfare to
work« der Clinton-Ära in den USA, bei der bestimmte soziale Leistungen zeitlich sehr begrenzt gewährt wurden.

Spätestens jetzt ging es nicht mehr um Langzeitarbeitslose oder
gering Qualifizierte, sondern der Kern der Facharbeiterschaft war
betroffen! Ein damals über 50 Jahre alter und von Kündigung bedrohter Arbeitnehmer in meiner Heimatstadt übersetzte diese sozialdemokratische Politik mit folgenden Sätzen in seine Lebensrealität: »Ich
bin arm wie eine Kirchenmaus geboren, habe hart gearbeitet und zwei
Kinder großgezogen, die heute beide einen anständigen Beruf haben.
Und ich habe uns ein Haus gebaut. Jetzt schmeißt mich mein Arbeitgeber raus und ihr Sozis sorgt dafür, dass ich am Ende wieder so arm
sterbe, wie ich geboren wurde.« Und es war ausgerechnet die Koa-

lition von CDU/CSU und FDP, die erworbene Eigentumsansprüche beim Eintreten in das Arbeitslosengeld II (Sozialhilfeniveau) wieder sicherer machte. Weitere Abmilderungen dieser Reform kamen später in der vorletzten Großen Koalition hinzu, aber erst mit dem Wahlprogramm zur Bundestagswahl 2017 hatte die SPD den Mut, diese Fehlentwicklung wieder zu korrigieren. Der langfristige Schaden für die Wahrnehmung der deutschen Sozialdemokratie hatte sich aber längst tief ins kollektive Gedächtnis der abhängig Beschäftigten in Deutschland eingegraben. Ich habe mich damals in einem Beitrag in der *Frankfurter Rundschau* mit den richtigen und den problematischen Seiten der Schröderschen Reformpolitik gleichermaßen auseinandergesetzt und geschrieben: »Wer mit der SPD den notwendigen Umbau des deutschen Sozialstaats entlang einer neoliberalen Logik entwickeln will, wird ihre Grundfesten erschüttern, wenn nicht sogar zerstören.« (*FR* vom 22. April 2003) Manchmal wäre man froh, unrecht gehabt zu haben.

Zusammen mit der etwas später in der vorletzten Großen Koalition getroffenen Entscheidung für die allgemeine Anhebung des Renteneintrittsalters auf 67 Jahre erschütterten diese Reformen das in über hundert Jahren gewachsene Vertrauen großer Teile der Arbeitnehmerschaft und der Gewerkschaften zutiefst. Natürlich wussten Millionen von Arbeitnehmerinnen und Arbeitnehmern, dass sie aus gesundheitlichen Gründen niemals bis 67 würden arbeiten können und deshalb diese Heraufsetzung nichts anderes als eine verkappte Rentenkürzung war. Einfach gesprochen bestand das bis dahin existierende Grundvertrauen darin, dass es »wenn es mal dicke kommt, die Sozis mit den Gewerkschaften schon Wege finden werden, wie wir zurechtkommen«.

Dieses Grundvertrauen war gewachsen in der Erfahrung mit technologischen Veränderungen oder Strukturbrüchen. Nie wollte die deutsche Politik – allen voran nicht die SPD – den technologischen Wandel aufhalten. Im Gegenteil, er sollte durch öffentliche Forschungs- und Entwicklungsinvestitionen sogar vorangetrieben werden, um die Arbeitswelt zu humanisieren, die Umwelt zu schützen

271

und im internationalen Wettbewerb Erfolge zu erringen. Aber immer sollten die davon betroffenen Arbeitnehmer vor den Folgen geschützt bzw. auf dem Weg der Anpassung begleitet werden. Von der Kohlesubventionierung über Qualifizierung und Weiterbildung bis hin zur Frühverrentung – alle diese Instrumente sollten den betroffenen Arbeitnehmerinnen und Arbeitnehmern helfen, ihren Lebensstandard zu sichern.

Das war nicht nur eine der zentralen Ideen des sozialen Ausgleichs in der Marktwirtschaft, sondern dahinter steckte letztlich das Verständnis, dass nicht der einzelne betroffene Arbeitnehmer schuld an der Arbeitslosigkeit war, sondern die Logik kapitalistischer Marktordnungen. Arbeitslosigkeit war in dieser Vorstellung kein individuelles Schicksal, sondern Ergebnis gesellschaftlicher bzw. wirtschaftlicher Verhältnisse. Also war es auch Aufgabe der Gesellschaft und der sie gestaltenden Politik, den von Arbeitslosigkeit Betroffenen zu helfen. Und genau diese – wenn man so will kulturelle oder »ideologische« – Interpretation von Arbeitslosigkeit wurde mit den überall in Europa und den USA durchgesetzten Reformen über Bord geworfen.

Arbeitslosigkeit wurde zum ersten Mal in der Wahrnehmung sozialdemokratischer Politik zum individuellen Schicksal und war nicht länger das Ergebnis von gesellschaftlichen und wirtschaftlichen Veränderungen, für deren Abfederung der Sozialstaat zu sorgen hatte. Wer sich anstrengt, findet Arbeit – so lautete letztlich die Botschaft, die hinter der Abschaffung der Arbeitslosenhilfe, der Anrechnung des erworbenen Eigentums und auch der Rente mit 67 steckte. Damit übernahm die Sozialdemokratie unausgesprochen die Formel von der »sozialpolitischen Hängematte«, die man entfernen müsse, damit Menschen wieder einen Anreiz zur Arbeit erhielten.

Von der sozialen Bewegung zum Teil des Staates

Damit ich nicht missverstanden werde: Natürlich gab (und gibt) es Fehlanreize in unserem sozialen Sicherungssystem. Aber der kulturelle

Bruch, der letztlich hinter dieser völlig veränderten Interpretation der Ursache von Arbeitslosigkeit steckte, musste tiefe Veränderungen in der Sichtweise auf die deutsche und europäische Sozialdemokratie zur Folge haben. Die SPD wurde nicht mehr als Teil einer sozialen Sicherheitskultur für Arbeitnehmerinnen und Arbeitnehmer wahrgenommen, sondern als deren Gegner. War die SPD einstmals als soziale Bewegung gestartet, die den Staat erobern wollte, so empfanden vor allem die Gewerkschaften die Sozialdemokratie jetzt endgültig »nur« noch als Teil des Staates, der ihnen – ähnlich wie die CDU – bestenfalls als zeitweiliger Ansprechpartner zur Verfügung steht, aber nicht mehr als Teil einer gemeinsamen Bewegung.

Und noch ein gravierender Unterschied zu früheren Strukturveränderungen in der Arbeitsgesellschaft entstand: Anders als in den klassischen technologischen Veränderungsprozessen, in denen Anpassungsqualifizierung oder finanzielle Absicherungen den betroffenen Arbeitnehmerinnen und Arbeitnehmern halfen, den Anschluss oder den Lebensstandard zu sichern, wurden jetzt dauerhafte »Verlierer« produziert. Der Wegfall von einfachen, aber hochproduktiven industriellen Arbeitsplätzen mit entsprechend hohen Löhnen entzog ihnen auch noch die Auswege, die ihnen in der Vergangenheit offen gestanden hatten. Stattdessen wuchsen die qualifikatorischen Anforderungen in den Teilen der deutschen (Industrie-)Wirtschaft, in denen noch gute Löhne und Renten erzielt werden konnten. Die Spaltung auf dem Arbeitsmarkt in Niedriglöhner und tariflich abgesicherte Arbeitnehmerinnen und Arbeitnehmer wurde zu einem prägenden Kennzeichen nicht nur der deutschen Arbeitsgesellschaft.

Die gleichzeitig stattfindende flächendeckende Deindustrialisierung in Ostdeutschland wirkte dort wie ein Katalysator. Ostdeutschland wurde das Experimentierfeld für den Niedriglohnsektor. Wer gut qualifiziert (und jung) war, verließ den Osten. Wer schwächer oder ortsgebunden war, blieb zurück. Natürlich schafften es auch dort viele, sich eine neue und sichere Existenz aufzubauen. Aber ein viel zu großer Teil der Bevölkerung stellte auch 25 Jahre nach der deutschen Einheit fest, dass Löhne und Gehälter und damit auch die Renten niedriger waren, die Daseinsvorsorge aus vielen Regionen verschwand oder auf ein Minimum reduziert wurde, öffentliche Einrichtungen geschlossen wurden und vor allem die dörflichen und gemeindlichen Strukturen verfielen. Äußerte sich der soziale Protest dagegen anfangs noch in der Wahl der Linkspartei (oder ihrer Vorläufer) oder in der Wahlenthaltung, so fand die wachsende Enttäuschung, Orientierungslosigkeit und Wut ihren Ausdruck immer mehr auch in der Wahl von NPD, DVU oder jetzt der AfD.

Die Verachtung der eigenen Wähler

Die Sozialdemokraten versuchten – ähnlich wie viele ihrer Schwesterparteien in Europa und auch die Demokraten in den Vereinigten Staaten – die Leerstelle, die sie in ihrer Wirtschafts- und Sozialpolitik gegenüber ihrer klassischen Wählerschaft hinterließen, durch eine Ausrichtung auf gesellschaftspolitische Themen zu ersetzen. Themen gesellschaftlicher Modernisierung nahmen einen zunehmenden Raum in der sozialdemokratischen Alltagspolitik ein: doppelte Staatsbürgerschaft, die Idee einer multikulturellen Gesellschaft, Inklusionsprogramme für Menschen mit Behinderungen, Gleichberechtigung von Frauen, die Rechte und die Gleichstellung von homosexuellen Lebensgemeinschaften, Rechte von Migrantinnen und Migranten – die Regierungsjahre von SPD und Grünen waren auch gekennzeichnet durch längst überfällige Reformen, bei denen oftmals die Politik nachholte, was in weiten Teilen der Gesellschaft längst mehrheitsfähig schien.

Damit allerdings ließ sie zunehmend den Teil ihrer traditionellen Wählerschaft allein, der nicht so liberal, nicht so weltoffen und nicht so multikulturell orientiert war. Statt sich mit der Frage zu befassen, welche wirtschaftlichen, sozialen und kulturellen Hindernisse zu überwinden wären, um auch in diesem Teil der Gesellschaft die rot-grüne Modernisierungswelle mehrheitsfähig werden zu lassen, wandte sich auch die SPD lieber den progressiven bürgerlichen Eliten des Landes zu. Etwas zugespitzt könnte man sagen: Die Summe einer Politik für einzelne Minderheiten sollte im Land eine kulturelle Mehrheit links der Mitte erzeugen. Wer damit nichts anfangen konnte, hatte einfach »die falsche Haltung«.

Der Politikwissenschaftler Wolfgang Merkel hat diese Entwicklung in einem Interview im Journal der *IPG (Internationale Politik und Gesellschaft)* klug analysiert: »Es gibt in Deutschland, wie in den meisten westlichen Ländern (nicht in Osteuropa), eine klare liberale Dominanz im öffentlichen Diskurs. Dieser setzt auf individuelle Freiheitsrechte, Gleichheit der Geschlechter und Klimapolitik gegen die globale Erwärmung. Der Horizont ist kosmopolitisch. Dagegen ist (…) nichts einzuwenden. Ganz im Gegenteil. Mit der Hegemonie kommt aber nicht selten die Hybris. Die Meinungsführer aus den formal hoch gebildeten urbanen Mittelschichten und Eliten reklamieren in ihren Debatten auch die richtige Moral für sich. Es geht nicht mehr um mehr oder weniger, nicht um Debatte, Konsens und Kompromiss, es geht um Dominanz, um moralisch oder unmoralisch, wahr oder unwahr, richtig oder falsch. Das ist die dichotome Welt selbstgerechter Moral.«

Für Wolfgang Merkel hat deshalb die Verrohung und Radikalisierung der öffentlichen politischen Auseinandersetzung mindestens zwei Quellen: natürlich zuerst den Rechtspopulismus, der ganz bewusst die Radikalisierung der politischen Auseinandersetzung vorantreibt, um damit die Aufmerksamkeit auf sich zu ziehen. Aber auch die Linksliberalen tragen Verantwortung für die zunehmende Verrohung der politischen Kultur, weil sie mit ihrer moralischen Hybris und ihrer Sehnsucht nach Ausschließung ebenso zur Unversöhnlichkeit der Debatte beitragen. Die SPD, so Wolfgang Merkel, zeige diese gefährliche linke »Mischung von Intoleranz, Lernunfähigkeit und verrutschter moralischer Hybris« in ihren teilweisen wütenden Ausfällen gegen die restriktive Zuwanderungspolitik der dänischen Sozialdemokratie, obwohl diese sich gerade am ehesten wieder dem Modell einer Mitte-Links-Volkspartei nähert.

Es gibt eine Analyse der Ergebnisse der Bundestagswahl 2013, die in der Aussage gipfelte, dass große Teile der traditionellen SPD-Wählerschaft den Eindruck haben, dass die SPD sie verachte! Dramatischer kann ein Befund für eine sozialdemokratische Partei nicht ausfallen. »Die da oben, wir hier unten« – exakt diese Wahrnehmung hatte schon zu Verlust vieler Wählerinnen und Wähler im Jahr 2005 geführt. Wähler, die der SPD-Kanzler Gerhard Schröder trotz oder vielleicht sogar wegen seiner Reformpolitik noch halten konnte.

Auch mir ist es nicht gelungen, die SPD-Parteigremien zu ermutigen, sich mit dieser Wahlanalyse ernsthaft zu befassen. Zu sehr hätte es offenbar das Selbstverständnis und die Selbstwahrnehmung großer Teile der SPD-Repräsentanten infrage gestellt. Stattdessen redete man sich einmal mehr ein, die eigenen Wahlprogramme und Aussagen seien nicht »links« genug.

Der Gipfelpunkt dieser Entwicklung war die Flüchtlingskrise des Jahres 2015: Die SPD-Repräsentanten auf Bundesebene konnten oder wollten nicht verstehen, warum Teile ihre eigenen Wählerschaft – und wer genau zuhörte: auch ihrer Mitglieder – die Öffnung der Grenzen für mehr als eine Million Flüchtlinge nicht nur als Ausdruck der Mitmenschlichkeit und der Weltoffenheit empfand, sondern zugleich auch als verstörend. Beides – der Wunsch zu helfen und die Sorge der Überforderung – bildet ja bis heute die individuelle und gesellschaftliche Zerrissenheit in Deutschland ab.

Heute und im Rückblick wissen wir, wie brüchig das Fundament dieser scheinbaren »kulturellen Mehrheit« war, die die SPD zu erringen glaubte. In Wahrheit hat die SPD sie 2002 nur knapp verteidigt und nach 2005 verloren. Sie verlor sie an die CDU-Kanzlerin Angela Merkel, die vor allem dem aufgeklärten und liberalen Bürgertum die Angst vor der alten westdeutschen und viel zu konservativen Union nahm. Die von Angela Merkel vorangetriebene Öffnung ihrer Partei gab ihr selbst ein Image als gesellschaftliche Modernisierungspolitikerin, obwohl es in Wahrheit oft eine Mischung aus Pragmatismus und Opportunismus war und bis heute geblieben ist.

Bei einer rein vordergründigen Betrachtung der letzten Bundestagswahl steht die SPD als große Wahlverliererin im Zentrum. 2017 haben aber auch Angela Merkel und die Union die kulturelle Hegemonie verloren. Wenn Gerhard Schröder unter Rot-Grün mit der Modernisierung und Öffnung Deutschlands begonnen und Angela Merkel das häufig genug mit der SPD als Koalitionspartei fortsetzte, dann ist die dahinterstehende kulturelle Hegemonie der Idee einer offenen Gesellschaft nun mit dem genauen Gegenteil konfrontiert worden: Haben bei der Bundestagswahl 1998 noch 37,5 Millionen Wahlberechtige für die beiden großen Volksparteien gestimmt (20,2 Millionen für die SPD und 17,3 Millionen für CDU/CSU), so waren es 2017 nur noch 25 Millionen. Die SPD wurde in diesem Zeitraum praktisch halbiert und verlor alleine mehr als zehn Millionen Anhängerinnen und Anhänger. Ein Blick auf die letzte Bundestagswahl mit Gerhard Schröder als SPD-Bundeskanzler im Jahr 2005 zeigt, dass der Erklärungsversuch, die Sozialreformen der »Agenda 2010« seien die zentrale Ursache für den Abstieg der Sozialdemokraten in der Wählergunst gewesen, auch nicht stimmen kann. Denn 2005 – also nach den umstrittenen Arbeitsmarktreformen – kam Gerhard Schröder mit seiner SPD immerhin noch auf mehr als 16 Millionen Stimmen. Der große Abstieg der SPD kam erst danach!

2017 haben sich erstmals in Deutschland sechs Millionen Wählerinnen und Wähler für anti-moderne, anti-urbane und anti-europäische Parteien entschieden. Nicht wenige davon hatten vier Jahre zuvor noch die SPD gewählt. Was bisher unbestritten war – oder zumindest unbestritten erschien –, wurde mit einem eindrucksvollen Signal bei der Bundestagswahl bestritten. Die Parteien der Moderne – Angela Merkel hatte auch die CDU zumindest partiell dazu gemacht – wurden konfrontiert mit einer politischen Gegenbewegung zur Anti-Moderne oder genauer gesagt der Anti-Postmoderne.

Das ist der eigentliche Gezeitenwechsel und der sichtbare Ausdruck des Endes des vorangegangenen politischen Zyklus, der äußerlich mit Gerhard Schröders Wahl zum Bundeskanzler begonnen hatte und mit der Bundestagswahl 2017 zu Ende gekommen ist. Nur dass seine Nachfolgerin erst mit etwas Zeitverzögerung gehen wird.

Dieser Zyklus war gekennzeichnet durch den reformerischen Versuch, den globalisierten Finanzkapitalismus nicht nur einzuhegen, sondern ihn auch für die eigene Volkswirtschaft zu nutzen. Grundsätzlich infrage gestellt wurde er jedenfalls weder von der deutschen noch der europäischen Sozialdemokratie. Von den Konservativen war das ohnehin nicht zu erwarten und auch die Grünen taten das nicht, sondern suchten eher nach Möglichkeiten, Klimaziele in die Wirkungsmechanismen dieses neuen Finanzkapitalismus zu integrieren.

Es war in den Augen vieler Wählerinnen und Wähler eher die zum Teil extreme politische Rechte, die diese Phase der Globalisierung infrage stellte. Allerdings nicht mit einer Idee für eine neue internationale soziale, wirtschaftliche und ökologische Ordnung, sondern mit der Rückkehr zu nationalem Egoismus. »America first«, »La France aux Français«, »Britannia rule the waves«, »Deutschland zuerst« – überall in den westlichen Demokratien ist es die politische Rechte, die sich zum Träger der Globalisierungskritik aufschwingt. Die politische Linke dagegen hat ganz offensichtlich bislang zu wenig zu bieten.

Und anders als bei früheren politischen Gezeitenwechseln ist die kulturelle Hegemonie jetzt nicht einer anderen Partei zugefallen. Hier hat sich vielmehr ein gravierender Wandel vollzogen. Nicht mehr Modernität und Offenheit sind Synonyme für kulturelle Meinungsführerschaft, und nicht mehr die traditionellen Volksparteien konkurrieren mit ihren programmatischen Konzepten um die kulturelle und mentale Deutungshoheit im Land. Andere Akteure, besonders die AfD, sind auf den Plan getreten.

Vieles ist noch unklar und ungewiss. Und gewiss stehen wir vor einer Zäsur im Parteiensystem. Die Union ist längst keine Einheit mehr und weiß nicht mehr recht, was für eine Partei sie sein will: eher liberal in ihren gesellschaftlichen Auffassungen oder im klassischen Sinn konservativ? Noch klammert sie sich an Angela Merkel, spürt aber deutlich den programmatischen Substanzverlust, die Entkernung der Partei, den Verlust alter und aller Gewissheiten. Insofern bleibt Angela Merkel so etwas wie eine Kanzlerin auf Bewährung. Dass die Union in ihren Kernlanden südlich des Mains zweistellig verloren hat, das ist mehr als ein Menetekel.

Noch schlimmer hat es natürlich die SPD getroffen. Und wann, wenn nicht jetzt, muss eine Antwort gegeben werden auf die drängende Frage: Was bedeutet (eigentlich noch) Sozialdemokratie? Die Ideen einer sozialen Demokratie genießen unverändert erstaunliche und erfreuliche Sympathien in der Bevölkerung, aber sie wird immer weniger in der SPD verortet. Sie besitzt zu wenig Glaubwürdigkeit, wenig Esprit, wenig inhaltliche Überzeugungskraft. Und das hat Gründe, die sie bei sich selbst suchen muss und nicht in der »falschen Haltung« ihrer Wählerinnen und Wähler.

Äußere Liberalität versus innere Liberalität

Der Gezeitenwechsel, der die Sozialdemokratie und ebenso die Unionsparteien trifft – wenn auch in weit geringerem Maße –, kam nicht über Nacht. Die Übergänge in solchen politischen Zeitenwechseln fallen nicht mit Wahldaten zusammen, politische Wechsel haben ihre eigenen Flaggensignale als Hinweise auf die kommende Zeit. Solche Warnsignale gab es schon lange: die drastische Zunahme der Wahlenthaltung, der Wandel von der »Politikverdrossenheit« zur Politikverachtung, Pegida und vor allem die spürbare Entkoppelung weiter Teile der politischen Eliten von den Lebensverhältnissen der »working poor«, des anwachsenden Dienstleistungs-Prekariats. Gerade für diesen letztgenannten und wachsenden Teil in der bundesdeutschen Gesellschaft galt das traditionelle Aufstiegsversprechen nicht mehr. Das sozialdemokratische Angebot »Aufstieg durch Bildung« oder mehr noch die Forderung nach »lebenslangem Lernen« als Voraussetzung für ein gutes Leben hatte keinerlei Resonanzboden im gelebten Alltag in weiten Teilen Ostdeutschlands oder den Armutsvierteln des Ruhrgebiets.

Der äußere Anlass – nicht die Ursache – für die Politisierung und den Durchbruch dieser gesellschaftlichen Tiefenströmungen war die starke Zuwanderung von Flüchtlingen und Migrantinnen und Migranten in den vergangenen mehr als zwei Jahren. Insgesamt rund 1,5 Millionen Zuwanderinnen und Zuwanderer hat Deutschland aus guten Gründen aufgenommen. Aber die Vorstellung, dass dies keine politischen Schleifspuren hinterlassen würde, war natürlich von Anfang an naiv. Bis zum Beginn der starken Zuwanderungswelle hielten CDU/CSU und SPD ihre Wähleranteile der Bundestagswahl 2013. Zeitweise stiegen die Umfragen der Sozialdemokratie sogar an. Danach verloren beide Volksparteien bis zur Bundestagswahl 2017 rund 20 Prozent ihrer Wählerschaft. Nur war und ist das für die Union bei einer Ausgangslage von gut 41 Prozent weit leichter zu ertragen als für die SPD, die von rund 25 Prozent kam. Mit dieser drohenden politischen Gefahr wollte sich die SPD nicht auseinandersetzen. Die Angst, dabei den Eindruck zu vermitteln, die Sozialdemokratie würde ähnlich der CSU eine abwehrende Haltung gegenüber Menschen in Not einnehmen und zugleich der Kanzlerin die weltoffene und mitmenschliche Haltung zu überlassen, war ungeheuer groß. Ich habe in dieser Situation gemeinsam mit dem damaligen SPD-Außenminister Frank-Walter Steinmeier versucht, den bereits erwähnten Solidarpakt zu schmieden, damit niemand in Deutschland den Eindruck hat, er werde vergessen. Wolfgang Schäuble, zu dieser Zeit CDU-Finanzminister, wird gewusst haben, dass eine so profilierte SPD-Politik den großen Unterschied zum floskelhaften Slogan der CDU-Kanzlerin »Wir schaffen das« hätte bilden können. Konsequenterweise verweigerte er dafür die Finanzmittel und nannte die Forderung, auch mehr für die einheimische Bevölkerung zu tun, »erbarmungswürdig«. Vielleicht hätten wir damals die Regierung verlassen müssen. Mit dem Argument, dass wir den neu ankommenden Flüchtenden helfen wollen, die Sorgen der hier bereits lebenden Menschen aber nicht vergessen, hätte sich jedenfalls ein guter Wahlkampf machen lassen.

Die nachfolgende Bundestagswahl vor zwei Jahren hat die politische Tektonik in Deutschland erschüttert und verschoben. 2017 erzielten die vier Mitte-Rechts-Parteien CDU, AfD, FDP und CSU immerhin 56,3 Prozent. Das ist ein Erdrutsch, wenn man bedenkt, dass Rot-Rot-Grün 2009 noch auf fast 46 Prozent kam und Rot-Rot-Grün nach der vorletzten Bundestagswahl von 2013 noch eine rechnerische Mehrheit besaß.

Man kann sagen, dass Deutschland seine große äußere Liberalität mit dem Verlust an innerer Liberalität bezahlt hat. Hier liegt zumindest ein Hauptgrund für die Wahlniederlage der beiden Volksparteien. Vielleicht ist es sogar der Preis, den Demokraten bezahlen müssen, wenn sie zu wirklicher Solidarität mit Verfolgten und Bedrängten bereit sind. Es wäre allerdings aufrichtig, das zu sagen und dieser schwierigen Debatte nicht dadurch auszuweichen, dass alle möglichen Belanglosigkeiten als Ausrede für das Abschneiden der SPD bei der letzten Bundestagswahl herangezogen werden. Mich erinnern die häufig zu lesenden Begründungen für die Niederlage sehr an die alte SPD-Geschäftsführerweisheit, dass an Wahlniederlagen am Ende nur die »schlechten Plakate« schuld waren. Es waren weder Zeitabläufe bei der Aufstellung des Kanzlerkandidaten noch der Wahlkampf der Parteizentrale und nicht die Person des Kanzlerkandidaten, die zu diesem für die SPD schlimmen Wahlergebnis geführt haben, sondern die völlige Unterschätzung der gesellschaftlichen Tiefenströmungen und des politischen Gezeitenwechsels, der ja nicht nur in Deutschland, sondern überall in den westlichen Demokratien zu beobachten war und ist.

Identität und »Identitäre«

Die Mehrheit von uns Sozialdemokraten hat ihren gesellschaftlichen Aufstieg gemacht und lebt meist nicht mehr in den Stadtteilen, in denen der Teil unserer Wählerschaft wohnt, der sich nicht mehr heimisch und manchmal sogar gefährdet sieht. Wir werden eher mit anderen Themen konfrontiert – bürgerlicher, kultivierter und postmodern. Um es sehr bösartig zu sagen: Bei uns gibt es oftmals zu viel Grünes und Liberales und zu wenig Rotes.

Wenn ich mir mehr »rot« wünsche, dann meine ich damit nicht in erster Linie die manchmal schon folkloristisch anmutende Debatte darum, ob die SPD »linker« werden solle. Das erschöpft sich schnell in klassischen instrumentellen Fragen nach Umverteilung, die zwar durchaus ihre Berechtigung haben. Im Kern geht es aber es um eine kulturelle Haltung und um Fragen nach Identität. In der unübersichtlich gewordenen Welt ist es genau diese Sehnsucht nach Identität, die auch einen großen Teil unserer Wählerinnen und Wähler umtreibt. Mit wem und vor allem mit was können sie sich identifizieren? Ist der Wunsch nach sicherem Grund unter den Füßen, der sich mit dem Begriff »Heimat« hier in Deutschland verbindet, etwas, was wir verstehen, oder sehen wir darin ein rückwärtsgewandtes und sogar reaktionäres Bild, dem wir nichts mehr abgewinnen können? Ist die Sehnsucht nach einer »Leitkultur« angesichts einer weitaus vielfältigeren Zusammensetzung unserer Gesellschaft wirklich nur ein konservatives Propagandainstrument oder verbirgt sich dahinter auch in unserer Wählerschaft der Wunsch nach Orientierung in einer scheinbar immer unverbindlicheren Welt der Postmoderne?

Es ist kein Zufall, dass sich die Vordenker der Rechtsextremen in Europa häufig als »Identitäre Bewegung« bezeichnen. Denn es geht um Identität und Identifizierung. Wir Sozialdemokraten werden derzeit jedenfalls eher mit einem schwer identifizierbaren Postmodernismus gleichgesetzt. Auch weil es uns bislang nicht gelungen ist, die Errungenschaften der Moderne – soziale Sicherheit, Teilhabe, Solidarität – auch in Zeiten der Globalisierung nachhaltig und im Alltag erlebbar durchzusetzen. Immer noch führen alle Sozialdemokraten in Europa im Wesentlichen nationale Wahlkämpfe, immer noch sind uns nationale Termine wichtiger als internationale Treffen und immer noch lassen wir uns von der Macht des Finanzkapitalismus bei unserer Steuergesetzgebung zu sehr erpressen.

Ich bin der Überzeugung, dass die Krise der deutschen Sozialdemokratie weniger etwas mit einem Regierungsbündnis mit den Konservativen in Deutschland zu tun hat als mit diesen völlig veränderten Rahmenbedingungen für sozialdemokratische Politik. Erst wenn wir uns wirklich zu diesen Veränderungen bekennen und daraus auch Konsequenzen ziehen, werden sich unsere Wahlergebnisse verbessern.

So gesehen ist es für die Frage des Überlebens der Sozialdemokratie in diesem Land relativ egal, ob wir in die Regierung gehen oder nicht. Für beides gibt es gute Argumente und vor beidem muss die SPD keine Angst haben.

Im Kern müssen wir aber – egal ob in oder außerhalb einer Bundesregierung – eine ganz andere Aufstellung vornehmen. Und diese andere Aufstellung bedeutet vor allem: die Europäisierung und Internationalisierung unserer politischen Konzepte. Zusammen mit unseren ganz traditionellen Werten von Freiheit, Solidarität, Gleichheit und Gerechtigkeit kann das die erkennbare Differenz zu allen anderen politischen Wettbewerbern ausmachen. Martin Schulz hatte deshalb recht: mehr internationale Zusammenarbeit, mehr europäische Zusammenarbeit, denn nur so werden wir das zentrale Versprechen der Sozialdemokratie wieder einlösen, nämlich den Kapitalismus zu zähmen und soziale und auf Solidarität ausgerichtete Marktwirtschaften zu erzeugen. Das ist uns im letzten Jahrhundert national gelungen, jetzt muss es uns in Europa und wenn möglich darüber hinaus gelingen.

Heute verlieren wir die traditionellen und gewerkschaftsnahen Arbeitnehmerinnen und Arbeitnehmer an die Linkspartei, das aufgeklärte Bürgertum an die Grünen und die Arbeiterschaft und das Dienstleistungs-Prekariat an die AfD. Die SPD wird von drei Seiten angegriffen. Vor allem die Verluste an die AfD müssen die SPD irritieren. International wird die rechtspopulistische Bewegung der Anti-Postmoderne ausgerechnet von dem Land getragen, das seit seiner Gründung der verlässlichste Träger der Moderne war: den Vereinigten Staaten von Amerika. Niemand hat das so prägnant beschrieben wie die leider viel zu früh und tragisch verstorbene Publizistin Sylke Tempel: »Ausgerechnet das Land, das uns Deutsche und ganz Europa seit dem Zweiten Weltkrieg durch die Einbindung in die westliche internationale Ordnung vor reaktionären Revolutionen schützte, ist auf einmal Vorreiter einer reaktionären Revolution geworden.«

Aber nicht nur das: Auch innerhalb der politischen Linken – in Deutschland der SPD, der Gewerkschaften, der Grünen und der

Linkspartei – gibt es unüberhörbare Stimmen, die eher auf Rückzug, Schutz und Skepsis setzen als auf Fortschritt, Weltoffenheit und Internationalität. Die weitgehend irrationale Debatte um die Freihandelsabkommen mit Kanada oder den USA waren ein leiser Vorgeschmack darauf.

Der anhaltende Anpassungsdruck auf die europäische Linke: Antworten und Auswege

Dass die Sozialdemokratie heute überall in Europa unter Druck steht, ist schon vielerorts beschrieben worden. Es ist also keine deutsche Besonderheit, dass die SPD seit dem Abgang Gerhard Schröders nach der Bundestagswahl 2005 im dauernden Niedergang begriffen ist und nur einmal, nämlich 2013, gegenüber der schon damals als Tiefpunkt begriffenen Wahl von 2009 knapp drei Prozent zulegte. Auch in den übrigen europäischen Staaten haben sozialdemokratische Parteien bitter Federn lassen müssen – nur noch wenige positive Ausnahmen in Skandinavien und auf der Iberischen Halbinsel sind festzustellen. Ansonsten herrscht überwiegend ein sklerotischer Niedergang, der eine gesonderte Betrachtung lohnt, sich hier aber nur auf ein paar Schlaglichter konzentrieren soll und kann, um das übergreifende Problem der Linken in Europa gerade in den letzten Jahren zu illustrieren: Die Auszehrung sozialdemokratischer Parteien ist nämlich ohne das gleichzeitige Aufkommen des Rechtspopulismus kaum zu erklären. Und Letzterer hat natürlich Gründe, die unzweifelhaft mit der Globalisierung der Wirtschaft und zugleich mit der Zunahme von unterschiedlichen Formen der Migration zu tun haben.

In Großbritannien hat die Labour Party zwar 2017 kräftig zugelegt, inzwischen aber aufgrund ihrer zweideutigen Haltung zum Brexit und vieler unklarer Positionen ihres Vorsitzenden zu elementaren politischen Fragen wieder stark an Anziehungskraft eingebüßt. Für die deutsche Sozialdemokratie jedenfalls sollte die Jahrhundertniederlage der britischen Labour Party mit ihrem »Linkskurs« eine deutliche

Warnung sein. Gleiches gilt für Frankreich: Von der einstmals stolzen PS ist nach der letzten Nationalversammlungswahl fast nichts mehr übrig geblieben – sie verdampfte geradezu von vormals von über 29 Prozent auf einen Tiefststand von nur noch knapp 7,5 Prozent. Im Nachgang musste die PS sogar ihre Parteizentrale verkaufen. In Italien ist die PD 2018 um fast sieben Prozent auf nur noch knapp 19 Prozent abgestürzt. Auch in Österreich kennt die ehemalige Dauer-Kanzler-Partei SPÖ ebenfalls nur den Weg in die Niederungen einer 20-Prozent-plus-Partei. Von den Schicksalen der PvdA in den Niederlanden, die 2017 ebenfalls bitter zerbröselte (von ehemals fast 25 Prozent auf nur noch knapp sechs Prozent) und der PASOK in Griechenland (die nur noch ein Schatten ihrer selbst ist und mit einem Dreierbündnis bei der Parlamentswahl 2019 noch gut acht Prozent erreichen konnte) ganz zu schweigen. Auch aus den osteuropäischen Staaten ist nicht viel Gutes zu berichten, selbst wenn es elektoral – wie zum Beispiel in Rumänien – noch überraschend erfolgreich verläuft, sind die anhaltenden Korruptionsvorwürfe und -verstrickungen mehr als nur ein Wermutstropfen, sie zeugen auch von moralischem Niedergang.

Demgegenüber sind die jüngsten Wahlerfolge der sozialdemokratischen Parteien auf der Iberischen Halbinsel in Portugal und Spanien sowie in den skandinavischen Staaten Finnland, Schweden und vor allem Dänemark fast Inseln »linker« Glückseligkeit. Die Ergebnisse der Sozialdemokratien in den Kernländern der EU wirken dagegen wie Mahnmale einer untergehenden Epoche. Schnell wurden sich viele Beobachter einig, dass der breite Schwenk zur Mitte, zu neoliberalen Konsolidierungsreformen, wie Privatisierung, Haushaltssanierung, Einschnitte in die Sozialsysteme bei gleichzeitiger Steuerkürzung, diesen Weg nach unten mitverursacht hat. Doch dieser naheliegende Befund erklärt wiederum nicht, warum auf der Iberischen Halbinsel die sozialdemokratischen Schwesterparteien trotz eines harten Konsolidierungskurses nach der Eurofinanzkrise eine erstaunliche politische Erholungsgeschichte erlebt haben. Es muss also spezifische Gründe in den Ländern selbst geben, die über Erfolg oder Nichterfolg von sozialdemokratischen Parteien mitentscheiden.

Es kann und soll hier kein jeweils spezifischer Blick in die einzelnen Länder und ihren Parteiensystemen erfolgen, weil dafür der Platz eines eigenen Buches nötig wäre. Ein Blick nach Dänemark sei allerdings erlaubt, auch wenn unmittelbar nach der Folketingswahl am 7. Mai 2019 reflexartig aus dem linken Spektrum meiner Partei sofort abgewunken wurde, als die Frage aufkam, was die SPD von den dänischen Sozialdemokraten unter ihrer Vorsitzenden Mette Frederiksen lernen könne. Wer in diesen Tagen auf den Erfolg der dänischen Sozialdemokraten verweist, wird in der Regel unmittelbar mit Platzverweis bedroht. Vor allem »linke« deutsche Sozialdemokraten subsumieren den Wahlerfolg ihrer dänischen Genossinnen und Genossen gern unter dem Brandmal »rechtspopulistische Flüchtlingspolitik«, die mit der deutschen Haltung nicht zu vereinbaren sei. Wer so redet, hat wenig von dem verstanden, was in Wahrheit hinter dem Erfolg der skandinavischen Schwesterpartei liegt. Der Ruf nach der »richtigen Haltung« aber ist hierzulande immer noch wichtiger als der mühevollere Blick auf die sozialen Verhältnisse.

Nach der Öffnung der Grenzen – die Grenzen der Öffnung?

Dabei hat der Erfolg der dänischen Sozialdemokratie viel mehr mit der Kritik an den sozialen Verhältnissen eines globalisierten Kapitalismus zu tun als nur mit einer härteren Gangart gegenüber illegal Eingewanderten. Dänemarks Sozialdemokraten haben verstanden, dass wir in allen entwickelten Industrienationen längst mitten drin sind in einem Paradigmenwechsel. Nach der »Öffnung der Grenzen« treibt die Gesellschaften jetzt die Frage um, wo eigentlich die Grenzen der Öffnung liegen. Und zwar durchaus auch im übertragenen Sinn und nicht nur bezogen auf die Migrationsfragen. Zugunsten des globalisierten Kapitalismus sollten ja möglichst alle Grenzen und

Regeln verschwinden: für Kapital, Waren, Dienstleistungen, Finanzen, Daten und auch für Menschen. Das war gut für die Ökonomie, hat aber auch viele Gewissheiten beseitigt. Die allermeisten Menschen wissen, dass sich die Welt rasant ändert und auch weiter ändern wird. Im Beruf, im Alltag, in unserer kulturellen Umgebung. Aber genau deshalb suchen sie auch nach verbleibenden Sicherheiten. Wer den Stürmen der Zeit standhalten will, muss kräftige Wurzeln haben.

Die vorangegangene Epoche hatte vielversprechend begonnen: Mit dem Fall der Berliner Mauer und des Eisernen Vorhangs schien alles möglich zu werden. Wohlstand für alle und sogar die Abnahme kriegerischer Konflikte erschienen als greifbare Vision am Horizont des globalen Dorfes, bei dem die Integration von Wertschöpfungsketten und die Verbindung von Marktwirtschaften schon fast naturgesetzlich zur Befriedung der Menschheit beitragen würden. Das, was in der Folge »Globalisierung« genannt wurde, wollte die Grenzen, wenn nicht niederreißen, so doch so niedrig wie möglich senken. Globaler Wohlstand, so die Idee, ließe sich am besten dadurch erreichen, dass man nationale Regeln abbaut und nach Möglichkeit die Volkswirtschaften zu einer einzigen großen zusammenwachsen lässt.

Diese Vorstellung bedeutete gemäß des wirtschaftsliberalen Instrumentenkastens: Möglichst wenig nationale Regulierung, keine Zölle oder Grenzkontrollen, Entstaatlichung und Vermarktung waren die Instrumente, die dem allgemeinen wirtschaftlichen Erfolg dienen und dadurch Wohlstand und Frieden erzeugen sollten.

Das Schlimme war nur: Fast zwangsläufig bekam diese Art des Wirtschaftens einen fast religiösen Charakter. Und wer sich dem Schlachtruf der Globalisierung »Mehr Markt und weniger Staat« entgegenstellte, galt als Gestriger, als Modernisierungsverweigerer. Die Lehre der Volkswirte entwickelte sich zur Theologie. War die Europäische Union einst eine Idee für Frieden und demokratische Freiheiten, so definierte sie sich zunehmend als ein Binnenmarkt: Die täglich zitierten sogenannten vier Grundfreiheiten in der EU waren nicht länger Meinungsfreiheit, Pressefreiheit, Unabhängigkeit der Justiz und die Menschenwürde, sondern degenerierten im Sprachgebrauch

der Berufseuropäer zur »Waren-, Kapital-, Dienstleistungs- und Nie-
derlassungsfreiheit«. Kein Wunder, dass vom Feuer der Idee der europäischen Einigung bald nicht mehr viel übrig war.

Das alles ging gut bis zum großen Crash der Finanzmärkte. Als die
ganze globalisierte Wirtschaftswelt am Rand der Katastrophe stand,
war es auf einmal wieder der Staat, der als Retter in der Not gebraucht
wurde. Eine große deutsche Wirtschaftszeitung titelte: Die Wirt-
schaftswissenschaft steht vor den Trümmern ihrer Theorien. Spätestens mit dieser Krise, in der weltweit Hunderte von Milliarden Euro
und Dollar mobilisiert werden mussten, um Banken und Finanzmärkte zu stabilisieren und damit die Realwirtschaft vor dem Kollaps
zu bewahren, begann die Diskussion über die Schattenseiten der Globalisierung an Fahrt aufzunehmen. Und so schnell sie in den Eliten
von Wirtschaft, Politik und Medien im Rahmen der wirtschaftlichen
Erholung auch wieder verdrängt wurde, so sehr schlug sie doch tiefe
Wurzeln in großen Teilen der Gesellschaften praktisch aller entwickelten Demokratien der Welt.

Zu groß war die Diskrepanz zwischen den Alltagserfahrungen
von »denen hier unten« und »jenen da oben«. Und zu diesem »hier
unten« zählten sich zunehmend breite Teile der Mittelschichten. Die
Bevölkerungsgruppen also, die von der Öffnung aller Grenzen weniger oder gar nicht profitiert hatten. Die jahrelang gehört hatten, es sei
für Schule, höhere Löhne und Renten, Lehrer und Polizisten nicht
genug Geld da, und die nun erlebten, dass quasi über Nacht unvor-
stellbare Summen mobilisiert wurden – allerdings nicht für sie, sondern für »die da oben«. Auch in der SPD wuchs die Distanz zu den
Geschäftsmodellen der Großbanken – die Deregulierung hat seitdem
ein gut begründetes Ende gefunden.

Allerdings hat die Globalisierung nicht nur eine wirtschaftliche
Dimension, sondern eben auch – in Bezug auf Arbeitsmärkte – soziale
und kulturelle Dimensionen. Nach der Öffnung der Grenzen geht es
deshalb jetzt um die Grenzen der Öffnung. Denn die Flüchtlingskrise
im Jahre 2015 hat uns nach der Finanzmarktkrise erneut die Grenzen
staatlichen Handelns in Europa vor Augen geführt. Noch ist es keine

mehrheitsfähige apodiktische Forderung, sondern eher eine Suche nach neuer Balance. Den Fragen selbst aber kann auch die europäische Sozialdemokratie nicht länger ausweichen: Wie viel Offenheit und wie viel Sicherheit, wie viel Markt und wie viel Staat, wie viel Bekanntheit und wie viel Fremdheit und wie viel europäische Integration und wieviel Europa der Nationen können nationale Gesellschaften »ertragen«, ohne dass sich »Störkräfte« zu Wort melden oder populistische Parteien bei Wahlen zu Protesten aufrufen? Es ist die Aufgabe demokratischer Parteien, sich der mühsamen Suche nach einer neuen Balance zu stellen. Tun sie es nicht, dann kann aus der Suche schnell eine ultimative Forderung von denen werden, welche die offene Gesellschaft dauerhaft infrage stellen und unsere Demokratie abschaffen wollen.

Es geht im Kern um die Wiederherstellung staatlicher Handlungsfähigkeit. Eine heterogener werdende Gesellschaft braucht einen gemeinsamen Referenzpunkt. Und das kann nur der demokratische Staat sein. Je vielfältiger und freier unsere Gesellschaft wird, desto wichtiger wird der Staat als Ordnungsfaktor. Nicht nur zur Durchsetzung der in einer demokratischen Verfassung vereinbarten Normen einer Gesellschaft, sondern auch zur Sicherung annähernd gleicher Lebensverhältnisse, zur solidarischen Absicherung von Lebensrisiken und zur Schaffung von emanzipatorischen Rahmenbedingungen, in denen das Leben jedes Einzelnen gelingen kann und nicht abhängig ist von Herkunft, Einkommen der Eltern, Geschlecht, Religion, Nationalität oder Hautfarbe. Genau dazu aber war der Staat in den Augen vieler in den letzten Jahren nicht angemessen in der Lage. Heruntergekommene Schulen und Universitäten, eine marode Infrastruktur, Wohnungsnot, ungezügelte Gier ganz oben in der Gesellschaft und mangelnde Aufstiegschancen für die am unteren Ende lebenden Menschen sind nur einige der – seit Jahrzehnten zu beobachtenden – Beispiele für diese Entwicklung.

Die Wahrheit ist: Wir haben den Staat in den letzten Jahrzehnten allzu heftig heruntergefahren: Die politische Linke hat ihn überdies kulturell ins Abseits gerückt, weil sie in einem zu starken Staat immer auch eine Gefahr für die individuellen Bürgerrechte gesehen hat. Mehr Polizei, Staatsanwälte, Richter und größere Eingriffsbefugnisse waren ihr zumeist ein Graus. In Wahrheit jedoch ist der demokratische Rechtsstaat immer liberaler geworden – allen Kontroversen um Notstandsgesetze, Anti-Terrorgesetzgebung oder anderen staatlichen Eingriffsmöglichkeiten zum Trotz. Trotzdem fremdelt das politische Spektrum links der Mitte mit dem Staat. Konservative haben den Staat zwar nicht kulturell, dafür aber finanziell abgewertet, indem sie die Sparschrauben immer fester angezogen haben.

Die aktuelle Situation der Bundeswehr ist zum Beispiel direkte Folge einer unsinnigen Reform, bei der ein früherer Verteidigungsminister – Karl-Theodor zu Guttenberg – seinem Finanzminister die jährliche Einsparung von fünf Milliarden Euro versprochen hatte. Und der miserable Zustand der Schieneninfrastruktur und der Deutschen Bahn dürfte unmittelbare Folge der Sparprogramme sein, mit dem das Unternehmen für den geplanten Börsengang »schlank« gemacht werden sollte. Dänemarks Sozialdemokraten haben vor allem gewonnen, weil sie die Handlungsfähigkeit ihres Staates wieder stärken wollen. Denn das erwarten die Menschen als Steuerzahler auch von der Politik.

Es sind also gerade nicht allein die Migrations- und Flüchtlingsdebatten gemeint – aber durchaus auch sie. Denn dort, wo die politischen Eliten das optimistische Motto »Wir schaffen das!« ausgaben, hatte zunehmend die Mehrheit der Gesellschaft den Eindruck, dass »zu viele Flüchtlinge zu schnell« zu uns ins Land gekommen waren. Nicht rassistische oder fremdenfeindliche Ablehnung steht dabei im Mittelpunkt, obwohl es das leider auch gibt, sondern es ging und geht eher um das Gefühl der Überforderung.

Ob bei den Finanzmärkten, den sozialen Sicherungssystemen, innerer Sicherheit oder Migration: Alles braucht einen starken, leistungsfähigen und durchsetzungsbereiten Staat. »Take back control« ist eben nicht nur ein dummer Werbespruch der Brexiteers in Großbritannien. Dahinter steckt durchaus auch ein ganz nachvollziehbarer und normaler Anspruch eines jeden Bürgers an seinen Staat. Noch und vermutlich auf lange Zeit sind es die geschriebenen und ungeschriebenen Verfassungen der demokratischen Nationalstaaten, die Freiheit, Demokratie und Sicherheit garantieren. Sie sind nach wie vor der Referenzpunkt unserer Gesellschaften. Das widerspricht nicht der Idee eines gemeinsamen Europas, sondern ist eher dessen Voraussetzung. Wo aber aus Sicht einer wachsenden Zahl von Menschen ihre Ansprüche an die Handlungsfähigkeit ihre Staates nicht hinreichend erfüllt werden, kochen diejenigen ihr Süppchen, denen die ganze Idee eines liberalen und weltoffenen demokratischen Rechtsstaates ein Graus ist – Rechtspopulisten, die in Wahrheit und europaweit nationalistische Rechtsextremisten sind.

Hinter der Debatte um die Grenzen der Öffnung steckt also viel mehr als die Frage, wie viel Zuwanderung eine Gesellschaft akzeptabel findet. Im Kern geht es um die Rückgewinnung von Staatlichkeit, Legitimität und damit letztlich um Souveränität nach innen und außen. In nicht wenigen Fällen wird diese Rückgewinnung von Staatlichkeit und Souveränität nur auf dem Umweg über supranationale Institutionen gelingen. Der französische Staatspräsident Macron hat recht: Die Souveränität Frankreichs und aller anderen Mitgliedsstaaten der EU hängt von der Souveränität Europas in der Welt ab. Das darf allerdings keine Worthülse bleiben, so wie es beispielsweise das Schengen-Abkommen lange Zeit war. Die Aufhebung der nationalen Grenzen innerhalb der europäischen Mitglieder des Schengen-Abkommens war gerade nicht durch einen ebenso effektiven überstaatlichen Grenzschutz abgelöst worden. Die Zustimmung zum Schlachtruf der Nationalisten »Take back border control« ist das Ergebnis europäischen Versagens im Schengen-Raum. Nicht zuletzt Deutschland hat Jahrzehnte eine Europäisierung des Grenzschutzes blockiert, weil es keine eigene (finanzielle) Verantwortung dafür an den europäischen Außengrenzen übernehmen wollte.

Die Rückgewinnung staatlicher Handlungsfähigkeit ist eigentlich ein linkes, ein progressives Projekt. Der Erfolg der dänischen Sozialdemokratie besteht darin, dass sie auf den unterschiedlichsten Feldern der Politik versucht, eine Balance zwischen der Öffnung der Grenzen und der Grenzen der Öffnung zu finden. Die Volksparteien in Deutschland sollten diese Debatte aufgeklärt und ohne Schaum vor dem Mund aufnehmen. Und die SPD sollte sich dieser Debatte, die auch viel aufklärerisches Potenzial bietet, nicht einfach verweigern, indem sie das Thema ängstlich vermeidet, weil sie fürchtet, damit nationalistische Dämonen wiederzubeleben. Das Gegenteil ist der Fall: Wenn man vernünftig und gut argumentierend das Thema Migration und Integration bis in jede lokale Öffentlichkeit trägt, erst dann hat man die Chance, offen mit Befürwortern und Kritikern darüber zu sprechen, was eine lokale Gesellschaft konkret leisten kann, welche Vorteile Zuwanderer für unsere Wirtschaft und unser Land und seine Sozialsysteme in den nächsten Jahren haben können und was wir von ihnen im Gegenzug erwarten sollten. Gerade die SPD sollte vor solchen Debatten keine Angst haben.

Die Gerechtigkeitsfalle und die SPD als Vertreterin materieller Interessen

Seit einigen Jahren ist der Befund eine Binse: Keiner Partei hat der soziale Wandel in Wirtschaft und Arbeitswelt so zugesetzt wie der SPD! Das hat mit dem Wandel der Arbeitsorganisation zu tun (Dezentralisierung); das hat mit dem Aufkommen neuer Arbeitsformen zu tun (Auslagerung in den Wertschöpfungsketten mit gleichzeitiger Verschlechterung von Arbeitsbedingungen und Entlohnung); das hat etwas mit dem Wegfall von industrieller Fertigung in Deutschland zu tun und der Stärkung des Dienstleistungssektors; und mit der zunehmenden allumfassenden Digitalisierung, die in vielen Branchen zum Wegfall bisheriger Arbeitsplätze geführt hat und weiter führt, auch wenn neue Arbeitsplätze entstehen. Hier war die SPD nicht mit Antworten und gemeinsamen Strategien mit Arbeitnehmerorganisationen öffentlich erkennbar – auch nicht mit Ankündigungen!

Kurzum: Die meisten Menschen in der berufstätigen Alterskohorte zwischen 35 und 59 Jahre haben eher Angst in Bezug auf die Zukunft – ob ihr Arbeitsplatz noch existiert; ob die Bezahlung noch ausreichend ist für ihre Alterssicherung; ob sich die Arbeitsbedingungen als sicher und stabil erweisen; ob die Sinnstiftung von Arbeit sich allein materiell realisiert oder ob auch andere Sinnstiftungen durch mehr und stärkere Reputationsanerkennungen stattfinden (zum Beispiel im Bildungsbereich, in der Pflege, im Krankenhaus, in der Kita).

In den Augen auch der tendenziell noch wirtschaftlich und sozial abgesicherten Arbeitnehmerschaft und nicht nur des meist unorganisierten Dienstleistungs-Prekariats vertritt die SPD nicht mehr ausreichend ihre materiellen Interessen. Vielleicht ist es auch das schlechte Gewissen darüber, dass wir Sozialdemokraten durchaus Mitverantwortung für das Entstehen eines verfestigten Niedriglohnsektors haben, das dazu führt, dass wir dort nur noch ungern hinsehen oder hingehen. Wenn am Ende der letzten Legislaturperiode über die Erfolge der SPD geredet wurde, gab es vor allem den mit stürmischem Beifall begrüßten Hinweis auf die Durchsetzung der »Ehe für alle«, also die vollständige Gleichstellung der bisherigen eingetragenen Lebenspartnerschaften gleichgeschlechtlicher Paare mit der bürgerlichen Ehe. Nicht der Mindestlohn, nicht die abschlagsfreie Rente nach 45 Versicherungsjahren, die Verdreifachung des sozialen Wohnungsbaus, die Begrenzung von Leih- und Zeitarbeit oder die Reallohn- und Rentensteigerungen und der dramatische Abbau der Massenarbeitslosigkeit lösten Beifallsstürme in der SPD aus, sondern die »Ehe für alle«.

Spätestens zum Zeitpunkt im Sommer 2017 wurde mir klar, dass die Empathielosigkeit der SPD bei der Rettung von 15.000 Arbeitsplätzen im Übergang von Tengelmann zu Edeka kein Zufall war. Immerhin war es dabei erstmals gelungen, gegen die versammelte neoliberale Rechtsmeinung nicht nur die reine Zahl an Arbeitsplätzen zu einem Gemeinwohlgrund als Voraussetzung für staatliches Eingreifen zu machen, sondern vor allem auch deren Qualität, die Tariflöhne und sogar die Mitbestimmung. Statt dieses Beispiel dafür zu nutzen, die SPD wieder auch als eine Partei »der kleinen Leute« zu positionieren und zu profilieren, entwickelte die SPD wenig Interesse daran. Meine Erfahrung dabei war, dass innerhalb der Sozialdemokratie eher interessiert gewartet wurde, ob ich mich bei diesem Kampf verheddere und scheitere. Statt Empathie mit den Verkäuferinnen, Lagerarbeitern, Fleischern und Gabelstapler-Fahrern gab es den in der Politik üblichen Blick auf den Hochseilartisten, dem man kein Netz spannt. Es wurde interessiert beobachtet, ob ich als SPD-Vorsitzender und Bundeswirtschaftsminister vielleicht die Balance verliere und abstürze.

Ich habe für mich damals den Schluss gezogen: Die SPD muss sich wieder mehr als materielle Interessenvertretung des Teils der Gesellschaft verstehen, der allein und auf sich gestellt seine Ansprüche auf ein selbstbestimmtes Leben nicht durchsetzen kann: von klassischen Facharbeitern, Meistern, Technikern und Ingenieuren, Handwerkern, kleinem Mittelstand, den pflegerischen und pädagogischen Berufen, Polizei, Justiz, öffentlicher Verwaltung, Einzelhandel und des gesamten weitgehend schlecht bezahlten Dienstleistungsbereichs, um nur einige Berufsgruppen zu nennen. Viele Millionen Menschen sind auf eine sozialdemokratische Politik angewiesen, die den Sozialstaat wieder als etwas sieht, was Freiheitsspielräume im Leben aller ermöglichen soll und deshalb weit mehr ist als ein degenerierter Sozialhilfestaat.

Dazu noch einmal der Politikwissenschaftler Wolfgang Merkel: »Unvermeidlich erscheint es mir, dass die Sozialdemokraten aller Länder wieder in der Steuer-, Wirtschafts- und Sozialpolitik nach links rücken. Zu glauben, man könne die Grünen in postmateriellen Fragen grün überholen, ist falsch und könnte die SPD bald auch noch die letzten Arbeiterwähler kosten.« Der Journalist Yascha Mounk spitzt in seinem Beitrag vom 1. Dezember 2019 in der *ZEIT* diese Analyse zu: Die SPD »muss künftig das Bildungsbürgertum den Grünen überlassen und gegen die AfD um ihre alte proletarische Basis kämpfen.« Nun mag man darüber streiten, ob es diese »alte proletarische Basis« noch gibt. Was es aber mit Sicherheit gibt, ist ein breites Feld von abhängig Beschäftigten, die eine politische Interessenvertretung brauchen, weil sie sonst sprachlos bleiben im demokratischen Aushandlungsprozess unseres Landes. Von Arbeitnehmerinnen und Arbeitnehmern in schlecht bezahlten Dienstleistungsjobs bis hin zu weit besser bezahlten qualifizierten Facharbeitern, Technikern und

Meistern – die sich heute oft genug materiell von den demokratischen Parteien vernachlässigt oder schlicht vergessen fühlen, und für die nicht zwangsläufig Genderfragen und Klimapolitik an der ersten Stelle ihrer Erwartungshaltung gegenüber der Politik stehen.

Um nicht missverstanden zu werden: Das ist kein Plädoyer dafür, dass Sozialdemokraten Umwelt- oder Gleichstellungsfragen vernachlässigen sollen. Es ist aber ein deutliches Plädoyer zu einer Prioritätensetzung zugunsten materieller und sozialer Interessenvertretung. Denn in einer parlamentarischen Demokratie haben – trotz des Allgemeinvertretungsanspruchs von Volksparteien – die einzelnen politischen Gruppierungen ja den Auftrag, einen bestimmten Teil der Gesellschaft in dieser Demokratie zu repräsentieren und ihn damit auch an die Demokratie zu binden. Das Repräsentationsdefizit für nicht unerhebliche Teile abhängig Beschäftigter hat den Aufstieg der AfD begünstigt und das dänische Beispiel der Sozialdemokratie zeigt, dass man dieses Defizit auch wieder füllen kann.

»Als die SPD noch wirkliche Volkspartei war, schaffte sie es, zwei große Wählerkreise an sich zu binden«, schreibt Yascha Mounk in seinem bemerkenswerten Beitrag in der *ZEIT*. »Sie hatte enormen Rückhalt unter Arbeitern. Gleichzeitig war sie im liberalen Bürgertum sehr beliebt (…). Diese Zeiten sind aber, ohne dass die SPD es gemerkt hat, schon lange verflossen. So wie wirtschaftliche Fragen früher die deutsche Politik dominierten, so tun dies heute gesellschaftliche. Die einfachste Weise herauszufinden, ob jemand links oder rechts wählt, ist es deshalb, nach Themen wie Einwanderung, Klimaschutz oder Feminismus zu fragen.« Das Problem für die Sozialdemokratie sei nun, dass ihre altbewährte Koalition von Arbeitnehmern und linksliberalem Bürgertum exakt in diesen Fragen tief gespalten ist. Und das wiederum hat nicht mit »Haltung«, sondern mit sehr konkreten materiellen Interessenlagen zu tun. Es ist schlicht ein Unterschied, ob die eigenen Kinder in einer Schule oder einem Kindergarten sind, in dem nicht selten weit mehr als 50 Prozent der Kinder die deutsche Sprache nicht altersangemessen sprechen können und deshalb der Lernfortschritt sich langsamer vollzieht als in den bildungsbürgerlichen Schulen in den feineren Stadtteilen. Gerade die Kinder aus Arbeiterhaushalten sind aber auf eine möglichst gute Förderung und Schulausbildung angewiesen, um sich aus dem Leben, in das sie hineingeboren wurden, emanzipieren zu können.

Das Fazit Yascha Mounks lautet deshalb: »Ohne jemals die Menschenfeindlichkeit der Rechtspopulisten zu kopieren oder auch nur zu tolerieren, müsste sie (die SPD) die Sorgen und Ängste, die bei Themen wie Migration und Terrorismus außerhalb des Bildungsbürgertums überwältigende Mehrheitsmeinung sind, viel ernster nehmen, als sie es momentan tut.« Tut sie das nicht, werden weiter traditionelle Wählerschichten der SPD erst ins Nichtwählerlager abdriften und Teile davon zunehmend mit der AfD »fremdgehen«. Wenn die SPD den Kampf gegen die AfD ernst nehmen will, wie sie es immer lautstark behauptet, dann muss sie zuerst deren wachsende Wählerschaft ernst nehmen – jedenfalls dann, wenn sie vorher SPD gewählt haben. Man muss diese Zuspitzung nicht teilen, aber ganz gewiss bleibt es die Aufgabe einer sozialdemokratischen Partei, Brücken zu bauen zwischen Arbeitnehmerinnen und Arbeitnehmern, dem aufgeklärten liberalen Bürgertum und kritischen Intelektuellen. Brücken brauchen aber feste Fundamente und die müssen in einer »Partei der Arbeit« in der materiellen und sozialen Interessenvertretung abhängig Beschäftigter, mittelständischer Unternehmer in Handel und Handwerk und bei kleinen Selbstständigen liegen.

Hilfe zur Emanzipation statt Sozialhilfe

Statt den passiven und oft genug überbürokratisierten Sozialhilfestaat immer weiter auszubauen, muss die Sozialdemokratie deshalb wieder seinen aktivierenden und emanzipationsorientierten Charakter entdecken. Weil er auf diese Emanzipation baute, also auf die Fähigkeit, aus dem eigenen Leben mehr zu machen, war der Sozialstaat die größte zivilisatorische Leistung des 20. Jahrhunderts. Ja, natürlich wollten und sollten die sozialstaatlichen Sicherungsinstrumente denjenigen helfen, die ein schwieriges und oft genug bitteres Lebensschicksal hatten oder aufgrund von Krankheit, Alter oder Pflegebedürftigkeit auf die Hilfe der Solidargemeinschaft angewiesen waren. Aber er war noch mehr: Der Sozialstaat wollte Bedingungen für ein gelingendes Leben für jedermann schaffen. Das gelingende Leben selbst muss dann jeder Mensch in die eigenen Hände nehmen.

Die Sozialstaatsidee wollte ein freies und selbstbestimmtes Leben ermöglichen, in dem man sich allerdings auch anstrengen muss. Die Arbeiterbewegung war deshalb immer eine Leistungsbewegung. Solidarität im klassischen Sinn meint gegenseitige Verantwortung: Wer Hilfe braucht, sollte sie bekommen. Wer keine Hilfe braucht, sollte arbeiten gehen und sich an der Hilfe für andere beteiligen, die wirklich der Hilfe bedürfen. Ein Jahr »chillen« gehen nach Abitur oder Ausbildung oder gar Studium hätte die klassische Sozialdemokratie wohl für eine ziemlich elitäre Idee gehalten, bei der sich die Bürgerskinder mal wieder von anderen aushalten ließen, statt selbst zum Wohlstand der Gesellschaft beizutragen. Aber Karl Marx hatte ja schon vorhergesagt, dass das »Reich der Freiheit« dort beginnt, wo »das Reich der Notwendigkeit« endet. Und für einige scheint das in unserem Land schon erreicht zu sein – notfalls auf Kosten der Eltern.

Fest steht indes: Viele andere aber haben diese Möglichkeiten nicht und müssen ihre Ausbildung abschließen oder arbeiten gehen – finanzieren aber mit ihren Steuern und Beiträgen in der Zeit unsere Gesellschaft, in der sich andere »chillen« leisten können. Ich weiß um die Schwierigkeiten, ein gesellschaftliches Pflichtjahr für alle in Deutschland einzuführen. Trotzdem gebe ich zu, dass ich große Sympathien dafür hege. Die Empörung über die Forderung der neuen CDU-Vorsitzenden Kramp-Karrenbauer, ein solches Pflichtjahr in Deutschland einzuführen, fand ich jedenfalls verräterisch. Die Aufregung zeigte nur, dass offenbar alle es für selbstverständlich halten, dass die Solidargemeinschaft des demokratischen Staates im Durchschnitt bald 80 Jahre alles für den Einzelnen zur Verfügung stellt, es aber schon als Zumutung empfunden wird, im Gegenzug auch mal

ein Jahr etwas für die Gemeinschaft zu tun. Vermutlich wird es dieses Pflichtjahr nicht geben, aber schon der Streit darüber scheint mir
heilsam zu sein, weil er uns in Erinnerung ruft, dass demokratische
Gesellschaften nicht nur von individuellen Rechten leben, sondern
auch von ebensolchen Pflichten. Als der SPD-Bezirk Braunschweig
dazu im Jahr 2005 eine Mitgliederbefragung anlässlich der geplanten
Abschaffung der Wehrpflicht durchführte, stimmten jedenfalls zwei
Drittel der SPD-Mitglieder meiner Region für die Einführung eines
solchen Pflichtjahres. Jeder, so die damalige Argumentation, solle sich
etwas aussuchen: von der Bundeswehr bis zur Hausaufgabenhilfe.
Keine schlechte Idee, wie ich fand.

Wenn der Sozialstaat also mehr sein soll als ein Sozialhilfe- oder
Hartz- IV-Staat, dann gehört es zu seinen Aufgaben, in den schwierigsten Stadtteilen Deutschlands die besten Schulen zu errichten, um
wieder Aufstiege zu ermöglichen. Dann muss er mit gutem Beispiel
vorangehen, wenn Dienstleistungen – von der Pflege bis zur Gebäu-
dereinigung – im öffentlichen Bereich anständig bezahlt werden sollen und den Armutslöhnen und Armutsrenten der Kampf ansagt
wird. Ein Sozialstaat muss zugleich neue Flexibilität für die neuen
Arbeitsformen der Digitalisierung schaffen, zugleich aber die Schutz-
funktionen des individuellen und kollektiven Arbeitsrechts sichern.
Er könnte das zum Beispiel dadurch tun, dass er den Arbeitgebern
und Arbeitnehmern weniger staatliche Regeln bei der Arbeitszeit und
ihrer Verteilung auferlegt – aber nur, wenn vorher wirksame Tarifverträge mit den Gewerkschaften geschlossen werden. Vermutlich wissen
Arbeitgeber und Gewerkschaften ohnehin weit besser, was im konkreten Unternehmen an Flexibilität gebraucht wird und wie man praxis-
nah zugleich Sicherheit erhält.

Der moderne und aktive Sozialstaat muss mit daran wirken, die
vorhandene Arbeit auf alle umzuverteilen, damit nicht einige rund
um die Uhr arbeiten und verfügbar sein müssen, andere aber durch
die Digitalisierung ihre Arbeit vollständig verlieren. Und wir werden
uns trauen müssen, den Sozialstaat und seine traditionelle Finanzierung umzustellen und Schritt für Schritt an die Wertschöpfung sei-

ner Unternehmen zu koppeln als nur an den Anteil der Löhne. Denn diese klassische Form der lohngebundenen Arbeit nimmt ab, neue Formen von Arbeitsstrukturen auf den digitalen Plattformen nehmen zu. Die Grundlagen der sozialen Sicherungssysteme erodieren, wenn wir ihre rein lohnbezogene Finanzierung beibehalten.

Genug zu tun für eine klassische Partei der Arbeit also, wie die SPD sich immer verstanden hat. Um das aber zu leisten, muss sie sich von der Vorstellung lösen, es ginge im Wesentlichen um den Ausbau vorhandener Sozialleistungen. Es ist erstaunlich, dass sich innerhalb der SPD niemand wundert, dass die Sozialdemokratie nachweislich zwar milliardenschwere neue Sozialleistungen durchsetzt, ihre Wahlergebnisse aber schlechter und nicht besser werden. Sie handelt nach dem Motto: Wenn die Medizin nicht wirkt, erhöhen wir einfach die Dosis. Konsequenterweise fordert die neue SPD-Führung eine drastische Erhöhung der Mindestlöhne und neue Milliardenprogramme für die Kindergrundsicherung. Wählerstimmen kann man aber nicht kaufen. Und offenbar fehlt den früheren Wählerinnen und Wählern der SPD etwas ganz anderes: Orientierung in einer sich jeden Tag mehr und schneller verändernden Welt. Dafür aber hat die deutsche Sozialdemokratie bislang keinerlei Angebot. Wenn dann noch die Sehnsucht nach Opposition kommt, stellt sich in der Tat die Frage, wozu es die SPD eigentlich noch braucht. Dann wäre der Zusammenschluss mit der Linkspartei die einzige wirklich sinnvolle Konsequenz, um danach vielleicht wieder gemeinsam auf 20 Prozent zu kommen.

Wer das nicht will, muss sich auf einen schwierigeren Weg machen: Denn die SPD erstarkt nicht erneut, wenn sie andere Parteien nachahmt. Wählerinnen und Wähler entscheiden sich dann lieber für das Original und nicht für die Kopie. Original sozialdemokratisch aber ist es, die Kombination von wirtschaftlicher Leistungsfähigkeit, sozialer Sicherheit und ökologischer Vernunft programmatisch zu verfolgen. Und ganz nebenbei wird die SPD dann schnell feststellen, dass die alte Gewerkschafter-Weisheit immer noch gilt, dass der natürliche »Feind« der Arbeitnehmer nicht nur die Neoliberalen sind, sondern auch der Teil der Grünen, deren eigenes bürgerliches Leben so abgesichert ist, dass sie sich die materiellen Nöte anderer gar nicht mehr vorstellen können und sie sich darum auch nicht wirklich kümmern.

Eine sozialdemokratische Partei darf nie den Blick auf das Ungerechte und die Defizite einer Gesellschaft verlieren. Aber sie muss gerade in Deutschland auch wieder lernen, neben den Defiziten die Potenziale, das Gute, das Gelungene und vor allem das Mögliche zu erkennen. Denn es ist ja keine optische Täuschung so vieler Menschen überall auf der Welt, die sich einen Weg nach Deutschland wünschen. Für sie ist das Deutschland von heute ein vergleichbarer Sehnsuchtsort, wie die Vereinigten Staaten von Amerika es Ende des 19. Jahrhunderts gewesen sind. Ein Ort der Freiheit, der Selbstbestimmung, der Chancen und der Sicherheit. Und nicht wenige Menschen in Deutschland dürften beim allabendlichen Blick in die Nachrichten aus aller Welt froh sein, in Deutschland leben zu können. Vermutlich treibt sie mehr die Sorge um, ob das auch so bleibt oder ob Gefährdungen auch zu uns dringen können.

Zur Sozialdemokratie gehört es seit über 150 Jahren, einen Blick für die Defizite in unserer Gesellschaft zu haben. Für uns war das Glas mindestens halb leer, nie halb voll. Das ist wichtig, denn nur dadurch entsteht der Antrieb, es besser zu machen. Getreu dem Motto: Das Bessere ist des Guten Feind. Aber diese Haltung hat auch ein Problem: Wir konzentrieren uns schnell auf das Defizitäre und vergessen dabei das Gelungene und die Potenziale unserer Gesellschaft. Etwas zugespitzt gesagt: Wer das Land nicht liebt, der wird auch nicht zurückgeliebt. Damit die Sozialdemokratie ihre Kraft und Dynamik entfalten kann, braucht sie vor allem eines: einen empathischen, freundlichen und liebevollen Blick auf die Menschen und einen optimistischen Zukunftsentwurf. Uns macht nur der Hoffnungsüberschuss stark, nie die Diskussion um Defizite allein. Nur wenn die SPD sich traut, eine Fortschrittspartei zu sein – technologisch, kulturell und gesellschaftlich –, hat sie die Chance, ihren Anspruch auf mehr Gerechtigkeit auch glaubwürdig zu vertreten und durchzusetzen.

Die Lage der SPD heute und der Blick in die Zukunft

Die aktuelle Lage ist wenig dazu angetan, der SPD bunte Sträuße zu flechten. Sie hat – wie in der Großen Koalition von 2013 bis 2017 – eine Fülle guter sozial- und bildungspolitischer Projekte und Maßnahmen im Koalitionsvertrag verankert, die allerdings hauptsächlich finanzwirksam sind und dabei vor allem die Länderhaushalte entlasten helfen sollen. Das ist nichts Vorwerfbares, aber es zeigt natürlich den von Beginn an eingeschränkten Handlungsrahmen und die limitierte Ambition des Politikverständnisses meiner Partei in einer Zeit allumfassender und rasanter Transformation. Zusammen mit der Akzeptanz der Unionsforderungen, die auch alle etwas mit Finanzen zu tun haben – schwarze Null, keine offensichtlichen Steuererhöhungen, mehr Geld für die Verteidigung/Bundeswehr und die Abschaffung des Solidaritätsbeitrages für 90 Prozent aller Einkommensteuerzahler –, hat man sich auf ein von Beginn an sehr eng begrenztes politisches Spielfeld begeben, auf dem alle neuen Entscheidungen stets grundsätzlich und mühsam in Koalitionsausschusssitzungen neu verhandelt und dann zu Kompromiss-Paketen geschnürt werden müssen. Das Ergebnis lässt sich seit geraumer Zeit besichtigen: Alle sind irgendwie unzufrieden und zeigen es dadurch, dass Beschlossenes erst nach öffentlichem Verriss halbherzig (zum Beispiel beim sogenannten Klima-Paket im Herbst 2019) verteidigt wird. Kraftvolle Politik sieht anders aus.

Dieses Prozedere führt denn auch nicht zu wachsender Zufriedenheit mit den Regierenden – im Gegenteil. Vor allem die SPD leidet erkennbar darunter. Ihr werden – trotz des wackeren Abarbeitens der Koalitionsvereinbarung, das im Oktober 2019 resümierend in einer Studie der Bertelsmann-Stiftung gelobt wurde – keine politisch-demoskopischen Gutschriften übermittelt. Stattdessen rangiert sie bei der Zukunftskompetenz seit geraumer Zeit hinter Union und Grünen auf Rang 3; nur vier Prozent der Wähler (Dezember 2019 vom Umfrageinstitut forsa erfragt) attestieren der SPD noch Kompetenzen bei der Frage: »Wer kann die Probleme der Zukunft in Deutschland lösen?« – für eine sich immer als Fortschrittspartei empfindende politische Organisation ein Desaster. Das schweigende Hinnehmen dieses Zustands, das kaum noch erkennbare Aufbegehren um mehr Aufmerksamkeit, um in den Medien – ob in traditionellen oder sozialen – endlich wieder einen angemessenen Raum zu erhalten, die über Monate hinweg fehlende Führung der Partei, während sie steuerlos von einer Niederlage in die nächste Niederlage stürzt und man sich währenddessen ein deutschlandweites Kandidaten-Casting schönredete, das offenbar nur ein Bruchteil der Mitglieder interessiert: das alles mit ansehen zu müssen, war vielen, sehr vielen, Mitgliedern der SPD nahezu unerträglich. Am Ende beteiligte sich dann auch nur noch gut die Hälfte der Mitglieder an der Vorsitzendenwahl, die zudem die Spaltung zwischen GroKo-Befürwortern und GroKo-Gegnern dokumentierte. Für die Volks-, Mitglieder- und Regierungspartei SPD schon allein ein Armutszeugnis. Noch schlimmer aber ist, dass die neuen Vorsitzenden mit der Ankündigung angetreten waren, die Fortsetzung der Großen Koalition unter Vorbehalt zu stellen, sich nun allerdings schnell mit den Verhältnissen des Weiterregierens arrangiert haben – ohne Erläuterungen für diesen raschen Schwenk.

Den Verbleib in der Großen Koalition kann man mit ebenso guten Gründen verteidigen wie für falsch erklären. Letztlich ist es eine politische Risikoabschätzung, mit welcher Haltung man für die Zukunft der SPD neue Glaubwürdigkeit und bessere Wahlergebnisse zu erringen hofft. Wichtig ist nur, dass man von der eigenen Strategie wirklich überzeugt ist und sie deshalb glaubwürdig vertreten kann. Auch wenn ich in dieser Lage dazu geraten hätte, nicht aus der Verantwortung zu flüchten und das Regieren nicht als Zwangsjacke, sondern als Chance zu begreifen, kann ich die Argumente der Gegner der Fortsetzung der Großen Koalition verstehen. Ich gebe zu, dass mit einer klaren Absage an das »Weiter so« sich neue strategische Optionen verbinden könnten. Konsequent zu Ende gedacht, hieße das dann in der Tat, sich tatsächlich auch mit einer wie auch immer gearteten Zusammenarbeit mit der Linkspartei oder langfristig sogar mit einer Fusion auseinanderzusetzen. Das wäre nicht meine Strategie, aber es ist immerhin eine. Dann aber darf man nicht einen innerparteilichen

Wahlkampf um den SPD-Vorsitz führen und den Eindruck vermitteln, man würde die Koalition im Falle einer Wahl verlassen – um am Ende doch zu bleiben. Neue Glaubwürdigkeit gewinnt man so nicht. Wenn man dicke Backen macht, muss man anschließend auch pfeifen. Links blinken und dann rechts abbiegen verwirrt alle anderen Verkehrsteilnehmer.

Viel schlimmer als diese Strategielosigkeit und das offenbar gar nicht mehr existente Störgefühl der führenden Akteure, die sich scheinbar an den Zustand einer 13- bis 14-Prozent-SPD gewöhnt haben, ist aber die thematisch-strategische Verzwergung der Gesamtpartei auf das Segment des Sozialen. In dem über fünfmonatigem Auswahlverfahren und speziell bei der sechswöchigen Tour der Kandidaten-Teams wurde die ehemals programmatische Breite der Volkspartei SPD limitiert auf eine sozialpolitische Bewegung, wobei das Verfahren selbst kaum inhaltliche Akzente zuließ und elementare Themen weitgehend ausgespart wurden. Es war wie in einer monothematischen Talk-Show: Alle versuchten mit mehr oder weniger gestanzt oder leidenschaftlich vorgetragenen Minuten-Statements Applaus abzuholen. Niemand erklärte mal etwas ausholender die Komplexität der Welt, die schwierigen Entscheidungen, die unserem Kontinent und unserem Land bevorstehen, oder skizzierte ein Bild von der Zukunft unseres Landes, das seit dem Beginn der Industrialisierung von den komparativen Vorteilen im internationalen Wettbewerb profitiert hat und seine Stellung als Wohlstandsgesellschaft durch unzählige Frauen und Männer als Unternehmer wie Beschäftigte hart erkämpft hat und verteidigen wird müssen, weil unsere wirtschaftlichen Konkurrenten beträchtlich aufgeholt haben. Nein, das alles kam nicht zur Sprache. Während draußen »die Welt aus den Fugen gerät«, wie es der sozialdemokratische Bundespräsident Frank-Walter Steinmeier mehrfach bezeichnete, beschäftigte die SPD sich mit sich selbst. Eine so weltabgewandte, geschichtslose und selbstbezogene SPD gab es noch nie. Stattdessen ein »Bälle-Werfen« am Ende der Tour im Münchener Löwenbräu-Keller – mit dem man es endlich mal wieder kurz in die 20-Uhr-Nachrichten und auf die Titelseiten – wenn auch nur am Rande – der Tageszeitungen schaffte. Das erschöpfte Aufatmen der Beteiligten und der Beobachter war deutlich vernehmbar.

Im Grunde war und ist die SPD die Partei, deren Denken und Handeln stets von einem Hoffnungsüberschuss lebt. Das ist gelegentlich religiös-menschlich und auch verständlich. Aber in der Lage, in der sich die SPD aktuell befindet, wäre es gut, die fundamentalen Veränderungen und Prozesse der umfassenden Transformation, in denen sich Europa und Deutschland befinden, wenigstens annähernd verstehen zu wollen und daraus Schlüsse zu ziehen, welche die geografisch-räumliche, wirtschaftlich-technologische und zeitlich-dimensionale Reichweite dieser Transformation einigermaßen widerspiegeln. Dem allen versagt sich die SPD-Führung und veranstaltet stattdessen Debatten-Camps, auf die aber nichts wirklich folgt. Dabei reduziert sie ihr Handeln auf das Fördern alles Möglichen, während sie die dafür notwendige Anstrengung und Leistung, also das Fordern jeder und jedes Einzelnen, angesichts der enormen Herausforderungen als irgendwie gegeben voraussetzt, mithin schweigend individualisiert. So viel ideeller Gleichmut und unterentwickelte Ambition war selten in der Geschichte der SPD.

Wenn sie dann noch – wie seit geraumer Zeit geschehen – grüner sein will als die Grünen und zugleich die Linkspartei in ihren Forderungen zu überholen trachtet, aber gleichzeitig die Ängste der angestammten Wählerinnen und Wähler nicht aufnimmt, die sich zwischenzeitlich verstärkt in den Nichtwähler-Pool begeben haben und wiederum seit Jahren aus diesem Pool in durchaus bemerkenswerter Zahl zur AfD hinbewegen, dann müssten eigentlich alle Alarmglocken in der SPD-Führung läuten. Die Tatsache, dass man diese Entwicklung achselzuckend zur Kenntnis nimmt und gleichzeitig zu einer wie auch immer gearteten politischen Tagesordnung schreitet und die Nischenthemen in den Mittelpunkt der politischen Auseinandersetzung rückt, offenbart die aktuelle Leere und Kraft- wie Orientierungslosigkeit meiner Partei. Sie ist schrittweise zu einer Spartenpartei geworden, welche die ganze Gesellschaft und das, was die Gesellschaft zusammenhält, nicht mehr im Blick hat.

Meine aktuelle Prognose für die nächsten Jahre fällt daher ernüchternd aus. So wie in den letzten zwei Jahren kann die SPD nicht ernsthaft weitermachen. Sie wird einen echten programmatischen Neustart versuchen müssen. Ich bin gleichwohl überzeugt: Unter den über 425.000 Mitgliedern finden sich genug Frauen und Männer, die schon heute erfolgreich in kommunaler Verantwortung stehen und mit denen eine neue und bessere Zeit der SPD auch im Bund wieder möglich sein wird. Das wird indes länger dauern, als die parteiamtlichen Optimisten glauben machen wollen. Noch ist die SPD nicht verloren. Aber ein Aufbruch wird nur mit frischen und neuen Frauen und Männern von unten gelingen, die wieder mitten im Leben stehen. Davon gibt es Tausende unter den 425.000 Mitgliedern der deutschen Sozialdemokratie. Man muss nur ernsthaft suchen und nicht mit sich selbst zufrieden sein.

Die neue Trennlinie: Sozialliberale Offenheit versus konservativ-grüner Rückzug

Es scheint sich eine neue gesellschaftliche Trennlinie herauszubilden zwischen sozialliberaler Offenheit und konservativ-grünem Rückzug. Und diese Begriffe sind gerade nicht parteipolitisch gemeint, denn es finden sich konservativ-grüne Rückzugsideen tief in der politischen Linken und – Gott sei Dank – auch sozialliberale Offenheit in konservativen Parteien. Die deutsche Sozialdemokratie hat eine große Chance, wenn sie sich an dieser gesellschaftlichen Trennlinie klar positioniert. Nicht in den alten Kategorien »links«, »mittig« oder »rechts«, denn diese Begriffe sind inzwischen floskelhaft und dienen mehr der innerparteilichen Funktionärsverortung als der politischen Profilierung der Partei. Und wer die SPD »nach links« entwickeln will, wird schnell merken, dass dort eine Partei ist, die immer etwas weiter links sein wird, als die SPD es glaubwürdig sein kann.

Eine aussagekräftigere Positionierung als »links« wäre zukunftszugewandt und gestaltend. Mein Gefühl ist, dass die Mehrheit der deutschen Bevölkerung nicht mehr in Kategorien »links« oder »rechts« im demokratischen Spektrum erreichbar ist, wohl aber durch eine Politik, die Zukunft gestalten will und keine Angst, sondern Mut, Gestaltungswillen und Optimismus verbreitet. Also Abschied von den althergebrachten Kategorien, in denen wir uns vor allem innerparteilich so vertraut fühlen. Gesellschaftlich heißt das, sich diesseits der Trennlinie von sozialliberal zu konservativ-grün zu positionieren. Mit dem Begriff des Sozialen dürfte es der SPD leichtfallen, umzugehen. Der Anspruch auf Liberalität wird fälschlicherweise oft mit der neoliberalen FDP und ihren Repräsentanten verwechselt. Dabei war Willy Brandt vor allem eines: ein weltoffener und liberaler Geist. So hat sich die SPD schon im Godesberger Programm als Trägerin gesellschaftlicher Liberalität bekannt – und tut es ununterbrochen dort, wo sie regiert. Sie sollte es nach einer ausführlichen und möglichst nicht entlang alter Kaderlinien ihrer Funktionäre geführten Grundsatzprogrammdebatte endlich auch offensiv tun. Ein solches neues Godesberger Programm könnte eine neue SPD präsentieren: fortschrittsorientiert, optimistisch, neugierig, technologieoffen, vor allem aber weltoffen, europäisch, internationalistisch und ebenso auf wirtschaftliche Leistungsfähigkeit ausgerichtet wie auf soziale Fairness, Gerechtigkeit und Sicherheit. Eine große Aufgabe, aber eigentlich eine der SPD durchaus bekannte. Denn nur wenn es der Sozialdemokratie erfolgreich gelang, ein Bündnis von organisierter Arbeitnehmerschaft, aufgeklärtem und liberalem Bürgertum und linken Intellektuellen zu schmieden, war sie gesellschaftlich mehrheitsfähig.

Exakt dieses Erfolgsmodell versuchen jetzt die Grünen zu übernehmen. Nicht die hoffnungslosen Abwerbeversuche des FDP-Chefs Lindner an »enttäusche Sozialdemokraten« sind eine Gefahr für die SPD, sondern die Erweiterung der politischen Bandbreite der Grünen auf soziale und sozialliberale Themen. Wenn die SPD diese breite »linke Mitte« nicht besetzt und sich weiter sozialpolitisch verzwergt, werden dies die Grünen tun. Dann droht der SPD das Schicksal einer reinen Funktionspartei, die man mal für eine Regierung braucht und manchmal eben nicht. Eine bestimmende gestalterische Kraft würde sie dann nicht mehr sein. Diesen Wettbewerb muss und kann die SPD mit großer Aussicht auf Erfolg aufnehmen, weil ja die Mehrheit der bundesdeutschen Gesellschaft innerlich sozialdemokratisch denkt und fühlt – jedenfalls dann, wenn man darunter eine Politik versteht, die wirtschaftlichen Erfolg, soziale Sicherheit und ökologische Nachhaltigkeit miteinander verbinden will.

Das Vertrackte an der SPD ist, dass sie am liebsten möglichst reinhaltige »linke« Programme beschließt, um mit sich im Reinen zu sein, dann aber als Regierungspartei vernünftig sozialliberal handelt: liberal vor allem verstanden als weltoffen, neugierig, an Innovation und wirtschaftlichem Erfolg interessiert. Sozial, weil sie möglichst alle teilhaben lassen will an diesem Erfolg. Die Enttäuschungen sind jeweils vorprogrammiert. Vor allem die innerhalb der SPD leider größer gewordene Gruppe derjenigen, die weder in der Kommunal- noch Landespolitik noch für einen Direktwahlkreis Verantwortung tragen, beklagen in ihren jeweiligen Echokammern den Verlust von programmatischer Glaubwürdigkeit. Und spätestens mit dem Eintritt in die Regierung beginnt der Zermürbungsprozess, dem bislang noch jeder SPD-Parteivorsitzende früher oder später zum Opfer gefallen ist. Viel wäre deshalb gewonnen, wenn die SPD die Kluft zwischen programmatischem Anspruch und realen Möglichkeiten des Regierens nicht zu groß werden ließe. Lieber wenig versprechen, das dann aber halten. Sagen, was man tut, und anschließend tun, was man sagt. Das ist besser als Ankündigung all dessen, was man gerne täte, wenn die Welt nicht so schwierig wäre.

Die SPD muss endlich diesen Teufelskreislauf durchbrechen und in ihrer Programmatik die Realität zum Zentrum ihres Nachdenkens machen und nicht die sozialdemokratische Gefühlswelt, die sich so ungeheuer gern an die »guten alten und linken Zeiten« von Willy Brandt zurücksehnt. Es geht nicht darum, ob die SPD – oder besser ihre Funktionsträger – mit sich und der Programmatik im Reinen ist, sondern ob die dabei entwickelten Politikvorschläge geeignet sind, die Realität zum Besseren zu verändern. Dafür braucht man

Mehrheiten »diesseits der Union«, wie es Willy Brandt mal gesagt hat. Und die werden erst dann möglich, wenn die SPD die soziale Mitte der Gesellschaft erreicht und überzeugt. Davon ist sie weit entfernt.

Die schwierigste Aufgabe dabei wird aber sein, Antworten auf die anti-postmoderne Bewegung der politischen Rechten zu finden. Schon seit einiger Zeit und bereits vor den Pegida-Demonstrationen und dem Erstarken der AfD und anderer rechtspopulistischer Bewegungen war eine wachsende Sehnsucht größerer Teile der Bevölkerung nach Rückzug aus den Anstrengungen der globalisierten Moderne spürbar. Neu ist, dass sich ein politischer Träger für diese Sehnsüchte herausbildete: die AfD. Nicht zufällig anfangs von gut bezahlten nationalliberalen Wirtschaftsprofessoren (natürlich gibt es auch diese gefährliche Ausprägung des Liberalismus) aus dem öffentlichen Dienst gegründet, entwickelte sich die AfD zur Speerspitze der Anti-Postmoderne: national statt europäisch und global, Abgrenzung statt Aufnahme von »Fremdem«, autoritär statt liberal. Die SPD muss zeigen, dass diese Rückwärtsgewandheit den Interessen ihrer früheren Wähler, die zur AfD übergelaufen sind, viel nachhaltiger schadet und sie vor gar nichts schützt – im Gegenteil.

Aufbruch durch Klarheit!

Ich bin mir sicher: Die Sozialdemokratische Partei Deutschlands besitzt nicht nur eine großartige Vergangenheit, sondern kann auch immer noch eine Zukunft haben. Dafür muss sie sich aber grundlegend ändern und aufhören, nur in Verfahren und über Personen zu diskutieren. Das beginnt damit, den Blick von innen nach außen zu richten: Erst über politische Inhalte und Strategien zu reden, die gut sind für Deutschland und Europa, um daran die Politik der SPD auszurichten, ist die richtige Reihenfolge – nicht umgekehrt. Es muss also darum gehen, der Partei wieder eine Idee über und von der Zukunft unseres Landes zu geben. Nur wenn sie diese Idee für und mit Menschen in Deutschland glaubwürdig vertritt, wird sie gebraucht und sich neuen Respekt und neue Zustimmung erwerben.

Die Bürgerinnen und Bürger müssen in der Demokratie keiner Partei eine Existenzgarantie geben. Auch der SPD nicht. Parteien sind kein Selbstzweck, sondern sie müssen immer wieder zeigen, dass es sie für ein sicheres, freies und gutes Leben in unserem Land braucht. Klar und deutlich müssen die Antworten auf die drängenden Fragen sein. Um das zu erreichen, muss alles auf den Prüfstand, ohne Tabus, ohne Denkverbote, ohne Angst.

Die SPD ist in den letzten Jahren nicht an ihren vielen Vorsitzenden gescheitert, sondern die Vorsitzenden an den immer gleichen ungelösten Strukturproblemen ihrer Partei. Zu zentralen Fragen über Richtung, Programm, Strategie und Kultur der Partei herrschte kein Konsens.

Formelkompromisse und gestelzte Floskeln, Interpretationsbeliebigkeit und kleinkarierte Spiegelstrich-Aufzählungen haben die vorhandenen Konflikte überdeckt. Unsere Anträge auf Bundesparteitagen und unsere Wahlprogramme wurden immer länger, damit sich jede und jeder darin wiederfindet. Jede Kleinstgruppe stellte ihr spezielles Interesse in den Mittelpunkt. Im Ergebnis macht die SPD immer mehr den Eindruck einer unverbundenen »Holding«, unter deren Dach viele Interessengruppen, Arbeitsgemeinschaften und Flügel ihr Eigenleben pflegen. Der gemeinsame Markenkern der SPD wurde dabei immer unkenntlicher.

Hinzu kommt eine Struktur der Führungsgremien, die Führungsverantwortung weder fordert noch fördert. Der Führungsanspruch der jeweiligen Vorsitzenden wird alltäglich infrage gestellt. Zugleich erscheinen alle anderen Mitglieder der Führungsgremien der SPD gegenüber niemandem rechenschaftspflichtig.

Diese Zerrissenheit, die ewigen Kämpfe um kleinste taktische Positions- und Postengewinne muss die SPD beenden, sonst ist das Scheitern auch der nächsten Parteispitze vorprogrammiert. Wir Sozialdemokraten müssen Klarheit schaffen. Klarheit über Richtung, Programm, Strategie und Kultur der SPD.

Die Sozialdemokratie in Deutschland muss erkennbar stehen für Sicherheit, Nachhaltigkeit und Internationalität. Mit Sicherheit ist die soziale ebenso wie die innere gemeint. Nachhaltigkeit muss wirtschaftlichen Erfolg und Modernität mit der Schonung von Natur und Umwelt verbinden. Und Internationalität meint die große Aufgabe, nach der nationalen Bändigung des Kapitalismus im letzten Jahrhundert, ihm nun auch global soziale und ökologische Regeln zu geben. Sozialdemokratie stünde dann:

1. Für ein souveränes Europa, das seine wirtschaftlichen und politischen Interessen gemeinschaftlich in der Welt und auch gegenüber China vertritt, die Partnerschaften mit den USA auf Augenhöhe erneuert, sich aber nicht durch Drohungen und Sanktionen einschüchtern lässt.

2. Für einen neuen Anlauf zu einer gemeinsamen europäischen Friedensordnung auch mit Russland.

3. Für eine Wirtschafts- und Gesellschaftspolitik, bei der es um die »Qualität des Lebens« geht und nicht nur um quantitative Wachstumszahlen.

4. Für eine Arbeitswelt, in der alle Arbeit, Ein- und Auskommen haben. Statt einen Teil der Arbeitnehmerinnen und Arbeitnehmer in ein sogenanntes bedingungsloses Grundeinkommen abzuschieben, weil der Gesellschaft angesichts der Digitalisierung angeblich die Arbeit ausgeht, muss die SPD für eine gerechte Verteilung sorgen: statt einen Teil der Gesellschaft 50, 60 und mehr Stunden arbeiten zu lassen und den anderen gar nicht, muss die Arbeitszeit auf alle verteilt werden. Die Digitalisierung bietet auch die Chance, durch eine flexiblere Verteilung der Arbeit auf alle, Arbeit und Leben besser miteinander vereinbaren zu können. Dafür gibt es ein historisches Vorbild aus der Geschichte der Bundesrepublik:

Der Kampf um die Einführung der Fünf-Tage-Woche wurde unter dem Motto geführt: »Samstags gehört Vati mir!« Heute muss es darum gehen, dass »Mutti und Vati« die ganze Woche gemeinsam mehr Zeit für ihre Kinder haben. Auch das gehört zu einer Politik der Qualität des Lebens.

5. Für eine Klimapolitik, die nicht blind ist für soziale Fragen. Bevor neue Umweltsteuern erhoben werden, bedarf es vor allem bei mittleren und kleinen Einkommen der Entlastung. Wir wollen die Klimapolitik mit gerechter Verteilung verbinden und eine echte soziale und ökologische Steuerreform. Die Steuern und Sozialabgaben auf Arbeit und Einkommen müssen sinken und die auf Umweltverbrauch und Treibhausgase steigen.

6. Für einen vorsorgenden und emanzipatorischen Sozialstaat, der Bedingungen schafft, unter denen jedes Leben gelingen kann. Der ein selbstbestimmtes Leben und Lebensperspektiven ermöglicht, von denen jede und jeder aber auch selbst Gebrauch machen muss. Denn zu einem gelungenen Leben gehört auch Anstrengungsbereitschaft und der Sozialstaat ist ein Leistungsversprechen auf Gegenseitigkeit.

7. Für eine harte Null-Toleranz-Politik gegenüber Kriminalität, sprachlicher und körperlicher Gewalt und gegenüber Parallelgesellschaften in Deutschland. Wir wollen Großzügigkeit bei unseren Integrationsangeboten, aber auch unmissverständliche Härte gegenüber denen, die die Liberalität unserer Gesellschaft auszunutzen versuchen. Dies gilt für Alltagskriminalität genauso wie für angeblich politisch oder religiös motivierte. Ein starker Staat, der handlungsfähig und -willig ist, ist ein Garant dafür.

8. Für die Steuerung und Begrenzung der Zuwanderung einerseits und ein deutlich höheres Engagement in den Herkunfts-

gebieten der Flüchtlinge andererseits. Nur wenn wir uns mehr in Afrika engagieren – wirtschaftlich, sozial, aber auch im Kampf gegen Korruption, Gewalt und Bürgerkriege –, lässt sich eine restriktivere Flüchtlingspolitik in Deutschland und Europa rechtfertigen.

9. Für eine engagierte Wirtschafts- und Technologiepolitik, die die drohende Wirtschaftskrise in Deutschland nicht einfach tatenlos hinnimmt. Für eine Unternehmenssteuerreform, die Investitionen in Deutschland anreizt, die Steuern für Mittelstand und Handwerk senkt, dafür aber endlich eine angemessene Besteuerung von Datenkonzernen und Finanzdienstleistungen einführt.

10. Für Investitionen in die wirtschaftliche und technologische Zukunft unseres Landes, in die Bildung, Schulen, Hochschulen, in Forschung und Infrastruktur unseres Landes. Und eine Politik, die für schnelle Datennetze sorgt, Arbeitnehmer für die Arbeit von morgen qualifiziert und in unseren Schulen die digitale Bildung in den Mittelpunkt stellt. Für ein solches langfristiges und gleichbleibend hohes Investitionsprogramm sind wir bereit, uns auch neu zu verschulden. Für dauerhafte Verbrauchsaufgaben, die keine neuen Werte schaffen, sind wir nicht bereit, neue Schulden aufzunehmen.

11. Für eine Politik, die ins Gelingen verliebt ist und nicht ins Verhindern! Die sich traut, national bedeutsame Infrastrukturprojekte bei der Bahn, im Straßenverkehr, in der Forschung sowie der Daten-, Energie- und Rohstoffversorgung zu beschleunigen und durchzusetzen.

12. Und für einen handlungsfähigen Staat, der gesellschaftliche Herausforderungen bewältigen kann. Von der Modernisie-

rung unserer öffentlichen Infrastruktur in den Kommunen bis zum bedarfsgerechten bezahlbaren Wohnen. Öffentliche Daseinsvorsorge ist keine Handelsware und das Auseinanderklaffen von stärkeren und schwächeren Regionen muss mit engagierter Strukturpolitik beantwortet werden.

Und auch innerhalb der SPD muss sich vieles ändern. Vieles haben Andrea Nahles in ihrer Zeit als SPD-Generalsekretärin und ich zwischen 2009 und 2013 auf den Weg gebracht, aber mit dem Eintritt in die Bundesregierung dann nicht konsequent weiterverfolgt und umgesetzt:

- Mehr Ehrenamtliche in den Parteivorstand: Höchstens die Hälfte der Mitglieder des SPD-Parteivorstands dürfen noch hauptberufliche Politikerinnen oder Politiker sein. Wir brauchen wieder mehr Alltagswissen aus den unterschiedlichen Berufen und aus den Städten und Gemeinden in unseren Gremien.

- Weniger ist mehr: Die Vielzahl von stellvertretenden Parteivorsitzenden hat nur dazu geführt, dass sie öffentlich nicht wahrgenommen werden. Drei Stellvertreter sind wirklich genug.

- Erfolgreiche Kommunalpolitiker, Bürgermeister und Landräte sind oft die verbliebenen Anker der Volkspartei SPD. Ihren Erfolg müssen wir zu unserem machen. Sie müssen mehr Verantwortung in der Partei übernehmen, und zwar auf allen Ebenen. Ihre Mitbestimmungsrechte in Gremien müssen gesondert geregelt werden.

- Vor Ort investieren: Deutlich weniger hauptamtliches Personal der SPD in der Zentrale des Willy-Brandt-Hauses und dafür mehr für die Unterstützung der ehrenamtlichen Arbeit in den Kreisen und Unterbezirken.

- Soziale Netzwerke statt Parteisprecher: Die SPD muss sich trauen, ihre Ideen durch dezentrale und eigenständig arbeitende Teams in den sozialen Netzwerken vorzustellen und zu verteidigen. Das ist wichtiger als zentral gesteuerte Pressearbeit.

- Offene Vorwahlen: Wahlkreiskandidatinnen und -kandidaten und Spitzenkandidaturen für öffentliche Ämter werden grundsätzlich in offenen Vorwahlen ausgewählt. Nicht die Anpassung an innerparteiliche Mehrheitsströmungen sollen entscheidend für die Aufstellung sein, sondern der Erfolg bei Bürgerinnen und Bürgern. Alle Mitglieder, aber auch alle Sympathisanten und Freunde der SPD können daran teilnehmen, wenn sie sich öffentlich in Wählerlisten eintragen.

Viel an Realitätsnähe wäre gewonnen, wenn sich die SPD immunisieren würde gegen die ständig wechselnden Ratschläge der medialen »SPD-Versteher«, die uns mal Bernie Sanders, mal Jeremy Corbyn als neue Vorbilder empfehlen, uns mal abschreiben und dann wieder neue Hoffnungsträger zu erkennen glauben, die wenige Tage danach wieder in Grund und Boden geschrieben werden. Würde die SPD tatsächlich mal verschwinden, die Hälfte der Berliner Hauptstadtjournalisten wäre arbeitslos.

In Wahrheit kennen sie die SPD und ihre Wählerschaft genauso wenig wie die neunmalklugen Berater, die erst für Geld Wahlkampfstrategien entwickeln, um hinterher mit Artikeln und Büchern Geld zu verdienen, in denen sie erklären, warum der Wahlkampf von Anfang an scheitern musste. Ich bin heute noch froh, dass ich ein paar dieser ebenso teuren wie nutzlosen Beratungsverträge mit der SPD gekündigt habe – leider hat meine Nachfolgerin Andrea Nahles sie wieder reaktiviert. Die handelnden Personen haben viel Geld an der SPD verdient und vor allem eines gemeinsam: echten »Nahkontakt« zu Wählerinnen und Wählern hatte niemand von ihnen. Zusammen mit einem früheren Spiegelredakteur und einem in Niedersachsen geschassten Staatssekretär, der über eine Auftragsvergabe gestrauchelt war, zeichneten diese »Ratgeber« für den lausigsten Europawahlkampf in der Geschichte der SPD verantwortlich, an dessen Ende ein Tiefststand von 15,8 Prozent für meine Partei stand.

Ihre Arbeit basiert seit Jahren auf einer Grundannahme: Man kann der SPD Ratschläge geben, ohne jemals einem realen Wähler der SPD gegenübergestanden zu haben. Keiner von ihnen hat selbst mal in der heißen Küche einer Bürgerversammlung mit ein paar Hundert Menschen gestanden oder in jahrelangen Gesprächen bei Betriebsbesuchen, in Schulen, Sozialämtern oder auf Polizeirevieren den Kontakt zur Realität gesucht, um zu testen, ob die eigenen Antworten, die eigene Sprache und die eigenen politischen Ideen eigentlich auf Zustimmung, Skepsis oder sogar Ablehnung stoßen. Ob es Journalisten oder Berater sind: Politikerinnen und Politiker sollten mit ihnen reden und ihnen zuhören – entscheiden aber müssen sie aufgrund ihrer eigenen Wahrheit, ihren eigenen Erfahrungen und vor allem aufgrund ihrer eigenen politischen Sensibilität oder ihres Bauchgefühls für andere Menschen.

Eine sozialdemokratische Vision: Die freundliche Gesellschaft

Die SPD hat die Kraft dazu, sich zu erneuern. Das hat sie in ihrer Geschichte immer wieder gezeigt. Aber dazu waren immer Mut, Klarheit und Überzeugungskraft erforderlich. Eingesetzt für die »Vision« eines anderen, besseren Zusammenlebens. Wenn nicht jetzt dafür eintreten, wann dann?

Die Welt verändert sich – und sie wartet damit nicht mehr die lange Dauer früherer Wandlungen ab. Was in der Geschichte, wie wir sie aus den Schulbüchern kennen, ein Jahrhundert in Anspruch nahm, das passiert heute in wenigen Jahren. Angesichts der offensichtlichen Verunsicherung und Orientierungssuche, die nahezu alle Nationen der westlichen Wertegemeinschaft, die insbesondere

Europa, aber auch unser eigenes Land erfasst hat, ist es unausweichlich, eine grundsätzliche Frage der Sozialdemokratie erneut zu stellen: Wie wollen wir zusammen leben? Welche Art von Gesellschaft streben wir an? Nicht nur national, sondern auch international, denn die Gesellschaften sind keine Inseln mehr, sondern kommunizieren miteinander und reagieren aufeinander. Und wie unterscheidet sich dieses Gesellschaftsbild von der gegenwärtigen Lage?

Seit mehr als 25 Jahren hat das kulturelle und wirtschaftspolitische Programm des Neoliberalismus den möglichst gering regulierten – »entfesselten« – Wettbewerb in den Mittelpunkt der Politik und der kulturellen Kommunikation gestellt. Entscheidend war der geforderte systematische Übergang von einer Wettbewerbswirtschaft zur Wettbewerbsgesellschaft. Dieses Leitbild beeinflusste mit nahezu globaler Reichweite die hochentwickelten Volkswirtschaften ebenso wie die Schwellen- und Entwicklungsländer. Es durchdrang die internationalen Organisationen, war Blaupause für zahllose Handelsabkommen, wurde den Empfängern von Entwicklungshilfe vorgegeben und prägte das Verständnis der Globalisierung. Befürworter wie Gegner dieser Politik identifizierten die Globalisierung mit einer radikalen Herrschaft des Marktes. Eine fatale Entwicklung, weil der große Wert der internationalen Solidarität in seiner Glaubwürdigkeit beschädigt wurde. Wer international dachte und handelte, setzte sich automatisch dem Verdacht aus, neoliberal zu denken und zu handeln.

Inzwischen sind die destruktiven Folgen dieser manischen Kultur des Wettbewerbs in Bezug auf das Gemeinwohl, die Bildung oder Gesundheit in vielen Ländern offenkundig. In ärmeren Ländern in Lateinamerika, Afrika und Asien verschärften sich noch die Gegensätze zwischen der dünnen Schicht privilegierter Eliten und der grassierenden Armut breiter Bevölkerungsteile. Diese brutale Klassengesellschaft ging oft mit polizeistaatlicher Unterdrückung einher. Gewalt bis hin zum Bürgerkrieg löste die ohnehin schwachen zivilgesellschaftlichen Bindekräfte auf. Der Übergang von der Wettbewerbswirtschaft zur Wettbewerbsgesellschaft hat – wie zu erwarten war – eine Kultur der Gegnerschaft zwischen den Menschen als Wettbewerbern geschaffen, verbunden mit der Angst vorm Verlieren und vor dem Abstieg, der Unterminierung von Hilfsbereitschaft und von Solidarität. Sie ist mitverantwortlich dafür, dass sich viele Menschen, auch wenn sie gegenwärtig materiell nicht schlecht gestellt sind, »abgehängt« fühlen, denn Abstieg und Verlust drohen allenthalben.

Diese Kultur der Wettbewerbsmanie hat einen Boden der Angst und der Menschenfeindlichkeit bereitet, der Sündenbock-Strategien und Ressentiments sprießen lässt und der politischen Rechten in die Hände spielt. Wenn wir in einer Welt leben wollen, die der Ausgrenzung, dem Hass und der Gewalt Einhalt gebietet, wenn wir inneren und äußeren Frieden stärken wollen, dann brauchen wir einen radikalen Wechsel. Es geht dabei nicht nur um handfeste Verbesserungen für benachteiligte und existenziell verunsicherte Menschen, die es angesichts der Kluft zwischen Arm und Reich bis weit in die Mittelschicht hinein gibt. Es geht ganz grundsätzlich um ein neues Denken und ein neues Leitbild der Globalisierung. Es geht darum, die Bedingungen dafür zu schaffen, dass aus einer Wettbewerbsgesellschaft, in der jeder gegen jeden steht und jeder jedem misstraut, eine freundliche Gesellschaft werden kann.

Hartgesottene Konservative mögen darauf mit dem kühlen Verweis reagieren, dass der Mensch dem Menschen eben ein Wolf ist und die zivilisierende Kraft des Fortschritts eine Illusion. Doch die allermeisten Menschen sehen sich heute um etwas sehr Wertvolles betrogen: den Glauben an die Überwindbarkeit von Gewalt und Erniedrigung. Denn nur wenige Menschen sind dazu bereit, die feindselige Gesellschaft als unentrinnbar hinzunehmen.

Kein Zufall ist es, dass die letzten Jahre von bitterer Enttäuschung geprägt waren und vom zynischen Motto, es gebe gar keine Gesellschaft, sondern nur Individuen. Dieses Bonmot aus der Ära der konservativen britischen Premierministerin Margaret Thatcher, das die Zerstörung der Gewerkschaften und den Angriff auf den Sozialstaat begleitete, klang wie eine Übersetzung des Kampfes aller gegen alle in die Sprache der Wirtschaft. Die Ideologie des absolut gesetzten Marktes, die in den entwickelten westlichen Industrienationen die sozialen Beziehungen der Sorge und Solidarität schwächte, führte in den postkommunistischen Ländern zu einer geradezu traumatischen Katastrophe. Rücksichtslose Selbstbereicherung und Verachtung von Schwächeren wurden die tonangebenden Leitbilder. Unter dem Mantel der Marktwirtschaft grassierten harte rechte Gesinnungen, die mehr mit Sozialdarwinismus als mit Wettbewerb zu tun haben. Nicht nur der Nationalismus, auch der brutale Kapitalismus – und manches Mal eine Verbindung aus beidem – hat das Vertrauen in die Geltung der Menschenwürde zerstört. In Deutschland waren die Wirkungen weniger verheerend als anderswo, doch gibt es auch hierzulande eine Entwicklung von der Ideologie der entfesselten Marktgesellschaft, wie sie der damalige BDI-Präsident Hans-Olaf Henkel mit harter Rhetorik propagierte, hin zu dem national-egoistischen Wirtschaftschauvinismus der AfD, zu deren Mitgründern Henkel nicht zufällig gehörte. Eine solche Gesellschaft, die ihre sozialen Bindungen nicht mehr achtet und pflegt, sondern im Gegenteil alle Beziehungen, die keinem Nützlichkeitskalkül folgen, als dummes Gutmenschentum verhöhnt, eine solche Gesellschaft erklärt das Misstrauen und die Feindseligkeit zum Prinzip. Sie schafft eine Kultur der Gegnerschaft zwischen den Menschen, die über die Wirtschaft weit hinaus in Erziehung und Bildung einsickert, sich von den Eltern auf die Kinder überträgt, Loyalität und Mut im Privaten unterminiert und auch hier das Vertrauen kaputt macht.

Dennoch gibt es, und das vermutlich überall, eine Mehrheit, die darin keine Zukunft für sich und ihre Kinder sehen will. Der Wunsch nach einem anderen Weg ist wach geblieben und wächst wieder, und ebenso die Erwartung, dass es Menschen gibt, die für eine andere Gesellschaft politisch eintreten. Im Mitbürger nicht den Fremden, im Nachbarn nicht den Feind und im Kollegen nicht den Konkurrenten zu sehen, sondern einen Menschen, der zu Kooperation, Hilfsbereitschaft und Solidarität bereit ist, öffnet den Blick für die Möglichkeit dieser anderen Gesellschaft. Es ist die freundliche Gesellschaft, in der eine solidarische Mehrheit leben will.

Die Sozialdemokratie sieht zurück auf Vorbilder und Vorden-ker dieses besseren Zusammenlebens. Das beginnt nicht erst mit Willy Brandt, der einen Ausgang aus den Schrecken der deutschen Geschichte im 20. Jahrhundert suchte und die Deutschen ermutigte, ein Volk guter Nachbarn im Inneren wie nach außen zu werden. Er erinnerte an einen sperrigen, aber wichtigen Begriff, den der »Com-passion«, die Fähigkeit, das Leben anderer Menschen durch deren Augen zu sehen. Die Empathie also, den Mitmenschen in der eigenen Gesellschaft ebenso wie in anderen Ländern in seinen Bedürfnissen verstehen zu lernen. Verstehen als Voraussetzung für politische Ver-ständigung war Brandts zentrale Haltung, um den Frieden über die Abwesenheit von Krieg hinaus fester und nachhaltiger in den interna-tionalen Beziehungen zu verwurzeln.

Doch die Idee der freundlichen Gesellschaft geht weiter zurück in die Geschichte. Die früheren Sozialisten, Eduard Bernstein zum Beispiel, haben über den kulturellen Charakter einer sozialistischen Gesellschaft nachgedacht, nicht nur über Gerechtigkeit für jedes Indi-viduum. Es ist kein Zufall, dass in früheren Zeiten Sozialdemokratin-nen und Sozialdemokraten ihre Briefe mit dem Gruß »Freundschaft« unterschrieben. Man muss den Ernst dieser Geste neu erklären. Es war die beständige Erinnerung an das größere humanistische Ziel aller sozialen Reformen, das darin lag, die Gesellschaft von dem all-gegenwärtigen kapitalistischen Verwertungsinteresse zu befreien, das Menschen zu Produktionsmitteln herabdrückte. Nicht nur ein paar Gesetze sollten sich ändern. Der kulturelle Charakter der Gesellschaft sollte sich zu einer menschenwürdigen Zivilisation entwickeln. Die erstrebte Freundschaftlichkeit wollte in den sozialen Verhältnissen verwirklichen, was eine fundamentale Voraussetzung jeder aufrich-tigen Freundschaft ist: dass die Menschen sich gleich und ebenbür-tig begegnen. Freundschaft erträgt weder hochmütigen Befehl noch unterwürfigen Gehorsam. Der Internationalismus der Arbeiterbewe-gung übertrug in seinem Ideal diesen Grundsatz auf die Beziehun-gen zwischen den Nationen und Staaten. Der Imperialismus sollte überwunden werden, der im Gegenteil das Prinzip der Ausbeutung

319

und Unterwerfung im Verhältnis zwischen den sozialen Klassen auch auf das zwischen Ländern und Kontinenten anwandte. Und mit dem Imperialismus auch der Krieg.

Die Erinnerung daran ist wichtig. Denn sie greift auf, was heute fast vergessen scheint und trotzdem eines der stärksten menschlichen Bedürfnisse ist: nicht bloß Instrument zu sein und auch andere nicht nur instrumentell zu materiellen Zwecken zu benutzen. Nicht nur leistungs- und überlebensfähig zu sein in einer täglich, ja stündlich um Dominanz ringenden Marktgesellschaft, sondern gesellschaftsfähig zu werden in dem Sinne, seine persönliche Freiheit in guten sozialen Beziehungen zu anderen zu verwirklichen.

Eine Gesellschaft zu erreichen und zum Maßstab internationaler Politik zu machen, die mit ihren Institutionen das Wohlwollen und den Respekt der Menschen untereinander nicht bestraft, sondern achtet, das bleibt die große Reform, die diesen Namen wirklich verdient. Niemand kann Glück politisch garantieren. Aber wir können eine neue Gesellschaft schaffen, in der Freundschaft möglich ist und weder am Betriebstor noch an nationalen oder religiösen Grenzen haltmacht.

Das Ziel, wieder in einer »freundlichen Gesellschaft« zu leben, ist eine gute Alternative zu der viel zu lange als »alternativlos« bezeichneten Wettbewerbsgesellschaft. Diese so verheerende Idee hat nicht zufällig die Menschen einander entfremdet und entsolidarisiert, sondern es ganz bewusst getan. Nicht, dass man auf Wettbewerb verzichten kann. Aber in einer sozial gebändigten Wettbewerbswirtschaft und nicht als Leitprinzip der gesamten Gesellschaft.

Die Idee einer freundlichen und wohlgesonnenen Gesellschaft ist das Gegenteil einer Ellenbogengesellschaft. Sie weist auf die menschlichen Eigenschaften hin, die uns allen vertraut und erstrebenswert sind. Von der (Mit-)Menschlichkeit, dem Gemeinsinn, dem Respekt vor anderen bis hin zur christlichen Nächstenliebe. Es ist kein Zufall, dass in der Geschichte demokratischer Politik und der dazugehörigen politischen Kultur der Gedanke der Freundschaft spätestens seit der griechischen Antike eine zentrale Rolle spielt. Freundschaft ist ganz fundamental dafür, dass ein Leben als sinnvoll und lebenswert empfunden werden kann. »Denn ohne Freunde möchte niemand leben, auch wenn er die übrigen Güter alle zusammen besäße« (Aristoteles, Nikomachische Ethik, Buch VIII). Ein Leben ohne Freundschaft ist leer.

Wir alle wissen: So ist unsere Gesellschaft heute nicht und so funktioniert auch die Globalisierung nicht. Und natürlich sind beide – die Wettbewerbsgesellschaft und die freundliche Gesellschaft – Idealtypen. Auch in der Wettbewerbsgesellschaft gibt es Freundlichkeit, auch in einer freundlichen Gesellschaft gibt es Feindseligkeit. Aber gesellschaftliche Verhältnisse zu schaffen, in der wieder mehr Menschlichkeit, Respekt, Hilfsbereitschaft, Solidarität, Offenheit, Neugier auf andere und schlichte Freundlichkeit gedeihen können, das würde endlich wieder ein Bild vom Zusammenleben erzeugen, für das es sich politisch zu kämpfen lohnt. Die Voraussetzung für ein glaubwürdiges Eintreten für eine freundliche Gesellschaft ist allerdings, eine freundliche Partei zu werden. Eine Partei, die sich wieder vornimmt und zutraut, ein Stück weit das in sich vorwegzunehmen, was sie für die gesamte Gesellschaft anstrebt. Eigentlich heißt das nur, dass wir unsere inneren Konflikte, den Meinungsstreit und das Ringen um die richtigen politischen Wege nicht mehr mit der Ausgrenzung derjenigen vorantreiben, die anderer Meinung sind als wir selbst. Das müsste doch zu schaffen sein.

VI.

Weniger Weiter-so, mehr Mut – Ausblick

Wenn man wie ich sein sechstes Lebensjahrzehnt vollendet hat, dann blickt man schon mal zurück – nicht im Sinne einer Lebensbilanz, aber eines beruflichen Zwischenresümees, weil für mich ein neuer Abschnitt begonnen hat. In einer Mischung aus zunehmender zeitlicher Distanz und abnehmender Nähe zum Gegenstand politischen Handelns schaue ich auf Prozesse, in denen ich mich vor gut zwei Jahren noch selbst als Handelnder befunden habe. Es ist seltsam: Umso mehr ich Abstand finde, umso rasanter erscheinen mir die Wandlungsprozesse, die ich überall auf meinen Reisen und dort in den Sphären von Politik, Wirtschaft, Wissenschaft und Gesellschaft wahrnehme. Sie breiten sich eben nicht nur horizontal mit hohem Tempo aus, sondern dringen auch vertikal in alle Sektoren ein. Und dieser Prozess geschieht an zig Orten gleichzeitig. Möglicherweise ist das eigentlich Problematische die Beschleunigung, mit der sich die Veränderungen vollziehen: nicht mehr im Takt der Generationen, sondern mehrfach in einer Generation. Früher war es der Ausspruch der Großeltern – und manchmal der Eltern –, zu sagen: »Ich verstehe die Welt nicht mehr.« Heute gibt es dieses Gefühl mehrfach im eigenen Leben.

Damit komme ich auf den Beginn dieses Buches zurück und den Anlass, meine Beobachtungen zu Papier zu bringen: Schreiben ist gewiss immer auch Selbstvergewisserung, aber in diesem Fall geht es mir um mehr: Es geht mir – wie unzähligen anderen auch – um die Zukunft unseres Landes und damit um die der nächsten Generationen, auch wenn ich aufgrund meines doppelten Lebensglücks eher von der übernächsten Generation sprechen sollte. Denn ich gehöre in der Tat zur goldenen Generation, die stabilen Frieden und aufsteigenden sozialen Wohlstand über ihr bisheriges Leben genießen durfte. Von diesem Lebensglück wollte ich der gegenwärtigen, der nächsten und übernächsten Generation stets etwas zurückgeben, indem ich mit anderen gemeinsam die Bedingungen für das Leben und Zusammenleben möglichst vieler Menschen in Deutschland zu verbessern versuche. Der den meisten in meiner Generation bekannte Satz: »Du sollst es mal besser haben als wir«, entspricht ganz sicher auch unserem heutigen Empfinden, wenn wir über das Leben unserer Kinder und Enkel sprechen. Gelegentlich ertappe ich mich bei dem Gedanken, dass ich schon froh wäre, wenn es ihnen so gut ergehen würde wie mir und meiner Generation.

Für den Erhalt des Status quo allerdings bin ich nicht in die Politik gegangen. (Eine Entscheidung im Übrigen, die ich nie bereut habe, weil ich unglaublich viel über die Welt und die Menschen erfahren durfte.) Unser Antrieb aber war, dass es besser, friedlicher, gerechter und sicherer zugehen sollte als in der Welt, in die wir hineingeboren waren.

Der Blick zurück in die Vergangenheit, der Blick um uns herum in die Gegenwart und der Blick nach vorn in die Zukunft zeigen uns die enormen Veränderungen, die wir hinter uns haben, die gerade geschehen und die noch vor uns liegen – wie eben der Blick auf das Turner-Gemälde von 1844, in dem dieser große britische Maler vor über 175 Jahren seine Zeit in ein ungewöhnliches Landschaftspanorama bannte und das ich zum Einstieg in dieses Buch gewählt habe. So wie damals für die Menschen eine Zugfahrt mit vielleicht 40 Stundenkilometern als gesundheitsschädigende Zumutung schien, so gibt es inzwischen eine Fülle von Indizien und Belegen, dass viele Menschen den rasanten Wandel als multiple Bedrohung ihrer Physis und

Psyche empfinden. Anders sind die Befunde aus diversen Studien und Untersuchungen zu organischen Erkrankungen, Stress- ebenso wie Burn-out-Symptomen und sich ausbreitenden Erschöpfungszuständen kaum zu erklären. Gewiss: Anstrengung und Leistung gehören zum menschlichen Tun – ob in der Schule, Ausbildung, im Studium, im Job oder in der Freizeit. Doch die ständige Forderung führt bei vielen zum Gefühl der Überforderung. Inzwischen sind jedenfalls aus diesen zunächst nur sektoralen Forderungserwartungen in einem jeweiligen Lebensabschnitt simultane Überforderungssysteme für immer mehr Menschen, aber eben auch für unsere Institutionen in Politik, Wirtschaft und Gesellschaft entstanden.

Vielleicht beschreibt das ein wenig den Zustand unserer hocharbeitsteiligen Gesellschaft, die sich vor allem in den letzten Jahren so rapide verändert hat und auf den die Regierung und die staatlichen Institutionen, aber eben auch die politischen Parteien noch keine adäquate Antwort gefunden haben. Die Folgen sind bereits zu besichtigen: Das Parteiensystem hat sich in einem Ausmaß verändert, das noch vor wenigen Jahren kaum vorstellbar war. Während sich die bundesdeutsche Politik fast wie im Autopilot in einem eingeübten Rhythmus bewegte – von Wahlen, harten Verhandlungen, Kompromiss, Regierungsalltag, unterbrochen durch kalkulierbaren Streit der Partner mit anschließendem erneuten Kompromiss unter Missbilligung der Opposition –, fand aber eine ganz andere Ebene Eingang in den politischen Alltag: die Ebene der gesellschaftlichen Verunsicherung, des wachsenden Unbehagens und teilweise des Unmuts. Denn eine zunehmende Zahl von Bürgerinnen und Bürger spürte, dass die Bundesregierung und die politischen Parteien von bürgerlicher Mitte bis ganz nach links eine gesellschaftliche Großbaustelle eröffnet hatten, die sich alsbald zu einer Leerstelle des Regierens ausgewachsen hatte und die bis heute nicht behoben oder befriedet ist.

Zwei Mal wurden Europa und Deutschland in den vergangenen zwölf Jahren mit Krisen kontinentalen Ausmaßes konfrontiert: das erste Mal in der globalen Finanzkrise 2008/2009 und das zweite Mal 2015 in der Flüchtlingskrise. Beide Male waren Regierungen und EU-Institutionen, also der Staat, gefordert. Das erste Mal haben sie Handlungsfähigkeit bewiesen, aber die Folgen waren enorm in Bezug auf das Vertrauen in Finanzmärkte, Banken und Kreditinstitute bis hin zu Versicherungen, weil der Zins unaufhaltsam sank. Spareinlagen, Versicherungen, Banken und Sparkassen gerieten infolge der währungspolitischen »Rettungspolitik« der EZB unter Druck. Die wachsende Kritik daran übersieht, dass nicht die Europäische Zentralbank dafür verantwortlich ist, sondern die Regierungen und Parlamente der Mitgliedsstaaten des gemeinsamen Euro-Währungsraums – allen voran die deutsche. Denn die Zentralbank sprang nur ein in die Lücke, die die Nationalstaaten sowohl beim Vertrauen in die Stabilität des Euro als auch bei der Bekämpfung der wirtschaftlichen Ungleichgewichte in Europa hinterließen. Hier wird der Sack geschlagen, obwohl der (besser: die) Esel die Prügel verdient hätten.

Beim zweiten Mal war der Staat, also die Regierungen und die EU-Institutionen, weniger erfolgreich. Erstens konnten beide weder die Außengrenzen Europas schützen, noch konnten sie zweitens alle EU-Mitgliedsstaaten auf eine solidarische Verteilung der Flüchtlinge verpflichten – und zwar bis heute nicht. Diese grenzüberschreitende Erfahrung hat paradoxerweise die Grenzen der einzelnen EU-Staaten wieder sichtbar werden lassen. Dass daran die Bundesregierung Mitverantwortung trägt, soll hier gar nicht erst geleugnet werden, obwohl ich noch immer – ich war damals in Verantwortung als SPD-Vorsitzender und Vize-Kanzler – zu der Entscheidung stehe, den Flüchtlingen auf dem Budapester Bahnhof den Weg nach Deutschland geebnet zu haben. Für mich gab es damals keine Alternative zu dieser Geste der Humanität und Solidarität. Was hätten wir damals auch an den Grenzen Deutschlands tun sollen? Die Bundeswehr aufmarschieren lassen und auf Flüchtlinge schießen lassen ganz gewiss nicht, wie es nicht nur rechtsradikale Irrläufer damals gefordert haben.

Seitdem hat sich allerdings das gesellschaftliche Klima innerhalb Europas und Deutschlands tiefgreifend verändert und teilweise verhärtet. Dabei geht es mir weniger um die rechtspopulistischen und rechtsextremen Schreihälse, deren verlängerter Arm in Form der AfD in allen Parlamenten des Bundes und der Länder in Fraktionsstärke vertreten ist, sondern vielmehr darum, dass die Bürgerinnen und Bürger offenbar auf breiter Front den Eindruck haben, dass der Staat, so wie sie ihn kannten, nicht mehr existiert, sie ihn jedenfalls als nicht mehr ausreichend souverän ansehen. Die Unfähigkeit, mit massenhafter Zuwanderung in Europa angemessen umzugehen, und die Überforderung auch Deutschlands bei der Frage einer schnellen Integration derjenigen, die Grund zur Flucht hatten, und der Ausweisung derer, die diese Gründe nicht vortragen können, ist vermutlich der berühmte »Tropfen«, der das Fass des Unverständnisses über den Mangel an staatlicher Handlungsfähigkeit hat überlaufen lassen. Denn die Mangelerfahrung mit Blick auf den demokratischen Rechtsstaat dauert ja schon viel länger an: Fehlende Lehrer und Polizisten, Rückgang der staatlichen und kommunalen Daseinsvorsorge in den ländlichen Regionen, unzureichende Infrastruktur, zunehmende Unübersichtlichkeit der Rechtsetzung und viele andere Alltagserfahrungen mit einem Staat, der relativ hohe Beiträge in Form von Steuern und Sozialabgaben einfordert, selbst aber dafür scheinbar immer schlechtere Dienstleistungen abliefert, haben das »Fass« des Unmuts und des Unverständnisses ja schon seit längerer Zeit gefüllt. Nicht alles daran ist gerechtfertigt, aber vieles ist eben durchaus begründet.

Fest steht für mich: Der ungehinderte Flüchtlingszustrom ab Sommer 2015 bis weit in das Jahr 2016 hinein hat tiefe Spuren im kollektiven Bewusstsein hinterlassen, was damals so nicht abzusehen war. Die TV- und Print-Bilder von den Hunderttausenden Menschen, die aus den Kriegs- und Bürgerkriegsgebieten zu uns kamen, und die vielen Ereignisse in der Folge – ob einzelne Terroranschläge, die Ereignisse in der Kölner Silvester-Nacht, Morde, Tötungen durch männliche Flüchtlinge sowie sonstige gewalttätige Straftaten von ursprünglich Schutzsuchenden bei uns – haben das gesellschaftliche Großklima nachhaltig verändert, in der Folge auch das Parteiensystem durcheinandergewirbelt und das Vertrauen der Menschen in die Politik gewaltig erschüttert.

Wie stark diese Erschütterungen der Bevölkerung gegenüber der Bundesregierung und für die politische Stabilität des Staates sind, hat das Institut für Demoskopie Allensbach Mitte November 2019 im Auftrag der *Frankfurter Allgemeinen Zeitung* veröffentlicht. Danach ist das Vertrauen in die Regierung und in die regierenden Parteien »erdrutschartig« gegenüber der letzten Erhebung im Jahr 2015 (!) verlorengegangen. Das Vertrauen in die politische Stabilität ist von 81 Prozent (2015) auf 57 Prozent (2019) gefallen, das Zutrauen in die Qualität der Regierung von 49 Prozent (2015) auf 26 Prozent (2019) und selbst das zum demokratischen politischen System von 62 Prozent (2015) auf 51 Prozent (2019). Auffällig ist zudem, dass die regierenden Parteien der Großen Koalition als überaus zerstritten wahrgenommen wurden: die SPD zu 64 Prozent noch stärker als die Unionsparteien zu 53 Prozent. Was die Parteien der Großen Koalition als notwendige politische Profilbildung ansehen, kommt beim sogenannten Wahlbürger schlicht als Dauerstreit an. Am gravierendsten: Der Staat wird inzwischen von der Mehrheit der Menschen (im Osten stärker als im Westen) als nicht mehr ausreichend handlungsfähig angesehen.

Ohne die aktuellen Umfragezahlen im Detail zu referieren, lässt sich feststellen, dass die Parteien der Großen Koalition schon seit letztem Jahr nicht mehr die Wählermehrheit hinter sich vereinigen können. Unionsparteien und SPD bewegen sich im Dauertief bei zusammen gerade mal 40 Prozent. Das ist die demografische und emotionale Lage, die Ausdruck der politischen Schwäche der Regierungsparteien ist. Besserung ist nicht in Sicht, weil die innere Zerrissenheit der Regierung die Zerrissenheit innerhalb der sie tragenden Parteien lediglich widerspiegelt. Kurzum: Weder innerhalb der CDU noch innerhalb der SPD ist die »Führungsfrage« geklärt – und zwar »geklärt« in dem Sinne, dass die Parteien geschlossen und loyal hinter ihrer bzw. ihren jeweiligen Vorsitzenden stehen; nur die CSU bildet da eine durchaus löbliche Ausnahme. Und dieser Zustand der Regierungsparteien überschattet ihr täglich durchaus ordentliches Regierungshandeln.

Mich persönlich als politisch denkenden und früher in hohen Regierungs- und Parteiämtern handelnden Menschen irritiert vor allem, wie wenig offenbar die tragenden und einflussreichen Akteure in allen drei regierenden Parteien (CDU, SPD, CSU) diesen gravierenden Vertrauensverlust der Menschen registrieren und auf ihn adäquat reagieren. Ich sehe kein Bemühen der Protagonisten, die allzu offen auf der Hand liegenden Veränderungen in der Gesellschaft und ihre Atomisierung überhaupt zu begreifen und ihnen durch politisch aufeinander abgestimmte Maßnahmen zu begegnen. Gewiss: Das setzt nicht nur Verstehen, strategische Überlegungen, Vorbereitungen von Entscheidungen, begleitende Kommunikation und Willensbildung voraus. Sondern eben auch eine erklärende Einbettung eines solchen Maßnahmenpakets und eines größeren programmatischen Wurfes, eine echte »Agenda 2030« mit einer Vision von Deutschland für das kommende Jahrzehnt.

Stattdessen erleben die Menschen das Handeln der Regierungsparteien als ein großes »Weiter-so«, eine immerwährende Flucht in Details, Sachzwänge, inflationäre Milliarden-Ankündigungen und lustvoll konstruierte Luftschlösser, in denen jüngst von »Riesen-System-Wechseln« die Rede ist, wenn man eine Kindergrundsicherung einführen will. Geht's nicht eine Nummer kleiner? Den letzten wirklichen System-Wechsel haben die Menschen vor gut 30 Jahren erlebt – und das war auch einer!

Es fehlt den Menschen ein Narrativ, wohin wir mit diesem Land wollen, damit auch die kommende Generation noch Handlungsspielräume besitzt. Genau das, was die vornehme Aufgabe von demokratischen Parteien und den Verantwortlichen in ihnen ist, das erlebe ich selten. Es wird also in den kommenden Jahren darum gehen, die Balance wiederzufinden zwischen Gegenwart und Zukunft – das hat mit globalem Wettbewerb und dessen weiteren Voraussetzungen zu tun, damit weiterhin Wohlstand in unserem Land herrschen kann. Das wird die Hauptaufgabe der nächsten Generation von Parteivorsitzenden sein, wenn sie erfolgreich Verantwortung tragen wollen für unser Land.

Deshalb ist also ein ungeschönter Blick auf die aktuellen und künftigen Herausforderungen angesichts fundamental veränderter Zustände nötig. Dass dies nicht nur ein Problem der politischen Parteien ist, zeigt sich auch beim Umgang mit den Befunden der Allensbach-Studie aus dem letzten November. Die publizistischen Kundschafter, Beobachter und Kommentatoren waren sich tags drauf völlig uneinig, was denn nun zu tun sei. Während die einen nur die demoskopischen Befunde zum Vertrauensverlust selbst referierten, wiesen andere auf das Fehlen politischer Führung als Ursache allen Übels hin, während wieder Dritte und Vierte endlich wieder mehr Bürgernähe einforderten oder die Stärkung der politischen Mitte reklamierten. Mein irritierter Eindruck: Ein Großteil der Medien befindet sich inzwischen auch in den Echokammern der Gesellschaft, in denen offenbar kein fester Grund mehr zur klaren gesellschaftlichen Diagnose und den daraus resultierenden möglichen politischen Handlungsoptionen zu finden ist.

Für mich bewegt sich die Gesellschaft in Deutschland seit geraumer Zeit zwischen den emotionalen Polen von Wut (vor allem AfD-Anhänger), Desinteresse (Nichtwähler als immer noch größte Wählergruppe) und mehr oder weniger friedlich-zivilem Gestaltungsanspruch (alle Parteien von links bis in die konservativ-liberale Mitte). Vor allem über die Themen Migration und Klimawandel findet inzwischen bei uns ein unversöhnlich-hitziger Kulturkampf statt. Wichtiger ist aber: Schon allein die Tatsache, dass es bis heute keine gemeinsame Strategie im Umgang mit der AfD unter den demokratischen Parteien, die über 85 Prozent der wählenden Bürger in Deutschland auf sich vereinigen, gibt, hat das Phänomen des Rechtspopulismus nicht nur weiter wachsen lassen, sondern der sie repräsentierenden Partei sogar die politische Agenda dauerhaft leichtfertig überlassen. Das ist bis heute der entscheidende Fehler der demokratischen Kräfte in Deutschland. Auch ich gehörte lange Zeit zu denen, die einen »neuen« Gesellschaftsvertrag für unser Land gefordert haben. Eine Art neuen »Solidarpakt«, in dem wir zeigen, dass wir niemanden vergessen. Weder den, der hier in Deutschland aufgewachsen ist, noch jenen, der aufgrund von Not und Verfolgung neu zu uns gekommen ist. Inzwischen habe ich ernste Zweifel, ob ein solcher »neuer« Gesellschaftsvertrag überhaupt realistisch ist. Denn ich wüsste gar nicht, mit wem ein solcher Gesellschaftsvertrag zu schließen wäre, wer überhaupt für »die« Gesellschaft zu sprechen oder Verträge zu unterzeichnen politisch »berechtigt« ist in dem Sinne, dass sich alle auf die Inhalte einer solchen Vereinbarung festlegen lassen. Meine Erfahrung in der vorletzten Legislaturperiode: Die Runden im Kanzleramt wurden größer und größer, aber der politische Ertrag wuchs nicht im gleichen Umfang. Und ich habe nicht den Eindruck, als sei dies, seitdem ich nicht mehr der Bundesregierung angehöre, besser geworden. Im Gegenteil: Inzwischen kämpfen immer mehr Sparten-Verbände und Klein-Interessengruppen um Aufmerksamkeit, Teilnahme an solchen »Gipfel-Treffen« und Konferenzen und erheben zugleich den Anspruch auf finanzielle Förderung ihrer Klientel – egal, wie wichtig, dringlich und relevant im Sinne des Gemeinwohls ihr Anliegen bisweilen ist.

In der zweiten Novemberhälfte 2019 wurde in Berlin und Brüssel sehr deutlich, zwischen welchen Polen die deutsche und europäische Politik aktuell schwankt – zwischen dem großen Bild einer aus den Fugen geratenen Welt mit enormen Herausforderungen für alle Staaten und suprastaatlichen Akteure auf der einen und den zahlreichen Facetten der bundesdeutschen politischen Arena auf der anderen Seite. Das begann mit dem SPD-Mitgliederentscheid, bei dem sich zwei Kandidaten-Paare im Stichentscheid um die Parteiführung duellierten, was aufgrund des knappen Ausgangs danach die Spaltung der Partei überdeutlich machte. Das reichte über den zwischenzeitlichen CDU-Bundesparteitag, auf dem sich die Vorsitzende etwas Luft verschaffte, aber mehr auch nicht. Dann begann die turnusgemäße Letztberatung über den Bundeshaushalt 2020, bei der die Kanzlerin in der Generalaussprache über die mangelnde Verteidigungsfähigkeit Europas und die Notwendigkeit der NATO in einer auch sicherheitspolitisch völlig veränderten Welt sprach, während der Rest des Bundestages sich über die vielen Einzelpläne der Ressorts beugte und eher

die Innereien im Innern diskutierte. Schon hier wurden schlaglicht-
artig die verschiedenen Fallhöhen von politischen Debatten und ihrer
öffentlichen Rezeption in Deutschland sichtbar.

Zur gleichen Zeit wurde in Brüssel im zweiten Anlauf endlich
die neue EU-Kommission durch das Parlament bestätigt, und ihre
erste deutsche Vorsitzende beschwor eine klimapolitische »Agenda
des Wandels« in Billion-Höhe über die nächsten fünf Jahre, als sei sie
die unumschränkte Herrscherin über alle nationalen Budgets (denn
der EU-Haushalt verfügt nur über die Hälfte des Bundeshaushalts) –
während auf den Straßen die »Fridays for Future«-Demos trotzdem
weitergingen, in den Provinzen Deutschlands die Bürger gegen immer
mehr Windräder zu Felde ziehen und in den übrigen EU-Mitgliedsstaaten der Bekämpfung des Klimawandels durchaus eine andere
Dringlichkeit zugemessen wird. Das ist die widersprüchliche und ver-
wirrende Lage unseres Kontinents und unseres Landes zu Beginn der
2020er-Jahre. So viel Vielfalt war nie, könnte man meinen. Die Wahrheit aber ist: Alles scheint irgendwie gleich wichtig – nichts erscheint
den Menschen aber weder in Europa noch in Deutschland dadurch
wirklich existenziell – außer ihre eigenen jeweiligen Interessen und die
ihrer Familien.

Leider haben sich die Parteien der breiten demokratischen politischen Mitte in Deutschland, zu denen ich inzwischen auch die Linkspartei zähle, in ihren Handlungsmaximen, vielleicht aufgrund der
gesellschaftlichen Atomisierung, auf das Ausreichen von Fördergel-
dern reduziert. Selbst die Grünen haben in den letzten Jahren aus
schmerzlicher Erfahrung ihr Image als »Verbotspartei« abgestreift.
Ordnungspolitik ist – mit Ausnahme der inneren Sicherheit, Zoll und
der Finanzverwaltung – im allgemeinen Schwinden begriffen, weil die
politisch Handelnden inzwischen befürchten, Wähler zu verprellen.
Die Kehrseite: Jede Form drohenden Unmuts von Bürgern wird mit
Fördermitteln erstickt, die nie allen Unmut besänftigen können und
dadurch natürlich die Unzufriedenheit verstärken. Und gesellschaftliche »Groß-Reformen« bemessen sich inzwischen allein daran, ob ihre
»Milliarden-Kosten« ein- oder doch besser zweistellig pro Jahr sind.

Bei der jüngst von der SPD beschlossenen Kindergrundsicherung für die nächste Legislaturperiode sprechen wir von elf Milliarden Euro pro Jahr, also mal eben drei Prozent des Bundeshaushaltes. Würde diese Form der Finanzversprechen wirklich belohnt von der Wahlbevölkerung, dann müsste die SPD, die 2018 einen guten Koalitionsvertrag verhandelt hat, längst die Unionsparteien in den Umfragen überholt haben. Es muss offenbar Gründe bei den Wählerinnen und Wählern geben, warum der politische Grenznutzen von milliardenschweren Versprechen längst überschritten ist. Nur meine Partei hat dies noch nicht registriert.

Ich bin überzeugt, dass sich das sozialpolitisch-pekuniär verengte Politikkonzept meiner Partei und auch der Linkspartei als nicht tragfähig und nachhaltig erweist und inzwischen nur noch der inneren »Befriedung« ihrer Funktionseliten dient. Nach allem, was ich bei meinen noch immer zahlreichen Reisen in Parteigliederungen und bei anderen Diskussionen vor Ort erlebe, spüre ich bei meist ganz normalen Menschen eine Unsicherheit, auch ein Unbehagen, die in eine Sehnsucht mündet, die offenbar von den Regierenden nicht mehr gestillt wird. Die meisten Menschen wollen vor gravierenden Entscheidungen mitreden und gefragt werden, sie wollen überzeugende Erläuterungen und Erklärungen über die Teile und das Ganze von Staat und Gesellschaft und wohin die gewählten Verantwortungsträger unser Land führen wollen und ob die nachfolgende Generation auch noch Handlungsspielräume für ihr Leben in Freiheit und Wohlstand bei besten Bildungsmöglichkeiten besitzt. Ehrlich gesagt: Genau das würde ich auch erst einmal wollen, wäre ich nur Wahlbürger in diesem Land.

Gewiss hat sich Jean-Jacques Rousseau vor rund 250 Jahren nicht vorstellen können, dass das Gemeinwohl, der »volonté des tous«, sich mal zu einer politischen Fiktion entwickeln wird. Denn in einer Gesellschaft, in der jeder gleich wichtig und jedes Anliegen von gleicher Bedeutung ist, wird irgendwann Unregierbarkeit herrschen, wenn keine ordnende Hand eines oder einer demokratisch gewählten Regierungschefin oder -chefs auf der Grundlage einer Verfassung existiert. Interessenausgleich in der Demokratie bedeutet nach meiner Überzeugung immer noch, elementare Grundfragen einer Gesellschaft von wichtigen Anliegen kleinerer Gruppen zu unterscheiden. Und das heißt: Es gibt eine Hierarchie von Themen, deren Sicherstellung ganz oben in der Handlungsmatrix einer Regierung zu stehen hat. Und dazu muss eine demokratisch gewählte Regierung zuallererst mit Schwung und Zuversicht einen Mehrheitswillen, den »volonté de la majorité«, organisieren. Und der findet sich jedenfalls nicht in einer Politik für die Summe von Minderheiten. Es ist eher umgekehrt: Wem es gelingt, Politik für die Mehrheit einer Gesellschaft erfahrbar zu machen, wird auch eine steigende Akzeptanz für sein Engagement für Minderheiten erfahren. Ein erfreulicher demokratischer Nebeneffekt: Endlich gäbe es mal wieder eine prinzipielle Streitlinie zwischen Regierung und Opposition, die heute in der Wahrnehmung der Bürger nicht mehr existiert.

Vieles von dem, was in Europa und Deutschland in den kommenden Jahren angepackt und auf den Weg gebracht werden muss, habe ich in den vergangenen Kapiteln skizziert und will das hier nicht noch einmal wiederholen. Neben einem ambitionierten Programm mit prioritären Infrastrukturmaßnahmen für das kommende Jahrzehnt wird es eher um die positiven Emotionen des Gelingens gehen, um Menschen auch die Zuversicht zu geben, dass Reformen heute Gutes für die Zukunft bewirken – wenn sie die Grundlagen dafür schaffen, dass Menschen die persönlichen Bedingungen für ein gelingendes Leben erhalten. Dafür braucht es Mut, nämlich den, zum Beispiel unsere Kitas, Schulen und Hochschulen im Zweifel eher qualitativ zu stärken statt Eltern von Gebühren zu entlasten.

Gegen die negativen Emotionen von sogenannten Wutbürgern helfen nur positive Leidenschaften von überzeugten und überzeugenden Demokraten, die zusammenstehen. Auch dafür braucht es Mut. Mut ist eine menschliche Kategorie, sie ist eine positive Emotion, die wir gemeinsam den Ängstlichen und Wutbürgern entgegensetzen sollten. Vielleicht hat uns die Kanzlerin mit ihrem jahrelangen Stil des

Herunterkühlens von Emotionen in Deutschland ein Teil der Leidenschaft genommen, die für politisches Handeln wesentlich ist, wenn sie ins Gelingen verliebt ist. Ja, Politik soll Spaß machen, weil sie für Menschen und das Verbessern ihrer Lebensverhältnisse steht. Dass wir in der post-heroischen Demokratie, wie sie gelegentlich genannt und verspottet wird, dazu aber auch herausragende Persönlichkeiten brauchen, die über die notwendige Robustheit, die Nahbarkeit und das strategische Vermögen sowie das Charisma und die Aura eines demokratischen Anführers oder einer Anführerin verfügen, das wird niemand leugnen. Ich bin sicher: Diese Person gibt es bereits – sie ist nur noch nicht sichtbar oder entdeckt und damit noch nicht medial verbraucht. Aber ich weiß: Wenn sie erscheint, wird diese Frau oder dieser Mann nicht zu übersehen sein.

Wir haben in Deutschland und in Europa im gerade begonnenen neuen Jahrzehnt im Frühjahr 2020 die Wahl: zwischen mehr Mut mit positiver Emotion und einem ambitionierten Maßnahmen-Programm, um die Voraussetzungen für mehr Wachstum und mehr Wohlstand für möglichst alle zu schaffen – und dem gleichmütigen Driften des Weiter-so im Auto-Pilot-Modus, der sich eher mit ordentlichem Regierungshandwerk zufrieden gibt, aber die Menschen unsicher und unzufrieden macht und dem Unmut überlässt. Es liegt jetzt an uns, sich zu entscheiden. Aber es liegt vor allem an den politischen Kräften im Land, mehr Mut zu zeigen und etwas zu wagen. Zu verlieren haben die großen Parteien nicht mehr viel. Sie sollten es wagen!

335

Dank

Bücher von Politikern sind selten »Bestseller«. Dass der Herder-Verlag trotzdem schon gut eineinhalb Jahre nach dem Erscheinen meines letzten Buches »Zeitenwende in der Weltpolitik« den Vorschlag hatte, ein weiteres Projekt anzugehen, spricht für den Mut des Verlages. Dafür und für die Hilfe der gleichermaßen geduldigen wie drängenden Herder-Lektoren Patrick Oelze und Katrin Pommer danke ich wirklich aufrichtig.

Vor allem aber gilt mein Dank erneut meinem Freund und Wegbegleiter Dr. Rainer Sontowski, ohne dessen Rat und Tat ich dieses Buch nicht hätte fertigstellen können. Vor allem seinem Langmut ist es zu verdanken, dass aus zu vielen Ideen doch noch ein endlicher Text geworden ist. Und nicht zuletzt danke ich meinem Mitarbeiter Dr. Peter Eitel, der mir seine Fähigkeit zu schneller und zuverlässiger Recherche ebenso zur Verfügung gestellt hat, wie seinen gelegentlich tief schwarzen Humor.

Verlag und Autor haben aber auch Grund zu Schuldbewusstsein und Dank gegenüber meiner Frau Anke, die - nur gelegentlich murrend – geduldet hat, dass ich während der Schul- und Kita-Ferien unserer Kinder am Schreibtisch saß, statt meinen häuslichen Pflichten nachzukommen. Nun, wo das Buch fertig ist, gibt es dafür aber keine »Ausreden« mehr. Versprochen.